COLLECTION

COMPLÈTE

DES MÉMOIRES

RELATIFS

A L'HISTOIRE DE FRANCE.

Marguerite de Valois.
Jacques-Auguste de Thou.

LEBEL, IMPRIMEUR DU ROI, A PARIS.

COLLECTION

COMPLÈTE

DES MÉMOIRES

RELATIFS

A L'HISTOIRE DE FRANCE,

DEPUIS LE RÈGNE DE PHILIPPE-AUGUSTE JUSQU'AU COMMENCEMENT
DU DIX-SEPTIÈME SIÈCLE ;

AVEC DES NOTICES SUR CHAQUE AUTEUR,
ET DES OBSERVATIONS SUR CHAQUE OUVRAGE,

Par M. PETITOT.

TOME XXXVII.

PARIS,
FOUCAULT, LIBRAIRE, RUE DE SORBONNE, N° 9.
1823.

MÉMOIRES

DE

MARGUERITE DE VALOIS,

REINE DE FRANCE ET DE NAVARRE.

NOTICE

SUR

MARGUERITE DE VALOIS ET SUR SES MÉMOIRES.

Marguerite de Valois naquit le 14 mai 1552, et fut le huitième enfant de Henri II et de Catherine de Médicis. Son éducation, dirigée par madame de Curton, fut très-soignée ; et, comme si l'on eût voulu qu'elle ressemblât en tout à la célèbre Marguerite, sœur de François I, sa grand'tante, dont on lui trouvoit quelques traits, elle fut instruite dans les lettres, pour lesquelles, dès sa première enfance, elle montra le goût le plus décidé. Lorsqu'en 1569, à l'âge de quinze ans, elle parut à la Cour, sa beauté ne se fit pas moins remarquer que son esprit ; elle excita l'admiration générale, et Ronsard la chanta sous le nom de la charmante Pasithée.

Mais cette Cour, où Catherine de Médicis dominoit, et qui offroit, au milieu des agitations civiles et religieuses, tous les raffinemens du luxe et de la volupté, étoit le séjour le plus dangereux pour une personne de l'âge de Marguerite. Douée des qualités aimables de son sexe, ayant un esprit plus cultivé qu'étendu, elle ne résista point aux exemples séduisans dont elle étoit environnée ; et bientôt on lui vit exercer, autant par ses charmes que par son esprit, une sorte d'empire sur les filles d'honneur de la Reine sa mère. Devenue l'arbitre des modes, elle présidoit aux fêtes brillantes et presque continuelles qui se donnoient à une époque de désastres ; ses grâces se développoient dans des danses où la place la plus marquante lui étoit toujours réservée ; et, mêlant, comme ses jeunes compagnes, le goût de l'intrigue à des occupations frivoles, elle s'efforçoit déjà d'acquérir de l'influence dans les affaires.

Ce fut alors qu'elle parut accueillir les hommages du duc Henri de Guise, un peu plus âgé qu'elle, et qui, considéré comme le chef du parti catholique, ne voyoit dans une intrigue qui pouvoit le conduire à obtenir la main d'une sœur de Charles IX, que le moyen le plus assuré de venger bientôt la mort de son père, assassiné six ans auparavant, au moment où il alloit accabler le parti calviniste. Cette liaison, qui exigeoit beaucoup de précautions et de mystère, sembloit devoir absorber entièrement une jeune personne ; mais elle n'empêcha pas Marguerite de servir en même temps avec beaucoup d'ardeur les intérêts de son frère le duc d'Anjou, auquel Catherine, après la mort du connétable de Montmorency, avoit confié les fonctions de lieutenant général. Elle entretint une correspondance très-active avec ce prince pendant la campagne où il remporta sur les protestans les victoires de Jarnac et de Montcontour, et elle fit en sorte que sa longue absence ne diminuât pas son crédit.

La paix s'étant faite l'année suivante [1570], toutes les apparences portoient à croire que les troubles étoient pour jamais étouffés. Il y eut des rapprochemens auxquels on n'auroit osé s'attendre ; et peu de temps après, il fut question de cimenter l'union des catholiques et des protestans par le mariage de Marguerite avec le prince de Navarre, reconnu chef de ces derniers. Ce projet fut en vain combattu par la princesse, dont le cœur n'étoit plus libre : le duc de Guise, partageant ses mécontentemens, ranima les fureurs des catholiques; et, comme si une sorte de fatalité eût présidé à ce mariage, dont les suites devoient être si malheureuses, la mort subite de la reine de Navarre, qui répandit l'effroi parmi les protestans, n'empêcha pas qu'il ne fût conclu avec tous les signes de l'allégresse publique. Marguerite ne céda qu'à la violence ; si l'on en croit Davila, témoin oculaire, elle garda le silence au moment où elle devoit donner son consentement, et il fallut que Charles ix, mettant la main sur sa tête, la contraignît de faire un mouvement qu'on regarda comme une marque d'adhésion [18 août 1572].

Ces noces, célébrées sous de si funestes auspices, furent presque immédiatement suivies du massacre de la Saint-Barthélemy [24 août]; et le lit nuptial ne fut pas même un asile pour l'infortunée Marguerite, qui fut obligée de fuir dans l'appartement d'une de ses sœurs, après avoir vu rejaillir sur elle le sang des serviteurs de son époux. Il faut lire dans ses Mémoires tous les détails qu'elle donne sur cette nuit désastreuse. Se trouvant dans la position la plus fausse, blessée dans les affections qui lui étoient inspirées, soit par ses penchans, soit par ses devoirs, elle rompit avec le duc d'Anjou, qu'elle accusoit d'être la principale cause de tous ses maux, et elle contracta la liaison la plus intime avec le duc d'Alençon, son plus jeune frère, qui, piqué de n'avoir pas été initié dans le secret du complot contre les protestans, se déclara leur protecteur.

Ce prince, dont aucun mérite ne rachetoit les vices honteux, exerça la plus dangereuse influence sur sa jeune sœur; et, quoique ses intérêts le liassent au roi de Navarre, il fortifia l'éloignement que les deux époux avoient l'un pour l'autre. Marguerite alors, prenant part à des intrigues où plusieurs femmes galantes entraînoient leurs amans, fut sensible aux soins de La Mole, jeune homme doué de toutes les qualités extérieures, mais dont l'ame, livrée tour à tour aux superstitions et aux voluptés, n'avoit aucune énergie. Cet homme la compromit souvent par des empressemens indiscrets; mais ce scandale, dont la Cour de Catherine de Médicis offroit tant d'exemples, n'empêcha pas la nouvelle reine de Navarre d'y conserver l'ascendant qu'on ne pouvoit refuser à son esprit et à sa beauté.

Lorsque les ambassadeurs de Pologne vinrent offrir ce trône au duc d'Anjou, l'évêque de Cracovie prononça devant elle une harangue latine, et elle y répondit dans la même langue, sans aucune préparation, avec une facilité et une élégance qui remplirent d'étonnement ces étrangers. C'étoit surtout dans ces sortes de solennités qu'elle se montroit avec le plus d'éclat; elle possédoit, comme son aïeul François 1, une éloquence naturelle qui la mettoit en état de parler avec convenance et justesse toutes les fois que l'occasion s'en présentoit; et il est à remarquer qu'à l'époque dont nous parlons elle n'avoit encore que vingt et un ans.

Les intrigues dans lesquelles on l'avoit engagée devoient éclater au commencement de mars 1574 : il s'agissoit d'enlever Charles ix, attaqué d'une maladie mortelle, d'exclure du trône l'héritier présomptif qui étoit en Pologne, et d'assurer la couronne au duc d'Alençon, appuyé, non-seulement par le parti protestant, mais par plusieurs seigneurs catholiques, qui, affectant d'avoir en horreur le fanatisme religieux, avoient pris le nom de *politiques-mécontens*. Ce projet échoua, plutôt par les indiscrétions des jeunes gens et des femmes qui s'étoient mis à la tête de ce parti, que par la pénétration de Catherine de Médicis. La Mole, étant arrêté, révéla tous les secrets de ses complices : aveux qui ne le sauvèrent pas de l'échafaud [30 avril]. Marguerite, qui avoit espéré que le coupable obtiendroit sa grâce, laissa paroître des regrets que, dans une autre Cour, une femme de son rang n'auroit rien négligé pour dissimuler ; elle prit même, à l'égard des restes de cet homme dont elle avoit à se reprocher la perte, des soins qui furent considérés par les uns comme une violation de toutes les lois de la décence, et par les autres comme l'effet de la sensibilité la plus profonde.

Ce chagrin, qui sembloit si vif, fut bientôt dissipé par de nouvelles intrigues auxquelles Marguerite prit part, lorsque, après la mort de Charles IX, Henri III, de retour de Pologne, se fût mis en possession de son royaume. Le roi de Navarre et le duc d'Alençon, qui avoient figuré à la tête du dernier complot, avoient l'ordre de ne pas quitter la Cour; et tous deux, sans cesser d'être unis par les mêmes intérêts, cherchoient à dissiper leur ennui en adressant leurs vœux à madame de Sauve, l'une des femmes les plus séduisantes de ce temps, qui, glorieuse de leur rivalité, sembloit tenir entre eux une balance égale.

Marguerite devint la confidente des projets et des amours de son époux et de son frère. Ni l'un ni l'autre ne trouvèrent extraordinaire qu'elle arrêtât ses regards sur un homme qui leur étoit attaché, et qui, d'un caractère tout opposé à celui de La Mole, poussoit la bravoure jusqu'à la témérité. Cet homme étoit Bussy d'Amboise, aussi fameux par ses succès auprès des femmes, que par les nombreux triomphes qu'il avoit remportés dans des combats singuliers. Marguerite, qui dans ses Mémoires garde le plus profond silence sur La Mole, ne peut s'empêcher de parler de Bussy, et elle cherche à écarter toute idée de la liaison qu'on l'accusoit d'avoir eue avec lui ; mais elle emploie des termes trop passionnés pour qu'on puisse la croire. « Il n'y avoit rien dans ce siècle, dit-elle, de « son sexe et de sa qualité, de semblable en valeur, « réputation, grâce et esprit. Il estoit né, ajoute- « t-elle dans un autre endroit, pour estre la terreur de « ses ennemis, la gloire de son maistre et l'espérance de « ses amis. » Les contemporains d'ailleurs ne laissent aucun doute sur cette liaison, dont Marguerite cherche, mais en vain, à se défendre : Brantôme, l'un de ses plus zélés apologistes, remarque que Bussy portoit *deux de ses faveurs,* l'une à son chapeau, l'autre sur sa poitrine; et un auteur beaucoup plus sérieux raconte que, parlant à Bussy de cette intrigue, *cela l'esmut et le fit un peu rougir, parce qu'il savoit qu'il en estoit quelque chose* (1).

Marguerite, qui, suivant l'usage de la Cour où elle vivoit, ne séparoit pas la politique de la galanterie, favorisa successivement la fuite du duc d'Alençon et celle du roi de Navarre [septembre 1575, février 1576].

(1) *Fortune de la Cour*, livre de morale attribué à Dampmartin, procureur général du duc d'Alençon, et publié dans le dix-septième siècle par Sorel, historiographe de France.

Henri III, irrité surtout de cette dernière évasion, priva la princesse de sa liberté, et la fit garder à vue dans son appartement. Eloignée des distractions et des plaisirs, dont elle avoit contracté depuis si long-temps l'habitude, elle trouva quelque consolation dans les lettres, dont elle n'avoit jamais perdu le goût, et qui la ramenèrent à des idées plus sérieuses. Mais ayant été, peu de temps après, employée par sa mère dans une négociation près du duc d'Alençon, et ayant contribué à l'arrangement conclu à Sens le 14 mai 1576, elle rentra dans le tourbillon de la Cour et des affaires.

Depuis quelque temps le duc d'Alençon, auquel Marguerite étoit toujours très-attachée, entretenoit des relations avec le prince d'Orange, chef des Flamands, qui s'efforçoient de secouer le joug de l'Espagne; et ce prince lui faisoit entrevoir qu'il pourroit devenir duc de Brabant, s'il vouloit prêter son assistance à ces peuples soulevés. Au moment où ces négociations promettoient quelque résultat, Henri III tenoit les premiers états de Blois, se réunissoit à la Ligue, et prenoit l'engagement de combattre à outrance le roi de Navarre [1577]. Marguerite, dans l'intention secrète de servir les projets du duc d'Alençon, fit observer à Catherine de Médicis qu'il n'étoit pas convenable qu'elle demeurât à la Cour pendant qu'on feroit la guerre à son mari, et elle obtint la permission d'aller prendre les eaux de Spa.

Dans ce voyage, où elle étala beaucoup de magnificence, elle ne négligea rien pour faire des partisans au duc d'Alençon : sa marche jusqu'à Liége fut une espèce de triomphe; elle déploya tous les charmes de son esprit et de sa beauté dans les fêtes brillantes qui lui furent prodiguées, et elle parvint à enchaîner à son char d'Inchy, gouverneur de Cambray, et le comte de Lalain, grand bailli du Hainaut. Mais ce voyage, commencé sous de si heureux auspices, pensa être terminé de la manière la plus funeste. Lorsque Marguerite quitta Liége, un soulèvement général éclata sur son passage, parce que don Juan d'Autriche, gouverneur des Pays-Bas, avoit mis garnison dans la ville de Namur. La princesse fut exposée aux insultes des deux partis, qui avoient conçu contre elle la même défiance; elle traversa en fugitive ce pays où les hommages les plus flatteurs lui avoient été rendus; et elle se trouva très-heureuse, en rentrant en Picardie, de pouvoir se réfugier au château de La Fère qui lui appartenoit.

Le duc d'Alençon vint l'y trouver, et elle lui rendit compte des efforts qu'elle avoit faits pour lui procurer un trône. Ils restèrent dans ce château, où, délivrés de la contrainte que leur imposoit la surveillance jalouse de Catherine de Médicis, il se livrèrent à toutes les chimères de leur ambition, jusqu'au moment où Henri III conclut avec le roi de Navarre et les protestans un arrangement plus favorable aux catholiques que tous ceux qui avoient été faits depuis le commencement des guerres civiles [17 septembre 1577].

De retour à la Cour, ils virent s'évanouir les espérances qu'ils avoient formées; Henri III, dans la crainte de déplaire à la Ligue, ne voulut pas permettre au duc d'Alençon de partir pour les Pays-Bas; et les favoris de ce monarque, croyant le prince entièrement disgracié, osèrent l'insulter dans un bal. Piqué au vif, il prit la résolution de s'échapper de la Cour, et, pour y

parvenir, il fit les préparatifs d'une partie de chasse.
Mais Henri III, instruit de son projet, regarda comme
une conspiration très-sérieuse ce qui n'étoit que l'effet
du dépit d'un prince qu'il devoit peu redouter : il alla
lui-même l'arrêter au milieu de la nuit, et il voulut que
Marguerite, qu'il soupçonnoit d'être sa complice, par-
tageât sa captivité.

La Reine mère, ayant l'air de blâmer l'emportement
du Roi, obtint une sorte de réconciliation entre ses enfans ; mais le duc d'Alençon continua d'être rigoureu-
sement surveillé. Fatigué de cette position, il recourut
à Marguerite, dont l'attachement pour lui s'augmentoit à mesure qu'elle le voyoit persécuté. Résolue de
braver toutes les suites de la colère de Henri III, elle
se procura une échelle de corde ; le duc se rendit chez
elle au milieu d'une nuit très-obscure, et elle le fit
échapper du Louvre par une fenêtre de son appartement. Il sortit de Paris au moyen d'un trou pratiqué
dans le mur de l'abbaye de Sainte-Geneviève, et il se
fixa dans Angers, où il renoua des relations avec son
beau-frère le roi de Navarre, qui, maître de la Guienne,
n'avoit point désarmé.

Marguerite, qui étoit restée au Louvre, n'éprouva
pas le traitement rigoureux auquel elle n'avoit pas
craint de s'exposer : on la ménagea dans la crainte d'irriter son époux et son frère, dont l'union pouvoit être
redoutable ; et peu de temps après les circonstances lui
firent reprendre une grande influence dans les affaires.
La Reine mère, effrayée des menaces du roi de Navarre, résolut d'entamer avec lui une nouvelle négociation, et de lui conduire son épouse dont il étoit depuis long-temps séparé. Elles partirent pour Nérac, où

résidoit ce prince, et Pibrac, qui joignoit aux fonctions de conseiller d'Etat de Henri III celles de chancelier de la reine de Navarre, fut chargé de la négociation.

L'intérêt de Marguerite, qui avoit beaucoup à se plaindre de Henri III, étoit de se faire un appui de son époux en lui rendant un service signalé, et elle trouva l'occasion la plus favorable pour parvenir à ce but. Pibrac, homme en apparence très-grave, âgé de près de cinquante ans, eut la folie de devenir amoureux d'elle; elle excita sa passion par tous les artifices de la coquetterie la plus habile; et, sans y céder, elle réussit à lui faire sacrifier les intérêts des catholiques dans un traité qui fut alors conclu. Lorsque l'affaire fut terminée, elle se moqua de cet amant qui avoit eu la prétention de succéder au brillant Bussy d'Amboise [1]; et, ne conservant plus aucun égard pour lui, elle lui écrivit, deux ans après, une lettre où, prenant le ton d'une reine, elle lui reprocha sa témérité.

Cette humiliation, qu'elle fit éprouver à un homme estimable sous plusieurs rapports, à l'auteur d'un livre de morale alors très-célèbre [2], excita contre elle beaucoup de haines; et dans les temps postérieurs, quelques écrivains, partageant l'indignation des amis de Pibrac, ont pris le parti de nier un fait qui cependant est appuyé par tous les témoignages contemporains. On nous permettra de chercher à répandre quelque lumière sur ce petit problème historique.

[1] *Bussy d'Amboise.* Bussy d'Amboise venoit d'être assassiné dans un château où il avoit été attiré par un mari jaloux [19 août 1579].

[2] *A l'auteur d'un livre de morale alors très-célèbre.* Ce livre se compose de cent vingt-six quatrains contenant *des préceptes utiles pour la vie de l'homme.* Il fut traduit, non-seulement dans presque toutes les langues de l'Europe, mais en arabe, en turc et en persan.

Vers le milieu du dernier siècle, dom Vaissette, dans son Histoire générale du Languedoc, et l'abbé d'Artigny, dans ses Mémoires, ont essayé de justifier Pibrac, mais ils ne sont pas entièrement d'accord sur les moyens de défense. Dom Vaissette rappelle la doctrine sévère que professoit Pibrac, et il en tire des conséquences qui prouvent qu'il ignoroit que, dans bien des circonstances, la conduite des hommes n'est pas conforme à leurs principes. L'abbé d'Artigny, plus judicieux, ne cherche pas à établir la régularité stoïque de son client, mais il s'efforce de prouver qu'à la même époque il étoit amoureux d'une autre femme à laquelle il écrivoit les lettres les plus passionnées; et, sur ce que dom Vaissette lui fait observer que ces lettres de Pibrac étoient probablement adressées à son épouse, d'Artigny, après avoir répondu qu'un mari n'écrit pas ainsi à sa femme, ajoute avec franchise : « Hé ne vaut-il pas mieux convenir que Pibrac, qui « n'avoit pas encore cinquante ans, ressentoit toujours « en lui le feu de la jeunesse? » L'argument de l'abbé d'Artigny pourroit avoir quelque solidité, si les lettres qu'il cite n'étoient pas antérieures de près de deux ans à l'époque où l'on assure que le plénipotentiaire de Henri III fut dupe de la coquetterie de Marguerite.

Les deux défenseurs de Pibrac citent une assez longue apologie, dans laquelle ce magistrat fait beaucoup d'efforts pour se justifier : mais c'est dans cette apologie même que nous trouverons la preuve de sa foiblesse; en effet, comme on va le voir, elle est remplie de termes passionnés qui donnent lieu de croire que, plus de deux ans après les conférences de Nérac, la blessure profonde que son cœur avoit reçue n'étoit pas encore cicatrisée.

Au mois de septembre 1581, Marguerite lui écrivit une lettre fort dure : après quelques plaintes sur la manière dont il avoit rempli les fonctions de sa chancellerie, elle lui reproche d'avoir fait consulter les astres sous lesquels elle étoit née, et, sur un prétendu danger qu'elle devoit courir à une certaine époque, de l'avoir pressée de quitter Nérac où demeuroit son époux. « Vous m'avez escrit, ajoute-t-elle, qu'autre
« chose ne vous avoit conduit à me donner cet aver-
« tissement, que *l'extresme passion qu'aviez pour moy,*
« ce que ne m'aviez osé descouvrir, mais à cette heure
« vous y estiez forcé, et à *desirer de me revoir.* »

Pibrac répondit d'abord à cette lettre par un billet très-court : il étoit malade, et pour le moment hors d'état de se justifier. Peu de temps après il fit passer à Marguerite une apologie composée avec beaucoup de soin. Il prouve facilement qu'il a très-bien administré les affaires de la princesse, et que pour lui procurer les avances dont elle a eu souvent besoin, il a compromis l'existence de sa famille. Il lui rappelle qu'à l'occasion d'une dispute qu'elle eut avec son mari relativement à sa chapelle, elle le combla de bontés : « Ne
« m'avez-vous pas repeté alors, lui dit-il, et cent fois
« depuis, que vous fussiez morte *d'ennuy et de regret*
« en ce lieu-là sans mon assistance? C'estoit une hy-
« perbole, je l'accorde, mais aussy *vostre humanité*
« *envers moy estoit lors infinie.* » Il convient qu'ajoutant trop de foi aux pressentimens de l'astrologue italien Giuntin, il a cru qu'elle couroit des dangers à Nérac, et qu'il lui a conseillé de se retirer dans Agen.

« C'est, lui fait-il observer, une preuve signalée de la
« crainte que j'ay eue de vous perdre, et du vif ressen-
« timent que j'ay reçu dans mon cœur pour une fausse
« appréhension de la mort *de celle à laquelle je*
« *n'eusse voulu survivre un quart d'heure.* » Il se souvient avec attendrissement que la princesse lui a quelquefois donné le nom de père. « Bien, lui dit-il, que
« j'eusse employé cent et cent vies pour vostre service, je
« n'eusse pourtant jamais peu meriter un si favorable
« propos, et un nom si precieux....; bien vous dirai-je
« que Dieu m'ayant donné par sa grace lignée et pos-
« terité, et m'ayant profondement gravé dans le cœur
« le sentiment de l'amitié paternelle, je ne sache tou-
« tesfois avoir plus *tendrement aymé* aucun de mes en-
« fans, ni avec plus de passion avoir desiré pour eux
« du bien et de l'honneur que j'ay fait pour vous, ma-
« dame. » On voit qu'une apologie écrite presque entièrement sur ce ton, est loin d'annoncer que l'auteur
ait eu de l'indifférence pour la femme à laquelle il l'a-
dresse.

De Thou, dans ses Mémoires, confirme par un fait
remarquable l'opinion que nous avons cru devoir nous
former sur les vrais sentimens du chancelier de Marguerite. Etant allé le voir à la campagne, il le trouva
fort occupé de son apologie. « Il me la lut, dit-il, mais
« avec un air si prévenu, en termes si étudiés, et d'un
« style où il paroissoit tant de passion, que cela ne ser-
« vit qu'à me convaincre de la vérité des reproches
« que lui faisoit la princesse. »

Cependant Marguerite, fixée à Nérac, continuoit à
faire de grands efforts pour prendre de l'ascendant
sur son époux : le voyant successivement amoureux

de trois de ses filles d'honneur, mesdemoiselles de Dayelle, de Rebours et de Fosseuse, elle montroit une complaisance qui compromettoit sa dignité, mais qui lui concilioit la bienveillance d'un prince dont elle étoit peu estimée. Au milieu des plaisirs de toute espèce auxquels se livroit pendant la paix la petite cour de Nérac, Marguerite suivoit toujours des intrigues politiques. Constamment dévouée au duc d'Alençon, elle ne repoussoit pas les hommages du vicomte de Turenne, depuis duc de Bouillon : elle le pressoit d'engager ses nombreux amis à prendre part à l'expédition de Flandre; et tout porte à croire que ce jeune seigneur étoit mieux traité par elle que ne l'avoit été le malheureux Pibrac. Henri III et Catherine de Médicis, instruits des relations secrètes qu'elle entretenoit avec le duc d'Alençon, en craignirent les suites, et ne trouvèrent d'autre moyen de les prévenir, que d'avertir officiellement le roi de Navarre de la conduite de Marguerite, sur laquelle il affectoit de fermer les yeux. Ce prince reçut fort mal cette communication : son épouse outragée lui demanda vengeance, presque tous les seigneurs protestans partagèrent son ressentiment, et les hostilités ne tardèrent pas à recommencer. Cette guerre, où les passions religieuses et politiques n'agirent que foiblement, et qui fut appelée la *guerre des amoureux,* se termina bientôt par le traité de Fleix, qui fut signé le 26 novembre 1580.

L'expédition de Flandre, si long-temps désirée par Marguerite, eut enfin lieu, et le vicomte de Turenne y prit part; cependant elle fut loin de tourner comme on l'avoit espéré : le duc d'Alençon commença, il est vrai, par obtenir quelques faciles succès, il fut couronné duc de Brabant; mais les peuples, qui s'étoient flattés de trouver en lui un libérateur, reconnurent bientôt la foiblesse et la duplicité de son caractère. Il fut honteusement chassé; et, dévoré de chagrin, il termina, ayant à peine trente ans, une existence qui n'avoit eu aucun éclat.

Avant ce fatal dénouement, Marguerite, croyant avoir à se plaindre de son mari, revint à la cour de France, où, ne pouvant vaincre l'activité de son imagination, elle entra dans de nouvelles intrigues. Henri III, effrayé des progrès de la Ligue, et jaloux du duc de Guise qui la dirigeoit, avoit résolu de mettre à la tête de cette faction le duc de Joyeuse son favori. Marguerite, qui avoit de l'aversion pour ce dernier, prit hautement le parti du duc de Guise, et sembla renouer avec lui la liaison qu'ils avoient eue dans leur enfance. Cette conduite, aussi imprudente que coupable, la perdit entièrement. Jusqu'alors ses fautes, effacées en quelque sorte par ses qualités aimables, avoient trouvé alternativement des apologistes dans l'un des deux partis qui divisoient la France. Mais les catholiques, à qui elle étoit devenue odieuse depuis qu'elle avoit abusé de la foiblesse de Pibrac dans les conférences de 1579, ne lui surent aucun gré d'embrasser tardivement leur parti; et les protestans, irrités de la voir liée à leur plus implacable ennemi, lui vouèrent une haine qui ne s'éteignit jamais. Henri III et Catherine de Médicis, satisfaits de la position où elle s'étoit si mal adroitement placée, dissimulèrent pendant quelque temps: mais, instruits que, tourmentée par l'inconstance de son caractère, elle avoit formé le projet de retourner à Nérac, ils résolurent de lui faire l'affront le plus sanglant [1583].

A peine se fut elle mise en route, qu'une compagnie des gardes l'arrêta entre Palaiseau et Saint-Clerc: sans aucun respect pour son rang, on lui fit subir un humiliant interrogatoire, et ses femmes furent indécemment visitées, sous le prétexte qu'il y avoit parmi elles des hommes déguisés. On la laissa ensuite continuer son voyage, n'ayant d'autre consolation que l'espoir d'être bientôt vengée; mais elle n'obtint pas même cette consolation. Son époux ne réclama que foiblement une réparation qui lui fut refusée; et le parti protestant ne se montra nullement disposé à entreprendre pour elle une nouvelle guerre. Quoiqu'elle n'eût que trente et un ans, et que sa beauté fût encore dans tout son éclat, le charme qui jusqu'alors l'avoit environnée parut entièrement dissipé.

Elle passa deux ans à la Cour de son époux, et, ne pouvant recouvrer sa confiance, elle fut réduite à une inaction bien contraire à ses goûts. Mais, au mois de septembre 1585, le pape Sixte-Quint ayant excommunié le roi de Navarre, elle crut avoir trouvé une occasion de reparoître avec éclat sur la scène du monde. Elle quitta donc brusquement Nérac, et vint s'emparer, au nom de la Ligue, de l'Agenois qui lui avoit été donné en dot. Espérant se maintenir dans ce pays, où elle avoit des partisans, elle en confia l'administration à madame de Duras sa favorite, dont les talens ne répondirent pas à sa confiance: les peuples, accablés d'impôts extraordinaires, réclamèrent l'assistance de Henri III; et, par ses ordres, le maréchal de Matignon surprit Agen, d'où Marguerite n'eut que le temps de s'échapper avec Lignerac qui la prit en croupe. Elle fit ce jour-là douze grandes lieues presque toujours au galop, et ne trouva d'asile qu'à Carlat, dont Mazze, frère de Lignerac, étoit gouverneur. Menacée de nouveau dans cette retraite, elle prit la fuite sans savoir où elle pourroit être reçue, et elle fut arrêtée, au nom du Roi, par Canillac, qui la conduisit au château d'Usson en Auvergne, et l'y retint prisonnière.

Ce château, dont Louis XI avoit fait autrefois une prison d'Etat, étoit situé sur un rocher presque inaccessible, et Marguerite pouvoit y redouter une longue captivité; mais son gardien, séduit par son esprit et ses charmes, ne put éviter le piége où elle avoit, quelques années auparavant, entraîné Pibrac. Avec quelques secours que lui envoya le duc de Guise, elle profita de la passion de Canillac pour se rendre maîtresse du château et pour l'en chasser. Libre alors, et en possession d'une forteresse inexpugnable, elle y passa plusieurs années, pendant que la guerre civile, devenue beaucoup plus acharnée, étendoit ses ravages dans toutes les parties du royaume.

Brouillée irrévocablement avec sa famille, elle fut déshéritée par Catherine de Médicis; et elle apprit bientôt la mort de cette reine, à laquelle Henri III ne survécut que quelques mois. Restée seule de la branche des Valois, elle se trouvoit obligée, par sa position, d'être fidèle à la Ligue, et de faire des vœux contre le nouveau roi Henri IV son époux, sur qui tous les bons Français fondoient leurs espérances. Au mois de mars 1590, elle vit, du haut des terrasses de son château, un combat entre les troupes royales et celles de la Ligue, où ces dernières furent complètement défaites. Les vainqueurs n'essayèrent point d'assiéger Usson, mais elle se trouva réduite à une telle détresse, qu'elle fut obligée de se défaire de son argenterie, et d'engager ses pierreries à Venise.

Sa principale consolation fut de cultiver les lettres, dont, au milieu des grandes agitations de sa vie, elle n'avoit jamais perdu le goût; et ce fut à Usson qu'elle composa ses Mémoires, qu'on peut considérer comme l'une des premières productions littéraires où la langue française semble approcher de la perfection qu'elle acquit dans le siècle suivant. Elle entretenoit aussi des correspondances avec quelques personnes qui lui avoient été attachées, et voici une lettre fort remarquable qu'elle écrivit à Brantôme vers la fin de 1590.

« Par la souvenance que vous avez de moy (qui m'a
« esté moins nouvelle qu'agreable), je connois que vous
« avez conservé l'affection que vous avez toujours eu
« à nostre maison, à ce peu qui reste d'un misérable
« naufrage, qui, en quelque estat qu'il puisse estre,
« sera toujours disposé à vous servir, me sentant bien
« heureuse que la fortune n'ait pu effacer mon nom
« de la mémoire de mes plus anciens amis, comme
« vous estes. J'ay sceu que, comme moy, vous avez
« choisy la vie tranquille, en laquelle j'estime heureux
« qui s'y peut maintenir, comme Dieu m'en a fait la
« grace depuis cinq ans, m'ayant logée en un arche
« de salut où les orages de ces troubles ne peuvent,
« Dieu mercy, me nuire, en laquelle, s'il me reste quel-
« que moyen de pouvoir servir à mes amis, et à vous
« particulierement, vous m'y trouverez entierement
« disposée. »

Lorsque Henri iv fut devenu le maître de son royaume, il autorisa Marguerite à continuer d'habiter le château d'Usson, et il lui fournit les moyens d'y mener une vie conforme à son rang. En 1598, pressé par ses fidèles serviteurs de rompre des liens qui ne pouvoient lui faire espérer aucune postérité, il entama une négociation avec le pape Clément viii, et il en chargea du Perron, d'Ossat et Marguemont, archevêque de Lyon. Sully, son principal ministre, entra en même temps en correspondance avec Marguerite. Mais cette princesse, instruite que Henri iv avoit l'intention de donner sa main à la belle duchesse de Beaufort, répondit qu'elle ne consentiroit à la dissolution de son mariage qu'à condition que le Roi épouseroit une autre femme; elle ajouta que sa résolution étoit irrévocablement arrêtée, et qu'aucun traitement, bon ou mauvais, ne la lui feroit changer. Cette résolution, qui fait honneur à Marguerite, puisqu'elle n'avoit pour objet que l'intérêt de la France, auroit mis un obstacle invincible à la négociation qui se suivoit à Rome, si la duchesse de Beaufort ne fût morte subitement au printemps de 1599. Alors Marguerite ayant appris que Henri iv faisoit demander la main de Marie de Médicis, annonça qu'elle se prêteroit volontiers à tout ce qu'on désireroit.

Langlois, qui étoit un de ses anciens serviteurs, et qui, comme échevin de Paris, avoit puissamment contribué à ouvrir au Roi les portes de cette capitale, fut envoyé à Usson pour prendre avec elle les derniers arrangemens. Elle ne demanda qu'une pension convenable et le paiement de ses dettes. En même temps elle écrivit à Clément viii que, non-seulement elle consentoit librement à la dissolution de son mariage, mais qu'elle avoit pour la conclusion de cette grande affaire le même empressement que toute la France. Les obstacles étant ainsi aplanis, le Pape ordonna que la procédure se feroit à Paris. L'évêque de Modène, neveu et nonce du Pape, l'archevêque d'Arles, et le cardinal de Joyeuse en furent chargés; ils tinrent plusieurs séances à l'Evêché, interrogèrent le Roi sur vingt-deux chefs, et prononcèrent, le 17 décembre 1599, une sentence par laquelle ils déclarèrent le mariage nul pour cause de parenté, d'affinité spirituelle, de violence et de défaut de consentement d'une des parties.

Marguerite habita encore quatre ans le château d'Usson; elle y servit avec ardeur les intérêts du Roi qui venoit de la priver d'un trône; et elle lui donna d'utiles avis sur les intrigues des protestans de l'Auvergne et du Poitou. Sa conduite pleine de modération lui valut bientôt la restitution des biens qui lui avoient été enlevés par le testament de Catherine de Médicis sa mère [1604].

L'année suivante, sans avoir donné aucun avis à Henri IV, elle s'achemina vers Paris, dont elle étoit absente depuis vingt-deux ans; elle s'arrêta d'abord au château de Madrid dans le bois de Boulogne, où le Roi vint la visiter; et, après y avoir passé six semaines, elle s'établit à l'hôtel de Sens, faubourg Saint-Antoine; mais bientôt un malheur, dont ses ennemis profitèrent pour la dénigrer, lui rendit ce séjour insupportable. Un jeune homme, nommé Julien Date, qu'elle paroissoit distinguer, fut assassiné dans la cour de cet hôtel, au moment où il l'aidoit à monter dans son carrosse [mai 1606]. Elle vint habiter une autre maison située sur le bord de la Seine et près du Pré-aux-Clercs : elle la rebâtit de la manière la plus somptueuse, et y fit planter des jardins magnifiques.

Ce fut là qu'elle trouva enfin le repos que les intrigues, les plaisirs et les passions avoient jusqu'alors éloigné d'elle. Elle s'entoura des hommes de lettres les plus distingués, et, à l'exemple de son aïeul François 1, elle les admettoit souvent à sa table. Dans ces repas, où il paroît que Pasquier fut quelquefois invité, les lois de la sobriété étoient sévèrement observées, et la princesse proposoit des questions philosophiques, morales et littéraires, qui étoient discutées avec une entière liberté. « Lorsque ces discussions estoient finies, «ajoute
« Pasquier, venoit une bande de violons, puis une belle
« musique de voix, et finalement des luths, qui tous
« jouoient l'un après l'autre à qui mieux mieux. » Brantôme, qui étoit de cette société, donne des détails intéressans sur le goût de Marguerite pour les lettres et les arts, dont elle faisoit alors presque son unique occupation. « Elle est fort curieuse, dit-il, de recouvrer tous les
« beaux livres, tant en lettres sainctes qu'humaines ; et
« quand elle a entrepris à lire un livre, tant grand et
« long soit-il, elle ne le laisse et ne s'arreste jamais jus-
« qu'à ce qu'elle en ait vu la fin, et bien souvent en
« perd le manger et le dormir. Elle fait souvent quel-
« ques stances très-belles qu'elle fait chanter, l'entre-
« meslant avec le luth qu'elle touche bien gentiment,
« et par ainsy elle passe son temps, et coule ses infor-
« tunées journées. »

A ces occupations, tour à tour sérieuses et agréables, elle joignoit des actions beaucoup plus dignes d'estime. Douée de la libéralité qui avoit distingué les Valois, dont elle étoit le dernier rejeton, elle distribuoit de nombreuses aumônes, et venoit au secours des monastères que les malheurs publics avoient ruinés : mais malheureusement ses actes de munificence et de charité n'étoient pas toujours calculés sur ses revenus; elle contractoit des dettes dont les paiemens n'étoient pas exacts ; et l'on remarquoit dans ce qui étoit fait pour la réhabiliter dans l'opinion, le défaut d'ordre et la légèreté qu'on avoit reprochés à sa jeunesse.

Henri IV la voyoit avec plaisir fréquenter sa Cour; elle assista en 1605 au baptême des enfans de France, et deux ans après elle fit au Dauphin une donation de tous ses biens. Son bonheur sembloit assuré, et elle partageoit les espérances des Français sur la grande entreprise que méditoit Henri IV, lorsqu'elle apprit la mort imprévue de ce grand prince, qui la replongea dans de nouveaux chagrins [1610]. Elle ne prit aucune part aux troubles qui agitèrent les premières années de la régence de Marie de Médicis; et, n'ayant plus de relations qu'avec un petit nombre de serviteurs éprouvés, elle mourut le 27 mars 1615, à l'âge de soixante-trois ans.

En rédigeant cette notice, nous avons eu à nous préserver des exagérations où sont tombés, dans un sens absolument opposé, presque tous les contemporains qui ont parlé de Marguerite. Cette diversité de sentimens se fait surtout remarquer dans le récit des trente dernières années de sa vie, période qui commence à sa retraite dans le château d'Usson. S'il faut en croire l'auteur du *Divorce satirique*, et même Scipion Dupleix, qu'elle avoit comblé de bienfaits, elle se livra aux derniers désordres à un âge où ses malheurs lui avoient donné tant de leçons sévères. Si l'on s'en rapporte au contraire à Hilarion Coste, religieux minime, qui a placé sa vie dans un recueil d'éloges de dames illustres, elle honora son âge mur et sa vieillesse par l'exercice de toutes les vertus. Les uns, la considérant comme une Messaline, appellent le château d'Usson une nouvelle Caprée, et l'autre, qui en fait une sainte, donne à sa retraite le nom de Thébaïde. Il y a toute apparence que la vérité se trouve entre ces deux jugemens, qui sont évidemment dictés par la plus aveugle prévention; et l'on se croit d'autant plus fondé à soutenir cette opinion, qu'elle est appuyée par les témoignages de Sully et de Richelieu, qui dans leurs Mémoires ne cherchent pas, il est vrai, à dissimuler la légèreté du caractère de Marguerite, mais semblent se plaire à rendre justice à la conduite mesurée et pleine de loyauté qu'elle ne cessa de tenir depuis la dissolution de son mariage.

Ses Mémoires, qui ne vont que jusqu'en 1582, et qui par conséquent n'embrassent qu'un peu moins de la moitié de sa vie, ne laissent aucun doute sur les égaremens où elle fut entraînée dans sa jeunesse : on voit que, cherchant presque toujours à se justifier, elle s'attache principalement à prévenir les reproches qu'on seroit en droit de lui faire ; et la lutte continuelle qu'elle est obligée d'avoir avec sa conscience, en aiguisant son esprit, rend très-piquante la lecture de son apologie. Cet ouvrage, qui annonce des connoissances littéraires fort étendues, et offre un goût exquis, fut avec raison considéré par les premiers académiciens français comme un des modèles dignes d'être employés à la perfection de notre langue ; et l'on dit qu'étant tombé entre les mains de Pélisson, cet homme célèbre en fut tellement frappé, qu'il le relut deux fois dans une nuit. Le fond des choses n'inspire pas moins d'intérêt que la douce élégance du style et la délicatesse des pensées : on chercheroit en vain dans tous les ouvrages du temps un tableau plus vrai et plus curieux de la Cour de Catherine de Médicis.

Auger de Mauléon, seigneur de Granier, fut le premier qui publia les Mémoires de Marguerite de Valois. (Paris, 1628, in-8º.) Il prétendit à tort qu'ils étoient adressés à Charles de Vivonne, baron de La Châtaigneraye, chambellan du duc d'Alençon. En 1713, Jean Godefroy en donna une édition beaucoup plus soignée, qui fut réimprimée à La Haye en 1715. C'est cette édition que nous avons suivie. Il suffit de lire les trois premières pages de ces Mémoires pour être convaincu qu'ils ne furent point adressés à La Châtaigneraye, mais qu'ils sont une réponse à l'article que Brantôme avoit consacré à cette princesse : on y voit que Marguerite a le projet de réfuter quelques erreurs où elle suppose que le biographe est involontairement tombé.

Godefroy joignit aux Mémoires de Marguerite un petit ouvrage intitulé *Fortune de la Cour*, attribué à Dampmartin, procureur général du duc d'Alençon, et retouché par Charles Sorel, historiographe de France. Ce livre, qui n'est qu'un traité de morale, n'a pas dû entrer dans notre Collection : on y trouve des anecdotes qui prouvent que la princesse eut en effet avec Bussy d'Amboise l'intrigue dont elle cherche vainement à se défendre.

MÉMOIRES

DE

MARGUERITE DE VALOIS.

LIVRE PREMIER.

Je loüerois davantage votre œuvre si elle ne me loüoit tant, ne voulant qu'on attribuë la loüange que j'en ferois, plustost à la philaftie (1) qu'à la raison, et ainsi que l'on pense que, comme Themistocle, j'estime celuy dire le mieux qui me loüe le plus. C'est un commun vice aux femmes de se plaire aux loüanges, bien que non meritées. Je blasme mon sexe en cela, et n'en voudrois tenir cette condition. Je tiens neanmoins à beaucoup de gloire qu'un si honneste homme que vous m'aye voulu peindre d'un si riche pinceau. En ce portrait l'ornement du tableau surpasse de beaucoup l'excellence de la figure que vous en avez voulu rendre le sujet. Si j'ay eu quelques parties de celles que vous m'attribuez, les ennuis, les effaçant de l'exterieur, en ont aussi effacé la souvenance de ma memoire; de sorte que, me remirant en vostre discours, je ferois volontiers comme la vieille madame de Rendan, qui, ayant demeuré depuis la mort de son mary sans voir son miroir, rencontrant par fortune son visage dans le miroir d'un autre, demanda qui estoit celle-là. Et bien que mes amis qui me voyent me veulent persuader le

(1) *Philaftie* : amour de soi-même.

contraire, je tiens leur jugement pour suspect, comme ayans les yeux fascinez de trop d'affection.

Je crois que quand vous viendrez à l'épreuve vous serez en cela de mon costé, et direz, comme souvent je l'escris, par ces vers de du Bellay :

> . . . . c'est chercher Rome en Rome,
> Et rien de Rome en Rome ne trouver.

Mais, comme l'on se plaist à lire la destruction de Troye, la grandeur d'Athenes, et de telles puissantes villes lors qu'elles florissoient, bien que les vestiges en soient si petits qu'à peine peut-on remarquer où elles ont esté, ainsi vous plaisez-vous à décrire l'excellence d'une beauté, bien qu'il n'en reste aucun vestige ny témoignage que vos escrits. Si vous l'aviez fait pour representer le contraste de la nature et de la fortune, plus beau sujet ne pouviez-vous choisir, les deux y ayants à l'envy fait essay de l'effort de leur puissance. En celuy de la nature, en ayant esté témoin oculaire, vous n'y avez besoin d'instruction ; mais en celuy de la fortune, ne le pouvant décrire que par rapport (qui est sujet d'estre fait par des personnes ou mal informées ou mal affectionnées, qui ne peuvent representer le vray ou par ignorance ou par malice), j'estime que vous recevrez plaisir d'en avoir les memoires de qui le peut mieux sçavoir, et de qui a plus d'interest à la verité de la description de ce sujet. J'y ay aussi esté conviée par cinq ou six remarques que j'ay faites en vostre discours, où il y a de l'erreur; qui sont lors que vous parlez de Pau et de mon voyage de France, quand vous parlez de feu M. le mareschal de Biron [1], quand

---

[1] *Le mareschal de Biron* : Armand de Biron, père de celui qui fut condamné, pour conspiration, sous le règne de Henri IV.

vous parlez d'Agen, et aussi de la sortie de ce lieu du marquis de Canillac.

Je traceray mes Memoires, à qui je ne donneray un plus glorieux nom, bien qu'ils meritassent celuy d'histoire pour la verité qui y est contenuë nuëment et sans ornement aucun, ne m'en estimant pas capable, et n'en ayant aussi maintenant le loisir. Cette œuvre donc d'une après-disnée ira vers vous, comme les petits ours, en masse lourde et difforme, pour y recevoir sa formation. C'est un chaos duquel vous avez déjà tiré la lumiere. Il reste l'œuvre de cinq ou six autres journées. C'est une histoire, certes, digne d'être écrite par un cavalier d'honneur, vray François, nay d'illustre maison, nourry des roys mes pere et freres, parent et familier amy des plus galantes et honnestes femmes de nostre temps, de la compagnie desquelles j'ay eu ce bonheur d'estre la liaison.

Les choses precedentes avec celles des derniers temps me contraignent de commencer du temps du roy Charles, et au premier point où je me puisse ressouvenir y avoir eu quelque chose remarquable à ma vie. Partant, comme les geographes qui décrivent la terre, quand ils sont arrivez au dernier terme de leur connoissance, disent : Au delà, ce ne sont que des deserts sablonneux, terres inhabitées, et mers non naviguées; de mesme je diray n'y avoir au delà que le vague d'une premiere enfance, où nous vivions plustost guidez par la nature, à la façon des plantes et des animaux, que comme hommes regis et gouvernez par la raison, et laisseray à ceux qui m'ont gouvernée en cet âge-là cette superfluë recherche, où peut-estre en ces enfantines actions s'en trouveroit-il d'aussi dignes d'estre écrites que celles de l'enfance de Themistocle et d'Alexandre ; l'un s'exposant au milieu de la ruë devant les pieds des chevaux d'un charretier qui ne s'estoit à sa prière voulu arrester; l'autre méprisant l'honneur du prix de la course, s'il ne le disputoit avec des rois ; desquelles pourroit estre la repartie que je fis au Roy mon pere peu de jours avant le miserable coup (1) qui priva la France de repos, et nostre maison de bonheur. N'ayant lors qu'environ quatre ou cinq ans (2), et me tenant sur ses genoux pour me faire causer, il me dit que je choisisse celuy que je voulois pour mon serviteur, de M. le prince de Joinville, qui a depuis esté ce grand et infortuné duc de Guise, ou du marquis de Beaupreau (3), fils du prince de La Roche-sur-Yon (en l'esprit duquel la nature, pour avoir trop fait d'effort de son excellence, excita l'envie de la fortune jusques à luy estre mortelle ennemie, le privant par la mort en son an quatorziesme des honneurs et couronnes qui estoient justement promises à la vertu et magnanimité qui reluisoient en son esprit), tous deux se joüants auprés du Roy mon pere, moy les regardant. Je luy dis que je voulois le marquis. Il me dit : « Pourquoy ? il n'est pas si beau » (car le prince de Joinville estoit blond et blanc, et le marquis de Beaupreau avoit le teint et les cheveux bruns). Je luy dis pource qu'il estoit plus sage, et que l'autre ne peut durer en patience

---

(1) *Avant le miserable coup.* Henri II fut blessé à mort par Montgommery, dans un tournois, le 30 juin 1559. Il mourut onze jours après, le 10 juillet.

(2) *Quatre ou cinq ans.* Elle en avoit sept, étant née le 14 mai 1552.

(3) *Du marquis de Beaupreau.* Henri de Bourbon, fils unique de Charles de Bourbon, prince de La Roche-sur-Yon. Il mourut en 1560.

qu'il ne fasse tous les jours mal à quelqu'un, et veut toûjours estre le maistre : augure certain de ce que nous avons veu depuis. Et la resistance aussi que je feis pour conserver ma religion du temps du colloque de Poissi (1), où toute la Cour estoit infectée d'heresie, aux persuasions imperieuses de plusieurs dames et seigneurs de la Cour, et mesme de mon frere d'Anjou, depuis roy de France, de qui l'enfance n'avoit peu éviter l'impression de la malheureuse huguenoterie, qui sans cesse me crioit de changer de religion, jettant souvent mes Heures dans le feu, et au lieu me donnant des psalmes et prieres huguenotes, me contraignant les porter; lesquelles, soudain que je les avois, je les baillois à madame de Curton ma gouvernante, que Dieu m'avoit fait la grace de conserver catholique, laquelle me menoit souvent chez le bon-homme M. le cardinal de Tournon, qui me conseilloit et fortifioit à souffrir toutes choses pour maintenir ma religion, et me redonnoit des Heures et des chappelets au lieu de ceux que m'avoit bruslé mon frere d'Anjou. Et ses autres particuliers amis, qui avoient entrepris de me perdre, me les retrouvant, animez de couroux m'injurioient, disants que c'estoit enfance et sottise qui me le faisoit faire; qu'il paroissoit bien que je n'avois point d'entendement; que tous ceux qui avoient de l'esprit, de quelque âge et sexe qu'ils fussent, oyants prescher la charité, s'estoient retirez de l'abus de cette bigoterie, mais que je serois aussi sotte que ma gouvernante. Et mon frere d'Anjou, y adjoustant les menaces, disoit

(1) *Du colloque de Poissi.* Ce colloque, où les ministres protestans furent admis à disputer contre les prélats catholiques, eut lieu au mois de septembre 1561, première année du règne de Charles ix.

que la Reyne ma mere me feroit foüetter : ce qu'il disoit de luy-mesme, car la Reyne ma mere ne sçavoit point l'erreur où il estoit tombé. Et soudain qu'elle le sceut, le tansa fort, luy et ses gouverneurs, et, les faisant instruire, les contraignit de reprendre la vraye, sainte et ancienne religion de nos peres, de laquelle elle ne s'estoit jamais départie. Je luy respondis à telles menaces, fondant en larmes, comme l'âge de sept à huit ans où j'estois lors y est assez tendre, qu'il me fist foüetter, et qu'il me fist tuer s'il vouloit, que je souffrirois tout ce que l'on me sçauroit faire, plustost que de me damner. Assez d'autres responses, assez d'autres telles marques de jugement et de resolution s'y pourroient-elles trouver, à la recherche desquelles je ne veux peiner, voulant commencer mes Memoires seulement du temps que je fus à la suite de la Reyne ma mere pour n'en bouger plus : car, incontinent après le colloque de Poissi [1561] que les guerres commencerent, nous fusmes, mon petit frere d'Alençon et moy, à cause de nostre petitesse, envoyez à Amboise, où toutes les dames de ce païs-là se retirerent avec nous, mesme vostre tante madame de Dampierre [1], qui me prist lors en amitié, qu'elle m'a continuée jusques à sa mort, et vostre cousine madame la duchesse de Rais [2], qui sceut en ce lieu la grace que la fortune luy avoit faite de la delivrer à la bataille de Dreux d'un fascheux, son premier mary M. d'Annebaut, qui estoit indigne de

---

[1] *Madame de Dampierre :* Jeanne de Vivonne, veuve de Claude de Clermont, seigneur de Dampierre.

[2] *Madame la duchesse de Rais :* Claude-Catherine de Clermont, veuve de Jean, seigneur d'Annebaut : elle s'étoit remariée avec le duc de Rets.

posseder un sujet si divin et si parfait. Je parle icy du principe de l'amitié de vostre tante envers moy, non de vostre cousine, bien que depuis nous en ayons eu de si parfaite qu'elle dure encore et durera tousjours. Mais lors l'âge ancien de vostre tante et mon enfantine jeunesse avoient plus de convenance, estant le naturel des vieilles gens d'aimer les petits enfans, et de ceux qui sont en âge parfait, comme estoit lors vostre cousine, de mespriser et haïr leur importune simplicité.

[1564] J'y demeuray jusques a ucommencement du grand voyage, que la Reyne ma mere me feit revenir à la Cour pour ne bouger plus d'auprès d'elle; duquel toutefois je ne parleray point, estant lors si jeune que je n'en ay pû conserver la souvenance qu'en gros, les particularitez s'estant évanouïes de ma memoire comme un songe. Je laisse à en discourir à ceux qui, estans en âge plus meur, comme vous, se peuvent souvenir des magnificences qui furent faites par tout, mesme à Bar-le-Duc, au baptesme de mon nepveu le prince de Lorraine, à Lyon à la venuë de M. et de madame de Savoye, à Bayonne à l'entreveuë de la reyne d'Espagne ma sœur et de la Reyne ma mere, et du roy Charles mon frere; là où je m'asseure que vous n'oublierez de representer le festin superbe de la Reyne ma mere en l'isle, avec le ballet, et la forme de la salle, qu'il sembloit que la nature eust appropriée à cet effet; ayant cerné dans le milieu de l'isle un grand pré en ovale de bois de haute fustaye, où la Reyne ma mere disposa tout à l'entour de grandes niches, et dans chacune une table ronde à douze personnes; la table de Leurs Majestez seulement s'eslevoit au bout de la salle sur un haut dais de quatre degrez de gazons; toutes ces tables servies par trouppes de diverses bergeres, habillées de toille d'or et de satin diversement, selon les habits divers de toutes les provinces de France. Lesquelles bergeres à la descente des magnifiques batteaux (sur lesquels, venant de Bayonne à cette isle, l'on fut tousjours accompagné de la musique de plusieurs dieux marins, chantants et recitans des vers autour du batteau de Leurs Majestez) s'estoient trouvé chaque trouppe en un pré à part aux deux costez d'une grande allée de pelouse dressée pour aller à la susdite salle, chaque trouppe dansant à la façon de son païs; les Poitevines avec la cornemuse, les Provençales la volte avec les timballes, les Bourguignones et Champenoises avec le petit hautbois, le dessus de violon, et tabourins de village; les Bretonnes dansans les passepieds et branlesgais; et ainsi toutes les autres provinces. Aprés le service desquelles et le festin finy, l'on veit, avec une grande trouppe de Satyres musiciens, entrer ce grand rocher lumineux, mais plus esclairé des beautez et pierreries des Nymphes qui se faisoit dessus leur entrée que des artificielles lumieres; lesquelles descendantes vindrent danser ce beau ballet, duquel la fortune envieuse ne pouvant supporter la gloire, feit orager une si estrange pluye et tempeste, que la confusion de la retraitte qu'il falloit faire la nuit par batteaux, apporta le lendemain autant de bons contes pour rire que ce magnifique appareil de festin avoit apporté de contentement, et en toutes les superbes entrées qui leur furent faites aux villes principales de ce royaume, duquel ils visiterent toutes les provinces.

[1569] Au regne du magnanime roy Charles mon

frere, quelques années après le retour du grand voyage, les huguenots ayants recommencé la guerre, le Roy et la Reyne ma mere estans à Paris, un gentilhomme de mon frere d'Anjou, qui depuis a esté roy de France, arriva de sa part pour les advertir qu'il avoit reduit l'armée des huguenots à telle extremité, qu'il esperoit qu'ils seroient contraints de venir dans peu de jours à la bataille, et qu'il les supplioit avant cela qu'il eust cet honneur de les voir, afin que si la fortune, envieuse de la gloire qu'en si jeune âge il avoit acquise, vouloit en cette desirée journée, après avoir fait un bon service à son roy, à sa religion et à cet Estat, joindre le triomphe de sa victoire à celuy de ses funerailles, il partist de ce monde avec moins de regret, les ayant laissez tous deux satisfaits en la charge qu'ils luy avoient fait l'honneur de luy commettre; de quoy il s'estimeroit plus glorieux que des deux trophées qu'il s'estoit acquis par ses deux premieres victoires (1). Si ces paroles toucherent au cœur d'une si bonne mere qui ne vivoit que pour ses enfans, abandonnant à toute heure sa vie pour conserver la leur et leur Estat, et qui sur tout cherissoit celuy-là, vous le pouvez juger. Soudain elle se resolust de partir avec le Roy, le menant avec elle, et des femmes la petite trouppe accoustumée, madame de Rais, madame de Sauve et moy. Estant portée des aisles du desir et de l'affection maternelle, elle feit le chemin de Paris à Tours en trois jours et demy; qui ne fust sans incommodité et beaucoup d'accidents dignes de risée, pour y estre le pauvre M. le cardinal de Bourbon, qui ne l'abandonnoit ja-

(1) *Ses deux premieres victoires.* D'après ce qui suit, le duc d'Anjou n'avoit encore gagné que la bataille de Jarnac, livrée le 13 mars 1569.

3.

mais, qui toutefois n'estoit de telle humeur ny de complexion pour telles courvées.

Arrivant au Plessis-les-Tours, mon frere d'Anjou s'y trouva avec les principaux chefs de ses armées, qui estoient la fleur des princes et seigneurs de France, en la presence desquels il feit une harangue au Roy, pour luy rendre raison de tout le maniement de sa charge depuis qu'il estoit party de la Cour, faite avec tant d'art et d'eloquence, et redite avec tant de grace, qu'il se feit admirer de tous les assistans, et d'autant plus que sa grande jeunesse relevoit et faisoit davantage paroistre la prudence de ses paroles, plus convenable à une barbe grise et à un vieux capitaine qu'à une adolescence de seize ans, en laquelle les lauriers de deux batailles gaignées luy ceignoient déjà le front; et la beauté, qui rend toute action agreable, florissoit tellement en luy, qu'il sembloit qu'elle feist à l'envy avec sa bonne fortune laquelle des deux le rendoit plus glorieux. Ce qu'en ressentoit ma mere, qui l'aimoit uniquement, ne se peut representer par paroles, non plus que le deüil du pere d'Iphigenie; et à toute autre qu'à elle, de l'ame de laquelle la prudence ne desempara jamais, l'on eust aisément connu le transport qu'une si excessive joye luy causoit. Mais elle, moderant ses actions comme elle vouloit, monstrant en apparence que le discret ne fait rien qu'il ne vueille faire, sans s'amuser à publier sa joye et pousser les loüanges dehors, qu'une action si belle d'un fils si parfait et si chery meritoit, prinst seulement les points de sa harangue qui concernoient les faits de la guerre, pour en faire deliberer aux princes et seigneurs là presens, et y prendre une bonne resolution, et pourvoir aux

choses necessaires pour la continuation de cette guerre.
A la disposition de quoy il fust necessaire de passer
quelques jours en ce lieu, un desquels la Reyne ma
mere se promenant dans le parc avec quelques princes,
mon frere d'Anjou me pria que nous nous promenas-
sions en une allée à part, où estant il me parla ainsi :
« Ma sœur, la nourriture que nous avons prise ensemble ne nous oblige moins à nous aimer que la
proximité. Aussi avez-vous pû connoistre qu'entre tous
ceux que nous sommes de freres, j'ay tousjours eu plus
d'inclination de vous vouloir du bien qu'à tout autre ;
et j'ay reconnu aussi que vostre naturel vous portoit
à me rendre mesme amitié. Nous avons esté jusques icy
naturellement guidez à cela sans aucun dessein, et sans
que telle union nous apportast aucune utilité que le
seul plaisir que nous avions de converser ensemble.
Cela a esté bon pour nostre enfance; mais à cette heure
il n'est plus temps de vivre en enfans. Vous voyez les
belles et grandes charges où Dieu m'a appellé, et où
la Reyne nostre bonne mere m'a eslevé. Vous devez
croire que, vous estant la chose du monde que j'aime
et cheris le plus, je n'auray jamais grandeurs ny biens
à quoy vous ne participiez. Je vous connois assez d'esprit et de jugement pour me pouvoir servir auprès de
la Reyne ma mere, pour me maintenir en la fortune
où je suis. Or, mon principal appuy est d'estre conservé
en sa bonne grace. Je crains que l'absence m'y nuise;
et toutesfois la guerre et la charge que j'ay me contraignent d'estre presque tousjours esloigné. Cependant le
Roy mon frere est tousjours auprès d'elle, la flatte et
luy complaist en tout. Je crains qu'à la longue cela ne
m'apporte prejudice, et que le Roy mon frere deve-

nant grand, estant courageux comme il est, ne s'amuse tousjours à la chasse, mais devenant ambitieux vueille changer celle des bestes à celle des hommes, m'ostant la charge de lieutenant de roy qu'il m'a donnée pour aller luy-mesme aux armées : ce qui me seroit une ruine et deplaisir si grand, qu'avant que recevoir une telle cheute j'eslirois plustost une cruelle mort. En cette apprehension, songeant les moyens pour y remedier, je trouve qu'il m'est necessaire d'avoir quelques personnes tres-fidelles qui tiennent mon party auprès de la Reyne ma mere. Je n'en connois point de si propre comme vous, que je tiens comme un second moymesme. Vous avez toutes les parties qui s'y peuvent desirer, l'esprit, le jugement et la fidelité. Pourveu que vous me vouliez tant obliger que d'y apporter de la subjection (vous priant d'estre tousjours à son lever, à son cabinet, et à son coucher, et bref tout le jour), cela l'obligera de se communiquer à vous, avec ce que je luy temoigneray vostre capacité, et la consolation et service qu'elle en recevra, et la supplieray de ne plus vivre avec vous comme avec un enfant, mais de s'en servir en mon absence comme de moy; ce que je m'asseure qu'elle fera. Parlez-luy avec asseurance comme vous faites à moy, et croyez qu'elle vous aura agreable. Ce vous sera un grand heur et bonheur d'estre aimée d'elle. Vous ferez beaucoup pour vous et pour moy, et moy je vous tiendray, après Dieu, pour la conservation de ma bonne fortune. »

Ce langage me fust fort nouveau, pour avoir jusques alors vescu sans dessein, ne pensant qu'à danser ou aller à la chasse, n'ayant mesme la curiosité de m'habiller ni paroistre belle, pour n'estre en l'âge de telle ambition, et avoir esté nourrie avec telle contrainte auprès de la Reyne ma mere, que non seulement je ne luy osois parler, mais quand elle me regardoit je transsissois de peur d'avoir fait quelque chose qui luy déplust. Peu s'en fallut que je ne luy respondisse comme Moïse à Dieu en la vision du buisson : « Que suis-je moy? Envoye celuy que tu dois envoyer. » Toutesfois trouvant en moy ce que je ne pensois pas qui y fust, des puissances excitées par l'objet de ses paroles, qui auparavant m'estoient inconnuës, bien que née avec assez de courage, revenant en moy de ce premier estonnement, ces paroles me pleurent, et me sembla à l'instant que j'estois transformée, et que j'estois devenuë quelque chose de plus que je n'avois esté jusques alors. Tellement que je commençay à prendre confiance de moy-miesme, et luy dis : « Mon frere, si Dieu me donne la capacité et la hardiesse de parler à la Reyne ma mere, comme j'ay la volonté de vous servir en ce que vous desirez de moy, ne doutez point que vous n'en retiriez l'utilité et le contentement que vous vous en estes proposé. Pour la subjection, je la luy rendray telle, que vous connoistrez que je prefere vostre bien à tous les plaisirs du monde. Vous avez raison de vous asseurer de moy; car rien au monde ne vous honore et aime tant que moy. Faites estat que, moy estant auprès de la Reyne ma mere, vous y serez vous-mesme, et que je n'y seray que pour vous. » Je proferay ces paroles trop mieux du cœur que de la bouche, ainsi que les effets le temoignerent; car estant partis de là, la Reyne m'appella à son cabinet et me dit : « Vostre frere m'a dit les discours que vous avez eu ensemble, et ne vous tient pour un enfant; aussi ne le veux-je plus faire. Ce me sera un grand plaisir de vous parler comme à vostre frere. Rendez-vous subjette auprès de moy, et ne craignez point de me parler librement, car je le veux ainsi. »

Ces paroles firent ressentir à mon ame ce qu'elle n'avoit jamais ressentie, un contentement si démesuré, qu'il me sembloit que tous les contentemens que j'avois eus jusques alors n'estoient que l'ombre de ce bien, regardant au passé d'un œil dédaigneux les exercices de mon enfance, la danse, la chasse, et les compagnies de mon âge, et les méprisant comme des choses trop folles et trop vaines. J'obeïs à cet agreable commandement, ne manquant un seul jour d'estre des premieres à son lever, et des dernieres à son coucher. Elle me faisoit cet honneur de me parler quelquefois deux ou trois heures, et Dieu me faisoit cette grace qu'elle restoit si satisfaite de moy, qu'elle ne s'en pouvoit assez loüer à ses femmes. Je luy parlois tousjours de mon frere, et luy estoit adverty de tout ce qui se passoit, avec tant de fidelité que je ne respirois autre chose que sa volonté.

Je fus en cette heureuse condition quelque temps auprès de la Reyne ma mere, durant lequel la bataille de Montcontour se bailla (1); avec la nouvelle de laquelle mon frere d'Anjou, qui ne tendoit qu'à estre tousjours auprès de la Reyne ma mere, luy mandoit qu'il s'en alloit assieger Saint Jean d'Angely (2), et que la presence du Roy et d'elle seroit necessaire en ce siege. Elle, plus desireuse que luy de le voir, se resolust sou-

---

(1) *La bataille de Montcontour se bailla.* Elle fut livrée le 3 octobre 1569.

(2) *Assieger Saint Jean d'Angely.* Cette ville fut prise le 2 décembre 1569.

dain de partir, ne menant avec elle que la trouppe ordinaire, de laquelle j'estois; et j'allois d'une joye extremement grande, sans prévoir le malheur que la fortune m'y avoit preparé. Trop jeune que j'estois, et sans experience, je n'avois à suspecte cette prosperité; et pensant le bien duquel je joüissois permanent, sans me douter d'aucun changement, j'en faisois estat asseuré. Mais l'envieuse fortune, qui ne pust supporter la durée d'une si heureuse condition, me preparoit autant d'ennuy à cette arrivée que je me promettois de plaisir par la fidelité de laquelle je pensois avoir obligé mon frere.

Mais depuis qu'il estoit party, il avoit proche de luy Le Guast (1), duquel il estoit tellement possedé, qu'il ne voyoit que par ses yeux, et ne parloit que par sa bouche. Ce mauvais homme, né pour mal faire, soudain fascina son esprit, et le remplit de mille tyranniques maximes : Qu'il ne falloit aimer ni se fier qu'à soy-même; qu'il ne falloit joindre personne à sa fortune, non pas mesmes ny frere ny sœur, et autres tels beaux preceptes machiavelistes, lesquels imprimant en son esprit et les resolvant en pratique, soudain que nous fusmes arrivez, après les premieres salutations, ma mere se mit à se loüer de moy, et luy dire combien fidellement je l'avois servy auprès d'elle. Il luy respondit froidement qu'il estoit bien aise qu'il luy eust bien reüssi, l'en ayant suppliée, mais que la prudence ne permettoit pas que l'on se pust servir des mesmes expedients en tout temps, et que ce qui estoit necessaire à une certaine heure, pourroit estre nuisible à une autre.

(1) *Le Guast* : Louis Bérenger du Guast, l'un des favoris du duc d'Anjou, fut assassiné en 1575.

Elle luy demanda pourquoy il disoit cela. Sur ce, luy, voyant le temps de l'invention qu'il avoit fabriquée pour me ruïner, luy dit que je devenois belle, et que M. de Guise [1] me vouloit rechercher, et que ses oncles aspiroient à me le faire espouser; que si je venois à y avoir de l'affection, il seroit à craindre que je luy descouvrisse tout ce qu'elle me diroit; qu'elle sçavoit l'ambition de cette maison là, et combien elle avoit tousjours traversé la nostre. Pour cette occasion il seroit bon qu'elle ne me parlast plus d'affaires, et que peu à peu elle se retirast de se familiariser avec moy.

Dès le soir mesme je reconnus le changement que ce pernicieux conseil avoit fait en elle; et voyant qu'elle craignoit de me parler devant mon frere, m'ayant commandé trois ou quatre fois, cependant qu'elle parloit à luy, de m'aller coucher, j'attendis qu'il fust sorty de sa chambre; puis, m'approchant d'elle, je la suppliay de me dire si par ignorance j'avois esté si malheureuse d'avoir fait chose qui luy eust dépleu. Elle me le voulust du commencement dissimuler; enfin elle me dist : « Ma fille, vostre frere est sage, il ne faut pas que vous luy sachiez mauvais gré; ce que je vous diray ne tend qu'à bien. » Et me fist tout ce discours, me commandant que je ne luy parlasse plus devant mon frere.

Ces paroles me furent autant de pointes dans le cœur que les premieres, lors qu'elle me receut en sa bonne grace, m'avoient esté de joye. Je n'obmis rien à luy representer de mon innocence; que c'estoit chose de quoy je n'avois jamais oüy parler; et quand il auroit ce

[1] *M. de Guise.* Les contemporains s'accordent à dire que, dès cette époque, Marguerite, n'ayant que quinze ans, avoit une intrigue avec le duc de Guise.

dessein, il ne m'en parleroit jamais que soudain je ne l'advertisse. Mais je n'advançay rien, car l'impression des paroles de mon frere luy avoient tellement occupé l'esprit, qu'il n'y avoit plus lieu pour aucune raison ny verité. Voyant cela, je luy dis que je ressentois moins le mal de la perte de mon bonheur que je n'avois senty le bien de son acquisition, que mon frere me l'ostoit comme il me l'avoit donné; car il me l'avoit fait avoir sans merite, me loüant lors que je n'en estois pas digne, et qu'il m'en privoit aussi sans l'avoir démerité, sur un sujet imaginaire qui n'avoit nul estre qu'en sa fantaisie; que je la suppliois de croire que je conserverois immortelle la souvenance de tout ce que mon frere me faisoit. Elle s'en courrouça, me commandant de ne luy en montrer nulle apparence.

Depuis ce jour-là elle alla tousjours me diminuant sa faveur, faisant de son fils son idole, le voulant contenter en cela et en tout ce qu'il desiroit d'elle. Cet ennuy me pressant le cœur, et possedant toutes les facultez de mon ame, et rendant mon corps plus propre à recevoir la contagion du mauvais air qui estoit lors en l'armée, je tombay à quelques jours de là extremement malade d'une grande fievre continuë et du pourpre, maladie qui couroit lors, et qui avoit en mesme temps emporté les deux premiers medecins du Roy et de la Reyne, Chappellain et Castelan, comme se voulant prendre aux bergers pour avoir meilleur marché du troupeau. Aussi en eschappa-t'il fort peu de ceux qui en furent atteints. Moy estant en cette extrémité, la Reyne ma mere, qui sçavoit une partie de la cause, n'obmettoit rien pour me faire secourir, prenant la peine sans craindre le danger d'y venir à toute heure, ce qui soulageoit bien mon mal; mais la dissimulation de mon frere me l'augmentoit bien autant, qui, après m'avoir fait une si grande trahison, et rendu une si grande ingratitude, ne bougeoit jour et nuict du chevet de mon lit, me servant aussi officieusement que si nous eussions esté au temps de nostre plus grande amitié. Moy qui avois par commandement la bouche fermée, ne répondois que par soupirs à son hypocrisie, comme Brutus (1) fit à Neron, lequel mourust par le poison que ce tyran luy avoit fait donner, luy témoignant assez que la cause de mon mal estoit la contagion des mauvais offices, et non celle de l'air infecté. Dieu eut pitié de moy et me garantit de ce danger; et après quinze jours passez, l'armée partant, l'on m'emporta dans des brancars, où tous les soirs arrivant à la couchée, je trouvois le roy Charles, qui prenoit la peine, avec tous les honnestes gens de la Cour, de porter ma litiere jusques au chevet de mon lit.

[1570] En cet estat je vins de Saint Jean d'Angely à Angers, malade du corps, mais beaucoup plus malade de l'ame, où pour mon malheur je trouvay M. de Guise et ses oncles arrivez; ce qui réjoüit autant mon frere, pour donner couleur à son artifice, qu'il me donna d'apprehension d'accroistre ma peine. Lors mon frere, pour mieux conduire sa trame, venoit tous les jours à ma chambre, y menant M. de Guise qu'il feignoit d'aimer fort. Et pour l'y faire penser, souvent en l'embrassant il luy disoit : « Pleust à Dieu que tu fusse mon frere. » A quoy M. de Guise monstroit ne point entendre. Mais moy qui sçavois la malice, perdois patience de n'oser luy reprocher sa dissimulation. Sur ce temps il se parla

(1) *Brutus* : Burrhus.

pour moy du mariage du roy de Portugal, qui envoya des ambassadeurs pour me demander. La Reyne ma mere me commanda de me parer pour les recevoir, ce que je fis. Mais mon frere luy ayant fait accroire que je ne voulois point de ce mariage, elle m'en parla le soir, m'en demandant ma volonté, pensant bien en cela trouver un sujet pour se courroucer à moy. Je luy dis que ma volonté n'avoit jamais dépendu que de la sienne, et que tout ce qui luy seroit agreable me le seroit aussi. Elle me dit en colere, comme l'on l'y avoit disposée, que ce que je disois je ne l'avois point dans le cœur, et qu'elle sçavoit bien que le cardinal de Lorraine m'avoit persuadée de vouloir plustost son neveu. Je la suppliay de venir à l'effet du mariage du roy de Portugal, et lors elle verroit mon obeïssance. Tous les jours on luy disoit quelque chose de nouveau sur ce sujet, pour l'aigrir contre moy et me tourmenter; inventions de la boutique de du Guast. De sorte que je n'avois un jour de repos; car d'un costé le roy d'Espagne empêchoit que mon mariage ne se fist, et de l'autre M. de Guise estant à la Cour, servoit tousjours de pretexte pour fournir de sujet à me faire persecuter, bien que luy ny nul de ses parens ne m'eust jamais parlé, et qu'il y eust plus d'un an qu'il avoit commencé la recherche de la princesse de Porcian (1).

Mais parce que ce mariage là traisnoit, on en rejettoit tousjours la cause sur ce qu'il aspiroit au mien. Ce que voyant, je m'advisay d'escrire à ma sœur madame de Lorraine (2), qui pouvoit tout en cette maison là,

(1) *La princesse Porcian*: Catherine de Clèves, veuve d'Antoine de Croy, prince de Porcian.
(2) *Madame de Lorraine*. Claude de Valois, seconde fille de Henri II avoit épousé en 1559 Charles, duc de Lorraine.

pour la prier de faire que M. de Guise s'en allast de la
Cour, et qu'il épousast promptement la princesse de
Porcian sa maistresse; luy representant que cette invention avoit esté faite autant pour la ruïne de M. de
Guise et de toute sa maison, que pour la mienne : ce
qu'elle reconnust très-bien, et vint bien-tost à la Cour,
où elle fit faire ledit mariage, me delivrant par ce
moyen de cette calomnie, et faisant connoistre à la
Reyne ma mere la verité de ce que je luy avois tousjours dit; ce qui ferma la bouche à tous mes ennemis,
et me donna repos.

[1571] Cependant le roy d'Espagne, qui ne veut que
les siens s'allient hors de sa maison, rompit tout le mariage du roy de Portugal, et ne s'en parla plus. Quelques jours après, il se parla du mariage du prince de
Navarre, qui maintenant est nostre brave et magnanime roy, et de moy. La Reyne ma mere estant un
jour à table en parla fort long-temps avec M. de Meru[1],
parce que la maison de Montmorency estoient ceux
qui en avoient porté les premieres paroles. Sortant de
table, il me dit qu'elle luy avoit dit de m'en parler. Je luy
dis que c'estoit chose superfluë, n'ayant volonté que la
sienne; qu'à la verité je la supplierois d'avoir égard
combien j'estois catholique, et qui me fascheroit fort
d'épouser personne qui ne fust de ma religion. Après,
la Reyne allant à son cabinet m'appella, et me dist que
messieurs de Montmorency luy avoient proposé ce
mariage, et qu'elle en vouloit bien sçavoir ma volonté.
Je luy répondis n'avoir ny volonté ny eslection que la

---

[1] *M. de Meru* : Charles de Moutmorency Damville, troisième fils
du connétable Anne de Montmorency.

sienne, et que je la suppliois se souvenir que j'estois fort catholique.

[1572] Au bout de quelque temps, les propos s'en continuant tousjours, la reyne de Navarre sa mere vint à la Cour, où le mariage fust du tout accordé avant sa mort; à laquelle il se passa un trait si plaisant, qui ne merite d'estre mis en l'histoire, mais de le passer sous silence entre vous et moy. Madame de Nevers (¹), de qui vous connoissez l'humeur, estant venuë avec M. le cardinal de Bourbon, madame de Guise, madame la princesse de Condé (²), ses sœurs et moy, au logis de la feuë reyne de Navarre à Paris, pour nous acquiter du dernier devoir deu à sa dignité et à la proximité que nous luy avions, non avec les pompes et ceremonies de nostre religion, mais avec le petit appareil que permettoit la huguenoterie, à sçavoir : elle dans son lict ordinaire, les rideaux ouverts, sans lumiere, sans prestres, sans croix et sans eau beniste, et nous nous tenant à cinq ou six pas de son lict avec le reste de la compagnie: madame de Nevers, que de son vivant elle avoit haïe plus que toutes les personnes du monde, et elle le luy ayant bien rendu et de volonté et de parole, comme vous sçavez qu'elle en sçavoit bien user à ceux qu'elle haïssoit, part de nostre troupe, et avec plusieurs belles, humbles et grandes reverences s'approche de son lict, et, luy prenant la main, la luy baise; puis, avec une grande reverence pleine de respect, se mit auprès de nous. Nous qui sçavions leur haine, estimans cela..........

Quelque mois après, ledit prince de Navarre, qui lors

(¹) *Madame de Nevers* : Henriette de Clèves. — (²) *Madame la princesse de Condé* : Marie de Clèves.

s'appelloit roy de Navarre, portant le dueil de la Reyne sa mere, y vint accompagné de huict cens gentils-hommes tous en dueil, qui fust receu du Roy et de toute la Cour avec beaucoup d'honneur; et nos nopces (1) se firent peu de jours après avec autant de triomphe et de magnificence que de nul autre de ma qualité; le roy de Navarre et sa troupe y ayans laissé et changé le dueil en habits très-riches et beaux, et toute la Cour parée comme vous sçavez et le sçaurez trop mieux representer, moy habillée à la royale avec la couronne et couët d'hermine mouchetée qui se met au devant du corps, toute brillante des pierreries de la couronne, et le grand manteau bleu à quatre aulnes de queuë porté par trois princesses; les eschaffaux dressez à la coustume des nopces des filles de France, depuis l'Evesché jusques à Nostre-Dame, et parez de drap d'or; le peuple s'estouffant en bas à regarder passer sur cet eschaffaut les nopces et toute la Cour, nous vinsmes à la porte de l'eglise, où M. le cardinal de Bourbon, qui faisoit l'office ce jour-là, nous ayant receu pour dire les paroles accoustumées en tel cas, nous passasmes sur le mesme eschaffaut jusques à la tribune qui separe la nef d'avec le chœur, où il se trouva deux degrez, l'un pour descendre audit chœur, et l'autre pour sortir de la nef hors de l'eglise. Le Roy de Navarre s'en allant par celuy de la nef hors de l'eglise.......

Nous estant ainsi, la fortune, qui ne laisse jamais une felicité entiere aux humains, changea bien-tost cet heureux estat de triomphe et de nopces en un tout

(1) *Nos nopces.* Ce mariage fut célébré à Notre-Dame le 18 août, six jours avant le massacre de la Saint-Barthélemy.

contraire, par cette blessure de l'Amiral, qui offença tellement tous ceux de la religion que cela les mit comme en un desespoir; de sorte que l'aisné Pardaillan (1) et quelques autres des chefs des huguenots en parlerent si haut à la Reyne ma mere, qu'ils luy firent penser qu'ils avoient quelque mauvaise intention. Par l'advis de M. de Guise et de mon frere le roy de Pologne, qui depuis a esté roy de France, il fust pris resolution de les prevenir : conseil de quoy le roy Charles ne fust nullement (2), lequel affectionnoit M. de La Rochefoucault, Teligny et La Nouë, et quelques autres des chefs de la religion, desquels il se pensoit servir en Flandre. Et, à ce que je luy ay depuis ouy dire à luy-mesme, il y eust beaucoup de peine à l'y faire consentir; et sans ce qu'on luy fit entendre qu'il y alloit de sa vie et de son Estat, il ne l'eust jamais fait. Et, ayant sceu l'attentat que Maurevel (3) avoit fait à M. l'Admiral du coup de pistolet qu'il luy avoit tiré par une fenestre, dont le pensant tuer il resta seulement blessé à l'épaule, le roy Charles, se doutant bien que ledit Maurevel avoit fait ce coup à la suasion de M. de Guise, pour la vengeance de la mort de feu M. de Guise son pere, que ledit Admiral avoit fait tuer de mesme façon par Poltrot, il en fust en si grande colere contre M. de Guise, qu'il jura qu'il en feroit justice. Et si M. de Guise ne se fust tenu caché

(1) *L'aisné Pardaillan* : Hector de Pardaillan Gondrin. — (2) *Le roy Charles ne fust nullement.* Charles IX assista au conseil qui précéda la Saint-Barthélemy. (Voyez l'Introduction aux Mémoires de Montluc, tome xx, page 152.)

(3) *Maurevel :* François de Louviers de Maurevel ou Maurevert. Il fut tué en 1583 par le sieur de Mouy.

tout ce jour-là, le Roy l'eust fait prendre. Et la Reyne ma mere ne se vit jamais plus empeschée qu'à faire entendre audit roy Charles que cela avoit esté fait pour le bien de son Estat, à cause de ce que j'ay dit cy-dessus, de l'affection qu'il avoit à M. l'Admiral, à La Nouë et à Teligny, desquels il goustoit l'esprit et valeur, estant prince si genereux qu'il ne s'affectionnoit qu'à ceux en qui il reconnoissoit telles qualitez. Et bien qu'ils eussent esté très-pernicieux à son Estat, les renards avoient sceu si bien feindre qu'ils avoient gagné le cœur de ce brave prince pour l'esperance de se rendre utiles à l'accroissement de son Estat, et en luy proposant de belles et glorieuses entreprises en Flandre, seul attrait en cette ame grande et royale. De sorte que, combien que la Reyne ma mere luy representast en cet accident que l'assassinat que l'Admiral avoit fait faire à M. de Guise [1] rendoit excusable son fils, si, n'ayant peu avoir justice, il en avoit voulu prendre luy-mesme vengeance; qu'aussi l'assassinat qu'avoit fait ledit Admiral de Charry [2], maistre de camp de la garde du Roy, personne si valeureuse, et qui l'avoit si fidellement assisté pendant sa regence et la puerilité dudit roy Charles, le rendoit digne de tel traittement. Bien que telles paroles peussent faire juger au roy Charles que la vengeance de la mort dudit

---

[1] *Que l'Admiral avoit fait faire à M. de Guise.* L'Amiral se défendit toujours d'avoir fait assassiner le duc François de Guise. Tous les renseignemens qui peuvent répandre quelque lumière sur cette question se trouvent dans le supplément du chapitre x du livre iv des Mémoires de Castelnau.

[2] *Charry.* Ce seigneur avoit été tué par Chatelier Portault, dont lui-même avoit tué le frère. On soupçonna d'Andelot de n'avoir pas été étranger à ce crime.

Charry n'estoit pas sortie du cœur de la Reyne ma mere, son ame, passionnée de douleur de la perte des personnes qu'il pensoit, comme j'ay dit, luy estre un jour utiles, offusqua tellement son jugement, qu'il ne pust moderer ny changer ce passionné desir d'en faire justice; commandant tousjours qu'on cherchast M. de Guise, qu'on le prist, et qu'il ne vouloit point qu'un tel acte demeurast impuny.

Enfin comme Pardaillan découvrist par ses menaces, au souper de la Reyne ma mere, la mauvaise intention des huguenots, et que la Reyne vist que cet accident avoit mis les affaires en tels termes que, si l'on ne prevenoit leur dessein, la nuit mesme ils attenteroient contre le Roy et elle, elle prist resolution de faire ouvertement entendre audit roy Charles la verité de tout et le danger où il estoit, par M. le mareschal de Rais, de qui elle sçavoit qu'il le prendroit mieux que de tout autre, comme celuy qui luy estoit plus confident et plus favorisé de luy; lequel le vint trouver en son cabinet le soir sur les neuf ou dix heures, et luy dit que, comme son serviteur tres-fidelle, il ne luy pouvoit celer le danger où il estoit s'il continuoit en la resolution qu'il avoit de faire justice de M. de Guise, et qu'il falloit qu'il sceust que le coup qui avoit esté fait de l'Admiral n'avoit esté par M. de Guise seul, mais que mon frere le roy de Pologne, depuis roy de France, et la Reyne ma mere, avoient esté de la partie; qu'il sçavoit l'extreme déplaisir que la Reyne ma mere receust à l'assassinat de Charry, comme elle en avoit tres-grande raison, ayant lors peu de tels serviteurs qui ne dépendissent que d'elle, estant, comme il sçavoit, du temps de sa puerilité toute la France partie, les catholiques pour M. de Guise, et les huguenots pour le prince de Condé, tendans les uns et les autres à luy oster sa couronne, qui ne luy avoit esté conservée, après Dieu, que par la prudence et vigilance de la Reyne sa mere, qui, en cette extremité, ne s'estoit trouvé plus fidellement assistée que dudit Charry; que dès lors il sçavoit qu'elle avoit juré de se venger dudit assassinat; qu'aussi voyoit-elle que ledit Admiral ne seroit jamais que tres-pernicieux en cet Estat, et quelque apparence qu'il fist de luy avoir de l'affection et de vouloir servir Sa Majesté en Flandre, qu'il n'avoit autre dessein que de troubler la France; que son dessein d'elle n'avoit esté en cet affaire que d'oster cette peste de ce royaume, l'Admiral seul; mais que le malheur avoit voulu que Maurevel avoit failly son coup, et que les huguenots en estoient entrez en tel desespoir, que ne s'en prenant pas seulement à M. de Guise, mais à la Reyne sa mere et au roy de Pologne son frere, ils croyoient aussi que luy-mesme en fust consentant, et avoient resolu de recourir aux armes la nuict mesme. De sorte qu'il voyoit Sa Majesté en un très-grand danger, fust ou des catholiques à cause de M. de Guise, ou des huguenots pour les raisons susdites.

Le roy Charles, qui estoit tres-prudent, et qui avoit esté tousjours tres-obeïssant à la Reyne ma mere, et prince très-catholique, voyant aussi de quoy il y alloit, prist soudain resolution de se joindre à la Reyne sa mere, et se conformer à sa volonté, et garantir sa personne des huguenots par les catholiques, non sans toutefois extreme regret de ne pouvoir sauver Teligny, La Nouë et M. de La Rochefoucault. Et lors allant trouver la Reyne sa mere, envoya querir M. de Guise et tous les autres princes et capitaines catholiques, où fust pris resolution de faire la nuict mesme le massacre de la Saint Barthelemy. Et mettant soudain la main à l'œuvre, toutes les chaisnes tenduës et le tocsin sonnant, chacun courut sus en son quartier, selon l'ordre donné, tant à l'Admiral qu'à tous les huguenots.

M. de Guise donna au logis de l'Admiral, à la chambre duquel Besme, gentilhomme allemand, estant monté, après l'avoir dagué le jetta par les fenestres à son maistre M. de Guise. Pour moy, l'on ne me disoit rien de tout cecy. Je voyois tout le monde en action; les huguenots desesperez de cette blessure; messieurs de Guise craignans qu'on n'en voulust faire justice se suchetans tous à l'oreille. Les huguenots me tenoient suspecte parce que j'estois catholique, et les catholiques parce que j'avois épousé le roy de Navarre, qui estoit huguenot. De sorte que personne ne m'en disoit rien, jusques au soir qu'estant au coucher de la Reyne ma mere, assise sur un coffre auprès de ma sœur de Lorraine que je voyois fort triste, la Reyne ma mere parlant à quelques-uns m'apperceust, et me dit que je m'en allasse coucher : comme je faisois la reverence, ma sœur me prend par le bras et m'arreste, et se prenant fort à pleurer, me dit : « Mon Dieu, ma sœur n'y allez pas. » Ce qui m'effraya extremement. La Reyne ma mere s'en apperceut, et appellant ma sœur se courrouça fort à elle, et luy deffendit de me rien dire. Ma sœur luy dit qu'il n'y avoit point d'apparence de m'envoyer sacrifier comme cela, et que sans doute, s'ils decouvroient quelque chose, ils se vengeroient de moy.

La Reyne ma mere répond que, s'il plaisoit à Dieu, je
n'aurois point de mal; mais quoy que ce fut, il falloit
que j'allasse, de peur de leur faire soupçonner quelque
chose....

Je voyois bien qu'ils se contestoient, et n'entendois
pas leurs paroles. Elle me commanda encore rudement
que je m'en allasse coucher. Ma sœur fondant en larmes me dit bon soir, sans m'oser dire autre chose ; et
moy je m'en allay toute transie et éperduë, sans me
pouvoir imaginer ce que j'avois à craindre. Soudain
que je fus en mon cabinet, je me mis à prier Dieu
qu'il luy plust me prendre en sa protection, et qu'il
me gardast, sans sçavoir de quoy ny de qui. Sur cela
le Roy mon mary, qui s'estoit mis au lit, me manda que
je m'en allasse coucher. Ce que je fis, et trouvay son
lit entouré de trente ou quarante huguenots que je ne
connoissois point encore; car il y avoit fort peu de
temps que j'estois mariée (¹). Toute la nuict ils ne firent que parler de l'accident qui estoit advenu à M. l'Admiral, se resolvants dès qu'il seroit jour de demander
justice au Roy de M. de Guise, et que si on ne la leur
faisoit ils se la feroient eux-mesmes. Moy j'avois tousjours dans le cœur les larmes de ma sœur, et ne pouvois dormir pour l'apprehension en laquelle elle m'a-
voit mise sans sçavoir de quoy. La nuict se passa de
cette façon sans fermer l'œil. Au point du jour le Roy
mon mary dit qu'il vouloit aller joüer à la paume attendant que le roy Charles fust éveillé, se resolvant
soudain de luy demander justice. Il sort de ma chambre, et tous ses gentilshommes aussi.

(¹) *Il y avoit fort peu de temps que j'estois mariée.* Il n'y avoit que
six jours.

Moy voyant qu'il estoit jour, estimant que le danger que ma sœur m'avoit dit fust passé, vaincuë du sommeil, je dis à ma nourrice qu'elle fermast la porte pour pouvoir dormir à mon aise. Une heure après, comme j'estois le plus endormie, voicy un homme frappant des pieds et des mains à la porte, et criant : « Navarre, Navarre! » Ma nourrice, pensant que ce fust le Roy mon mary, court vistement à la porte. Ce fust un gentilhomme nommé M. de Tejan (¹), qui avoit un coup d'épée dans le coude et un coup de hallebarde dans le bras, et estoit encores poursuivy de quatre archers qui entrerent tous après luy en ma chambre. Luy se voulant garantir se jetta dessus mon lit. Moy sentant ces hommes qui me tenoient, je me jette à la ruelle, et luy après moy, me tenant tousjours à travers du corps. Je ne connoissois point cet homme, et ne sçavois s'il venoit là pour m'offenser, ou si les archers en vouloient à luy ou à moy. Nous crions tous deux, et estions aussi effrayez l'un que l'autre. Enfin Dieu voulut que M. de Nançay (²), capitaine des gardes, y vinst, qui me trouvant en cet estat là, encor qu'il y eust de la compassion, ne se put tenir de rire, et se courrouça fort aux archers de cette indiscretion, les fit sortir, et me donna la vie de ce pauvre homme qui me tenoit, lequel je fis coucher et penser dans mon cabinet jusques à tant qu'il fust du tout guery. Et changeant de chemise, parce qu'il m'avoit toute couverte de sang, M. de Nançay me conta ce qui se passoit; et m'asseura que le Roy mon mary estoit dans la chambre du Roy, et qu'il n'auroit nul mal. Et me faisant jet-

---

(¹) *M. de Tejan.* Brantôme le nomme Lerac. —(²) *M. de Nançay*: Claude de La Châtre.

ter un manteau de nuict sur moy, il m'emmena dans la chambre de ma sœur madame de Lorraine, où j'arrivay plus morte que vive, et entrant dans l'antichambre, de laquelle les portes estoient toutes ouvertes, un gentilhomme nommé Bourse, se sauvant des archers qui le poursuivoient, fust percé d'un coup de hallebarde à trois pas de moy. Je tombay de l'autre costé presque évanouïe entre les bras de M. de Nançay, et pensois que ce coup nous eust percez tous deux. Et estant quelque peu remise, j'entray en la petite chambre où couchoit ma sœur.

Comme j'étois là, M. de Miossans, premier gentilhomme du Roy mon mary, et Armagnac, son premier vallet de chambre, m'y vindrent trouver pour me prier de leur sauver la vie. Je m'allay jetter à genoux devant le Roy et la Reyne ma mere pour les leur demander; ce qu'enfin ils m'accorderent.

Cinq ou six jours après, ceux qui avoient commencé cette partie, connoissans qu'ils avoient failli à leur principal dessein, n'en voulant point tant aux huguenots qu'aux princes du sang, portoient impatiemment que le Roy mon mary et le prince de Condé fussent demeurez; et connoissant qu'estant mon mary, nul ne voudroit attenter contre luy, ils ourdirent une autre trame. Ils vont persuader à la Reyne ma mere qu'il me falloit démarier. En cette resolution estant allée un jour de feste à son lever que nous devions faire nos pasques, elle me prend à serment de luy dire verité, et me demanda si le Roy mon mary estoit homme, me disant que si cela n'estoit elle avoit moyen de me démarier. Je la suppliay de croire que je ne me connoissois pas en ce qu'elle me demandoit; aussi pouvois-je dire alors comme cette Romaine (¹) à qui son mary se courrouçant de ce qu'elle ne l'avoit adverty qu'il avoit l'haleine mauvaise, luy répondit qu'elle croyoit que tous les hommes l'eussent semblable, ne s'estant jamais approchée d'autre homme que de luy; mais quoy que ce fust, puis qu'elle m'y avoit mise j'y voulois demeurer, me doutant bien que ce qu'on vouloit m'en separer estoit pour luy faire un mauvais tour.

[1573] Nous accompagnasmes le roy de Pologne jusques à Beaumont, lequel, quelques mois avant que de partir de France, s'essaya par tous moyens de me faire oublier les mauvais offices de son ingratitude, et de remettre nostre amitié en la mesme perfection qu'elle avoit esté en nos premiers ans, m'y voulant obliger par serment et promesses en me disant adieu. Sa sortie de France, et la maladie du roy Charles qui commença presque en mesme temps, éveilla l'esprit des deux partis de ce royaume, faisans divers projets sur cet Estat. Les huguenots ayans à la mort de l'Admiral fait obliger, par écrit signé, le Roy mon mary et mon frere d'Alençon à la vengeance de cette mort (ayans gagné avant la Saint Barthelemy mondit frere sous l'esperance de l'establir en Flandre), leur persuadent, comme le Roy et la Reyne ma mere reviendroient en France, de se dérober passant en Champagne pour se joindre à certaines trouppes qui les devoient venir prendre là. M. de Miossans, gentilhomme catholique, ayant advis de cette entreprise, qui estoit pernicieuse au Roy son maistre, m'en advertit pour

(¹) *Comme cette Romaine.* On voit que Marguerite, en affectant une si grande innocence, va au-devant des soupçons qu'avoit excités son intrigue avec le duc de Guise.

empescher le mauvais effet qui eust apporté tant de maux à eux et à cet Estat. Soudain j'allay trouver le Roy et la Reyne ma mere, et leur dis que j'avois chose à leur communiquer qui leur importoit fort, et que je ne la leur dirois jamais qu'il ne leur pleust me promettre que cela ne porteroit aucun prejudice à ceux que je leur nommerois, et qu'ils y remedieroient sans faire semblant de rien sçavoir. Lors je leur dis que mon frere et le Roy mon mary s'en devoient le lendemain aller à des troupes de huguenots qui les venoient chercher à cause de l'obligation qu'ils avoient fait à la mort de l'Admiral, qui estoit bien excusable par leurs enfans; et que je les suppliois leur pardonner, et sans leur en montrer nulle apparence leur empescher de s'en aller. Ce qu'ils m'accorderent; et fust l'affaire conduite par telle prudence, que, sans qu'ils pussent sçavoir d'où leur venoit cet empeschement, ils n'eurent jamais moyen d'eschapper. Cela estant passé, nous arrivasmes à Saint Germain, où nous fismes un grand séjour à cause de la maladie du Roy. Durant lequel temps mon frere d'Alençon employoit toutes sortes de recherches et moyens pour se rendre agreable à moy, afin que je luy voüasse amitié comme j'avois fait au roy Charles; car jusques alors, pource qu'il avoit esté tousjours nourri hors de la Cour, nous ne nous estions pas gueres veus, et n'avions pas grande familiarité. Enfin m'y voyant conviée par tant de submissions et de sujections et d'affection qu'il me témoignoit, je me resolus de l'aimer et embrasser ce qui le concerneroit, mais toutefois avec telle condition que ce seroit sans préjudice de ce que je devois au roy Charles mon bon frere, que j'honorois sur toutes choses. Il me continua cette bienveillance, me l'ayant témoignée jusques à sa fin.

[1574] Durant ce temps la maladie du roy Charles augmentant tousjours, les huguenots ne cessoient jamais de rechercher des nouvelletez, pretendans encor de retirer mon frere le duc d'Alençon et le Roy mon mary de la Cour : ce qui ne vint à ma connoissance comme la premiere fois. Mais toutefois Dieu permit que la mesche se découvrist à la Reyne ma mere, si près de l'effet que les trouppes des huguenots devoient arriver ce jour-là auprès de Saint Germain. Nous fusmes contraints de partir deux heures après minuit, et mettre le roy Charles dans une littiere pour gagner Paris; la Reyne ma mere mettant dans son chariot mon frere et le Roy mon mary, qui cette fois ne furent traitez si doucement que l'autre; car le Roy s'en alla au bois de Vincennes, d'où il ne leur permit plus de sortir. Et le temps augmentant tousjours l'aigreur de ce mal, produisoit tousjours des nouveaux advis au Roy, pour accroistre la meffiance et mécontentement qu'il avoit d'eux; en quoy les artifices de ceux qui avoient tousjours desiré la ruïne de nostre maison luy aidoient, comme je croy, beaucoup. Ces meffiances passerent si avant, que messieurs les mareschaux de Montmorency et de Cossé en furent retenus prisonniers au bois de Vincennes, et La Mole (¹) et le comte de Coconas en pâtirent de leur vie.

Les choses en vindrent à tels termes que l'on deputa des commissaires de la cour de parlement pour ouïr mon frere et le Roy mon mary, lequel, n'ayant lors

---

(¹) *La Mole*. Marguerite se garde bien de dire qu'elle avoit une intrigue avec La Mole, et qu'elle ne craignit pas, après son supplice, de témoigner les plus vifs regrets.

personne de conseil auprès de luy, me commanda de dresser par écrit ce qu'il avoit à respondre, afin que par ce qu'il diroit il ne mist ni luy ni personne en peine. Dieu me fist la grace de le dresser si bien qu'il en demeura satisfait, et les commissaires estonnez de le voir si bien preparé. Et voyant que par la mort de La Mole et du comte de Coconas ils se trouvoient chargez en sorte que l'on craignoit de leur vie, je me resolus (encor que je fusse si bien auprès du Roy qu'il n'aimoit rien tant que moy), pour leur sauver la vie, de perdre ma fortune; ayant deliberé, comme je sortois et entrois librement en coche sans que les gardes regardassent dedans, ni que l'on fit oster le masque à mes femmes, d'en deguiser l'un d'eux en femmes et le sortir dans ma coche. Et pource qu'ils estoient trop eclairez des gardes, et qu'il suffisoit qu'il y en eust un d'eux dehors pour asseurer la vie de l'autre, jamais ils ne se purent accorder lequel c'est qui sortiroit, chacun voulant estre celui-là et ne voulant demeurer : de sorte que ce dessein ne se peust executer. Mais Dieu y remedia par un moyen bien miserable pour moy; car il me priva du roy Charles, tout l'appui et support de ma vie, un frere duquel je n'avois receu que bien, et qui en toutes les persecutions que mon frere d'Anjou m'avoit faites à Angers, m'avoit tousjours assistée, et advertie et conseillée. Bref, je perdis en luy tout ce que je pouvois perdre.

Après ce desastre malheureux pour la France et pour moy, nous allasmes à Lyon au devant du Roy de Pologne, lequel, possedé encore par Le Guast, rendist de mesmes causes mesmes effets, et croyant aux advis de ce pernicieux esprit qu'il avoit laissé en France pour maintenir son parti, conceut une extreme jalousie contre mon frere d'Alençon, ayant pour suspecte et portant impatiemment l'union de luy et du Roy mon mari, estimant que j'en fusse le lien et le seul moyen qui maintenoit leur amitié, et que les plus propres expedients pour les diviser estoient d'un costé de me broüiller et mettre en mauvais menage avec le Roy mon mari; et d'autre, de faire que madame de Sauve(1), qu'ils servoient tous deux, les menageast tous deux de telle façon qu'ils entrassent en extresme jalousie l'un de l'autre. Cet abominable dessein, source et origine de tant d'ennuis, de traverses et de maux que mon frere et moy avons depuis soufferts, fust poursuivi avec autant d'animosité, de ruses et d'artifice, qu'il avoit esté pernicieusement inventé.

Quelques-uns tiennent que Dieu a en particuliere protection les grands, et qu'aux esprits où il reluit quelque excellence non commune, il leur donne par des bons genies quelques secrets advertissemens des accidens qui leur sont preparez, ou en bien ou en mal, comme à la Reyne ma mere, que justement l'on peut mettre de ce nombre, il s'en est veu plusieurs exemples. Mesme la nuit devant la miserable course, elle songea qu'elle voyoit le feu Roy mon pere blessé en l'œil, comme il fust; et estant éveillée elle le supplia plusieurs fois de ne vouloir point courir ce jour-là, et vouloir se contenter de voir le plaisir du tournois sans en vouloir

---

(1) *Madame de Sauve*. Charlotte de Beaune épousa en premières noces Simon de Fizes, sieur de Sauve, secrétaire d'Etat: devenue veuve, elle se remaria avec François de La Trémouille, marquis de Noirmoutiers. Elle fut séduisante jusqu'à un âge avancé, et elle eut des amans dans tous les partis. A l'époque des seconds états de Blois [1588] le duc de Guise passa avec elle la nuit qui précéda sa mort.

estre. Mais l'inevitable destinée ne permist tant de bien à ce royaume qu'il pust recevoir cet utile conseil. Elle n'a aussi jamais perdu aucun de ses enfans qu'elle n'aye vue une fort grande flamme, à laquelle soudain elle s'écrioit : *Dieu garde mes enfans!* et incontinent après elle entendoit la triste nouvelle qui par ce feu luy avoit esté augurée. En sa maladie de Metz, où par une fievre pestilentielle et le charbon elle fust à l'extremité, qu'elle avoit prise allant visiter les religions (1) des femmes, comme il y en a beaucoup en cette ville-là, lesquelles avoient esté depuis peu infectées de cette contagion; de quoy elle fust garantie miraculeusement, Dieu la redonnant à cet Estat, qui en avoit encor tant de besoin, par la diligence de M. Castelan son medecin, qui, nouveau Esculape, fit lors une signalée preuve de l'excellence de son art. Elle resvant, et estant assistée autour de son lict du roy Charles mon frere, et de ma sœur et mon frere de Lorraine, de plusieurs messieurs du conseil, et de force dames et princesses, qui, la tenans comme hors d'esperance, ne l'abandonnoient point, s'écrie, continuant ses resveries, comme si elle eust veu donner la bataille de Jarnac : « Voyez comme ils fuyent, mon fils a la victoire. Hé, mon Dieu! relevez mon fils, il est par terre; voyez-vous dans cette haye le prince de Condé mort? » Tous ceux qui estoient-là croyoient qu'elle resvoit, et que, sçachant que mon frere d'Anjou estoit en terme de donner la battaille, elle n'eust que cela en teste. Mais la nuit après, M. de Losses luy en apportant la nouvelle, comme chose très-desirée en quoy il pensoit beaucoup meriter : « Vous estes fascheux, luy dit-elle,

(1) *Les religions* : les couvens.

de m'avoir eveillée pour cela; je le sçavois bien; ne l'avois-je pas veu devant hier? » Lors on reconnust que ce n'estoit point resverie de la fievre, mais un advertissement particulier que Dieu donne aux personnes illustres et rares. L'histoire nous en fournit tant d'exemples aux anciens payens, comme le fantosme de Brutus et plusieurs autres que je ne décriray, n'estant mon intention d'orner ces Mémoires, ains seulement narrer la verité et les advancer promptement, afin que plustost vous les receviez. De ces divins advertissemens je ne me veux estimer digne; toutefois, pour ne me taire comme ingrate des graces que j'ay receuës de Dieu, que je dois et veux confesser toute ma vie pour luy en rendre graces, et que chacun le loüe aux merveilles des effets de sa puissance, bonté et misericorde qu'il luy a plu faire en moy, j'advoüeray n'avoir jamais esté proche de quelques signalez accidens, ou sinistres ou heureux, que je n'en aye eu quelque advertissement, ou en songe ou autrement ; et puis bien dire ce vers :

De mon bien ou mon mal mon esprit m'est oracle.

Ce que j'eprouvay lors de l'arrivée du roy de Pologne (1), la Reyne ma mere estant allée au devant de luy. Cependant qu'ils s'embrassoient et faisoient les reciproques bien-venuës, bien que ce fust en un temps si chaud qu'en la presse où nous estions on s'étouffoit, il me prit un frisson si grand avec un tremblement si universel, que celuy qui m'aidoit s'en apperceut. J'eus beaucoup de peine à le cacher quand, après avoir

(1) *Lors de l'arrivée du roy de Pologne*. Henri III rentra en France le 5 septembre 1574 par le Pont-de-Beauvoisin.

laissé la Reyne ma mere, le Roy vint à me saluer. Cet augure me toucha au cœur; toutefois il se passa quelques jours sans que le Roy découvrist la haine et le mauvais dessein que le malicieux Guast luy avoit fait concevoir contre moy, par le rapport qu'il luy avoit fait que depuis la mort du Roy j'avois tenu le party de mon frere d'Alençon en son absence, et l'avois fait affectionner au Roy mon mary. Pourquoy espiant tousjours une occasion pour parvenir à l'intention predite de rompre l'amitié de mon frere d'Alençon et du Roy mon mari, en nous mettant en mauvais ménage, le Roy mon mary et moy, et les broüillant tous deux sur le sujet de la jalousie de leur commun amour de madame de Sauve, une apresdinée la Reyne ma mere estant entrée en son cabinet pour faire quelques longues dépesches, madame de Nevers vostre cousine, madame de Rais aussi vostre cousine, Bourdeille (1) et Surgeres (2), me demanderent si je me voulois aller promener à la ville. Sur cela madamoiselle de Montigny (3), niepce de madame d'Usez, nous dit que l'abbaye de Saint Pierre estoit une fort belle religion. Nous nous resolusmes d'y aller. Elle nous pria qu'elle vinst avec nous, parce qu'elle y avoit une tante, et que l'entrée n'y est pas libre, sinon qu'avec les grandes. Elle y vinst; et comme nous montions en chariot, encor qu'il fust tout plein de nous six et de madame de Curton,

(1) *Bourdeille* : Jeanne de Bourdeille, fille d'honneur de la Reine mère : elle épousa en premières noces Charles d'Ardres, vicomte de Ribérac, et en secondes Charles d'Epinay, vicomte de Duretal.

(2) *Surgeres* : Hélène de Fonsèque, fille du baron de Surgères.

(3) *Madamoiselle de Montigny*. Elle étoit fille de Claude d'Amoncourt, sieur de Montigny-sur-Aube, et de Charlotte de Clermont. Elle épousa Barillon, conseiller d'Etat.

dame d'honneur, qui alloit tousjours avec moy, Liancourt, premier escuyer du Roy, et Camille s'y trouverent, qui se jetterent sur les portieres du chariot de Torigny, où se tenans comme ils peurent, et gaussans, comme il estoient d'humeur bouffonne, dirent qu'ils vouloient venir voir ces belles religieuses. La compagnie de madamoiselle de Montigny, qui ne nous estoit aucunement familiere, et d'eux deux qui estoient confidens du Roy, fust, que je croy, une providence de Dieu pour me garantir de la calomnie que l'on me vouloit imputer. Nous allasmes à cette religion, et mon chariot, qui estoit assez reconnoissable pour estre doré et de velours jaune garni d'argent, nous attendit à la place, autour de laquelle y avoit plusieurs gentilshommes logez.

Pendant que nous estions dans Saint Pierre, le Roy, ayant seulement avec luy le Roy mon mari, d'O, et le gros Ruffé, s'en allant voir Quelus qui estoit malade, passant par ceste place et voyant mon chariot vuide, se retourna vers le Roy mon mari, et luy dit : « Voyez, voilà le chariot de vostre femme, et voilà le logis de Bidé, qui estoit lors malade. (Ainsi se nommoit aussi celuy qui a depuis servi vostre cousine.) Je gage, dit-il, qu'elle y est ; » et commanda au gros Ruffé, instrument propre de telle malice, pour estre amy de du Guast, d'y aller voir ; lequel n'y ayant rien trouvé, et ne voulant toutefois que cette verité empeschast le dessein du Roy, luy dit tout haut devant le Roy mon mari : « Les oiseaux y ont esté, mais ils n'y sont plus. » Cela suffit assez pour donner sujet de s'entretenir jusques au logis. Le Roy mon mari temoignant en cela la bonté et l'entendement de quoy il s'est tousjours montré accompagné, et détestant en son cœur cette malice, jugea aisement à quelle fin il le faisoit. Et le Roy se hastant de retourner avant moy pour persuader à la Reyne ma mere cette invention et m'en faire recevoir un affront, j'arrivay qu'il avoit eu tout loisir de faire ce mauvais effet, et que mesme la Reyne ma mere en avoit parlé fort estrangement devant des dames, partie par creance, et partie pour plaire à ce fils qu'elle idolastroit.

Moy revenant apres, sans sçavoir rien de tout ceci, j'allay descendre en ma chambre avec toute la trouppe susdite qui m'avoit accompagnée à Saint Pierre, et y trouvay le Roy mon mari, qui soudain qu'il me vit se prist à rire, et me dit : « Allez chez la Reyne vostre mere, et je m'asseure que vous en reviendrez bien en colere. » Je luy demanday pourquoy, et ce qu'il y avoit. Il me dit : « Je ne le vous diray pas, mais suffise à vous que je n'en crois rien, et que ce sont inventions pour nous broüiller vous et moy, pensant par ce moyen me separer de l'amitié de monsieur vostre frere. » Voyant que je n'en pouvois tirer autre chose, je m'en vais chez la Reyne ma mere. Entrant en la salle je trouvay M. de Guise, qui prevoyant n'estoit pas marry de la division qu'il voyoit arriver en nostre maison, esperant bien que du vaisseau brisé il en recueilleroit les pieces. Il me dit : « Je vous attendois icy pour vous advertir que la Reyne vous a presté une dangereuse charité; » et me fit tout le discours susdit qu'il avoit appris de d'O, qui, estant lors fort amy de vostre cousine, l'avoit dit à M. de Guise pour nous en advertir.

J'entray en la chambre de la Reyne ma mere, où elle n'estoit pas. Je trouvay madame de Nemours et

toutes les autres princesses et dames, qui me dirent :
« Mon Dieu, Madame, la Reyne vostre mere est en si
grande colere contre vous. Je ne vous conseille pas de
vous presenter devant elle. — Non, ce dis-je, si j'avois
fait ce que le Roy luy a dit. Mais en estant du tout innocente, il faut que je luy parle pour l'en éclaircir. »
J'entray dans son cabinet, qui n'estoit fait que d'une
cloison de bois, de sorte que l'on pouvoit aisement entendre tout ce qui se disoit. Soudain qu'elle me vit,
elle commença à jetter feu, et dire tout ce qu'une colere outrée et démesurée peut jetter dehors. Je luy representay la verité, et que nous estions dix ou douze, et la
suppliay de s'en enquerir, et ne croire pas celles qui
m'etoient amies et familieres, mais madame de Montigny qui ne me hantoit point, et Liancourt et Camille
qui ne dependoient que du Roy. Elle n'a point d'oreille pour la verité ni pour la raison, elle n'en veut
point recevoir, fust pour estre préoccupée du faux, ou
bien pour complaire à ce fils, que d'affection, de devoir, d'esperance et de crainte elle idolastroit, et ne
cesse de tanser, crier et menacer. Et luy disant que
cette charité m'avoit esté prestée par le Roy, elle se
met encor plus en colere, me voulant faire croire que
c'estoit un sien valet de chambre qui passant par là
m'y avoit veuë. Et voyant que cette couverture estoit
grossiere, que je la recevois pour telle et restois infiniment offensée du Roy, cela la tourmentoit et éguillonnoit davantage : ce qui estoit oüy de sa chambre
toute pleine de gens.

Sortant de là avec le despit que l'on peut penser, je
trouvay en ma chambre le Roi mon mary, qui me dit :
« Et bien, n'avez-vous pas trouvé ce que je vous avois

dit? » et me voyant si affligée, « ne vous tourmentez pas de cela, dit-il, Liancourt et Camille se trouveront au coucher du Roy, qui luy diront le tort qu'il vous a fait, et m'asseure que demain la Reyne vostre mere sera bien empeschée à faire les accords. » Je luy dis: « Monsieur, j'ay receu un affront trop public de cette calomnie pour pardonner à ceux qui me l'ont causé; mais toutes les injures ne me sont rien au prix du tort qu'on m'a voulu faire, me voulant procurer un si grand malheur que de me mettre mal avec vous. » Il me repondit: « Il s'y est, Dieu merci, failli. » Je luy dis: « Ouy, Dieu merci, et vostre bon naturel. Mais de ce mal si faut-il que nous en tirions un bien; que ceci nous serve d'advertissement à l'un et à l'autre pour avoir l'œil ouvert à tous les artifices que le Roy pourra faire pour nous mettre mal ensemble; car il faut croire, puis qu'il a ce dessein, qu'il ne s'arrestera pas à cestuy-cy, et ne cessera qu'il n'ait rompu l'amitié de mon frere et de vous. » Sur cela mon frere arriva, et les fis par nouveau serment obliger à la continuation de leur amitié. Mais quel serment peut valoir en amour?

Le lendemain matin un banquier italien, qui estoit serviteur de mon frere, pria mondit frere, le Roy mon mari et moy, et plusieurs autres princesses et dames, d'aller disner en un beau jardin qu'il avoit à la ville. Mais ayant tousjours gardé ce respect à la Reyne ma mere, tant que j'ay esté aupres d'elle, fille et mariée, de n'aller en aucun lieu sans luy en demander congé, je l'allay trouver en la salle, revenant de la messe, pour avoir sa permission d'aller à ce festin. Elle, me faisant un refus public, dit que j'allasse où je voudrois, qu'elle ne s'en souscioit pas. Si cet affront fut ressenti

d'un courage comme le mien, je le laisse à juger à
ceux qui comme vous ont connu mon humeur. Pendant que nous estions en ce festin, le Roy, qui avoit
parlé à Liancourt, à Camille et à madamoiselle de
Montigny, conneust l'erreur où la malice de Ruffé l'avoit fait tomber; et ne se trouvant moins en peine à la
rabiller qu'il avoit esté prompt à la recevoir et à la publier, venant trouver la Reyne ma mere luy confessa
le vray, et la pria de rabiller cela en quelque façon
que je ne luy demeurasse pas ennemie, craignant fort,
parce qu'il me voyoit avoir de l'entendement, que je
ne me sceusse plus à propos revancher qu'il ne m'avoit
sceu offenser.

Revenus que nous fusmes du festin, la prophetie du
Roy mon mari fust veritable. La Reyne ma mere m'envoya querir en son cabinet de derriere, qui estoit proche de celuy du Roy, où elle me dit qu'elle avoit sceu
la verité de tout, et que je luy avois dit vray; qu'il
n'estoit rien de tout ce que le valet de chambre qui luy
avoit fait ce rapport luy avoit dit; que c'estoit un mauvais homme, et qu'elle le chasseroit. Et connoissant à
ma mine que je ne recevois pas cette couverture, elle
s'efforça par tout moyen de m'oster l'opinion que ce
fust le Roy qui me prestoit cette charité. Et voyant
qu'elle n'y avançoit rien, le Roy entrant dans le cabinet m'en fit force excuses, disant qu'on le luy avoit
fait accroire, et me faisant toutes les satisfactions et
demonstrations d'amitié qui se pouvoient faire.

Cela passé, après avoir demeuré quelque temps à
Lyon, nous allasmes en Avignon. Le Guast, n'osant
plus inventer de telles impostures, et voyant que je ne
luy donnois aucune prise en mes actions, pour, par la

jalousie, me mettre mal avec le Roy mon mari, et ebranler l'amitié de mon frere et de luy, se servist d'une autre voye, qui estoit de madame de Sauve, la gaignant tellement qu'elle se gouvernoit du tout par luy; et usant de ses instructions, non moins pernicieuses que celles de la *Celestine* (¹), elle rendit l'amour de mon frere et du Roy mon mari (auparavant tiede et lente comme de personnes si jeunes) à une telle extremité, qu'oubliant toute ambition, tout devoir et tout dessein, ils n'avoient plus autre chose en l'esprit que la recherche de cette femme; et en vindrent à une si grande et vehemente jalousie l'un de l'autre, qu'encor qu'elle fust recherchée de M. de Guise, de du Guast, de Souvray, et plusieurs autres qui estoient tous plus aimez d'elle qu'eux, ils ne s'en soucioient pas, et ne craignoient, ces deux beaux freres, que la recherche de l'un et de l'autre. Et cette femme, pour mieux joüer son jeu, persuada au Roy mon mari que j'en estois jalouse, et pour cette cause je tenois le parti de mon frere.

Nous croyons aisement ce qui nous est dit par des personnes que nous aimons. Il prend cette creance, il s'esloigne de moy, et s'en cache plus que de tout autre, ce que jusques alors il n'avoit fait; car, quoy qu'il en eust eu la fantaisie, il m'en avoit tousjours parlé aussi librement qu'à une sœur, connoissant bien que je n'en estois aucunement jalouse, ne desirant que son contentement. Moy voyant ce que j'avois le plus craint estre advenu, qui estoit l'esloignement de sa bonne grace, pour la privation de sa franchise, de quoy il avoit jusques alors usé avec moy, et que la mefiance

(¹) *De la Celestine :* tragi-comédie espagnole alors très en vogue, et remplie de scènes licencieuses.

qui prive de la familiarité est le principe de la haine, soit entre parens ou amis, et connoissant d'ailleurs que si je pouvois divertir mon frere de l'affection de madame de Sauve, j'osterois le fondement de l'artifice que Le Guast avoit fabriqué à nostre division et ruine... susdite à l'endroit de mon frere, usant de tous moyens que je pus pour l'en tirer : ce qui eust servi à tout autre qui n'eust eu l'ame fascinée par l'amour et les ruses de ces fines personnes. Mon frere, qui en toute autre chose ne croyoit rien que moy, ne pust jamais se regaigner soi-mesme pour son salut et le mien, tant forts estoient les charmes de cette Circé, aidez de ce diabolique esprit de du Guast; de façon qu'au lieu de tirer profit de mes paroles, il les redisoit toutes à cette femme. Que peut-on celer à celuy que l'on aime? Elle s'en animoit contre moy, et servoit avec plus d'affection au dessein de du Guast, et pour s'en venger disposoit tousjours davantage le Roy mon mari à me haïr et s'estranger de moy; de sorte qu'il ne me parloit plus.

Il revenoit de chez elle fort tard; et pour l'empescher de me voir, elle luy commandoit de se trouver au lever de la Reyne, où elle estoit subjette d'aller, et après tout le jour il ne bougeoit plus d'avec elle. Mon frere n'apportoit moins de soin à la rechercher, elle leur faisant accroire à tous deux qu'ils estoient uniquement aimez d'elle; ce qui n'avançoit moins leur jalousie et leur division que leur ruïne.

[1575] Nous fismes un long sejour en Avignon, et un tour par la Bourgogne et la Champagne pour aller à Rheims aux nopces du Roy, et de là venir à Paris, où les choses se comporterent tousjours de cette façon. La trame de du Guast alloit par ses moyens tousjours s'advançant à nostre division et ruïne. Estans à Paris, mon frere approcha de luy Bussi (¹), en faisant autant d'estime que sa valeur le meritoit. Il estoit tousjours auprès de mon frere, et par consequent avec moy, mon frere et moy estans presque tousjours ensemble, et ordonnant à tous ses serviteurs de ne m'honorer et rechercher moins que luy. Tous les hommes et gens de sa suite accomplissoient cet agreable commandement avec tant de subjection, qu'ils ne me rendoient moins de service qu'à luy. Vostre tante voyant cela, m'a souvent dit que cette belle union de mon frere et de moy luy faisoit ressouvenir du temps de M. d'Orleans mon oncle et de madame de Savoye ma tante. Le Guast, qui estoit un potiron de ce temps, y donnant interpretation contraire, pensa que la fortune luy offroit un beau moyen pour se haster plus viste d'arriver au but de son dessein, et, par le moyen de madame de Sauve s'estant introduit en la bonne grace du Roy mon mari, tascha par toute voye de luy persuader que Bussi me servoit. Et voyant qu'il n'y advançoit rien, estant assez adverty par ses gens, qui estoient tousjours avec moy, de mes deportemens qui ne tendoient à rien de semblable, il s'adressa au Roy, qu'il trouva plus facile à persuader, tant pour le peu de bien qu'il vouloit à mon frere et à moy, nostre amitié luy estant suspecte et odieuse, que pour la haine qu'il avoit à Bussi, qui l'ayant autresfois suivi l'avoit quitté pour se dedier à mon frere : acquisition qui accroissoit autant la gloire de mon frere que l'envie de nos ennemis, pour n'y avoir rien en ce siecle-là de son

(¹) *Bussy* : Louis de Clermont de Bussy d'Amboise. Il fut l'amant déclaré de Marguerite.

sexe et de sa qualité de semblable en valeur, reputation, grace et esprit. En quoy quelques-uns disoient que s'il falloit croire la transmutation des ames, comme quelques philosophes ont tenu, que sans doute celle de Hardelay (1) vostre brave frere animoit celle de Bussi.

Le Roy, imbu de cela par Le Guast, en parla à la Reyne ma mere, la conviant à en parler au Roy mon mari, et taschant de le mettre aux mesmes aigreurs qu'il l'avoit mis à Lyon; mais elle, voyant le peu d'apparence qu'il y avoit, l'en rejetta, luy disant : « Je ne sçais qui sont les broüillons qui vous mettent telles opinions en la fantaisie. Ma fille est malheureuse d'estre venuë en un tel siecle. De nostre temps nous parlions librement à tout le monde, et tous les honnestes gens qui suivoient le Roy vostre pere, M. le Dauphin, et M. d'Orleans vos oncles, estoient d'ordinaire à la chambre de madame Marguerite vostre tante et de moy, et personne ne le trouvoit estrange, comme aussi n'y avoit-il pas de quoy. Bussi voit ma fille devant vous, devant son mari en sa chambre, devant tous les gens de son mari, et devant tout le monde. Ce n'est pas en cachette, ni à porte fermée. Bussi est personne de qualité, et le premier auprès de vostre frere. Qu'y a-t-il à penser? En sçavez-vous autre chose que par une calomnie? A Lyon, vous me luy avez fait faire un affront tres-grand, duquel je crains bien qu'elle ne se ressente toute sa vie. »

Le Roy demeurant tout estonné, « Madame, dit-il, je n'en parle qu'après les autres. » Elle respondit : « Qui sont ces autres, mon fils? Ce sont gens qui vous veu-

(1) *Hardelay* : Jean de Bourdeille, d'Ardelay, frère de Brantôme.

lent mettre mal avec tous les vostres. » Le Roy s'en estant allé, elle me raconta tout, et me dit : « Vous estes née d'un miserable temps. » Et appellant vostre tante madame de Dampierre, elle se mit à discourir avec elle de l'honneste liberté des plaisirs qu'ils avoient de ce temps-là, sans estre sujets comme nous à la mesdisance.

Le Guast, voyant la mine esventée, et qu'elle n'avoit pris feu de ce costé-là comme il desiroit, s'adresse à certains gentilshommes qui suivoient lors le Roy mon mari, qui jusques alors avoient esté compagnons de Bussi, et depuis devenus ses ennemis par la jalousie que leur apportoit son advancement et sa gloire. Ceux-cy joignants à cette envieuse haine un zele inconsideré au service de leur maistre, ou, pour mieux dire, couvrans leur envie de ce pretexte, se resolurent un soir, sortant tard du coucher de son maistre pour se retirer en son logis, de l'assassiner. Et comme les honnestes gens qui estoient auprès de mon frere avoient accoustumé de l'accompagner, ils sçavoient qu'ils ne le trouveroient avec moins de quinze ou vingt honnestes hommes, et que bien que pour la blessure qu'il avoit au bras droit depuis peu de jours qu'il s'estoit battu contre Saint Val (¹), il ne portast point d'espée, sa presence seroit suffisante pour redoubler le courage à ceux qui estoient avec luy. Ce que redoutans, et voulans faire leur entreprise asseurée, ils resolurent de l'attaquer avec deux ou trois cens hommes, le voile de la nuit couvrant la honte d'un tel assassinat. Le Guast, qui commandoit au regiment des gardes, leur fournit des soldats, et se mettans en cinq ou six trouppes en la

(¹) *Saint Val:* Georges de Vaudray, comte de Saint-Phal.

plus prochaine ruë de son logis où il falloit qu'il passast, le chargent esteignans les torches et flambeaux. Après une salve d'arquebusades et pistoletades, qui eust suffi, non à attrapper une trouppe de quinze ou vingt hommes, mais à deffaire un regiment, ils viennent aux mains avec sa trouppe, taschans tousjours dans l'obscurité de la nuit à le remarquer pour ne le faillir, et le connoissans à une escharpe colombine où il portoit son bras droit blessé, bien à propos pour eux, qui en eussent senti la force; qui furent toutesfois bien soustenus de cette petite trouppe d'honnestes gens qui estoient avec luy, à qui l'inopinée rencontre ni l'horreur de la nuit n'osta le cœur ni le jugement; mais faisant autant de preuve de leur valeur que de l'affection qu'ils avoient à leur amy, à force d'armes le passerent jusques à son logis, sans perdre aucun de leur trouppe, qu'un gentilhomme qui avoit esté nourri avec luy, qui, ayant esté blessé auparavant à un bras, portoit une escharpe colombine comme luy, mais toutesfois bien differente pour n'estre enrichie comme celle de son maistre; toutefois en l'obscurité de la nuict, ou le transport, ou l'animosité de ces assassins, qui avoient le mot de donner tous à l'écharpe colombine, fit que toute la trouppe se jetta sur ce pauvre gentilhomme, pensant que ce fust Bussi, et le laisserent pour mort en la ruë.

 Un gentilhomme italien qui estoit à mon frere y estant, de premier abord l'effroy l'ayant pris, il s'en accourt tout sanglant dans le Louvre, et jusques à la chambre de mon frere qui estoit couché, criant que l'on assassinoit Bussi. Mon frere soudain y voulust aller. De bonne fortune je n'estois point encore couchée, et estois logée si près de mon frere, que j'oüis cet homme effrayé crier par les degrez cette espouvantable nouvelle aussi-tost que luy. Soudain je cours en sa chambre pour l'empescher de sortir, et envoy ay prier la Reyne ma mere d'y venir pour le retenir, voyant que la juste douleur qu'il sentoit l'emportoit tellement hors de luy-mesme, que sans consideration il se fust precipité à tous dangers pour courir à la vengeance. Nous le retenons à toute peine, la Reyne ma mere luy representant qu'il n'y avoit nulle apparence de sortir seul comme il estoit, pendant la nuit que l'obscurité couvre toute meschanceté; que Le Guast estoit peut-estre assez méchant d'avoir fait cette partie expressement pour le faire sortir mal à propos, afin de le faire tomber en quelque accident. Au desespoir qu'il estoit ces paroles eussent eu peu de force; mais elle y usant de son autorité l'arresta, et commanda aux portiers que l'on ne le laissast sortir, prenant la peine de demeurer avec luy jusques à ce qu'il sceust la verité de tout.

Bussi, que Dieu avoit garanti miraculeusement de ce danger, ne s'estant troublé pour ce hazard, son ame n'estant point susceptible de la peur, estant né pour estre la terreur de ses ennemis, la gloire de son maistre, et l'esperance de ses amis, entré qu'il fust en son logis, soudain se souvint de la peine en quoy seroit son maistre si la nouvelle de cette rencontre estoit portée jusques à luy incertainement ; et craignant que cela le fist jetter dans les filets de ses ennemis (comme sans doute il eust fait si la Reyne ma mere ne l'en eust empesché), envoya soudain un des siens qui apporta la nouvelle à mon frere de la verité de tout. Et le jour estant venu, Bussi, sans crainte de ses ennemis, revint dans le Louvre avec la façon aussi brave et aussi joyeuse que si cet attentast luy eust esté un tournois pour plaisir.

Mon frere, aussi aise de le revoir que plein de despit et de vengeance, tesmoigna assez comme il ressentoit l'offense qui luy avoit esté faite de l'avoir voulu priver du plus brave et du plus digne serviteur dont prince de sa qualité eust jamais connoissance, bien que du Guast s'attaquoit à Bussi pour ne s'oser prendre de premier abord à luy-mesme. La Reyne ma mere, la plus prudente et advisée qui ait jamais esté, connoissant de quel poids estoient tels effets, et prevoyant qu'ils pourroient enfin mettre ses deux enfans mal ensemble, conseilla mon frere que pour lever tel pretexte il fist que pour un temps Bussi s'esloignast de la Cour; à quoy mon frere consentit par la priere que je luy en fis, voyant bien que s'il demeuroit Le Guast le mettroit tousjours en jeu, et le feroit servir de couverture à son pernicieux dessein, qui estoit de maintenir mon frere et le Roy mon mari mal ensemble, comme il lui avoit mis par les artifices susdits. Bussi, qui n'avoit autre volonté que celle de son maistre, partit accompagné de la plus brave noblesse qui fust à la Cour qui suivoit mon frere.

Ce sujet estant aisé au Guast, et voyant que le Roy mon mari ayant en ce mesme temps une nuit eu une fort grande foiblesse, en laquelle il demeura esvanoüi l'espace d'une heure (qui luy venoit, comme je crois, d'excès qu'il avoit faits avec les femmes, car je ne l'y avois jamais veu sujet), où je l'avois servi et assisté comme le devoir me le commandoit; de quoy il restoit si content de moy qu'il s'en loüoit à tout le monde, disant que, sans que je m'en estois apperceue, et j'avois soudain couru à le secourir et appeller mes femmes et ses gens, il estoit mort, et qu'à cette cause il m'en faisoit beaucoup meilleure chere, et que depuis l'amitié de luy et de mon frere commençoit à se renoüer, estimant tousjours que j'en estois la cause, et que je leur estois (comme l'on voit en toutes les choses naturelles, mais plus apparemment aux serpens coupez) un certain baume naturel qui reünit et rejoint les parties separées, poursuivant tousjours la pointe de son premier et pernicieux dessein, et recherchant de fabriquer quelque nouvelle invention pour nous rebroüiller le Roy mon mari et moy, mit à la teste du Roy, qui depuis peu de jours avoit osté, par le mesme artifice de du Guast, à la Reyne, sa sacrée princesse, tres-vertueuse et bonne, une fille qu'elle aimoit fort, et qui avoit esté nourrie avec elle, nommée Changi, qu'il devoit faire que le Roy mon mari m'en fist de mesme, m'ostant celle que j'aimois le plus, nommée Torigny[1], sans autre raison, sinon qu'il ne falloit point laisser à des jeunes princesses des filles en qui elles eussent si particuliere amitié.

Le Roy, persuadé de ce mauvais homme, en parla plusieurs fois à mon mari, qui luy respondit qu'il sçavoit bien qu'il me feroit un cruel desplaisir; que si j'aimois Torigny j'en avois occasion; qu'outre ce qu'elle avoit esté nourrie avec la reyne d'Espagne ma sœur, et avec moy depuis mon enfance, elle avoit beaucoup d'entendement, et que mesme elle l'avoit beaucoup servi en sa captivité du bois de Vincennes; qu'il seroit ingrat s'il ne s'en ressouvenoit, et qu'il avoit autrefois

[1] *Torigny* : Gillone Govion, fille du maréchal de Matignon. Elle épousa depuis Pierre d'Harcourt, sieur de Beuvron.

veu que Sa Majesté en faisoit grand estat plusieurs fois. Il s'en deffendit de ceste façon ; mais enfin Le Guast persistant tousjours à pousser le Roy, et jusques à luy faire dire au Roy mon mari qu'il ne l'aimeroit jamais si dans le lendemain il ne m'avoit osté Torigny, il fut contraint, à son grand regret, comme depuis il me l'a avoüé, de m'en prier et me le commander. Ce qui me fust si aigre, que je ne me pus m'empescher de luy tesmoigner par mes larmes combien j'en recevois de desplaisir, luy remonstrant que ce qui m'en affligeoit le plus, n'estoit point l'esloignement de la presence d'une personne qui depuis mon enfance s'estoit toujours renduë subjette et utile auprès de moi, mais que sçachant comme je l'aimois, je n'ignorois pas combien son partement si precipité porteroit de prejudice à ma reputation. Ne pouvant recevoir ces raisons, pour la promesse qu'il avoit faite au Roy de me faire ce desplaisir, elle partist le jour mesme, se retirant chez un sien cousin, nommé M. Chastelas.

Je restay si offensée de cette indignité à la suite de tant d'autres, que, ne pouvant plus resister à la juste douleur que je ressentois, qui bannissant toute prudence de moy m'abandonnoit à l'ennui, je ne me pus plus forcer de rechercher le Roy mon mari. De sorte que Le Guast et madame de Sauve d'un costé l'estrangeant de moy, et moy m'esloignant aussi, nous ne couchions plus et ne parlions plus ensemble.

LIVRE DEUXIESME.

Quelques jours après, quelques bons serviteurs du Roy mon mari luy ayans fait connoistre l'artifice par le moyen duquel on le menoit à sa ruïne, le mettant mal avec mon frere et moy pour le separer de ceux de qui il devoit esperer le plus d'appui, pour après le laisser là et ne tenir conte de luy, comme le Roy commençoit à n'en faire pas grand estat et à le mepriser, ils le firent parler à mon frere, qui depuis le partement de Bussi n'avoit pas amendé sa condition (car Le Guast tous les jours luy faisoit recevoir quelques nouvelles indignitez), et connoissant qu'ils estoient tous deux en mesme prédicament à la Cour, aussi défavorisez l'un que l'autre; que Le Guast seul gouvernoit le monde; qu'il falloit qu'ils mendiassent de luy ce qu'ils vouloient obtenir auprès du Roy; que s'ils demandoient quelque chose, ils estoient refusez avec mépris; que si quelqu'un se rendoit leur serviteur, il estoit aussi-tost ruiné, et attaqué de mille querelles que l'on luy suscitoit; ils se resolurent, voyant que leur desunion estoit leur ruine, de se reünir, et se retirer de la Cour, pour, ayant assemblé leurs serviteurs et amis, demander au Roy une condition et un traittement digne de leur qualité, mon frere n'ayant eu jusques alors son appennage, et s'entretenant seulement de certaines pensions mal assignées, qui venoient seulement quand il plaisoit au Guast, et le Roy mon

mari ne joüissant nullement de son gouvernement de
Guyenne, ne luy estant permis d'y aller, ni en aucunes de ses terres.

Cette resolution estant prise entr'eux, mon frere
m'en parla, me disant qu'à cette heure ils estoient bien
ensemble, et qu'il desiroit que nous fussions bien, le
Roy mon mari et moy, et qu'il me prioit d'oublier tout
ce qui s'estoit passé; que le Roy mon mari lui avoit dit
qu'il en avoit un extreme regret, et qu'il connoissoit
bien que nos ennemis avoient esté plus fins que nous,
mais qu'il se resolvoit de m'aimer et de me donner
plus de contentement de lui. Il me prioit aussi de mon
costé de l'aimer et de l'assister en ses affaires en son
absence. Ayant pris resolution tous deux ensemble que
mon frere partiroit le premier, se derobant dans un
carrosse comme il pourroit, et qu'à quelques jours de
là le Roy mon mari, feignant d'aller à la chasse, le suivroit (regrettans beaucoup qu'ils ne me pouvoient
emmener avec eux, toutesfois s'asseurans qu'on ne me
sçauroit faire du déplaisir les sçachans dehors; aussi
qu'ils firent bientost paroistre que leur intention n'estoit point de troubler la France, mais seulement d'establir une condition digne de leur qualité, et se mettre
en seureté; car parmi ces traverses ils n'estoient pas
sans crainte de leur vie, fust ou que veritablement ils
fussent en danger, ou que ceux qui desiroient la division et ruine de nostre maison pour s'en prévaloir,
leur fissent donner des alarmes par les continuels advertissemens qu'ils en recevoient), le soir venu, peu
avant le soupper du Roy, mon frere changeant de manteau et le mettant au tour du nez, sort, seulement suivi
d'un des siens qui n'estoit pas reconnu, et s'en va à

pied jusques à la porte Saint Honoré, où il trouva Simié (¹) avec le carrosse d'une dame qu'il avoit emprunté pour cet effet, dans lequel il se mist, et va jusques à quelques maisons à un quart de lieuë de Paris, où il trouva des chevaux qui l'attendoient, sur lesquels montant, à quelque lieuë de là il trouva deux ou trois cens chevaux de ses serviteurs qui l'attendoient au rendez-vous qu'il leur avoit donné. L'on ne s'apperceust point de son partement que sur les neuf heures du soir.

Le Roy et la Reyne ma mere me demanderent pourquoy il n'avoit point souppé avec eux, et s'il estoit malade. Je leur dis que je ne l'avois point veu depuis l'apresdinée. Ils envoyerent en sa chambre voir ce qu'il faisoit. On leur vinst dire qu'il n'y estoit pas. Ils disent qu'on le cherche par toutes les chambres des dames où il avoit accoustumé d'aller. On cherche par le chasteau, on cherche par la ville, on ne le trouve point. A cette heure là l'allarme s'échauffe. Le Roy se met en colere, se courrouce, menace, envoye querir tous les princes et seigneurs de la Cour, leur commande de monter à cheval et le luy ramener vif ou mort, disant qu'il s'en va troubler son Estat pour luy faire la guerre, et qu'il luy fera connoistre la follie qu'il faisoit de s'attaquer à un roy si puissant que luy. Plusieurs de ces princes et seigneurs refuserent cette commission, remonstrans au Roy de quelle importance elle estoit; qu'ils voudroient mettre leur vie en ce qui seroit du service du Roy, comme ils sçavoient estre de leur devoir; mais d'aller contre Monsieur son frere, ils sçavoient bien que le Roy leur en sçauroit un jour mauvais gré; et qu'il s'asseurast que mon frere n'entre-

(¹) *Simié*. Il étoit chambellan du duc d'Alençon..

prendroit rien qui pust deplaire à Sa Majesté, ni qui
pust nuire à son Estat; que peut estre c'estoit un mécontentement qui l'avoit convié à s'éloigner de la Cour;
qu'il leur sembloit que le Roy devoit envoyer devers
luy pour s'informer de l'occasion qui l'avoit meu à
partir, avant que prendre resolution à toute rigueur
comme celle-cy. Quelques autres accepterent, et se
preparerent pour monter à cheval. Ils ne pûrent faire
telle diligence qu'ils pûssent partir plustost que sur le
point du jour; qui fust cause qu'ils ne trouverent point
mon frere, et furent contraints de revenir pour n'estre
pas en equipage de guerre.

[1576] Le Roy pour ce depart ne monstra pas meilleur visage au Roy mon mari, mais, en faisant aussi peu
d'estat qu'à l'accoustumée, le tenoit tousjours de mesme
façon : ce qui le confirmoit en la resolution qu'il avoit
prise avec mon frere; de sorte que peu de jours après (1)
il partit, feignant d'aller à la chasse. Moy le lendemain
du depart de mon frere, les pleurs qui m'avoient accompagnée toute la nuit, m'esmeurent un si grand
rhume sur la moitié du visage, que j'en fus avec une
grosse fievre arrestée dans le lit pour quelques jours,
fort malade et avec beaucoup de douleurs. Durant laquelle maladie le Roy mon mary, ou qu'il fust occupé
à disposer de son partement, ou qu'ayant à laisser
bien-tôt la Cour, il voulust donner ce temps qu'il avoit
à y estre à la seule volupté de joüir de la presence de
sa maistresse madame de Sauve, ne pensant avoir le
loisir de me venir voir en ma chambre, et revenant

(1) *Peu de jours après.* Le roi de Navarre ne s'échappa de la Cour
qu'au mois de février 1576. Le duc d'Alençon étoit parti au mois de
septembre précédent.

6.

pour se retirer à l'accoustumée à une ou deux heures après minuit, couchans en deux lits comme nous couchions tousjours, je ne l'entendois point venir, et se levant avant que je fusse esveillée, pour se treuver, comme j'ay dit cy-devant, au lever de madame ma mere où madame de Sauve alloit, il ne se souvenoit point de parler à moy comme il avoit promis à mon frere; et partit de cette façon sans me dire à Dieu.

Je ne laissay pas de demeurer soupçonnée du Roy que j'estois la seule cause de ce partement; et jettant feu contre moy, s'il n'eust esté retenu de la Reyne ma mere, sa colere, je crois, luy eust fait executer contre ma vie quelque cruauté; mais estant retenu par elle, et n'osant faire pis, soudain il dit à la Reyne ma mere que pour le moins il me falloit donner des gardes pour empescher que je ne suivisse le Roy mon mary, et aussi pour engarder que personne ne communiquast avec moy, afin que je ne les advertisse de ce qui se passoit à la Cour. La Reyne ma mere, voulant faire toutes choses avec douceur, luy dit qu'elle le trouvoit bon ainsi (bien aise d'avoir pû rabattre jusques au premier mouvement de sa colere), mais qu'elle me viendroit trouver pour me disposer à ne trouver si rude ce traitement là; que ces aigreurs ne demeureroient toûjours en ces termes; que toutes les choses du monde avoient deux faces; que cette premiere, qui estoit triste et affreuse, estant tournée, quand nous viendrons à voir la seconde plus agreable et plus tranquille, à nouveaux evenemens on prendroit nouveau conseil; que lors peut-estre on auroit besoin de se servir de moy; que comme la prudence conseilloit de vivre avec ses amis comme devans un jour estre ses ennemis, pour ne leur confier rien de trop, qu'aussi l'amitié venant à se rompre, et pouvant nuire, elle ordonnoit d'user de ses ennemis comme pouvant estre un jour amis.

Ces remonstrances empescherent bien le Roy de me faire ennuy (ce qu'il eust bien voulu); mais Le Guast luy donnant l'invention de decharger ailleurs sa colere, fit que soudain, pour me faire le plus cruel déplaisir qui se pouvoit imaginer, il envoya des gens à la maison de Chastelas, cousin de Torigny, pour, sous ombre de la prendre pour l'amener au Roy, la noyer en une riviere qui estoit près de là. Eux arrivez, Chastelas les laisse librement entrer dans la maison, ne se doutant de rien. Eux soudain la voyant dedans, les plus forts usans avec autant d'indiscretion que d'imprudence de la ruineuse charge qui leur avoit esté donnée, prennent Torigny, la liant, l'enferment dans une chambre, attendans de partir que leurs chevaux eussent repeu. Cependant usans à la françoise sans se garder de rien, se gorgeans jusques au crever de tout ce qui estoit de meilleur en cette maison, Chastelas, qui estoit homme advisé, n'estant pas marry qu'aux dépens de son bien on pust gagner ce temps pour retarder le partement de sa cousine, esperant que qui a temps a vie, et que Dieu peut-estre changeroit le cœur du Roy, qui contremanderoit ces gens icy pour ne me vouloir si aigrement offenser, et n'osant ledit Chastelas entreprendre par autre voye de les empescher, bien qu'il avoit des amis assez pour le faire : mais Dieu, qui a toûjours regardé mon affliction pour me garantir des dangers et des deplaisirs que mes ennemis me pourchassoient, plus à propos que moy-mesme ne l'en eusse pû requerir quand j'eusse sceu cette entreprise que j'ignorois, prepara un inesperé secours pour delivrer Torigny des mains de ces scelerats, qui fut tel :

Quelques valets et chambrieres s'en estant fuis pour la crainte de ces satellites, qui battoient et frappoient là dedans comme en une maison de pillage, estant à un quart de lieuë de la maison, Dieu guida par là La Ferté et Avantigny (1) avec leurs troupes qui estoient bien deux cens chevaux, qui s'alloient joindre à l'armée de mon frere, et fit que La Ferté reconnust parmi cette troupe de païsans un homme esploré qui estoit à Chastelas, et luy demanda ce qu'il avoit, et s'il y avoit quelques gens d'armes qui leur eussent fait quelque tort; le valet luy respond que non, et que la cause qui les rendoit ainsi tourmentez, estoit l'extremité en quoy il avoit laissé son maistre pour la prise de sa cousine. Soudain La Ferté et Avantigny se resolurent de me faire ce bon office de delivrer Torigny, loüans Dieu de leur avoir offert une si belle occasion de me pouvoir temoigner l'affection qu'ils m'avoient tousjours euë; et hastans le pas, eux et toutes leurs troupes arriverent si à propos à la maison dudit Chastelas, qu'ils trouverent ces soldats sur le point qu'ils vouloient mettre Torigny sur un cheval pour l'emmener noyer. Entrans donc tous à cheval l'espée à la main dans la court, et crians : « Arrestez-vous, bourreaux, si vous luy faites mal vous estes morts, » ils commencerent à les charger, et eux se mettans à fuïr laisserent leur prisonniere aussi transportée de joye que transie de frayeur; et après avoir rendu graces à Dieu et à eux d'un si salutaire et si necessaire secours, faisant appresler le chariot de sa cou-

---

(1) *Avantigny.* Deux fréres de ce nom étoient chambellans du duc d'Alençon.

sine de Chastelas, elle s'en va avec sondit cousin, accompagnée de l'escorte de ces honnestes gens, trouver mon frere, qui fust très-aise, ne me pouvant avoir auprès de luy, d'y avoir une personne que j'aimasse comme elle. Elle y fut, tant que le danger dura, traitée et respectée comme si elle eust esté auprès de moy.

Pendant que le Roy faisoit cette belle despesche pour sacrifier Torigny à son ire, la Reyne ma mere, qui n'en sçavoit rien, m'estoit venuë trouver en ma chambre que je m'habillois encore, faisant estat, bien que je fusse encor mal de mon rhume, mais plus malade en l'ame qu'au corps de l'ennui qui me possedoit, de sortir ce jour-là de ma chambre pour voir un peu le cours du monde sur ces nouveaux accidens, estant tousjours en peine de ce qu'on entreprendroit contre mon frere et le Roy mon mari. Elle me dit : « Ma fille, vous n'avez que faire de vous habiller. Ne vous faschez point, je vous prie, de ce que j'ay à vous dire. Vous avez de l'entendement. Je m'asseure que vous ne trouverez point estrange que le Roy se sente offensé contre vostre frere et vostre mari, et que, sçachant l'amitié qui est entre vous, croyant que vous sçaviez leur partement, il soit resolu de vous tenir pour ostage de leur depart. Il sçait combien vostre mari vous aime, et ne peut avoir un meilleur gage de luy que vous. Pour cette cause, il a commandé que l'on vous mist des gardes pour vous empescher que vous ne sortiez de vostre chambre; aussi que ceux de son conseil luy ont representé que si vous estiez libre parmi nous, vous descouvririez tout ce qui se delibereroit contre vostre frere et vostre mari, et les en advertiriez. Je vous prie de ne le trouver mauvais. Ceci, si Dieu plaist, ne durera gueres. Ne vous faschez point aussi si je n'ose si souvent vous venir voir, car je craindrois d'en donner soupçon au Roy. Mais asseurez-vous que je ne permettray point qu'il vous soit fait aucun deplaisir, et que je feray tout ce que je pourray pour mettre la paix entre vos freres. »

Je luy representay combien estoit grande l'indignité qu'on me faisoit en cela. Je ne voulois pas desavouër que mon frere m'avoit tousjours communiqué tous ses justes mescontentemens; mais pour le Roy mon mary, depuis qu'il m'avoit osté Torigny, nous n'avions point parlé ensemble; que mesme il ne m'avoit point veuë en ma maladie, et ne m'avoit point dit adieu. Elle me respond: « Ce sont petites querelles de mary à femme; mais on sçait bien qu'avec des douces lettres il vous regagnera le cœur, et que s'il vous mande de l'aller trouver vous y irez; ce que le Roy mon fils ne veut pas. » Elle s'en retournant, je demeurai en cet état quelques mois, sans que personne, ny mesme mes plus privez amis, m'osassent venir voir, craignans de se rüiner. A la Cour l'adversité est toujours seule, comme la prosperité est accompagnée, et la persecution assistée de vrais et entiers amis. Le seul brave Grillon fut celuy qui, meprisant toutes deffenses et toutes defaveurs, vint cinq ou six fois dans ma chambre, estonnant tellement de crainte les Cerberes que l'on avoit mis à ma porte, qu'ils n'oserent jamais le dire ny lui refuser le passage.

Durant ce temps-là le Roy mon mary étant arrivé en son gouvernement, et ayant joint ses serviteurs et amis, chacun luy remonstra le tort qu'il avoit eu d'estre party sans me dire adieu, luy disant que j'avois de l'entendement pour le pouvoir servir, et qu'il falloit qu'il me regaignast, qu'il retireroit beaucoup d'utilité de mon amitié et de ma presence, lors que, les choses estans pacifiées, il me pourroit avoir auprès de luy. Il fut aisé à persuader en cela, estant esloigné de sa Circé madame de Sauve. Ses charmes ayans perdu par l'absence leur force (ce qui le rendoit sans raison pour reconnoistre clairement les artifices de nos ennemis, et que la division qu'ils avoient trouvée entre nous ne luy procuroit moins de ruïne qu'à moy), il m'écrivist une tres-honneste lettre où il me prioit d'oublier tout ce qui s'estoit passé entre nous, et croire qu'il me vouloit aimer, et me le faire paroistre plus qu'il n'avoit jamais fait; me commandant aussi de le tenir adverty de l'estat des affaires qui se passoient où j'estois, de mon estat et de celuy de mon frere; car ils estoient esloignez, bien qu'amis d'intelligence, mon frere estant vers la Champagne, et le Roy mon mari en Gascogne. Je receus cette lettre estant encores captive, qui m'apporta beaucoup de consolation et soulagement, et ne manquay depuis (bien que les gardes eussent charge de ne me laisser escrire), aidée de la necessité mere de l'invention, de luy faire souvent tenir de mes lettres.

Quelques jours après que je fus arrestée, mon frere sceut ma captivité, qui l'aigrit tellement, que, s'il n'eust eu l'affection de sa patrie dans le cœur autant enracinée comme il avoit de part et d'interest à cet Estat, il eust fait une si cruelle guerre (comme il en avoit le moyen, ayant lors une belle armée), que le peuple eust porté la peine des effets de leur prince; mais, retenu par le devoir de cette naturelle affection, il écrivist à la Reyne ma mere que si l'on me traittoit ainsi on le mettroit au dernier desespoir. Elle, craignant de voir venir les aigreurs de cette guerre à cette extrémité qu'elle n'eust le moyen de la pacifier, remontra au Roy de quelle importance cette guerre luy estoit, et le trouva disposé à recevoir ses raisons, son ire estant moderée par la connoissance du peril où il se trouvoit, estant attaqué en Gascogne, Dauphiné, Languedoc et Poictou, et du Roy mon mari et des huguenots, qui tenoient plusieurs belles places, et de mon frere en Champagne, qui avoit une grosse armée composée de la plus brave et gaillarde noblesse qui fust en France, et n'ayant pu depuis le depart de mon frere, par prieres, commandemens, ni menaces, faire monter personne à cheval contre mon frere, tous les princes et seigneurs de France redoutans sagement de mettre le doigt entre deux pierres : tout consideré, le Roy preste l'oreille aux remonstrances de la Reyne ma mere, et se rend non moins desireux qn'elle de faire une paix, la priant de s'y employer.

Elle soudain se dispose d'aller trouver mon frere, representant au Roy qu'il estoit necessaire qu'elle m'y menast ; mais le Roy n'y voulut consentir, estimant que je luy servois d'un grand ostage. Elle donc s'en va sans moy, et sans m'en parler ; et mon frere voyant que je n'y estois pas, luy representa le juste mescontentement qu'il avoit, et les mauvais traitemens qu'il avoit reçus à la Cour, y joignant celuy de l'injure qu'on m'avoit fait m'ayant retenuë captive, et la cruauté que pour m'offencer on avoit voulu faire à Torigny, disant qu'il n'escouteroit jamais nulle ouverture de paix que le tort que l'on m'avoit fait ne fust reparé, et qu'il ne me vist satisfaite et en liberté. La Reyne ma

mere, voyant cette responsc, revinst, et representa au
Roy ce que luy avoit dit mon frere ; qu'il estoit necessaire, s'il vouloit une paix, qu'elle y retournast, mais
que d'y aller sans moy, son voyage seroit encore inutile, et croistroit plûtost le mal que de le diminuer;
qu'aussi de m'y mener sans m'avoir premier contentée,
j'y nuirois plustost que d'y servir, et que mesme il seroit à craindre qu'elle n'eust de la peine à me ramener,
et que je ne voulusse aller trouver mon mary; qu'il
falloit m'oster les gardes, et trouver moyen de me faire
oublier le traittement qu'on m'avoit fait : ce que le
Roy trouva bon, et s'y affectionna autant qu'elle.

Soudain elle m'envoye querir, me disant qu'elle
avoit tant fait qu'elle avoit disposé les choses à la voye
d'une paix; que c'estoit le bien de cet Estat, qu'elle
sçavoit que mon frere et moy avions toûjours desiré;
qu'il se pouvoit faire une paix si advantageuse pour
mon frere, qu'il auroit occasion de rester content et hors
de la tyrannie de du Guast et de tous autres tels malicieux qui pourroient posseder le Roy; qu'en outre, tenant la main à faire un bon accord entre le Roy et mon
frere, je la delivrerois d'un mortel ennuy qui la possedoit, se trouvant en tel estat qu'elle ne pouvoit sans
mortelle offense recevoir la nouvelle de la victoire de
l'un ou de l'autre de ses fils ; qu'elle me prioit que l'injure que j'avois reçuë ne me fist desirer plustost la vengeance que la paix; que le Roy en estoit marry, qu'elle
l'en avoit veu pleurer, et qu'il m'en feroit telle satisfaction que j'en resterois contente. Je luy respondis
que je ne prefererois jamais mon bien particulier au
bien de mes freres et de cet Estat, pour le repos et
contentement duquel je me voudrois sacrifier; que je

ne souhaittois rien tant qu'une bonne paix, et que j'y voudrois servir de tout mon pouvoir.

Le Roy entra sur cela en son cabinet, qui avec une infinité de belles parolles tascha à me satisfaire, et me convia à son amitié, voyant que ny mes façons ny mes paroles ne demonstroient aucun ressentiment de l'injure que j'avois receuë : ce que je faisois, plus pour le mépris de l'offence que pour sa satisfaction, ayant passé le temps de ma captivité au plaisir de la lecture, où je commençay lors à me plaire; n'ayant cette obligation à la fortune, mais plutôt à la providence divine, qui dès lors commença à me produire un si bon remede pour le soulagement des ennuis qui m'étoient preparez à l'advenir : ce qui m'estoit aussi un acheminement à la devotion, lisant en ce beau livre universel de la nature tant de merveilles de son createur; car toute ame bien née faisant de cette connoissance une échelle, de laquelle Dieu est le dernier et le plus haut échellon, ravie se dresse à l'adoration de la merveilleuse lumiere et splendeur de cette incomprehensible essence, et, faisant un cercle parfait, ne se plaist plus à autre chose qu'à suivre cette chaisne d'Homere, cette agreable encyclopedie, qui part de Dieu mesme, principe et fin de toutes choses. Et la tristesse contraire à la joye, qui emporte hors de nous les pensées de nos actions, reveille nostre ame en soy-mesme, qui, rassemblant toutes ses forces pour rejetter le mal et rechercher le bien, pense et repense sans cesse pour choisir ce souverain bien, auquel avec assurance elle puisse trouver quelque tranquillité; qui sont de belles dispositions pour venir à la connoissance et amour de Dieu. Je reçus ces deux biens de la tristesse et de la solitude à ma premiere captivité, de me plaire à l'etude, et m'adonner à la devotion, bien que je ne les eusse jamais goustées entre les vanitez et magnificences de ma prospere fortune.

Le Roy, comme j'ay dit, ne voyant en moy nulle apparence de mescontentement, me dit que la Reyne ma mere s'en alloit trouver mon frere en Champagne pour traiter une paix; qu'il me prioit de l'accompagner et y apporter tous les bons offices que je pourrois, et qu'il sçavoit que mon frere avoit plus de creance en moy qu'en tout autre; que de ce qui viendroit de bien en cela il m'en donneroit l'honneur, et m'en resteroit obligé. Je luy promis ce que je voulois faire, car je connoissois que c'estoit le bien de mon frere et celuy de l'Estat, qui étoit de m'y employer en sorte qu'il en resteroit content.

La Reyne ma mere part, et moy avec elle, pour aller à Sens, la conference se devant faire en la maison d'un gentilhomme à une lieuë de là. Le lendemain nous allasmes au lieu de la conference. Mon frere s'y trouva, accompagné de quelques-unes de ses troupes, et des principaux seigneurs et capitaines catholiques et huguenots de son armée, entre lesquels estoit le duc Casimir, et le colonel qui luy avoit amené six mille reistres par le moyen de ceux de la religion, qui s'estoient joints avec mon frere à cause du Roy mon mary. L'on traita là plusieurs jours de la paix, y ayant plusieurs disputes sur les articles, principalement sur ceux qui concernoient ceux de la religion, ausquels on accorda des conditions plus avantageuses qu'on n'avoit envie de leur tenir, comme il parut bien depuis, le faisant la Reyne ma mere seulement pour avoir la paix, renvoyer les reistres, et retirer mon frere d'avec ceux desquels il n'avoit moins d'envie de se separer, pour avoir tousjours esté très-bon catholique, et ne s'estre servy des huguenots que par nécessité.

En cette paix (1) il fut donné partage à mon frere selon sa qualité, à quoy il vouloit que je fusse comprise, me faisant lors establir assignat de mon dot en terres; et M. de Beauvais, qui estoit deputé pour son party, y insistoit fort aussi pour moi. Mais la Reyne ma mere me pria que je ne le permisse, et qu'elle m'asseuroit que j'aurois du Roy tout ce que luy demanderois. Ce qui me fit les prier de ne m'y comprendre, et que j'aimois mieux avoir de gré ce que j'aurois du Roy et de la Reyne ma mere, estimant qu'il me seroit plus asseuré.

La paix estant concluë, les asseurances prises d'une part et d'autre, la Reyne ma mere se disposant à s'en retourner, je receus lettres du Roy mon mari, par lesquelles il me faisoit paroistre qu'il avoit desir de me voir, me priant, soudain que je verrois la paix faite, de demander mon congé pour le venir trouver. J'en suppliay la Reyne ma mere. Elle me rejette cela, et par toutes sortes de persuasions tasche de m'en divertir, me disant que lors qu'après la Saint Barthelemy je ne voulus recevoir la proposition qu'elle me fit de me separer de nostre mariage, elle loüa lors mon intention parce qu'il s'estoit fait catholique; mais qu'à cette heure qu'il s'estoit fait huguenot, elle ne me pourroit permettre que j'y allasse. Et voyant que j'insistois pour avoir mon congé, elle avec la larme à l'œil

---

(1) *Cette paix.* Elle fut signée le 14 mai 1576.

dit que si je ne revenois avec elle je la ruinerois; que
le Roy croiroit qu'elle me l'auroit fait faire, et qu'elle
luy avoit promis de me ramener, et qu'elle feroit que
j'y demeurerois jusqu'à ce que mon frere y fust; qu'il
y viendroit bien-tost, et qu'elle me feroit donner mon
congé.

Nous retournasmes à Paris trouver le Roy, qui nous
receust avec contentement d'avoir la paix, mais toutesfois agreant peu les avantageuses conditions des huguenots, et se deliberant, si-tost qu'il auroit mon frere
à la Cour, de trouver une invention pour rentrer en
guerre contr'eux, pour ne les laisser jouïr de ce qu'à
regret on leur avoit accordé seulement pour en retirer
mon frere, lequel demeura un mois ou deux à venir,
pour donner ordre à licentier les reistres et le reste de
son armée. Il arriva après à la Cour avec toute la noblesse catholique. Le Roy les receut avec honneur,
monstrant avoir contentement de le revoir, et fit bonne
chere aussi à Bussi, car Le Guast estoit mort [1], ayant
esté tué par un jugement de Dieu lors qu'il suoit une
diette, comme aussi c'estoit un corps gasté de toutes
sortes de vilainies, qui fut donné à la pourriture qui
dès long-temps le possedoit, et son ame aux demons,
à qui il avoit fait hommage par magie et toutes sortes
de meschancetez. Ce fusil de haine et de division estant
osté du monde, et le Roy n'ayant son esprit bandé qu'à
la ruine des huguenots, se voulant servir de mon frere
contre eux, pour rendre mon frere et eux irreconci-
liables, et craignant qu'à cette raison j'allasse trouver

[1] *Le Guast étoit mort.* Duguast avoit été tué l'année précédente,
la veille du jour des Morts, par Antoine Duprat, baron de Vitaux. On
a dit, mais sans preuve, que Marguerite avoit ordonné cet assassinat.

le Roy mon mari, nous faisoit à l'un et à l'autre toutes sortes de caresses et de bonne chere pour nous faire plaire à la Cour. Et voyant qu'en ce mesme temps M. de Duras estoit arrivé de la part du Roy mon mari pour me venir querir, et que je le pressois fort de me laisser aller, qu'il n'y avoit plus lieu de me refuser, il me dit (monstrant que c'estoit l'amitié qu'il me portoit, et la connoissance qu'il avoit de l'ornement que je donnois à la Cour, qui faisoit qu'il ne pouvoit permettre que je m'esloignasse que le plus tard qu'il pourroit) qu'il me vouloit conduire jusques à Poictiers, et renvoya M. le duc de Duras avec cette asseurance.

Cependant il demeura quelques jours à partir de Paris, retardant à me refuser ouvertement mon congé, qu'il eust toutes choses prestes pour pouvoir declarer la guerre, comme il l'avoit desseignée, aux huguenots, et par consequent au Roy mon mari. Et, pour y trouver un pretexte, on fait courir le bruit que les catholiques se plaignent des avantageuses conditions que l'on avoit accordées aux huguenots à la paix de Sens. Ce murmure et mescontentement des catholiques passe si avant, qu'ils viennent à se liguer à la Cour (1), par les provinces et par les villes, s'enrollans et signans, et faisans grand bruit, tacitement du sceu du Roy, monstrans vouloir eslire M. de Guise pour chef. Il ne se parle d'autre chose à la Cour, depuis Paris jusques à Blois, où le Roy avoit fait convoquer les estats; pendant l'ouverture desquels le Roy appella mon frere dans son cabinet, avec la Reyne ma mere, et quelques-uns de

(1) *Se liguer à la Cour.* Voyez, sur les commencemens de la Ligue, l'Introduction aux Mémoires de Montluc, tome xx, page 183. Les premiers états de Blois s'ouvrirent au mois de novembre 1576.

messieurs de son conseil. Il leur represente de quelle importance estoit pour son Estat et pour son authorité la ligue que les catholiques commençoient, mesme s'ils venoient à se faire des chefs, et qu'ils esleussent ceux de Guise; qu'il y alloit du leur plus que de tous autres (entendant de mon frere et de luy); que les catholiques avoient raison de se plaindre, et que son devoir et sa conscience l'obligeoient à mescontenter plustost les huguenots que les catholiques; qu'il prioit et conjuroit mon frere, comme fils de France et bon catholique qu'il estoit, de le vouloir conseiller et assister en cette affaire, où il y alloit du hazard de sa couronne et de la religion catholique; adjoustant à cela qu'il luy sembloit que, pour couper le chemin à cette dangereuse ligue, luy-mesme s'en devoit faire le chef, et pour monstrer combien il avoit de zele à sa religion, et les empescher d'eslire d'autre chef, la signer le premier comme chef, et la faire signer à mon frere et à tous les princes et seigneurs, gouverneurs, et autres ayans charge en son royaume. Mon frere ne pust que luy offrir le service qu'il devoit à Sa Majesté et à la conservation de la religion catholique.

[1577] Le Roy ayant pris l'asseurance de l'assistance de mon frere en cette occasion, qui estoit la principale fin où tendoit l'artifice de cette ligue, soudain fait appeller tous les princes et seigneurs de sa Cour, se fait apporter le roolle de ladite ligue, y signe le premier (1) comme chef, et y fait signer mon frere et tous les autres qui n'y avoient encor signé. Le lendemain ils ouvrent les estats, et ayans pris l'advis de mes-

---

(1) *Y signe le premier.* Henri III se mit à la tête de la Ligue le 12 février 1577.

sieurs les evesques de Lyon, d'Ambrun et de Vienne,
et des autres prelats qui estoient à la Cour, qui luy
persuaderent qu'après le serment qu'il avoit fait à son
sacre, nul serment qu'il pust faire aux heretiques ne
pouvoit estre valable, ledit serment de son sacre l'af-
franchissant de toutes les promesses qu'il avoit pu faire
aux huguenots : ce qu'ayant prononcé à l'ouverture
des estats, et ayant declaré la guerre aux huguenots,
il renvoya Genissac le huguenot, qui depuis peu de
jours estoit là de la part du Roy mon mari pour advancer mon partement, avec paroles rudes et pleines de
menaces, luy disant qu'il avoit donné sa sœur à
un catholique, non à un huguenot, et que si le Roy
mon mari avoit envie de m'avoir, qu'il se fist catholique.

Toutes sortes de preparatifs à la guerre se font, et
ne se parle à la Cour que de guerre; et pour rendre
mon frere plus irreconciliable avec les huguenots, le
Roy le fait chef d'une de ses armées. Genissac m'estant
venu dire le rude congé que le Roy lui avoit donné,
je m'en vais droit au cabinet de la Reyne ma mere, où
le Roy estoit, pour me plaindre de ce qu'il m'avoit
jusques alors abusée, m'ayant tousjours empeschée
d'aller trouver le Roy mon mari, et ayant feint de partir de Paris pour me conduire à Poitiers, pour faire
un effet si contraire. Je luy representay que je ne
m'estois pas mariée pour plaisir ni de ma volonté; que
c'avoit esté de la volonté du roy Charles mon frere, de
la Reyne ma mere et de luy; que puis qu'ils me l'a-
voient donné, ils ne me pouvoient point empescher
de courre sa fortune; que j'y voulois aller, et que s'ils
ne me le permettoient, je me deroberois et y irois

de quelque façon que ce fust, au hazard de ma vie.

Le Roy me repondit : « Il n'est plus temps, ma sœur, de m'importuner de ce congé. J'advouë ce que vous dites, que j'ay retardé exprès pour vous le refuser du tout ; car depuis que le roy de Navarre s'est refait huguenot, je n'ay jamais trouvé bon que vous y allassiez. Ce que nous en faisons, la Reyne ma mere et moy, c'est pour vostre bien. Je veux faire la guerre aux huguenots, et exterminer cette miserable religion qui nous fait tant de mal ; et que vous, qui estes catholique, et qui estes ma sœur, fussiez entre leurs mains comme ostages de moy, il n'y a point d'apparence. Et qui sçait si pour me faire une indignité irreparable, ils voudroient se venger sur vostre vie du mal que je leur feray? Non, non, vous n'y irez point ; et si vous taschez à vous derober, comme vous dites, faites estat que vous aurez et moy et la Reyne ma mere pour cruels ennemis, et que nous vous ferons ressentir nostre inimitié autant que nous en aurons de pouvoir, et que vous empirerez la condition de vostre mari plustost que de l'amender. »

Je me retiray avec beaucoup de deplaisir de cette cruelle sentence ; et prenant advis des principaux de la Cour, de mes amis et amies, ils me representent qu'il me seroit mal-seant de demeurer en une Cour si ennemie du Roy mon mari, et d'où l'on luy feroit si ouvertement la guerre, et qu'ils me conseilloient pendant que cette guerre dureroit de me tenir hors de la Cour, mesmes qu'il me seroit plus honorable de trouver, s'il estoit possible, quelque pretexte pour sortir du royaume, ou sous couleur de pelerinage, ou pour visiter quelqu'un de mes parens. Madame la princesse de La Roche-sur-Yon (¹) estoit de ceux que j'avois assemblez pour prendre leur advis, qui estoit sur son partement pour aller aux eaux de Spa. Mon frere aussi y estoit present, qui avoit amené avec lui Mondoucet, qui avoit été agent du Roy en Flandre, et, en estant depuis peu revenu, avoit representé au Roy combien les Flamans souffroient à regret l'usurpation que l'Espagnol faisoit sur les loix de Flandre de la domination et souveraineté de France; que plusieurs seigneurs et communautez de villes l'avoient chargé de luy faire entendre combien ils avoient le cœur françois, et que tous luy tendoient les bras. Mondoucet, voyant que le Roy meprisoit cet advis, n'ayant rien en teste que les huguenots, à qui il vouloit faire ressentir le deplaisir qu'ils luy avoient fait d'avoir assisté mon frere, ne luy en parla plus, et s'adressa à mon frere, qui, ayant un vray naturel de prince, n'aymoit qu'à entreprendre choses grandes et hazardeuses, estant plus né à conquerir qu'à conserver; lequel embrasse soudain cette entreprise, qui luy plaist d'autant plus qu'il voit qu'il ne fait rien d'injuste, voulant seulement r'acquerir à la France ce qui lui estoit usurpé par l'Espagnol (²). Mondoucet pour cette cause s'estoit mis au service de mon frere, qui le renvoyoit en Flandre sous couleur d'accompagner madame la princesse de La Roche-sur-Yon aux eaux de Spa; lequel voyant que chacun cher-

(¹) *La princesse de La Roche-sur-Yon :* Philippe de Montespedon, veuve de Charles de Bourbon, prince de La Roche-sur-Yon, et mère du prince de La Roche-sur-Yon, dont il est paré dans une des notes de la page 3o.

(²) *R'acquerir à la France ce qui lui estoit usurpé par l'Espagnol.* La France avoit renoncé aux souverainetés d'Artois et de Flandre p ʳ le traités de Madrid et de Cambrai.

choit quelque prétexte apparent pour me pouvoir tirer hors de France durant cette guerre (qui disoit en Savoye, qui disoit en Lorraine, qui à Saint Claude, qui à Nostre-Dame de Lorette), dit tout bas à mon frere : « Monsieur, si la reyne de Navarre pouvoit feindre d'avoir quelque mal à quoy les eaux de Spa, où va madame la princesse de La Roche-sur-Yon, peussent servir, cela viendroit bien à propos pour vostre entreprise de Flandre, où elle pourroit faire un beau coup. » Mon frere le trouva fort bon, et fut fort aise de cette ouverture, et s'ecria soudain : « O! Reyne, ne cherchez plus, il faut que vous alliez aux eaux de Spa, où va madame la princesse. Je vous ay veu quelque fois une eresipele au bras, il faut que vous disiez que lors les medecins vous l'avoient ordonné, mais que la saison n'y estoit pas si propre; qu'à cette heure c'est leur saison, et que vous suppliez le Roy vous permettre d'y aller. »

Mon frere ne se declara pas davantage devant cette compagnie pourquoy il le desiroit, à cause que M. le cardinal de Bourbon y estoit, qu'il tenoit pour guisart et espagnol; mais moy je l'entendis soudain, me doutant bien que c'estoit pour l'entreprise de Flandre, de quoy Mondoucet nous avoit parlé à tous deux. Toute la compagnie fust de cet advis, et madame la princesse de La Roche-sur-Yon, qui y devoit aller, et qui m'aimoit fort, en receut fort grand plaisir, et me promit de se trouver avec moy quand j'en parlerois à la Reyne ma mere, pour le luy faire trouver bon.

Le lendemain je trouvay la Reyne seule, et luy representay le deplaisir que ce m'estoit de voir le Roy mon mari en guerre contre le Roy, et de me voir esloignée de luy; que pendant que cette guerre dureroit, il ne m'estoit ny honorable ny bien seant de demeurer à la Cour; que si j'y demeurois je ne pouvois eviter de ces deux malheurs l'un : ou que le Roy mon mari penseroit que j'y fusse pour mon plaisir, et que je ne le servirois pas comme je devois, ou que le Roy prendroit soupçon de moy, et croiroit que j'avertirois tousjours le Roy mon mari ; que l'un et l'autre me produiroient beaucoup de mal ; que je la suppliois de trouver bon que je m'esloignasse de la Cour pour l'eviter ; qu'il y avoit quelque temps que les medecins m'avoient ordonné les eaux de Spa pour l'eresipele que j'avois au bras, à quoy depuis si long-temps j'estois sujette, et que la saison à cette heure y estant propre, il me sembloit que si elle le trouvoit bon ce voyage estoit bien à propos pour m'esloigner en cette saison, non seulement de la Cour, mais de la France, pour faire connoistre au Roy mon mari que, ne pouvant estre avec luy pour la deffiance du Roy, je ne voulois point estre au lieu où on luy faisoit la guerre; que j'esperois qu'elle par sa prudence disposeroit les choses avec le temps de telle façon que le Roy mon mari obtiendroit une paix du Roy, et rentreroit en sa bonne grace; que j'attendrois cette heureuse nouvelle, pour lors venir prendre congé d'eux pour m'en aller trouver le Roy mon mari, et qu'en ce voyage de Spa madame la princesse de La Roche-sur-Yon, qui estoit là presente, me faisoit cet honneur de m'accompagner.

Elle approuva cette condition, et me dit qu'elle estoit fort aise que j'eusse pris cet advis; que le mauvais conseil que ces evesques avoient donné au Roy de ne tenir ses promesses, et rompre tout ce qu'elle avoit promis et contracté pour luy, luy avoit pour plusieurs considerations apporté beaucoup de desplaisir, mesmes voyant que cet impetueux torrent entraisnoit avec soy et ruïnoit les plus capables et meilleurs serviteurs que le Roy eust en son conseil (car le Roy en esloigna quatre ou cinq des plus apparens et plus anciens); mais qu'entre tout cela ce qui luy travailloit le plus l'esprit, estoit de voir ce que je luy representois, que je ne pouvois eviter, demeurant à la Cour, l'un de ces deux malheurs : ou que le Roy mon mari ne l'auroit agreable et s'en prendroit à moy, ou que le Roy entreroit en deffiance de moy, pensant que j'advertirois le Roy mon mari; qu'elle persuaderoit au Roy de trouver bon ce voyage. Ce qu'elle fit, et le Roy m'en parla sans monstrer d'en estre en colere, estant assez content de m'avoir pu empescher d'aller trouver le Roy mon mari, qu'il haïssoit lors plus qu'aucune chose du monde, et commanda que l'on depeschast un courrier à dom Jean d'Austriche, qui commandoit pour le roy d'Espagne en Flandre, pour le prier de me bailler les passeports necessaires pour passer librement aux païs de son authorité, parce qu'il falloit bien avant passer dans la Flandre pour aller aux eaux de Spa, qui sont aux terres de l'evesché de Liege.

Cela resolu, nous nous separasmes tous à peu de jours de là (lesquels mon frere employa à m'instruire des offices qu'il desiroit de moi pour son entreprise de Flandre); le Roy et la Reyne ma mere s'en allans à Poitiers; pour estre plus près de l'armée de M. de Mayenne qui assiegeoit Broüage (1), et qui de là de-

(1) *Broüage.* Cette ville fut prise le 20 août 1577, après deux mois de siége.

voit passer en Gascogne pour faire la guerre au Roy mon mari, mon frere s'en allant avec l'autre armée de quoy il estoit chef assieger Issoire, et les autres villes qu'il prit en ce temps-là, et moy en Flandre, accompagnée de madame la prince de La Roche-sur-Yon, de madame de Tournon, ma dame d'honneur, de madame de Moüy de Picardie, de madame la castelaine de Millon, de madamoiselle d'Atrie (¹), de madamoiselle de Tournon, et de sept ou huict autres filles; et d'hommes, de M. le cardinal de Lenoncourt, de M. l'evesque de Langres, de M. de Moüy, seigneur de Picardie, maintenant beau pere d'un frere de la reyne Louïse, nommé le comte de Chaligny, de mon premier maistre d'hostel, de mes premiers escuyers, et autres gentilshommes de ma maison. Cette compagnie pleut tant aux etrangers qui la virent, et la trouverent si leste, qu'ils en eurent la France en beaucoup plus d'admiration.

J'allois dans une littiere faite à pilliers doublez de velours incarnadin d'Espagne en broderie d'or, et de soye nuée à devise. Cette littiere estoit toute vitrée, et les vitres toutes faites à devise, y ayant, ou à la doublure ou aux vitres, quarante devises toutes différentes, avec les mots en espagnol et italien, sur le soleil et ses effets; laquelle estoit suivie de la littiere de madame de La Roche-sur-Yon et de celle de madame de Tournon ma dame d'honneur, et de dix filles à cheval avec leur gouvernante, et de six carrosses ou charriots où alloit le reste des dames et femmes d'elle et de moy. Je passay par la Picardie, où les villes avoient commandement du Roy de me recevoir selon que j'avois

---

(¹) *Madamoiselle d'Atrie* : Anne d'Aquaviva, fille du duc d'Atry. Elle épousa depuis le comte de Châteauvilain.

cet honneur de luy estre, et qui en passant me firent tout l'honneur que j'eusse pu desirer.

Estant arrivée au Castelet, qui est un fort à trois lieuës de la frontiere de Cambresis, l'evesque de Cambray, qui estoit lors terre de l'Eglise, et pays souverain, qui ne reconnoissoit le roy d'Espagne que pour protecteur, m'envoya un gentilhomme pour sçavoir l'heure à laquelle je partirois, pour venir au devant de moy jusques à l'entrée de ses terres, où je le trouvay très-bien accompagné de gens qui avoient les habits et l'apparence de vrais Flamands, comme ils sont forts grossiers en ce quartier-là. L'evesque estoit de la maison de Barlemont, une des principales de Flandre, mais qui avoit le cœur espagnol, comme ils ont monstré, ayans esté ceux qui ont le plus assisté dom Jean. Il ne laissa de me recevoir avec beaucoup d'honneur, et non moins de ceremonies espagnoles. Je trouvay cette ville de Cambray, bien qu'elle ne soit bastie de si bonne estoffe que les nostres de France, beaucoup plus agreable, pour y estre les ruës et places beaucoup mieux proportionnées, et disposées comme elles sont, et les eglises très grandes et belles, ornement commun à toutes les villes de la Flandre. Ce que je reconnus en cette ville d'estime et de marque, fut la citadelle, des plus belles et des mieux achevées de la chretienté : ce que depuis elle fit bien eprouver aux Espagnols, estant sous l'obeïssance de mon frere.

Un honneste homme, nommé M. d'Ainsi (1), en estoit lors gouverneur, lequel en grace, en apparence, et en toutes belles parties requises à un parfait cavalier, n'en devoit rien à nos plus parfaits courtisans, ne par-

(1) *M. d'Ainsy* : Baudoin de Gavres, seigneur d'Inchy.

ticipant nullement de cette naturelle rusticité qui semble estre propre aux Flamands. L'evesque nous fit festin, et nous donna après soupper le plaisir du bal, où il fit venir toutes les dames de la ville; auquel ne se trouvant et s'estant retiré soudain après soupper, pour estre, comme j'ay dit, d'humeur ceremonieuse et espagnole, M. d'Ainsi estant le plus apparent de la trouppe, il le laissa pour m'entretenir durant le bal, et me mener après à la collation de confitures, imprudemment, ce me semble, veu qu'il avoit la charge de la citadelle. J'en parle comme sçavante à mes despens, pour avoir plus appris que je n'en desirerois comme il se faut comporter à la garde d'une place forte [1]. La souvenance de mon frere ne me partant jamais de l'esprit, pour n'affectionner rien tant que luy, je me ressouvins lors des instructions qu'il m'avoit données, et voyant la belle occasion qui m'estoit offerte pour luy faire un bon service en son entreprise de Flandre, cette ville de Cambray et cette citadelle en estans comme la clef, je ne la laissay perdre, et employay tout ce que Dieu m'avoit donné d'esprit à rendre M. d'Ainsi affectionné à la France, et particulierement à mon frere. Dieu permit qu'il me reüssit, si bien que se plaisant en mon discours, il delibera de me voir le plus longtemps qu'il pourroit, et de m'accompagner tant que je serois en Flandre; et pour cet effect demanda congé à son maistre de venir avec moy jusques à Namur, où dom Jean d'Austriche m'attendoit, disant qu'il desiroit de voir les triomphes de cette reception.

[1] *Comme il se faut comporter à la garde d'une place forte.* En effet Marguerite en 1585 se laissa surprendre à Agen par le maréchal de Matignon.

Ce flamand espagnolisé fust neantmoins si mal advisé que de le luy permettre. Pendant ce voyage, qui, dura dix ou douze jours, il me parla le plus souvent qu'il pouvoit, monstrant ouvertement qu'il avoit le cœur tout françois, et qu'il ne respiroit que l'heur d'avoir un si brave prince que mon frere pour maistre et seigneur, meprisant la subjection et domination de son evesque, qui, bien qu'il fust son souverain, n'estoit que gentilhomme comme luy; mais beaucoup son inferieur aux qualitez et graces de l'esprit et du corps.

Partant de Cambray j'allay coucher à Valenciennes, terre de Flandre, où M. le comte de Lalain [1], M. de Montigny son frere, et plusieurs autres seigneurs et gentilshommes, au nombre de deux ou trois cents, vindrent au devant de moy pour me recevoir au sortir des terres de Cambresis, jusques où l'evesque de Cambray m'avoit conduite. Estant arrivée à Valenciennes, ville qui cede en force à Cambray, et non en l'ornement des belles places et des belles eglises, où les fontaines et les horloges, avec industrie propre aux Allemans, ne donnoient peu de merveille à nos François, ne leur estant commun de voir des horloges representer une agreable musique de voix avec autant de sortes de personnes que le petit chasteau que l'on alloit voir au fauxbourg Saint-Germain; M. le comte de Lalain, cette ville estant de son gouvernement, fit festin aux seigneurs et gentilshommes de ma troupe, remettant à Mons à traiter les dames, où sa femme, sa belle sœur madame d'Aurec [2], et toutes les plus apparentes et

---

[1] *Le comte de Lalain* : Philippe, comte de Lalain, baron d'Escornaix, grand bailli du Hainault. — [2] *Madame d'Aurec* : Diane de Dammartin, épouse de Philippe de Croy, marquis d'Havrec ou d'Havré.

galantes dames m'attendoient pour me recevoir, et où
le comte et toute sa troupe me conduisit le lendemain.
Il se disoit estre parent du Roy mon mary, et estoit
personne de grande autorité et de grands moyens,
auquel la domination d'Espagne avoit toujours esté
odieuse, en estant très-offensé depuis la mort du comte
d'Egmont qui luy estoit proche parent. Et bien qu'il
eust maintenu son gouvernement sans estre entré en la
ligue du prince d'Orange ni des huguenots, estant seigneur très-catholique, il n'avoit neantmoins jamais
voulu voir dom Jean, ni permettre que luy ni aucun
de la part de l'Espagnol entrast en son gouvernement;
dom Jean ne l'ayant osé forcer de faire au contraire,
craignant, s'il l'attaquoit, de faire joindre la ligue des
catholiques de Flandre, que l'on nomme la ligue des
Estats, à celle du prince d'Orange et des huguenots,
prevoyant bien que cela luy donneroit autant de peine
comme depuis ceux qui ont esté pour le roy d'Espagne
l'ont esprouvé.

Le comte de Lalain estant tel, ne pouvoit assez faire
de demonstration du plaisir qu'il avoit de me voir là;
et quand son prince naturel y eust esté, il ne l'eust pû
recevoir avec plus d'honneur et de demonstration de
bienveüillance d'affection. Arrivant à Mons, à la maison du comte de Lalain, où il me fit loger, je trouvay
à la Cour la comtesse de Lalain [1] sa femme, avec
bien quatre-vingt ou cent dames du païs ou de la ville
de qui je fus receuë, non comme princesse estrangere,
mais comme si j'eusse esté leur naturelle dame. Le naturel des Flamandes estant d'estre privées, familieres
et joyeuses, et la comtesse de Lalain tenant de ce natu-

[1] *La comtesse de Lalain :* Marie de Ligne.

rel, ayant davantage un esprit grand et eslevé, dequoy
elle ne ressembloit moins à votre cousine que du visage
et de la façon, cela me donna soudain asseurance qu'il
me seroit aisé de faire amitié estroite avec elle, ce qui
pourroit apporter de l'utilité à l'avancement du dessein
de mon frere, cette dame possedant du tout son mary.
L'heure du soupper venuë, nous allons au festin et au
bal, que le comte de Lalain continua tant que je fus à
Mons, qui fut plus que je ne pensois, estimant de devoir partir le lendemain.

Mais cette honneste femme me contraignit de passer
une semaine avec eux; ce que je ne voulois faire, craignant de les incommoder : mais il ne me fust possible
de le persuader à son mary ni à elle, qui encore à toute
force me laisserent partir au bout de huict jours. Vivant avec telle privauté avec elle, elle demeura à mon
coucher fort tard, et y eust demeuré davantage, mais
elle faisoit chose peu commune à personnes de telle
qualité; ce qui toutesfois témoigne une nature accompagnée d'une grande bonté. Elle nourrissoit son petit
fils de son lait, de sorte qu'estant le lendemain au festin assise tout auprès de moy à la table, qui est le lieu
où ceux de ce païs-là se communiquent avec plus de
franchise, n'ayant l'esprit bandé qu'à mon but, qui
n'estoit que d'avancer le dessein de mon frere, elle
parée et toute couverte de pierreries et de broderies,
avec une robille à l'espagnole de toile d'or noire, avec
des bandes de broderie de canetille d'or et d'argent, et
un pourpoint de toile d'argent blanche en broderie
d'or, avec de gros boutons de diamant (habit approprié à l'office de nourrice), l'on luy apporta à la table
son petit fils, emmaillotté aussi richement qu'estoit

vestuë la nourrice, pour luy donner à taitter. Elle le met entre nous deux sur la table, et librement se deboutonne baillant son tetin à son petit : ce qui eust esté tenu à incivilité à quelqu'autre; mais elle le faisoit avec tant de grace et de naïfveté, comme toutes ses actions en etoient accompagnées, qu'elle en receut autant de loüanges que la compagnie de plaisir.

Les tables levées, le bal commença en la salle mesme que nous estions, qui estoit grande et belle, où estans assises l'une auprès de l'autre, je luy dis qu'encores que le contentement que je recevois lors en cette compagnie se pust mettre au nombre de ceux qui m'en avoient plus fait ressentir, je souhaittois presque de ne l'avoir point receu, pour le deplaisir que je recevrois partant d'avec elle, de voir que la fortune nous tiendroit pour jamais privez du plaisir de nous voir ensemble; que je tenois pour un des malheurs de ma vie que le ciel ne nous eust fait naistre elle et moy d'une mesme patrie : ce que je disois pour la faire entrer aux discours qui pouvoient servir au dessein de mon frere. Elle me répondit : « Ce pays a esté autrefois de France, et à cette cause l'on y plaide encor en françois; et cette affection naturelle n'est pas encor sortie du cœur de la pluspart de nous. Pour moy, je n'ay plus autre chose en l'ame depuis que j'ay eu l'honneur de vous voir. Ce païs a esté autrefois affectionné à la maison d'Austriche, mais cette affection nous a esté arrachée en la mort du comte d'Egmont, de M. de Horne, de M. de Montigny (1), et des autres seigneurs qui furent lors

---

(1) *Du comte d'Egmont, de M. de Horne, de M. de Montigny.* Lamoral, comte d'Egmont, Philippe de Montmorency, comte de Horne, Floris de Montmorency, baron de Montigny.

defaits, qui estoient nos proches parens, et appartenans
à la pluspart de la noblesse de ce pays. Nous n'avons
rien de plus odieux que la domination de ces Espagnols,
et ne souhaittons rien tant que de nous delivrer de leur
tyrannie, et ne sçaurions toutesfois comme y proceder,
pour ce que ce païs est divisé à cause des differentes
religions. Que si nous estions tous bien unis, nous aurions
bien-tost jetté l'Espagnol dehors; mais cette division
nous rend trop foibles. Que pleust à Dieu qu'il
prist envie au roy de France vostre frere de racquerir
ce païs, qui est sien d'ancienneté ! Nous luy tendrions
tous les bras. »

Elle me disoit ceci à l'improviste, mais premeditément
pour trouver du costé de la France quelque remede
à leurs maux. Moy, me voyant le chemin ouvert
à ce que je desirois, je luy respondis : « Le roy
de France mon frere n'est d'humeur pour entreprendre
des guerres estrangeres, mesmes ayant en son
royaume le parti des huguenots, qui est si fort que
cela l'empeschera tousjours de rien entreprendre dehors;
mais mon frere, M. d'Alençon, qui ne doit rien
en valeur, prudence et bonté aux rois mes pere et freres,
entendroit bien à cette entreprise, et n'auroit moins de
moyens que le roy de France mon frere de vous y secourir.
Il est nourri aux armes, et estimé un des meilleurs
capitaines de nostre temps, estant mesmes à cette
heure commandant de l'armée du Roy contre les huguenots,
avec laquelle il a pris, depuis que je suis partie
sur eux une tres-forte ville nommée Issoire [1], et
quelques autres. Vous ne sçauriez appeler prince de
qui le secours vous soit plus utile, pour vous estre si

---

[1] *Issoire.* Cette ville avoit été prise le 12 juin 1577.

voisin, et avoir un si grand royaume que celuy de France à sa devotion, duquel il peut tirer et moyens et toutes commoditez necessaires à cette guerre. Et s'il recevoit ce bon office de M. le comte vostre mari, vous pouvez vous asseurer qu'il auroit telle part à sa fortune qu'il voudroit, mon frere estant d'un naturel doux, non ingrat, qui ne se plaist qu'à reconnoistre un service ou un bon office receu. Il honore et cherit les gens d'honneur et de valeur, aussi est-il suivi de tout ce qui est de meilleur en France. Je crois que l'on traittera bien-tost d'une paix en France avec les huguenots, et qu'à mon retour en France je la pourray trouver faite. Si M. le comte vostre mari est en cecy de mesme opinion que vous et de mesme volonté, qu'il advise s'il veut que j'y dispose mon frere, et je m'asseure que ce pays, et vostre maison en particulier, en recevra toute felicité. Que si mon frere s'establissoit par vostre moyen icy, vous pouvez croire que vous m'y reverriez souvent, estant nostre amitié telle qu'il n'y en eust jamais une de frere à sœur si parfaite. »

Elle receust avec beaucoup de contentement cette ouverture, et me dit qu'elle ne m'avoit pas parlé de cette façon à l'advanture; mais voyant l'honneur que je luy faisois de l'aimer, elle avoit bien resolu de ne me laisser partir de là qu'elle ne me découvrist l'estat auquel il estoit, et qu'ils ne me requissent de leur apporter du costé de France quelque remede pour les affranchir de la crainte où ils vivoient de se voir en une perpetuelle guerre, ou reduits sous la tyrannie espagnole; me priant que je trouvasse bon qu'elle découvrist à son mari tous les propos que nous avions eu, et qu'ils m'en pussent parler le lendemain tous deux ensemble; ce que je trouvay tres-bon.

Nous passasmes cette apresdinée en tels discours, et en tous autres que je pensois servir à ce dessein; à quoy je voyois qu'elle prenoit un grand plaisir. Le bal estant fini, nous allasmes oüir vespres aux Chanoinesses, qui est un ordre de religieuses de quoy nous n'avons point en France. Ce sont toutes damoiselles que l'on y met petites pour faire profiter leur mariage jusques à ce qu'elles soient en âge de se marier. Elles ne logent pas en dortoir, mais en maisons separées, toutesfois toutes dans un enclos comme les chanoines, et en chaque maison il y en a trois, ou quatre, ou cinq, ou six jeunes avec une vieille, desquelles vieilles il y en a quelque nombre qui ne se marient point, ni aussi l'abbesse (1). Elles portent seulement l'habit de religion le matin au service de l'eglise, et l'apresdinée à vespres; et soudain que le service est fait, elles quittent l'habit, et s'habillent comme les autres filles à marier, allans par les festins et par les bals librement comme les autres; de sorte qu'elles s'habillent quatre fois le jour. Elles se trouverent tous les jours au festin et au bal, et y danserent d'ordinaire.

Il tardoit à la comtesse de Lalain que le soir ne fust venu, pour faire entendre à son mary le bon commencement qu'elle avoit donné à leurs affaires : ce qu'ayant fait la nuit suivante, le lendemain elle m'amena son mary, qui me fit un grand discours des justes occasions qu'il avoit de s'affranchir de la tyrannie de l'Espagnol. En quoy il ne pensoit point entreprendre contre son

(1) *Ni aussi l'abbesse.* Ces chanoinesses n'avoient point d'abbesse; c'étoit une prévôte qui étoit à la tête du chapitre.

prince naturel, sçachant que la souveraineté de Flandre appartenoit au roy de France. Il me representa les moyens qu'il y avoit d'establir mon frere en Flandre, ayant tout le Hainaut à sa devotion, qui s'estendoit jusques bien près de Bruxelles. Il n'estoit en peine que du Cambresis, qui estoit entre la Flandre et le Hainaut, et me dit qu'il seroit bon de gagner M. d'Inchy, qui étoit encore là. Je ne luy voulus découvrir la parole que j'en avois, mais je luy dis que je le priois luymesme de s'y employer, et qu'il le pourroit mieux faire que moy, estant son voisin et amy. L'ayant donc asseuré de l'estat qu'il pourroit faire de l'amitié de bienveuillance de mon frere, à la fortune duquel il participeroit autant de grandeur et d'authorité qu'un si grand et si signalé service receu d'une personne de sa qualité le meritoit, nous resolusmes qu'à mon retour je m'arresterois chez moy à La Fere, où mon frere viendroit, et que M. de Montigny [1], frere dudit comte de Lalain, viendroit traitter avec mon frere de cette affaire.

Pendant que je fus là je le confirmay et fortifiay toujours en cette volonté; à quoy sa femme apportoit non moins d'affection que moy. Et le jour venu qu'il me falloit partir de cette belle compagnie de Mons, ce ne fut sans reciproque regret et de toutes les dames flamandes et de moy, et sur-tout de la comtesse de Lalain, pour l'amitié tres-grande qu'elle m'avoit voüée; et me fit promettre qu'à mon retour je passerois par là. Je luy donnay un carquan de pierreries, et à son mary un cordon et enseigne de pierreries, qui furent estimez de grande valeur, mais beaucoup cheris d'eux

[1] *M. de Montigny* : Emmanuel de Lalain.

pour partir de la main d'une personne qu'ils aimoient comme moy.

Toutes les dames demeurerent là, fors madame de Havrech qui vint à Namur, où j'allay coucher ce jour-là. Son mary et son beau frere, M. le duc d'Arscot, y estoient, y ayans tousjours demeuré depuis la paix entre le roy d'Espagne et les estats de Flandre; car, bien qu'ils fussent du parti des Estats, le duc d'Arscot estoit un vieil courtisan des plus galans qui fussent de la Cour du roy Philippes, du temps qu'il étoit en Flandre et en Angleterre, qui se plaisoit tousjours à la Cour auprès des grands. Le comte de Lalain avec toute la noblesse me conduisit le plus avant qu'il pust, bien deux lieuës hors de son gouvernement, et jusques à tant que l'on vist paroistre la troupe de dom Jean. Lors il prit congé de moy, pource que, comme j'ay dit, ils ne se voyoient point. M. d'Inchy seulement vint avec moy, pour estre son maistre l'evesque de Cambray du parti d'Espagne.

Cette belle et grande troupe s'en estant retournée, ayant fait peu de chemin je trouvay dom Jean d'Austriche, accompagné de force estafiers, mais seulement de vingt ou trente chevaux, accompagné des seigneurs le duc d'Arscot, M. de Havrech, le marquis de Varambon, et le jeune Balançon (1), gouverneur pour le roy d'Espagne du comté de Bourgogne, qui, galans et honnestes hommes, estoient venus en poste pour se trouver là à mon passage. Des domestiques de dom Jean, il n'y en avoit de nom et d'apparence qu'un, Ludovic de Gonzague, qui se disoit parent du duc de Mantoüe. Le reste estoit de petites gens de mauvaise

---

(1) *Le jeune Balançon* : Philippe de Roye, comte de Varax.

8.

mine, n'y ayant nulle noblesse de Flandre. Il mit pied à terre pour me saluër dans ma littiere, qui estoit relevée et toute ouverte. Je le salüay à la françoise, luy, le duc d'Arscot, et M. de Havrech. Après quelques honnestes paroles il monta à cheval, parlant tousjours à moy jusques à la ville, où nous ne pusmes arriver qu'il ne fust soir, pour ne m'avoir les dames de Mons permis de partir que le plus tard qu'elles purent, mesmes m'ayans amusé dans ma littiere plus d'une heure à la considerer, prenans un extreme plaisir à se faire donner l'intelligence des devises. L'ordre toutesfois fust si beau à Namur, comme les Espagnols sont excellens en cela, et la ville si eclairée, que les fenestres et boutiques estans pleines de lumieres, l'on voyoit luire un nouveau jour.

Ce soir dom Jean fit servir, et moy et mes gens, dans les logis et les chambres, estimant qu'après une longue journée il n'estoit raisonnable de nous incommoder d'aller à un festin. La maison où il me logea estoit accommodée pour me recevoir, où l'on avoit trouvé moyen d'y faire une belle et grande salle, et un appartement pour moy de chambres, antichambres et de cabinets, le tout tendu des plus beaux, riches et superbes meubles que je pense jamais avoir veus, estant toutes les tapisseries de velours ou de satin, faites avec de grosses colonnes faites de toille d'argent, couvertes de broderie de gros cordons, et des godrons de broderie d'or, eslevez de la plus riche et belle façon qui se peut voir, et au milieu de ces colonnes des grands personnages habillez à l'antique, et faits de la mesme broderie. M. le cardinal de Lenoncourt, qui avoit l'esprit curieux et delicat, s'étant rendu familier du duc d'Arscot, vieil courtisan, comme j'ay dit, d'humeur galante et belle, tout l'honneur certes de la trouppe de dom Jean, considerant un jour que nous fusmes là ces magnifiques et superbes meubles, luy dit : « Ces meubles me semblent plustost d'un grand roy que d'un jeune prince à marier, tel qu'est le seigneur dom Jean. » Le duc d'Arscot luy respondit : « Ils ont esté faits aussi de fortune, et non de prévoyance ny d'abondance, les estoffes luy ayant esté envoyées par un bascha du Grand Seigneur, duquel, en la notable victoire (1) qu'il eust contre le Turc, il avoit eu pour prisonniers les enfans. Et le seigneur dom Jean luy ayant fait courtoisie de les luy renvoyer, et sans rançon, le bascha pour revenche luy fit present d'un grand nombre d'estoffes de soye, d'or et d'argent, qui luy arriverent estant à Milan, où l'on approprie mieux telle chose. Il en fit faire les tapisseries que vous voyez; et, pour la souvenance de la glorieuse façon de quoy il les avoit acquises, il fit faire le lict et la tente de la chambre de la Reyne en broderie des batailles navalles, representans la glorieuse victoire de la bataille qu'il avoit gagnée sur les Turcs. »

Le matin estant venu, dom Jean nous fit ouïr une messe à la façon d'Espagne, avec musique, violons et cornets; et allans de là au festin de la grande salle, nous disnasmes luy et moy seuls en une table; la table du festin où estoient les dames et seigneurs eloignée trois pas de la nostre, où madame de Havrech faisoit l'honneur de la maison pour dom Jean; luy se faisoit donner à boire à genoux par Ludovic de Gonzague. Les tables levées, le bal commença, qui dura toute

---

(1) *En la notable victoire.* Bataille de Lépante, gagnée sur les Turcs le 7 octobre 1571 par don Juan d'Autriche.

l'apresdinée. Le soir se passe de cette façon, dom Jean parlant tousjours à moy, et me disant souvent qu'il voyoit en moy la ressemblance de la Reyne sa signora, qui estoit la feuë Reyne ma sœur, qu'il avoit beaucoup honorée, me temoignant par tout l'honneur et courtoisie qu'il pouvoit faire à moy et à toute ma trouppe, qu'il recevoit tres-grand plaisir de me voir là.

Les batteaux où je devois aller par la riviere de Meuse jusques à Liege ne pouvant estre sitost prests, je fus contrainte de sejourner le lendemain, où ayant passé toute la matinée comme le jour de devant, l'apresdinée nous mettans dans un tres-beau batteau sur la riviere, environné d'autres batteaux pleins de hautbois, cornets et violons, nous abordasmes en une isle où dom Jean avoit fait apprester le festin dans une belle salle faite de lierre, accommodée de cabinets autour, remplis de musique de hautbois et autres instruments, qui dura tout le long du souper. Les tables levées, le bal ayant duré quelque heure, nous nous en retournasmes dans le mesme batteau qui nous avoit conduits jusques-là, et lequel dom Jean m'avoit fait preparer pour mon voyage. Le matin, voulant partir, dom Jean m'accompagna jusques dans le batteau, et, après un honneste et courtois adieu, me bailla pour m'accompagner jusques à Huy où j'allois coucher, première ville de l'evesque de Liege, M. et madame de Havrech. Dom Jean sorti, M. d'Inchy, qui demeura le dernier dans le batteau, et n'avoit congé de son maistre de me conduire plus loin, prend congé de moy avec autant de regrets que de protestations d'estre à jamais serviteur de mon frere et de moy.

La fortune envieuse et traistresse, ne pouvant supporter la gloire d'une si heureuse fortune qui m'avoit accompagnée jusques-là en ce voyage, me donna deux sinistres augures des traverses que pour contenter son envie elle me preparoit à mon retour; dont le premier fut que, soudain que le batteau commença à s'esloigner du bord, madamoiselle de Tournon, fille de madame de Tournon ma dame d'honneur, damoiselle tres-vertueuse, prit un mal si etrange, que tout soudain il la mit aux hauts cris pour la violente douleur qu'elle ressentoit, qui provenoit d'un serrement de cœur, qui fut tel que les medecins n'eurent jamais moyen d'empescher que peu de jours après que je fus arrivée à Liege la mort ne la ravist. J'en diray la funeste histoire en son lieu, pour estre remarquable. L'autre est qu'arrivant à Huy, ville située sur le panchant d'une montagne, il s'emeut un torrent si impetueux, descendant des ravages d'eau de la montagne en la riviere, que la grossissant tout d'un coup comme nostre batteau arrivoit, nous n'eusmes presque le loisir de sauter à terre, et courir tant que pusmes pour gagner le haut de la montagne, que la riviere fust aussi-tost que nous à la plus haute ruë auprès de mon logis qui estoit le plus haut, où il nous fallut contenter ce soir là de ce que le maistre de la maison pouvoit avoir, n'ayant moyen de pouvoir tirer des batteaux, ny mes gens, ny mes hardes, ny moins d'aller par la ville, qui estoit comme submergée dans ce deluge, duquel elle ne fut avec moins de merveille delivrée que saisie; car au point du jour l'eau estoit toute retirée, et remise en son lieu naturel.

Partant de là, M. et madame de Havrech s'en retournerent à Namur trouver dom Jean, et moy je me remis dans mon batteau pour aller ce jour là coucher à Liege, où l'evesque (¹), qui en est seigneur, me receut avec tout l'honneur et la demonstration de bonne volonté qu'une personne courtoise et bien affectionnée peut temoigner. C'estoit un seigneur accompagné de beaucoup de vertu, de prudence et de bonté, et qui parloit bien françois, agreable de sa personne, honorable, magnifique, et de compagnie fort agreable, accompagné d'un chapitre et plusieurs chanoines, tous fils de ducs, comtes et de grands seigneurs d'Allemagne, parce que cet evesché, qui est un Estat souverain de grand revenu, d'assez grande etenduë, et rempli de beaucoup de bonnes villes, s'obtient par eslection ; et faut qu'ils demeurent un an residens, et qu'ils soient nobles pour estre receus chanoines.

La ville est plus grande que Lyon, et est presque en mesme assiette, la riviere de Meuse passant au milieu, très-bien bastie, n'y ayant maison de chanoine qui ne paroisse un beau palais; les ruës grandes et larges; les places belles, accompagnées de tres-belles fontaines; les eglises ornées de tant de marbre, qui se tire près de là, qu'elles en paroissent toutes; les horloges faits avec l'industrie d'Allemagne, chantans et representans toutes sortes de musique et de personnages. L'evesque m'ayant receuë sortant de mon batteau, me conduisit en son plus beau palais, d'où il s'estoit delogé pour me loger, qui est, pour une maison de ville, le plus beau et le plus commode qui se puisse voir, ayant plusieurs belles fontaines et plusieurs jardins et galeries, le tout tant peint, tant doré,

---

(¹) *L'evesque* : Gérard de Grosbeck. Il fut cardinal l'année suivante.

et accommodé avec tant de marbre, qu'il n'y a rien de plus magnifique et de plus delicieux.

Les eaux de Spa n'estans qu'à trois ou quatre lieuës de là, et n'y ayant qu'auprès un petit village de trois ou quatre mechantes petites maisons, madame la princesse de La Roche-sur-Yon fut conseillée par les medecins de demeurer à Liege, et d'y faire apporter son eau, l'asseurans qu'elle auroit autant de force et de vertu estant apportée la nuict avant que le soleil fust levé. De quoy je fus fort aise, pour faire nostre sejour en lieu plus commode et en si bonne compagnie; car outre celle de Sa Grace (ainsi appelle-t'on l'evesque de Liege, comme on appelle un roy Sa Majesté, et un prince Son Altesse), le bruit ayant couru que je passois par là, plusieurs seigneurs et dames d'Allemagne y estoient venus pour me voir, et entr'autres madame la comtesse d'Aremberg (qui est celle qui avoit eu l'honneur de conduire la reyne Elizabeth à ses nopces à Mezieres, lors qu'elle vint epouser le Roy Charles mon frere, et ma sœur aisnée au roy d'Espagne son mary), femme qui estoit tenuë en grande estime de l'Imperatrice, de l'Empereur, et de tous les princes chrestiens; sa sœur madame la Lantgrave, madame d'Aremberg sa fille, M. le comte d'Aremberg son fils, tres-honneste et galant homme, vive image de son pere, qui, amenant le secours d'Espagne au roy Charles mon frere, s'en retourna avec beaucoup d'honneur et de reputation.

Cette arrivée, toute pleine d'honneur et de joye, eust esté encor plus agreable sans le malheur de la mort qui arriva à mademoiselle de Tournon, de qui l'histoire estant si remarquable, je ne puis obmettre à la raconter, faisant cette digression à mon discours.

Madame de Tournon (1), qui estoit lors ma dame d'honneur, qui avoit lors plusieurs filles, desquelles l'aisnée avoit epousé M. de Balançon, gouverneur pour le roy d'Espagne au comté de Bourgogne, et s'en allant à son mesnage, pria sa mere madame de Tournon de luy bailler sa sœur mademoiselle de Tournon pour la nourrir avec elle, et luy tenir compagnie en ce païs où elle estoit esloignée de tous ses parens. Sa mere la luy accorde; et y ayant demeuré quelques années, en se faisant agreable et aimable, car elle l'etoit plus que belle (car sa principale beauté estoit sa vertu et sa grace), M. le marquis de Varanbon (2), de qui j'ay parlé cy-devant, lequel estoit lors destiné à estre d'eglise, demeurant avec son frere M. de Balançon en mesme maison, devint, par l'ordinaire frequentation qu'il avoit avec madame de Tournon, fort amoureux d'elle, et n'estant point obligé à l'eglise, il desire l'epouser. Il en parle aux parens d'elle et de luy. Ceux du costé d'elle le trouverent bon; mais son frere M. de Balançon, estimant luy estre plus utile qu'il fust d'eglise, fait tant qu'il empescha cela, s'opiniâtrant à luy faire prendre la robbe longue.

Madame de Tournon, tres-sage et tres-prudente femme, s'offensant de cela, osta sa fille mademoiselle de Tournon d'avec sa sœur madame de Balançon, et la prit avec elle. Et comme elle estoit femme un peu terrible et rude, sans avoir esgard que cette fille estoit grande et meritoit un plus doux traittement, elle la

---

(1) *Madame de Tournon* : Claude de La Tour-d'Auvergne, veuve de Juste de Tournon, comte de Roussillon.

(2) *Le marquis de Varanbon* : Marc de Rye, marquis de Varambon.

gourmande et crie sans cesse, ne luy laissant presque jamais l'œil sec, bien qu'elle ne fist nulle action qui ne fust tres-loüable ; mais c'estoit la severité naturelle de sa mere. Elle, ne souhaittant que de se voir hors de cette tyrannie, receut une certaine joye quand elle vit que j'allois en Flandre, pensant bien que le marquis de Varanbon s'y trouveroit, comme il fit, et qu'estant lors en estat de se marier, ayant du tout quitté la robbe longue, il la demanderoit à sa mere, et que par le moyen de ce mariage elle se trouveroit delivrée des rigueurs de sa mere.

A Namur, le marquis de Varanbon et le jeune Balançon son frere s'y trouverent comme j'ay dit. Le jeune de Balançon, qui n'estoit pas de beaucoup si agreable que l'autre, accoste cette fille, la recherche, et le marquis de Varanbon, tant que nous fusmes à Namur, ne fit pas seulement semblant de la connoistre. Le depit, le regret, l'ennuy luy serre tellement le cœur, elle s'estant contrainte de faire bonne mine tant qu'il fut present, sans monstrer de s'en soucier, que soudain qu'ils furent hors du batteau où ils nous dirent adieu, elle se trouve tellement saisie qu'elle ne peut plus respirer qu'en criant et avec des douleurs mortelles. N'ayant nulle autre cause de son mal, la jeunesse combat huit ou dix jours la mort, qui armée de despit se rend enfin victorieuse, la ravissant à sa mere et à moy, qui n'en fismes moins de deüil l'une que l'autre ; car sa mere, bien qu'elle fust fort rude, l'aimoit uniquement.

Ses funerailles estant commandées les plus honorables qu'il se pouvoit faire, pour estre de grande maison comme elle estoit, mesme appartenant à la

Reyne ma mere, le jour venu de son enterrement, l'on ordonne quatre gentilshommes des miens pour porter le corps; l'un desquels estoit La Boëssiere (1) (qui l'avoit pendant sa vie passionnement adorée sans le luy avoir osé descouvrir, pour la vertu qu'il connoissoit en elle et pour l'inegalité), qui lors alloit portant ce mortel faix, et qui mouroit autant de fois de sa mort qu'il estoit mort de son amour.

Ce funeste convoy estant au milieu de la ruë qui alloit à la grande eglise, le marquis de Varanbon, coupable de ce triste accident, quelques jours après mon partement de Namur s'estant repenti de sa cruauté, et son ancienne flamme s'estant de nouveau r'allumée (ô estrange fait!) par l'absence, qui par la presence ne pouvoit estre esmeuë, se resout de la venir demander à sa mere, se confiant peut-estre en la bonne fortune qui l'accompagne d'estre aimé de toutes celles qu'il recherche, comme il a paru depuis peu en une grande (2) qu'il a espousée contre la volonté de ses parens, et se promettant que sa faute luy seroit aisement pardonnée de sa maistresse, repetant souvent ces mots italiens : *Che la forza d'amore non risguarda al delitto*, prie dom Jean de luy donner une commission vers moy; et, venant en diligence, arrive justement sur le point que ce corps, aussi malheureux qu'innocent et glorieux en sa virginité, estoit au milieu de cette ruë. La presse de cette pompe funebre l'empesche de passer. Il regarde ce que c'est. Il advise de loin, au milieu d'une grande et triste troupe, des personnes

---

(1) *Boëssiere* : Bussière. — (2) *Une grande*. Il épousa depuis Dorothée, fille de François duc de Lorraine, veuve d'Eric, duc de Brunswick.

en düeil, et un drap blanc couvert de chapeaux de fleurs. Il demande ce que c'est; quelqu'un de la ville luy repond que c'estoit un enterrement : luy trop curieux s'avance jusques aux premiers du convoy, et importunement presse de luy dire de qui c'est. O mortelle responce! L'amour, ainsi vengeur de l'ingrate inconstance, veut faire eprouver à son ame ce que par son dedaigneux oubli il a fait souffrir au corps de sa maistresse, les traits de la mort. Cet ignorant qu'il pressoit luy respond que c'est le corps de mademoiselle de Tournon. A ce mot il se pasme et tombe de cheval. Il le faut emporter en un logis comme mort, voulant plus justement en cette extremité luy rendre union à la mort que trop tard en la vie il luy avoit accordée. Son ame, que je crois, allant dans le tombeau requerir pardon à celle que son dedaigneux oubli y avoit mise, le laissa quelque temps sans aucune apparence de vie; et, estant revenu, l'anima de nouveau pour luy faire esprouver la mort, qui une seule fois n'eust assez puni son ingratitude.

Ce triste office estant achevé, me voyant en une compagnie estrangere, je ne voulois l'ennuyer de la tristesse que je ressentois de la perte d'une si honneste fille, et estant conviée ou par l'evesque (dit Sa Grace) où par ses chanoines d'aller en festin en diverses maisons et divers jardins, comme il y en a dans la ville et dehors de très-beaux, j'y allay tous les jours, accompagnée de l'evesque, dames et seigneurs estrangers, comme j'ay dit, lesquels venoient tous les matins en ma chambre pour m'accompagner au jardin où j'allois pour prendre mon eau, car il faut la prendre en se promenant. Et bien que le medecin qui me l'avoit ordonnée estoit mon frere, elle ne laissa toutesfois de me faire bien, ayant depuis demeuré six ou sept ans sans me sentir de l'eresipele de mon bras. Partant de là nous passions la journée ensemble, allans disner à quelque festin, où après le bal nous allions à vespres en quelque religion; et l'après-soupper se passoit de mesme au bal, ou dessus l'eau, avec la musique. Six semaines s'ecoulerent de la façon, qui est le temps ordinaire que l'on a accoustumé de prendre des eaux, et qui estoit ordonné à madame la princesse de La Roche-sur-Yon.

Voulant partir pour retourner en France, madame de Havrech arriva, qui s'en alloit retrouver son mary en Lorraine, qui nous dit l'estrange changement qui estoit arrivé à Namur et en tout ce païs là depuis mon passage; que le jour mesme que je partis de Namur, dom Jean, sortant de mon batteau, et montant à cheval, prenant pretexte de vouloir aller à la chasse, passa devant la porte du chasteau de Namur, lequel il ne tenoit encore, et feignant par occasion, s'estant trouvé devant la porte, de vouloir entrer dedans pour le voir, s'en estoit saisi, et en avoit tiré le capitaine que les Estats y tenoient, contre la convention qu'il avoit avec les Estats; et outre ce, s'estoit saisi du duc d'Arscot, de M. de Havrech et d'elle; que toutesfois, après plusieurs remonstrances et prieres, il avoit laissé aller son beau frere et son mary, la retenant elle jusques alors pour luy servir d'ostage de leurs deportemens; que tout le païs estoit en feu et en armes. Il y avoit trois partis : celuy des Estats, qui estoient les catholiques de Flandre, celuy du prince d'Orange et des huguenots, qui n'estoient qu'un, et celuy d'Espagne, où commandoit dom Jean.

Me voyant tellement embarquée qu'il falloit que je passasse entre les mains des uns ou des autres, et mon frere m'ayant envoyé un gentilhomme nommé Lescar, par lequel il m'escrivoit que, depuis mon partement de la Cour, Dieu luy avoit fait la grace de si bien servir le Roy en sa charge de l'armée qui luy avoit esté commise, qu'il avoit pris toutes les villes qu'il luy avoit commandé d'attaquer, et chassé tous les huguenots de toutes les provinces pour lesquelles son armée estoit destinée; qu'il estoit revenu à la Cour à Poictiers, où le Roy estoit pendant le siege de Brouage, pour estre plus près pour secourir l'armée de M. de Mayenne de ce qui luy seroit necessaire; que comme la Cour est un Prothée qui change de forme à toute heure, y arrivant tousjours des nouvelletez, il l'avoit trouvée toute changée; que l'on n'y avoit fait non plus d'estat de luy que s'il n'eust rien fait pour le service du Roy; que Bussi, à qui le Roy faisoit bonne chere avant que partir, et qui avoit servi le Roy dans cette guerre de sa personne et de ses amis, jusques à y avoir perdu son frere à l'assaut d'Issoire, estoit aussi défavorisé et persecuté de l'envie qu'il avoit esté du temps de du Guast; que l'on leur faisoit tous les jours à l'un et à l'autre des indignitez; que les mignons qui estoient auprès du Roy avoient fait pratiquer quatre ou cinq des plus honnestes hommes qu'il eust, qui estoient Maugiron, La Valette, Mauleon, Livarrot et quelques autres, pour quitter son service, et se mettre à celuy du Roy; qu'il avoit sceu de bon lieu que le Roy se repentoit fort de m'avoir permis de faire ce voyage de Flandre, et que l'on taschoit à mon retour, en haine de luy, de me faire faire quelque mauvais tour, ou par les Espagnols, les ayans avertis de ce que je traittois en Flandre pour luy, ou par les huguenots, pour se venger du mal qu'ils avoient receu de luy, leur ayant fait la guerre après l'avoir assisté.

Tout ce que dessus consideré ne me donnoit peu à penser, voyant que non seulement il falloit que je passasse ou entre les uns ou entre les autres, mais que mesmes les principaux de ma compagnie estoient affectionnez ou aux Espagnols ou aux huguenots, M. le cardinal de Lenoncourt ayant autrefois esté soupçonné de favoriser le parti des huguenots, et M. Descarts (1), duquel M. l'evesque de Lisieux (2) estoit frere, ayant aussi esté quelquesfois suspect d'avoir le cœur espagnol. En ces doutes pleins de contrarietez je ne m'en pus communiquer qu'à madame la princesse de La Roche-sur-Yon, et à madame de Tournon, qui, connoissans le danger où nous estions, et voyans qu'il nous falloit cinq ou six journées jusques à La Fere, passant tousjours à la misericorde des uns des autres, me respondent la larme à l'œil que Dieu seul nous pouvoit sauver de ce danger; que je me recommandasse bien à luy, et puis que je fisse ce qu'il m'inspireroit; que pour elles, encore que l'une fust malade et l'autre vieille, je ne feignisse à faire de longues traittes, et qu'elles s'accommoderoient à tout pour me tirer de ce hazard.

J'en parlay à l'evesque de Liege, qui me servit certes de pere, et me bailla son grand maistre avec ses che-

(1) *M. d'Escarts*: Jean de Perusse, sieur d'Escars. — (2) *M. l'evesque de Lisieux*: Anne de Perusse de Givry. Il fut depuis cardinal.

vaux pour me conduire si loin que je voudrois. Et comme il nous estoit necessaire d'avoir un passeport du prince d'Orange, j'y envoyay Mondoucet, qui luy estoit confident, et ressentoit un peu de cette religion. Il ne revint point. Je l'attends deux ou trois jours, et crois que si je l'eusse attendu j'y fusse encores. Estant tousjours conseillée de M. le cardinal de Lenoncourt et du chevalier Salviati (1) mon premier escuyer, qui estoient d'une mesme caballe, de ne partir point sans avoir passeport, et me deffiant qu'au deffaut de passeport on me dressoit quelque autre chose de bien contraire, je me resolus de partir le lendemain matin. Eux voyans que sur ce pretexte on ne me pouvoit plus arrester, le chevalier Salviati, intelligent avec mon tresorier, qui estoit aussi couvertement huguenot, luy fait dire qu'il n'avoit point d'argent pour payer les hostes (chose qui estoit entierement fausse; car estant arrivée à La Fere, je voulus voir le compte, et se trouva de l'argent que l'on avoit pris pour faire le voyage de reste encore pour faire aller ma maison plus de six semaines), et fait que l'on retint mes chevaux, me faisant avec le danger cet affront public. Madame la princesse de La Roche-sur-Yon ne pouvant supporter cette indignité, et voyant le hazard où l'on me mettoit, preste l'argent qui estoit necessaire; et eux demeurans confus, je passe, après avoir fait present à M. l'evesque de Liege d'un diamant de trois mille escus, et à ses serviteurs de chaisnes d'or ou de bagues, et

(1) *Salviati :* François Salviati, grand-maître de l'ordre de Saint-Lazare, premier écuyer de Marguerite, chef de son conseil, chambellan du duc d'Alençon.

vins coucher à Huy, n'ayant pour passeport que l'esperance que j'avois en Dieu.

Cette ville estoit, comme j'ay dit, des terres de l'evesque de Liege, mais toutesfois tumultueuse et mutine (comme tous ces peuples-là se sentoient de la revolte generale des Païs-Bas), et ne reconnoissoit plus son evesque à cause qu'il vivoit neutre, et elle tenoit le parti des Estats. De sorte que, sans reconnoistre le grand maistre de l'evesque de Liege, qui estoit avec nous, ayans l'allarme que dom Jean s'estoit saisi du chasteau de Namur sur mon passage, soudain que nous fusmes logez ils sonnent le tocsin, et traisnent l'artillerie par les ruës, et la bracquerent contre mon logis, tendans les chaisnes afin que nous ne nous pussions joindre ensemble, et nous tindrent toute la nuict en ces alteres, sans avoir moyen de parler à aucun d'eux, estant tout petit peuple, gens brutaux et sans raison. Le matin ils nous laisserent sortir, ayans bordé toute la ruë de gens armez.

Nous allasmes de là coucher à Dinan, où par malheur ils avoient fait ce jour mesme les bourgemaistres, qui sont comme consuls en Gascogne, et echevins en France. Tout y estoit ce jour-là en debauche, tout le monde yvre, point de magistrats connus, bref un vray cahos de confusion. Et pour empirer davantage nostre condition, le grand maistre de l'evesque de Liege leur avoit fait autrefois la guerre, et estoit tenu d'eux pour mortel ennemi. Cette ville, quand ils sont en leurs sens rassis, tenoit pour les Estats; mais Bacchus y dominant ils ne tenoient pas pour eux-mesmes, et ne reconnoissoient personne. Soudain qu'ils nous voyent approcher les fauxbourgs avec une troupe grande comme estoit la mienne, les voila allarmez. Ils quittent les verres pour courir aux armes, et tout en tumulte au lieu de nous ouvrir ils ferment la barriere. J'avois envoyé devant un gentilhomme, avec les fourriers et mareschal des logis, pour les prier de nous donner passage; mais je les trouvay tous arrestez là qui crioient sans estre entendus. Enfin je me leve debout dans la litiere, et ostant mon masque, je fais signe au plus apparent que je veux parler à luy; et estant venu à moy, je le priay de faire faire silence afin que je pusse estre entenduë. Ce qu'estant fait avec toute peine, je leur representay qui j'estois, et l'occasion de mon voyage; que tant s'en faut que je leur voulusse apporter du mal par ma venuë, que je ne voudrois pas seulement leur en donner le soupçon; que je les priois de me laisser entrer, moy et mes femmes, et si peu de gens qu'ils voudroient, pour cette nuit, et que le reste ils le laissassent dans le fauxbourg. Ils se contentent de cette proposition, et me l'accordent. Ainsi j'entray dans leur ville avec les plus apparens de ma trouppe, du nombre desquels fust le grand maistre de l'evesque de Liege, qui par malheur fust reconnu comme j'entrois en mon logis, accompagnée de tout ce peuple yvre et armé.

Lors ils commencent à luy crier injures, et à vouloir charger ce bon homme, qui estoit un vieillard venerable de quatre-vingt ans, ayant la barbe blanche jusques à la ceinture. Je le fis entrer dans mon logis, où ces yvrongnes faisoient pleuvoir les harquebusades contre les murailles qui n'estoient que de terre. Voyant ce tumulte, je demanday si l'hoste de la maison n'étoit point là dedans. Il se trouve de bonne fortune. Je le

9.

prie qu'il se mette à la fenestre, et qu'il me fasse parler aux plus apparens; ce qu'à toute peine il veut faire. Enfin ayant assez crié par les fenestres, les bourgemaistres viennent parler à moy, si saouls qu'ils ne sçavoient ce qu'ils disoient. Enfin leur asseurant que je n'avois point sceu que ce grand maistre leur fust ennemi, leur remonstrant de quelle importance il leur estoit d'offenser une personne de ma qualité, qui estoit amie de tous les principaux seigneurs des Estats, et que je m'asseurois que M. le comte de Lalain et tous les autres chefs trouveroient fort mauvaise la reception qu'ils m'avoient faite; oyans nommer M. de Lalain, ils changerent tous, et luy porterent tous plus de respect qu'à tous les roys à qui j'appartenois. Le plus vieil d'entr'eux me demande en se sousriant et bagayant si j'estois donc amie de M. le comte de Lalain; et moy, voyant que sa parenté me servoit plus que celle de tous les potentats de la chrestienté, je luy repondis: « Oüy, je suis son amie, et sa parente aussi. » Lors ils me font la reverence et me baillent la main, et m'offrent autant de courtoisie comme ils m'avoient fait d'insolence, me priant de les excuser, et me promettans qu'ils ne demanderoient rien à ce bon homme le grand maistre, et qu'ils le laisseroient sortir avec moy.

Le matin venu, comme je voulois aller à la messe, l'agent que le Roy tenoit auprès de dom Jean, nommé du Bois, lequel estoit fort espagnol, arrive, me disant qu'il avoit des lettres du Roy pour me venir trouver et me conduire seurement à mon retour; qu'à cette fin il avoit prié dom Jean de luy bailler Barlemont avec une trouppe de cavallerie pour me faire escorte et me

mener seurement à Namur, et qu'il falloit que je priasse
ceux de la ville de Dinant de laisser entrer M. de
Barlemont, qui estoit seigneur du païs, et sa trouppe,
afin qu'il me pust conduire. Ce qu'ils faisoient à double
fin : l'une, pour se saisir de la ville pour dom Jean, et
l'autre pour me faire tomber entre les mains des Espagnols. Je me trouvay lors en fort grande peine; et, le
communiquant à M. le cardinal de Lenoncourt, qui
n'avoit pas envie de tomber entre les mains de l'Espagnol non plus que moy, nous advisasmes qu'il falloit
sçavoir de ceux de la ville s'il y avoit quelque chemin
par lequel je peusse éviter cette trouppe de M. de Barlemont; et baillant ce petit agent nommé du Bois à
amuser à M. de Lenoncourt, je passe en une autre
chambre, où je fis venir ceux de la ville, et leur fais
connoistre que s'ils laissoient entrer la troupe de M. de
Barlemont ils estoient perdus, parce qu'ils se saisi-
roient de la ville pour dom Jean; que je les conseillois
de s'armer et se tenir prests à leur porte, monstrans
contenance de gens advertis et qui ne se veulent laisser
surprendre; qu'ils laissassent entrer seulement M. de
Barlemont et rien davantage. Leur vin du jour prece-
dent estant passé, ils prirent bien mes raisons et me
creurent, m'offrans d'employer leurs vies pour mon
service, et me baillans un guide pour me mener par
un chemin auquel je mettrois la riviere entre les
trouppes de dom Jean et moy, et les laisserois si loing
qu'ils ne me pourroient plus atteindre, allant tousjours par maisons ou villes tenans le party des Estats.

Ayant pris cette resolution avec eux, je les envoye
faire entrer M. de Barlemont tout seul, lequel estant
entré leur veut persuader de laisser entrer sa trouppe.

Mais voyans cela, ils se mutinent de sorte que peu s'en fallust qu'ils ne le massacrassent, luy disant que s'il ne la faisoit retirer hors de la veuë de leur ville, qu'ils y feroient tirer l'artillerie; ce qu'ils faisoient afin de me donner temps de passer l'eau avant que cette trouppe me pust atteindre. M. de Barlemont estant entré, luy et l'agent du Bois font ce qu'ils peuvent pour me persuader d'aller à Namur où dom Jean m'attendoit. Je monstre de vouloir faire ce qu'on me conseilloit, et après avoir oüy la messe et fait un disné court, je sors de mon logis, accompagnée de deux ou trois cens de la ville en armes; et, parlant tousjours à M. de Barlemont et à l'agent du Bois, je prens mon chemin droit à la porte de la riviere, qui estoit au contraire du chemin de Namur, sur lequel estoit la trouppe de M. de Barlemont. Eux s'en advisans me dirent que je n'allois pas bien, et moy les menant tousjours de paroles, arrivay à la porte de la ville, de laquelle sortant accompagnée d'une bonne partie de ceux de la ville, je double le pas vers la riviere et monte dans le batteau, y faisant promptement entrer tous les miens, M. de Barlemont et l'agent du Bois me criant tousjours du bord de l'eau que je ne faisois pas bien; que ce n'estoit point l'intention du Roy, qui vouloit que je passasse par Namur. Nonobstant leurs crieries nous passons promptement l'eau, et pendant que l'on passoit à deux ou trois voyages nos littieres et nos chevaux, ceux de la ville, exprès pour me donner temps, amusent par mille crieries et mille plaintes M. de Barlemont et l'agent du Bois, les arraisonnans en leur patois sur le tort que dom Jean avoit d'avoir faussé sa foy aux Estats et rompu la paix, et sur les vieilles querelles de la mort du comte d'Egmont, et le menaçant tousjours que si sa trouppe paroissoit auprès de la ville, ils feroient tirer l'artillerie. Ils me donnerent temps de m'esloigner en telle sorte que je n'avois plus à craindre cette trouppe, guidée de Dieu et de l'homme qu'ils m'avoient baillé.

Je logeay ce soir-là en un chasteau fort, nommé Fleurines, qui estoit à un gentilhomme qui tenoit le party des Estats, et lequel j'avois veu avec le comte de Lalain. Le malheur fut tel que ledit gentilhomme ne s'y trouva point et n'y avoit que sa femme. Et comme nous fusmes entrez dans la bassecourt, la trouvant toute ouverte, elle prit l'allarme et s'enfuit dans son dongeon, levant le pont, resoluë, quoy que nous luy pûssions dire, de ne nous point laisser entrer. Cependant trois cens gentilshommes que dom Jean avoit envoyez pour nous couper chemin, et pour se saisir dudit chasteau de Fleurines, sçachans que j'y allois loger, paroissent sur un petit haut, à mille pas de là, et estimans que nous fussions entrez dans le dongeon, ayans pû connoistre de là que nous estions tous entrez dans la court, firent alte et se logerent là auprès, esperans de m'attraper le lendemain matin. Comme nous estions en ces alteres, pour ne nous voir que dedans la court, qui n'estoit fermée que d'une meschante muraille et d'une meschante porte qui eust esté bien aisée à forcer, disputans tousjours avec la dame du chasteau inexorable à nos prieres, Dieu nous fit cette grace que son mary M. de Fleurines y arriva à nuit fermante, lequel soudain nous fit entrer dans son chasteau, se courrouçant fort à sa femme de l'indiscrette incivilité qu'elle avoit montrée. Ledit sieur de Fleurines nous

venoit trouver de la part du comte de Lalain, pour me
faire seurement passer par les villes des Estats, ne
pouvant quitter l'armée des Estats, de laquelle il estoit
chef, pour me venir accompagner. Cette bonne rencontre
fust si heureuse, que le maistre de la maison
s'offrant de m'accompagner jusques en France, nous
ne passasmes plus par aucunes villes où je ne fusse
honorablement et paisiblement receuë, pource que
c'estoit païs des Estats; y recevant ce seul desplaisir
que je ne pouvois repasser à Mons, comme j'avois promis
à la comtesse de Lalain, et n'en approchois pas plus
près que de Nivelles, qui estoit à sept grandes lieuës
de là; qui fust cause, la guerre estant si forte comme
elle estoit, que nous ne nous pusmes voir elle et moy,
ni aussi peu M. le comte de Lalain, qui estoit, comme
j'ay dit, en l'armée des Estats vers Anvers.

Je luy ecrivis seulement de là par un homme de ce
gentilhomme qui me conduisoit. Elle soudain me sçachant
là, m'envoye des gentilshommes plus apparens
qui fussent demeurez-là pour me conduire jusques à la
frontiere de France (car j'avois à passer tout le Cambresis,
qui estoit my-party pour l'Espagnol et pour les
Estats), avec lesquels j'allay loger au Chasteau Cambresis,
d'où eux s'en retournans, je luy envoyay, pour
se souvenir de moy, une robbe des miennes que je luy
avois oüy fort estimer quand je la portois à Mons, qui
estoit de satin noir toute couverte de broderie de
canon, qui avoit cousté huit ou neuf cens ecus. Arrivant
au Chasteau Cambresis, j'eus advis que quelques
trouppes huguenotes avoient dessein de m'attaquer
entre la frontiere de Flandre et de France; ce que
n'ayant communiqué qu'à peu de personnes, une heure

avant le jour je fus preste. Envoyant querir nos littieres et chevaux pour partir, le chevalier Salviati faisoit le long comme il avoit fait à Liege : ce que connoissant qu'il faisoit à dessein, je laisse la littiere, et montant à cheval, ceux qui furent les premiers prests me suivirent; de sorte que je fus au Chastelet à dix heures du matin, ayant par la seule grace de Dieu eschappé toutes les embusches et aguets de mes ennemis.

De là allant chez moy à La Fere pour y séjourner jusques à tant que je sçaurois la paix estre faite, j'y trouvay arrivé devant moy un courrier de mon frere, qui avoit charge de m'attendre là, pour soudain que je serois arrivée retourner en poste et l'en advertir. Il écrivit par luy que la paix estoit faite, et que le Roy s'en retournoit à Paris; que pour luy sa condition alloit tousjours en empirant, n'y ayant sorte de desfaveurs et d'indignitez que l'on ne fist tous les jours éprouver et à luy et aux siens, et que ce n'estoit tous les jours que quelques querelles nouvelles que l'on suscitoit à Bussi et aux honnestes gens qui estoient avec luy : ce qui luy faisoit attendre avec extreme impatience mon retour à La Fere pour m'y venir trouver. Je luy redepeschay soudain son homme, par lequel adverty de mon retour, il envoya soudain Bussi avec toute sa maison à Angers, et prenant seulement quinze ou vingt hommes des siens, s'en vint en poste me trouver chez moy à La Fere, qui fust un des grands contentemens que j'aye jamais receu, de voir une personne chez moy que j'aimois et honorois tant, où je me mis en peine de luy donner tous les plaisirs que je pensois luy rendre ce séjour agreable; ce qui estoit si bien receu de luy, qu'il eust volontiers dit comme saint Pierre : *Faisons icy nos tabernacles,* si le courage tout royal qu'il avoit et la generosité de son ame ne l'eussent appellé à choses plus grandes. La tranquillité de nostre Cour au prix de l'autre d'où il partoit, luy rendoit tous les plaisirs qu'il y recevoit si doux, qu'à toute heure il ne pouvoit s'empescher de dire : « O! ma Reyne, qu'il fait bon avec vous! Mon Dieu, cette compagnie est un paradis comblé de toutes sortes de delices, et celle d'où je suis party un enfer rempli de toutes sortes de furies et tourmens. » Nous passasmes près de deux mois, qui ne nous furent que deux petits jours, en cet heureux estat, durant lequel luy ayant rendu compte de ce que j'avois fait pour luy en mon voyage de Flandre, et des termes où j'avois mis ses affaires, il trouve fort bon que M. le comte de Montigny, frere du comte de Lalain, vinst resoudre avec luy des moyens qu'il y falloit tenir, et pour prendre aussi asseurance de leur volonté, et eux de la sienne.

Il y vint accompagné de quatre ou cinq des plus principaux de Hainaut : l'un desquels avoit lettre et charge de M. d'Ainsi d'offrir son service à mon frere, et l'asseurer de la citadelle de Cambray. M. de Montigny luy portoit parole, de la part de son frere le comte de Lalain, de luy remettre entre ses mains tout le Hainaut et l'Artois, où il y a plusieurs bonnes villes. Ces offres très-asseurées receuës de mon frere, il les renvoya avec presens de medailles d'or, où la figure de luy et de moy estoit, et asseurant les accroissements et bienfaits qu'ils pouvoient esperer de luy ; de sorte que s'en retournans ils preparerent toutes choses pour la venuë de mon frere, qui, se deliberant d'avoir ses forces prestes dans peu de temps pour y aller, s'en retourne à la Cour pour tascher de tirer des commoditez du Roy pour fournir à cette entreprise.

Moy voulant faire mon voyage de Gascogne, et ayant preparé toutes choses pour cet effet, je m'en retournay à Paris, où arrivant, mon frere me vint trouver à une journée de Paris, où le Roy et la Reyne ma mere, et la reyne Louyse avec toute la Cour, me firent cet honneur de venir au devant de moy jusques à Sainct Denis, qui estoit ma disnée, où ils me receurent avec beaucoup d'honneur et de bonne chere, se plaisans à me faire racompter les honneurs et magnificences de mon voyage et sejour de Liege, et les avantures de mon retour. En ces agreables entretiens, estans tous dans le chariot de la Reyne ma mere, nous arrivasmes à Paris, où après avoir souppé et le bal estant fini, le Roy et la Reyne ma mere estans ensemble, je m'approche d'eux, et leur dis que je les suppliois ne trouver mauvais si je les requerois avoir agreable que j'allasse trouver le Roy mon mary; que la paix estant faite, c'estoit chose qui ne leur pouvoit estre suspecte, et qu'il me seroit prejudiciable et mal seant si je demeurois davantage à y aller. Ils montrent tous deux de le trouver très-bon, et de loüer la volonté que j'en avois; et la Reyne ma mere me dit qu'elle vouloit m'y accompagner, estant aussi son voyage necessaire en ce païs-là pour le service du Roy, auquel elle dit aussi qu'il falloit qu'il me baillast des moyens pour mon voyage; ce que le Roy librement m'accorda. Et moy, ne voulant rien laisser en arriere qui me pust faire revenir à la Cour, ne m'y pouvant plus plaire lors que mon frere en seroit dehors, que je voyois se preparer pour s'en aller bien tost en son entreprise de Flandre, je suppliay la Reyne ma mere de se souvenir de ce qu'elle m'avoit promis à la paix avec mon frere, qu'advenant que je partisse pour m'en aller en Gascogne elle me feroit bailler des terres pour l'assignat de mon dot. Elle s'en ressouvint, et le Roy le trouve très-raisonnable, et me promet qu'il seroit fait. Je le supplie que ce soit promptement, pour ce que je desirois partir, s'il luy plaisoit, pour le commencement du mois prochain : ce qui fust ainsi arresté, mais à la façon de la Cour; car, au lieu de me depescher, bien que tous les jours je les en sollicitasse, ils me firent traisner cinq ou six mois, et mon frere de mesme, qui pressoit aussi son voyage de Flandre, representant au Roy que c'estoit l'honneur et l'accroissement de la France; que ce seroit une invention pour empescher la guerre civile, tous les esprits remuans et desireux de nouveauté ayant le moyen d'aller en Flandre passer leur fumée et se saouler de la guerre; que cette entreprise serviroit aussi, comme le Piedmont, d'escole à la noblesse de France pour s'exercer aux armes, et y faire revivre des Montlucs et Brissacs, des Termes et des Bellegardes, tels que ces grands mareschaux, qui, s'estant façonné aux guerres de Piedmont, avoient depuis si glorieusement et heureusement servi le Roy et leur patrie.

Ces remonstrances estoient belles et veritables; mais elles n'avoient tant de poids qu'elles peussent emporter en la balance l'envie que l'on portoit à l'accroissement de la fortune de mon frere, auquel l'on donna tous les jours de nouveaux empeschemens pour le retarder d'assembler ses forces et les moyens qui luy estoient necessaires pour aller en Flandre, luy faisant cependant à luy, Bussi, et à ses autres serviteurs, mille indignitez, et faisant attaquer par plusieurs querelles Bussi, tantost par Quelus, tantost par Grammont, de jour, de nuit, et à toutes heures, estimans qu'à quelques-unes de ces allarmes mon frere se precipiteroit: ce qui se faisoit sans le sceu du Roy; mais Maugiron, qui le possedoit lors, et qui, ayant quitté le service de mon frere, croyoit qu'il s'en deust ressentir (ainsi qu'il est ordinaire que qui offense ne pardonne jamais), haïssoit mon frere d'une telle haine, qu'il conjuroit sa ruïne en toutes façons, le bravant et mesprisant sans respect, comme l'imprudence d'une telle jeunesse enflée de la faveur du Roy le poussoit à faire toutes insolences, s'étant ligué avec Quelus, Saint Luc, Saint Maigrin, Grammont, Mauleon, Livarrot, et quelques autres jeunes gens que le Roy favorisoit, qui, suivis de toute la Cour, à la façon des courtisans qui ne suivent que la faveur, entreprenoient toutes les choses qui leur venoient en fantaisie, quelles qu'elles fussent. De sorte qu'il ne se passoit jour qu'il n'y eust nouvelle querelle entr'eux et Bussi, de qui le courage ne pouvoit ceder à nul.

[1578] Mon frere, considerant que ces choses n'estoient pas pour advancer son voyage de Flandre, desirant plustost adoucir le Roy que l'aigrir, pour l'avoir favorable en son entreprise, et estimant aussi que Bussi estant dehors advanceroit davantage de dresser les trouppes necessaires pour son armée, il l'envoye par ses terres pour y donner ordre; mais Bussi estant parti, la persecution de mon frere ne cessa pour cela,

et connust-on lors qu'encor que les belles qualitez qu'il
avoit apportassent beaucoup de jalousie à Maugiron et
à ces autres jeunes gens qui estoient près du Roy, la
principale cause de leur haine contre Bussi estoit qu'il
estoit serviteur de mon frere; car depuis qu'il fut
parti, ils bravent et morguent mon frere avec tant de
mepris et si apparemment, que tout le monde le connoissoit, encor que mon frere fust fort prudent et tres-
patient de son naturel, et qu'il eust resolu souffrir
toutes choses pour faire ses affaires en son entreprise
de Flandre, esperant par ce moyen en sortir bien-tost,
et ne s'y revoir jamais plus sujet.

Cette persecution et ces indignitez luy furent toutesfois fort ennuyeuses et honteuses; mesme voyant qu'en
haine de luy l'on taschoit de nuire en toutes façons à
ses serviteurs, ayant depuis peu de jours fait perdre
un grand proces à M. de La Chastre, pource que depuis peu il s'estoit rendu serviteur de mon frere, le
Roy s'estant tellement laissé emporter aux persuasions
de Maugiron et de Saint Luc, qui estoient amis de
madame de Senetaire, qu'il avoit luy-mesme esté solliciter ce proces pour elle contre M. de La Chastre qui
estoit lors aupres de mon frere, qui, s'en sentant offensé, comme l'on peut penser, faisoit participer mon
frere à sa juste douleur.

En ces jours-là le mariage de Saint Luc [1] se fit,
auquel mon frere ne voulant assister, il me pria aussi
d'en faire de mesme; et la Reyne ma mere, qui ne se
plaisoit guere à la debordée outrecuidance de ces
jeunes gens, craignant aussi que tout ce jour seroit en

[1] *Saint-Luc.* François d'Epinay de Saint-Luc épousa Jeanne de
Cossé, fille du maréchal de Brissac.

joye et en debauche, et que mon frere n'ayant voulu
estre de la partie, l'on luy en dressast quelqu'une qui
luy fust préjudiciable, fit trouver bon au Roy qu'elle
allast le jour des nopces disner à Saint-Maur, et nous
y mena mon frere et moy; c'estoit le lundy gras. Nous
revinsmes le soir, la Reyne ma mere ayant tellement
presché mon frere, qu'elle le fit consentir de paroistre
et se trouver au bal pour complaire au Roy; mais au
lieu que cela amendast ses affaires, elles s'en empi-
rerent, car y estant Maugiron et autres de sa caballe,
ils commencerent à le gausser avec des paroles si pic-
quantes, qu'un moindre que luy s'en fust offensé, luy
disans qu'il avoit bien perdu sa peine de s'estre r'ha-
billé, que l'on ne l'avoit point trouvé à dire l'apresdinée,
qu'il estoit venu à l'heure de tenebres parce qu'elles
luy estoient propres, et l'attaquans de sa laideur et
petite taille.

Tout cela se disoit à la nouvelle mariée qui estoit
auprès de luy, et si haut qu'il se pouvoit entendre.
Mon frere connoissant que cela se faisoit exprès pour
le faire repondre, et le brouiller par ce moyen avec
le Roy, s'oste de là, si plein de depit et de colere qu'il
n'en pouvoit plus; et après en avoir conferé avec M. de
La Chastre, se resolust de s'en aller pour quelques
jours à la chasse, pensant par son absence attiedir l'a-
nimosité de ces jeunes gens contre luy, et en faire plus
aisément ses affaires avec le Roy pour la preparation
de l'armée qui luy estoit necessaire pour aller en
Flandre. Il s'en va trouver la Reyne ma mere qui se
deshabilloit, luy dit ce qui s'estoit passé au bal, de
quoy elle fust tres-marrie, et luy fait entendre la resolution que là-dessus il avoit prise, qu'elle trouve tres-

bonne, et luy promet de la faire agreer au Roy, et en son absence de le solliciter de luy fournir promptement ce qu'il luy avoit promis pour son entreprise en Flandre; et M. de Villequier estant là, elle luy commande d'aller faire entendre au Roy le desir que mon frere avoit d'aller pour quelques jours à la chasse, ce qui luy sembloit qu'il ne seroit que bon pour appaiser toutes les broüilleries qui estoient entre luy et ces jeunes gens, Maugiron, Saint Luc, Quelus et les autres.

Mon frere se retirant en sa chambre, tenant son congé pour obtenu, commande à tous ses gens d'estre le lendemain prests pour aller à la chasse à Saint-Germain, où il vouloit demeurer quelques jours à courir le cerf, ordonne à son grand veneur d'y faire trouver les chiens, et se couche en cette intention de se lever le lendemain matin pour aller à la chasse soulager ou divertir un peu son esprit des broüilleries de la Cour. M. de Villequier cependant estoit allé par le commandement de la Reyne ma mere demander son congé au Roy, qui d'abord l'accorda; mais estant demeuré seul en son cabinet avec le conseil de Roboam de cinq à six jeunes hommes, ils luy rendent ce partement fort suspect, et le mettent en telle apprehension, qu'ils luy font faire une des plus grandes folies qui se soit faite de nostre temps, qui fust de prendre mon frere et tous ses principaux serviteurs prisonniers. S'il fust imprudemment deliberé il fust encor plus indiscretement executé; car le Roy, soudain prenant la parole, de nuit s'en alla trouver la Reyne ma mere, tout émeu comme en une allarme publique, ou que l'ennemi eust esté à la porte, luy disant : « Comment, madame, que pensez-vous m'avoir demandé de laisser aller mon frere? Ne voyez-vous pas, s'il s'en va, le danger où vous mettez mon Estat? Sans doute sous cette chasse il y a quelque dangereuse entreprise. Je m'en vais me saisir de luy et de tous ses gens, et feray chercher dans ses coffres. Je m'asseuré que nous decouvrirons de grandes choses. » Et à mesme temps, ayant avec luy le sieur de Losse, capitaine des gardes, et quelques archers escossois....

La Reyne ma mere, craignant qu'en cette precipitation il fit quelque tort à la vie de mon frere, le prie qu'elle aille avec luy; et, toute deshabillée comme elle estoit, s'accommodant comme elle put avec son manteau de nuit, le suit montant à la chambre de mon frere, où le Roy frappe rudement, criant que l'on luy ouvrist, que c'estoit luy. Mon frere se reveille en sursaut, et sçachant bien qu'il n'avoit rien fait qui luy deust donner crainte, dit à Cangé, son valet de chambre, qu'il luy ouvrist la porte. Le Roy, entrant en cette furie, commença à le gourmander, et luy dire qu'il ne cesseroit jamais d'entreprendre contre son Estat, et qu'il luy apprendroit que c'est de s'attaquer à son roy. Sur cela, il commanda à ses archers d'emporter ses coffres hors de là, et de tirer ses valets de chambre hors de la chambre.

Il foüille luy-mesme le lit de mon frere pour voir s'il y trouveroit quelques papiers. Mon frere ayant une lettre de madame de Sauve, qu'il avoit receuë ce soir-là, la prend à la main pour empescher qu'on ne la vit. Le Roy s'efforce de la luy oster. Luy y resistant, et le priant à mains jointes de ne la voir point, cela en donne plus d'envie au Roy, croyant que ce papier seroit assez suffisant pour faire le procès à mon frere. Enfin l'ayant ouverte en la presence de la Reyne ma mere, ils resterent aussi confus que Caton, quand, ayant contraint Cesar dans le senat de monstrer le papier qui lui avoit été apporté, disant que c'estoit chose qui importoit au bien de la republique, il luy fist voir que c'estoit une lettre d'amour de la sœur du mesme Caton adressant à Cesar. La honte de cette tromperie augmentant plustost par le dépit la colere du Roy que la diminuant, sans vouloir écouter mon frere, lequel demandoit sans cesse de quoy on l'accusoit, et pourquoy l'on le traittoit ainsi, il le commet à la garde de M. de Losse et des Escossois, leur commandant de ne le laisser parler à personne. Cela se fit une heure environ après minuit. Mon frere demeura en cette façon, estant plus en peine de moy que de luy, croyant bien que l'on m'en avoit fait autant, et ne croyant pas qu'un si violent et si injuste commencement pust avoir autre qu'une sinistre fin. Et voyant que M. de Losse avoit la larme à l'œil de regret de voir passer les choses en cette sorte, et que toutesfois, à cause des archers qui estoient là, il ne luy osoit parler librement, il luy demande seulement ce qui estoit de moy. M. de Losse répond que l'on ne m'avoit encor rien demandé. Mon frere luy répond : « Cela soulage beaucoup ma peine de sçavoir ma sœur libre; mais encor qu'elle soit en cet estat, je m'asseure qu'elle m'aime tant qu'elle aimera mieux se captiver avec moy que de vivre libre sans moy; » et le pria d'aller supplier la Reyne ma mere qu'elle obtint du Roy que je demeurasse en sa captivité avec luy; ce qui luy fust accordé.

Cette ferme croyance qu'il eust de la grandeur et

fermeté de mon amitié me fust une obligation si particuliere, bien que par ses bons offices il en eust acquis plusieurs grandes sur moy, que j'ay tousjours mise celle-là au premier rang. Soudain qu'il eust cette permission, qui fut sur le point du jour, il pria M. de Losse de m'envoyer un archer escossois qui estoit là, pour m'annoncer cette triste nouvelle, et me faire venir en sa chambre. Cet archer entrant en la mienne, trouve que je dormois encore, sans avoir rien sçu de tout ce qui s'estoit passé. Il ouvre mon rideau, et, en un langage propre aux Escossois, me dit : « Bon jour, madame, monsieur vostre frere vous prie de le venir voir. » Je regarde cet homme presque toute endormie, pensant resver, et le reconnoissant, je luy demande s'il n'estoit pas un Escossois de la garde. Il me dit qu'oüy; et je luy repliquay : « Et qu'est-ce donc? mon frere n'a-t'il point d'autre messager que vous pour m'envoyer? » Il me dit que non, que ses gens luy avoient esté ostez, et me conta en son langage ce qui luy estoit advenu la nuit, et que mon frere avoit obtenu permission pour moy de demeurer avec luy pendant sa captivité. Et voyant que je m'affligeois fort, il s'approcha de moy, et me dit tout bas : « Ne vous faschez point, j'ay moyen de sauver monsieur vostre frere, et le feray, n'en doutez point; mais il faudra que je m'en aille avec luy. » Je l'asseuray de toute la recompense qu'il pouvoit esperer de nous; et, me hâtant de m'habiller, je m'en allay avec luy toute seule à la chambre de mon frere.

Il me falloit traverser toute la court toute pleine de gens qui avoient accoustumé de courir pour me voir et honorer. Lors chacun voyant comme la fortune me tournoit le visage, et eux aussi ne firent pas semblant de m'appercevoir. Entrant en la chambre de mon frere, je le trouve avec une si grande constance qu'il n'avoit rien changé de sa façon ni de sa tranquillité ordinaire. Me voyant, il me dit en m'embrassant avec un visage plus joyeux que triste : « Ma reyne, cessez, je vous prie, vos larmes. En la condition que je suis, vostre ennuy est la seule chose qui me pourroit affliger; car mon innocence et la droite intention que j'ay euë m'empeschent de craindre toutes les accusations de mes ennemis. Que si injustement l'on veut faire tort à ma vie, ceux qui feront cette cruauté se feront plus de tort qu'à moy, qui ay assez de courage et de resolution pour mépriser une injuste mort. Aussi n'est-ce que je redoute le plus, ma vie ayant esté jusques icy accompagnée de tant de traverses et de peines, que ne sçachant que c'est des felicitez de ce monde, je ne dois avoir regret de les abandonner. La seule apprehension que j'ay, est que, ne me pouvant faire justement mourir, l'on me vueille faire languir en la solitude d'une longue prison, où encor je mépriseray leur tyrannie, pourveu que vous me vouliez tant obliger que de m'assister de vostre presence. »

Ces paroles, au lieu d'arrester mes larmes, me penserent faire verser toute l'humeur de ma vie. Je luy réponds en sanglottant que ma vie et ma fortune estoient attachées à la sienne; qu'il n'estoit en la puissance que de Dieu seul d'empescher que je l'assistasse en quelque condition qu'il pust estre; que si on l'emmenoit de là, et que l'on ne me permit d'estre avec luy, je me tuërois en sa presence. Passans en ces discours quelques heures, et recherchans ensemble l'occasion

qui avoit convié le Roy de prendre une si cruelle et
injuste aigreur contre luy, et ne nous la pouvans imaginer, l'heure vint de l'ouverture de la porte du chasteau, où un jeune homme indiscret, qui estoit à Bussi,
estant reconnu par les gardes et arresté, ils luy demanderent où il alloit. Luy, estonné et surpris, leur
répond qu'il alloit trouver son maistre. Cette parole
rapportée au Roy, l'on soupçonne qu'il est dans le Louvre, où l'apresdinée revenant de Saint Maur mon
frere l'avoit fait entrer parmi la trouppe pour confe-
rer avec luy des affaires de l'armée qu'il faisoit pour
Flandre, ne pensant pas lors devoir partir si-tost de la
Cour comme depuis inopinément il se resolut.

Le soir, sur les occasions que j'ay dites, l'Archant,
capitaine des gardes, ayant commandement du Roy de
le chercher, et de se saisir de luy et de Simier, s'il le
pouvoit trouver, faisant cette perquisition à regret,
pour estre intime amy à Bussi, duquel il estoit appellé
par alliance son pere, et luy le nommoit son fils, il
monte à la chambre de Simier, où il se saisit de luy ;
et se doutant bien que Bussi y estoit caché, il fait une
legere recherche, estant bien aise de ne le trouver pas.
Mais Bussi, qui estoit sur le lit, et qui voyoit qu'il
demeuroit seul en cette chambre, craignant que la
commission fust donnée à quelque autre avec lequel
il ne seroit en telle seureté, desirant plustost d'estre en
la garde de l'Archant, qui estoit honneste homme et
son amy, comme il estoit d'une humeur gaillarde et
bouffonne, à qui les dangers et hazards n'avoient jamais pû faire ressentir la peur, comme l'Archant passoit la porte pour s'en aller, emmenant Simier, il sort
la teste du rideau, et luy dit : « Hé quoy ! mon pere,

vous en voulez-vous ainsi aller sans moy? n'estimez-vous pas ma conduite plus honorable que celle de ce pendart de Simier? » L'Archant se tourna, et luy dit: « Ah! mon fils, pleust à Dieu qu'il m'eust cousté un bras et que vous ne fussiez pas icy. » Il luy répond: « Mon pere, c'est signe que mes affaires se portent bien, » allant tousjours se gaussant de Simier pour la tremblante peur où il le voyoit. L'Archant les mit en une chambre avec gardes, et s'en alla prendre M. de La Chastre (1) et le mena à la Bastille.

Pendant que toutes ces choses se faisoient, M. de Losse, bon homme vieil, qui avoit esté gouverneur du Roy mon mary, et qui m'aimoit comme sa fille, ayant la garde de mon frere, connoissant l'injustice que l'on luy faisoit, et detestant le mauvais conseil par lequel le Roy se gouvernoit, ayant envie de nous obliger tous deux, se resout de sauver mon frere; et pour me découvrir son intention, commande aux archers escossois de se tenir sur le degré au dehors de la porte de mon frere, n'en retenant que deux avec soy, de qui il se fioit, et me tirant à part, me dit: « Il n'y a bon François à qui le cœur ne saigne de voir ce que nous voyons. J'ay esté trop serviteur du Roy vostre pere pour ne sacrifier ma vie pour ses enfans. Je crois que j'auray la garde de monsieur vostre frere en quel lieu que l'on le tienne. Asseurez-le qu'au hazard de ma vie je le sauveray. Mais afin que l'on ne s'apperçoive de mon intention, ne parlons plus ensemble; mais soyez-en certaine. » Cette esperance me consoloit un peu; et reprenant

---

(1) *De La Chastre* : Claude de La Châtre. Il fut depuis l'un des chefs de la Ligue. Ses Mémoires font partie de cette série, tome XXXII, page 472..

mon esprit, je dis à mon frere que nous ne devions point demeurer en cette forme d'inquisition sans sçavoir ce que nous avions fait; que c'estoit à faire à des faquins d'estre tenus ainsi. Je priay M. de Losse, puis que le Roy ne vouloit permettre que la Reyne ma mere montast, qu'il luy plust nous faire sçavoir par quelqu'un des siens la cause de nostre retention. M. de Combaut (1), qui estoit chef du conseil des jeunes gens, nous fut envoyé, qui avec sa gravité naturelle nous dit qu'il estoit envoyé là pour sçavoir ce que nous voulions faire entendre au Roy.

Nous luy dismes que nous desirions de parler à quelqu'un de la part du Roy pour sçavoir l'occasion de nostre retention, et que nous ne la pouvions imaginer. Il nous respond gravement qu'il ne faut demander aux dieux et aux roys raison de leurs effets, qu'ils faisoient tout à bonne et juste cause. Nous luy respondismes que nous n'estions pas personnes pour estre tenuës comme ceux que l'on met à l'inquisition, à qui l'on fait deviner ce qu'ils ont fait. Nous n'en pusmes tirer autre chose, sinon qu'il s'employeroit pour nous, et qu'il nous y feroit tous les meilleurs offices qu'il pourroit. Mon frere se prit à rire; mais moy, qui estois toute convertie en douleur pour voir en danger mon frere, que je cherissois plus que moy-mesme, j'eus beaucoup de peine à m'empescher de luy parler comme il meritoit.

Pendant qu'il faisoit son rapport au Roy, la Reyne ma mere estant en sa chambre avec l'affliction que l'on

(1) *M. de Combaut :* Robert de Combaut, seigneur d'Arcis-sur-Aube, premier maitre d'hôtel du Roi. Henri III le fit chevalier de l'ordre du Saint-Esprit, et Brantôme prétendit *que cet Ordre ne se soutiendroit pas, puisqu'il étoit allé en cuisine.*

peut penser (qui, comme personne très-prudente, prevoyoit bien que cet excès, fait sans sujet ni raison, pourroit, si mon frere n'avoit le naturel bon, apporter beaucoup de malheur en ce royaume), envoya querir tous les vieux du conseil, M. le chancelier, les princes, seigneurs et mareschaux de France, qui estoient tous merveilleusement scandalisez du mauvais conseil que l'on avoit donné au Roy, disans tous à la Reyne ma mere qu'elle s'y devoit opposer, et remonstrer au Roy le tort qu'il se faisoit; qu'on ne pouvoit empescher que ce qui avoit esté fait jusques alors ne fust, mais qu'il falloit r'habiller cela le mieux que l'on pourroit. La Reyne ma mere va soudain trouver le Roy avec tous ses ministres, qui luy remonstrent de quelle importance estoient ces effets. Le Roy, ayant les yeux desillez du pernicieux conseil de ces jeunes gens, trouve bon que ces vieux seigneurs et conseillers le lui representent, et prie la Reyne ma mere de r'habiller cela, et faire que mon frere oubliast tout ce qui s'estoit passé, et qu'il n'en sceust point mauvais gré à ces jeunes gens, et que par mesme moyen l'accord de Bussi et de Quelus fust fait.

Cela resolu, toutes les gardes furent soudain ostées à mon frere, et la Reyne ma mere le venant trouver en sa chambre, luy dit qu'il devoit loüer Dieu de la grace qu'il luy avoit faite de le delivrer d'un si grand danger; qu'elle avoit veu l'heure qu'elle ne sçavoit qu'esperer de sa vie; que puis qu'il connoissoit par cela que le Roy estoit de telle humeur qu'il s'offençoit non seulement des effets, mais des imaginations, et qu'estant resolu en ses opinions, sans s'arrester à aucun advis ni d'elle ni d'autre, il executoit tout ce qui luy venoit en fantaisie, pour ne le jetter plus en ces aigreurs, cela le devoit faire resoudre à s'accommoder en tout à sa volonté et de venir trouver le Roy, monstrant ne se ressentir point de ce qui s'étoit passé contre sa personne et ne s'en souvenir point. Nous luy respondismes que nous avions grandement à loüer Dieu de la grace qu'il nous avoit faite de nous garantir de l'injustice que l'on nous preparoit, à quoy, après Dieu, nous reconnoissions luy en avoir à elle toute l'obligation; mais que la qualité de mon frere ne permettoit pas que l'on le pust mettre en prison sans sujet, et l'en tirer sans formalité de justification et satisfaction. La Reyne respond que les choses faites, Dieu mesme ne pouvoit faire qu'elles ne fussent, mais que l'on r'habilleroit le desordre qui avoit esté à sa prise, en faisant sa delivrance avec tout l'honneur et satisfaction qu'il pourroit desirer; qu'aussi il falloit qu'il contentât le Roy en tout, luy parlant avec tel respect et avec telle affection à son service qu'il en demeurast content, et qu'il fit outre cela que Bussi et Quelus s'accordassent de sorte qu'il ne restast rien qui les pust broüiller; advoüant bien que le principal motif qui avoit produit ce mauvais conseil et ces mauvais effets, avoit esté la crainte que l'on avoit euë du combat que le vieil Bussi, digne pere d'un si digne fils, avoit demandé, suppliant le Roy trouver bon qu'il secondast son fils le brave Bussi, et que M. de Quelus fust secondé du sien; qu'eux quatre finiroient cette querelle sans broüiller la Cour comme elle avoit esté pour cette querelle, ni mettre tant de gens en peine. Mon frere luy promit que Bussi, voyant qu'il n'y avoit point d'esperance de se battre, feroit pour sortir de prison ce qu'elle commanderoit.

La Reyne ma mere descendant fit trouver bon au Roy de faire sa delivrance avec honneur. Et pour cet effet, il vint en la chambre de la Reyne ma mere, avec tous les princes, seigneurs et autres conseillers de son conseil, et nous envoya querir, mon frere et moy, par M. de Villequier; où, comme nous allions trouver Sa Majesté, passans par les salles et chambres, nous les trouvasmes toutes pleines de gens qui nous regardoient la larme à l'œil, loüans Dieu de nous voir hors de danger. Entrans dans la chambre de la Reyne ma mere, nous trouvasmes le Roy avec cette compagnie que j'ay ditte, qui, voyant mon frere, luy dit qu'il le prioit de ne point trouver estrange et ne s'offenser point de ce qu'il avoit fait, poussé du zele qu'il avoit au repos de son Estat, et qu'il crût que ce n'avoit point esté avec intention de luy faire nul deplaisir. Mon frere luy repond qu'il devoit et avoit voüé tant de service à Sa Majesté, qu'il trouveroit tousjours bon tout ce qu'il luy plairoit, mais qu'il le supplioit très-humblement de considerer que la devotion et fidelité qu'il luy avoit temoignée ne meritoit pas un tel traitement; toutesfois qu'il n'en accusoit que son malheur, et restoit assez satisfait si le Roy reconnoissoit son innocence. Le Roy luy repondit qu'oüy, qu'il n'en estoit point en doute, et qu'il le prioit de faire autant d'estat de son amitié qu'il avoit jamais fait. Sur cela la Reyne ma mere les prit tous deux et les fit embrasser.

Soudain le Roy commanda que l'on fit venir Bussi pour l'accorder avec Quelus, et que l'on mit en liberté Simier et M. de La Chastre. Bussi entrant en la chambre avec cette belle façon qui luy estoit naturelle, le Roy luy dit qu'il vouloit qu'il s'accordast avec Quelus, et qu'il ne se parlast plus de leur querelle, et luy commanda d'embrasser Quelus. Bussi luy repond : « Sire, s'il vous plaist que je le baise, j'y suis tout disposé; » et, accommodant les gestes avec la parole, luy fit une embrassade à la pantalone; de quoy toute la compagnie, bien qu'encor estonnée et saisie de ce qui s'estoit passé, ne se pust empescher de rire. Les plus advisez jugerent que cette legere satisfaction que recevoit mon frere n'estoit appareil suffisant à un si grand mal.

Cela fait, le Roy et la Reyne ma mere s'approchans de moy, me dirent qu'il falloit que je tinsse la main à ce que mon frere ne conservast nulle souvenance qui le pust esloigner de l'obeïssance et affection qu'il devoit au Roy. Je leur repondis que mon frere estoit si prudent, et avoit tant de devotion à son service, qu'il n'avoit besoin d'y estre sollicité ny par moy ny par autre; mais qu'il n'avoit receu et ne recevroit jamais autre conseil de moy que ce qui seroit conforme à leur volonté et à son devoir.

Estant lors trois heures après midy, que personne n'avoit encor disné, la Reyne ma mere voulut que nous disnassions tous ensemble; puis commanda à mon frere et à moy d'aller changer noz habits, qui estoient convenables à la triste condition d'où nous estions presentement sortis, et nous aller parer pour nous trouver au souper du Roy et au bal. Elle fut obeïe pour les choses qui se pouvoient, de vestir et remettre; mais pour le visage, qui est la vive image de l'ame, la passion du juste mécontentement que nous avions s'y lisoit aussi apparente qu'elle y avoit esté imprimée avec la force et violence du dépit et juste desdain que nous ressentions par l'effet de tous les actes de cette tragicomedie. Laquelle estant finie de cette façon, le chevalier de Sevre (¹), que la Reyne ma mere avoit baillé à mon frere pour coucher en sa chambre, et qu'elle prenoit plaisir d'oüir quelquesfois causer, pour estre d'humeur libre, et qui disoit de bonne grace ce qu'il vouloit, tenant un peu de l'humeur d'un philosophe cynique, se trouvant devant elle, elle luy demande : « Et bien, monsieur de Sevre, que dites-vous de tout cecy? — C'est trop, dit-il, pour faire à bon escient, et trop peu pour se joüer. » Et se retournant vers moy, sans qu'elle le pust entendre, me dit : « Je ne crois pas que ce soit icy le dernier acte de ce jeu. Cet homme (voulant parler de mon frere) me tromperoit bien s'il en demeuroit là. »

Cette journée estant passée de cette façon, le mal ayant seulement esté adouci par le dehors et non par le dedans, les jeunes gens qui possedoient le Roy, jugeans le naturel de mon frere par le leur, et leur jugement peu experimenté ne permettant pas qu'ils peussent juger ce que peut le devoir et l'amour de la patrie sur un prince si grand et si bien né qu'il estoit, persuadent au Roy, pour tousjours joindre leur cause à la sienne, que mon frere n'oublieroit jamais l'affront public qu'il avoit receu, et s'en voudroit venger. Le Roy, sans se souvenir de l'erreur que luy avoient fait commettre ces jeunes gens, reçoit soudain cette seconde impression,

(¹) *Le chevalier de Sevre :* Michel de Sevres, chevalier de Malte, grand-prieur de Champagne. Il étoit célèbre par ses bons mots. Si l'on en croit Pierre de L'Estoile, Henri III, irrité de sa franchise, s'emporta contre lui, dans un conseil tenu au Louvre, *jusqu'à lui donner des coups de poing et de pied.* (*Journal de Henri III,* 6 mars. 1584.)

et commande aux capitaines des gardes que l'on prist
soigneusement garde aux portes que mon frere ne sor-
tist point, et que tous les soirs l'on fit sortir tous les
gens de mon frere hors du Louvre, luy laissant seulement ce qui couchoit d'ordinaire dans sa chambre, ou
dans sa garderobbe.

Mon frere se voyant traitté de cette façon, et estre
à la misericorde de ces jeunes cervelles, qui, sans respect ni jugement, faisoient disposer de luy au Roy
comme il leur venoit en fantaisie, craignant qu'il ne
luy advint pis, et ayant l'exemple tout recent de ce qui
sans occasion ni raison luy avoit esté fait, ayant sup-
porté trois jours l'apprehension de ce danger, se resolut de s'oster de là pour se retirer chez luy, et ne revenir plus à la Cour, mais avancer ses affaires le plus
promptement qu'il pourroit pour s'en aller en Flandre. Il me communique cette volonté; et voyant que
c'estoit sa seureté, et que le Roy ni cet Estat n'en pouvoient recevoir du prejudice, je l'approuvay, et en
cherchant les moyens, voyant qu'il ne pouvoit sortir
par les portes du Louvre, qui estoient si curieusement
gardées que mesme l'on regardoit tous ceux qui passoient au visage, il ne s'en trouve point d'autre que de
sortir par la fenestre de ma chambre, qui regardoit
dans le fossé, et estoit au second estage. Il me prie
pour cet effet faire provision d'un cable fort et bon,
et de la longueur necessaire. A quoy je pourvois
soudain, faisant emporter le jour mesme par un garçon qui m'estoit fidelle une malle de lit qui estoit
rompuë comme pour la faire raccoustrer; et à quelques heures de là la rapportant il y mit le cable qui
nous estoit necessaire.

L'heure du souper estant venuë, qui estoit un jour maigre que le Roy ne soupoit point, la Reyne ma mere soupa seule en sa petite salle, et moy avec elle. Mon frere, bien qu'il fust assez patient et discret en toutes ses actions, sollicité de la souvenance de l'affront qu'il avoit receu, et du danger qui le menaçoit, impatientant de sortir, s'y trouve comme je me leve de table, et me dit à l'oreille qu'il me prioit de me haster, et de venir tost à ma chambre, où il se trouveroit. M. de Matignon, qui n'estoit encores mareschal, un dangereux et fin Normand qui n'aimoit point mon frere, en estant adverti par quelqu'un qui peut estre n'avoit pas bien tenu sa langue, ou le conjecturant sur la façon de quoy m'avoit parlé mon frere, dit à la Reyne ma mere, comme elle entroit en sa chambre (ce que j'entrouïs presque, estant assez près d'elle et y prenant garde, et observant curieusement tout ce qui se passoit, comme font ceux qui se trouvent en pareil estat, et sur le point de leur delivrance sont agitez de crainte et d'esperance), que sans doute mon frere s'en vouloit aller, que demain il ne seroit plus là, qu'il le sçavoit très-bien, et qu'elle y mit ordre.

Je vis qu'elle se troubla à cette nouvelle; ce qui me donna encor plus d'apprehension que nous ne fussions decouverts. Nous entrans en son cabinet, elle me tira à part, et me dit : « Avez-vous veu ce que Matignon m'a dit? » Je luy dis : « Je ne l'ay pas entendu, madame, mais j'ay vu que c'estoit chose qui vous donnoit peine.—Ouy, ce dit-elle, bien fort; car vous sçavez que j'ay repondu au Roy que vostre frere ne s'en iroit point, et Matignon vient de me dire qu'il sçavoit très-bien qu'il ne sera demain icy. » Lors me trouvant entre ces deux extremitez, ou de manquer à la fidelité que je devois à mon frere, et mettre sa vie en danger, ou de jurer contre la verité (chose que je n'eusse voulu pour eviter mille morts), je me trouvay en si grande perplexité, que si Dieu ne m'eust assistée, ma façon eust assez temoigné sans parler ce que je craignois qui fust decouvert. Mais comme Dieu assiste les bonnes intentions, et sa divine bonté operoit en cette œuvre pour sauver mon frere, je composay tellement mon visage et mes paroles, qu'elle ne pust rien connoistre que ce que je voulois, et que je n'offensay mon ame ni ma conscience par aucun faux serment.

Je luy dis donc si elle ne connoissoit pas bien la haine que M. de Matignon portoit à mon frere; que c'estoit un broüillon malicieux qui avoit regret de nous voir tous d'accord; que lors que mon frere s'en iroit j'en voulois répondre de ma vie; que je m'asseurois bien que ne m'ayant jamais rien celé, il m'eust communiqué ce dessein s'il eut eu cette volonté; que lors que cela seroit je luy abandonnerois ma vie. Ce que je disois, m'asseurant bien que mon frere estant sauvé l'on n'eust osé me faire déplaisir; et, au pis aller, quand nous eussions esté découverts, j'aimois trop mieux engager ma vie que d'offenser mon ame par un faux serment, et mettre la vie de mon frere en hazard. Elle, ne recherchant pas de près le sens de mes paroles, me dit : « Pensez-bien à ce que vous dites, vous m'en serez caution, vous m'en répondrez sur vostre vie. » Je luy dis en souriant que c'estoit ce que je voulois; et luy donnant le bon soir je m'en allay en ma chambre, où me deshabillant en diligence, et me mettant au lit pour me deffaire de mes dames et filles,

estant restée seule avec mes femmes de chambre, mon
frere vint avec Simier et Cangé, et, me relevant, nous
accommodasmes la corde avec un baston, et ayant regardé
dans le fossé s'il n'y avoit personne, estant seulement
aidée de trois de mes femmes qui couchoient
en ma chambre, et du garçon de la chambre qui m'avoit
apporté la corde, nous descendons premierement
mon frere, qui rioit et gaussoit sans avoir aucune apprehension,
bien qu'il y eust une très-grande hauteur,
puis Simier, qui, tremblant, ne se pouvoit presque
tenir de peur, puis Cangé son valet de chambre. Dieu
conduisit si heureusement mon frere sans estre découvert,
qu'il se rendit à Sainte Geneviefve où Bussi l'attendoit,
qui, du consentement de l'abbé, avoit fait un
trou à la muraille de la ville par lequel il sortit, et
trouvant là des chevaux tous prêts, se retira à Angers
sans aucune infortune.

Comme nous descendions Cangé le dernier, il se
leve un homme du fonds du fossé, qui commence à
courir vers le logis qui est auprès du Jeu de Paume,
qui est le chemin où l'on va vers le corps de garde.
Moy, qui en tout ce hazard n'avois jamais apprehendé
ce qui estoit de mon particulier, mais seulement la
seureté ou le danger de mon frere, demeuray demy
pasmée de peur, croyant que ce fust quelqu'un qui,
suivant l'advis de M. de Matignon, eust esté mis là
pour nous guetter; et estimant que mon frere fut pris,
j'entray en un desespoir qui ne se peut representer que
par l'essay de choses semblables. Estant en ces alteres,
mes femmes, plus curieuses que moy de ma seureté et
de la leur, prennent la corde et la mettent au feu, afin
qu'elle ne fut trouvée, si le malheur estoit si grand que

cet homme qui s'étoit levé du fossé y eust esté mis pour guetter. Cette corde estant fort longue, fait une si grande flamme que le feu se met dans la cheminée; de façon que sortant par dessus le couvert, et estant apperceu des archers qui estoient cette nuit-là en garde, ils viennent frapper effroyablement à ma porte, disans que l'on ouvrist promptement. Lors, bien que je pensasse à ce coup-là que mon frere fust pris, et que nous fussions tous deux perdus, ayant tousjours esperé en Dieu qui me conservoit le jugement entier (grace qu'il a pleu à Sa Divine Majesté me faire en tous les dangers que je me suis trouvée), voyant que la corde n'estoit que demi brûlée, je dis à mes femmes qu'elles allassent tout bellement à la porte demander ce qu'ils vouloient, parlant bas comme si j'eusse dormi. Ce qu'elles font, et les archers leur dirent que c'étoit le feu qui estoit en ma cheminée, et qu'ils venoient pour l'esteindre. Mes femmes leur dirent que ce n'estoit rien, et qu'elles l'eteindroient bien, qu'ils se gardassent bien de m'éveiller. Ils s'en revont.

L'allarme passée, à deux heures de là voicy M. de Losse qui me vient querir pour trouver le Roy et la Reyne ma mere, pour leur rendre raison de la sortie de mon frere, en ayant esté advertis par l'abbé de Saincte Geneviefve, qui, pour n'en estre embroüillé, et du consentement mesme de mon frere, lors qu'il vit qu'il estoit assez loing pour ne pouvoir estre attrapé, en vint advertir le Roy, disant qu'il l'avoit surpris en sa maison, et que l'ayant tenu enfermé jusques à ce qu'ils eussent fait leur trou, il n'avoit pû plustost en venir advertir le Roy. Il me trouva au lit, car c'estoit la nuit, et me levant soudain avec mon manteau de nuit, une de mes femmes, indiscrette et effrayée, se prend à mon manteau, en criant et pleurant, disant que je n'en reviendrois jamais. M. de Losse la repoussant me dit : « Si cette femme avoit fait ce trait devant une personne qui ne vous fust serviteur comme je suis, cela vous mettroit en peine; mais ne craignez rien, et loüez Dieu, car monsieur vostre frere est sauvé. » Ces paroles me furent un advertissement bien necessaire pour me fortifier contre les menaces et intimidations que j'avois à souffrir du Roy, que je trouvay assis au chevet du lit de la Reyne ma mere, en une telle colere, que je crois qu'il me l'eust fait ressentir, si la crainte de l'absence de mon frere et la presence de la Reyne ma mere ne l'en eust empesché. Ils me dirent tous deux que je leur avois dit que mon frere ne s'en iroit point, et que je leur en avois répondu. Je leur dis qu'oüy, mais qu'il m'avoit trompé en cela comme eux; que toutesfois je leur répondois, à peine de ma vie, que son partement n'apporteroit aucune alteration au service du Roy, et qu'il s'en alloit seulement chez luy pour donner ordre à ce qui luy estoit necessaire pour son entreprise de Flandre. Cela adoucit un peu le Roy, et me laissa retourner en ma chambre. Il eut bien-tost nouvelles de mon frere, qui l'asseuroient de sa volonté telle comme je luy avois dit; ce qui fit cesser la plainte, non le mécontentement, montrant en apparence d'y vouloir aider, mais en effet traversant sous main les apprests de son armée pour Flandres.

LIVRE TROISIESME.

Le temps s'estant passé de cette façon, moy pressant à toute heure le Roy de me vouloir permettre d'aller trouver le Roy mon mary, luy voyant qu'il ne me le pouvoit refuser, et ne voulant que je partisse mal satisfaite de luy, desirant outre cela infiniment de me separer de l'amitié de mon frere, il m'oblige par toutes sortes de bienfaits, me donnant, suivant la promesse que la Reyne ma mere m'en avoit faite à la paix de Sens, l'assignat de mon dot en terres, et outre cela la nomination des offices et benefices. Et outre la pension qu'il me donnoit, telle que les filles de France ont accoutumé d'avoir, il m'en donna encore une de l'argent de ses coffres, prenant la peine de me venir voir tous les matins, et me representant combien son amitié me pouvoit estre utile; que celle de mon frere me causeroit enfin ma ruine, et que la sienne me pouvoit faire vivre bienheureuse; et mille autres raisons tendantes à cette fin. En quoy jamais il ne pust ébranler la fidelité que j'avois voüée à mon frere, et ne pust tirer autre chose de moy, sinon que mon plus grand desir estoit de voir mon frere en sa bonne grace; qu'il me sembloit qu'il n'avoit pas merité d'en estre esloigné, et que je m'asseurois qu'il s'efforceroit de s'en rendre digne par toute sorte d'obeïssance et de très-humble service; que pour moy, je ressentois d'estre obligée à luy de tant d'honneur et de biens qu'il me faisoit, qu'il se pouvoit bien asseurer qu'estant auprès du Roy mon mary, je ne manquerois nullement aux commandemens qu'il luy plairoit me faire, et que je ne travaillerois à autre chose qu'à maintenir le Roy mon mary en son obeïssance.

[1579] Mon frere estant lors sur son partement de Flandre, la Reyne ma mere le voulut aller voir à Alençon avant qu'il partist. Je suppliay le Roy de trouver bon que je l'y accompagnasse pour luy dire adieu ; ce qu'il me permit, bien qu'à regret. Revenus que nous fusmes d'Alençon, ayant toutes choses prestes pour mon partement, je suppliay encor le Roy de me laisser aller. La Reyne ma mere, qui avoit aussi un voyage à faire en Gascogne pour le service du Roy (ce païs-là ayant besoin de luy ou d'elle), elle se resolut que je n'irois pas sans elle. Et partans de Paris, le Roy nous mena à son Dolinville (1), où, après nous avoir traittez quelques jours, nous prismes congé de luy, et dans peu de temps nous fusmes en Guyenne, où dès que nous entrasmes dans le gouvernement du Roy mon mary l'on me fit entrée par tout.

Il vint au devant de la Reyne ma mere jusques à La Reolle, ville que ceux de la religion tenoient pour la deffiance qui estoit encor alors, le païs n'estant encor bien establi, ne luy ayant pû permettre de venir plus outre. Il y estoit très-bien accompagné de tous les seigneurs et gentilshommes de la religion de Gascogne, et de quelques catholiques. La Reyne ma mere pensoit y demeurer peu de temps; mais il survinst tant d'accidens, et du costé des huguenots et de celuy des catho-

(1) *A son Dolinville.* C'étoit un château situé près de Montlhéry que Henri III avoit acheté en 1576 d'un financier nommé Benoist Milon.

liques, qu'elle fût contrainte d'y demeurer dix-huit mois. Et en estant faschée, elle voulut quelquefois attribuer que cela se faisoit artificieusement pour voir plus long-temps ses filles, pource que le Roy mon mary estoit devenu fort amoureux de Dayelle (1), et M. de Turenne de La Vergne; ce qui n'empeschoit pas que je ne receusse beaucoup d'honneur et d'amitié du Roy, qui m'en témoignoit autant que j'en eusse pû desirer, m'ayant, dès le premier jour que nous arrivasmes, conté tous les artifices que l'on luy avoit faits pendant qu'il estoit à la Cour pour nous mettre mal ensemble; ce qu'il reconnoissoit bien avoir esté fait seulement pour rompre l'amitié de mon frere et de luy, et pour nous ruiner tous trois; monstrant avoir beaucoup de contentement que nous fussions ensemble.

Nous demeurasmes en cette heureuse condition tant que la Reyne ma mere fut en Gascogne; laquelle, après avoir establi la paix (2), changea de lieutenant de roy, à la priere du Roy mon mary, ostant M. le marquis de Villars (3) pour y mettre M. le mareschal de Biron. Elle passant en Languedoc, nous la conduisismes jusques à Castelnaudarry, où prenans congé d'elle, nous nous en revinsmes à Pau en Bearn, où n'ayant nul exercice de la religion catholique, l'on me permit seulement de faire dire la messe en une petite chappelle qui n'a que trois ou quatre pas de long, qui

---

(1) *De Dayelle.* Suivant d'Aubigné, mademoiselle de Dayelle étoit italienne ou cypriote.

(2) *Après avoir establi la paix.* Il s'agit de la convention de Nérac, à laquelle Marguerite eut beaucoup de part, et qui fut très-favorable aux protestans.

(3) *Le marquis de Villars :* André de Brancas.

estant fort estroitte estoit pleine quand nous y estions
sept ou huit. A l'heure que l'on vouloit dire la messe,
l'on levoit le pont du chasteau, de peur que les catholiques du païs, qui n'avoient aucun exercice de la religion, l'oüissent; car ils estoient infiniment desireux de
pouvoir assister au saint sacrifice, de quoy ils estoient
depuis plusieurs années privez; et, poussez de ce saint
desir, les habitans de Pau trouverent moyen le jour
de la Pentecoste, avant que l'on levast le pont, d'entrer dans le château, se glissant dans la chapelle, où
ils n'avoient point été découverts jusques sur la fin de
la messe, qu'entr'ouvrans la porte pour laisser entrer
quelqu'un de mes gens, quelques huguenots qui espioient à la porte les apperçurent, et l'allerent dire
au Pin, secretaire du Roy mon mari, lequel possedoit
infiniment son maistre, et avoit grande authorité en sa
maison, menant toutes les affaires de ceux de la religion; lequel y envoya des gardes du Roy mon mary,
qui, les tirant hors et les battant en ma presence, les
menerent en prison, où ils furent long-temps, et payerent une grosse amende.

Cette indignité fust ressentie infiniment de moy, qui
n'attendois rien de semblable. Je m'en allay plaindre
au Roy mon mary, le suppliant faire lâcher ces pauvres catholiques, qui n'avoient point merité un tel
chastiment, pour avoir voulu, après avoir esté si long-
temps privez de l'exercice de nostre religion, se prévaloir de ma venuë pour rechercher le jour d'une si
bonne feste d'oüir la messe. Le Pin se mit en tiers sans
y estre appellé; et, sans porter ce respect à son maistre de le laisser répondre, prend la parole, et me dit
que je ne rompisse point la teste au Roy mon mary de

cela, car, quoy que j'en peusse dire, il n'en seroit fait autre chose; qu'ils avoient bien merité ce que l'on leur faisoit, et que, pour mes paroles, il n'en seroit ni plus ni moins; que je me contentasse que l'on me permettoit de faire dire une messe pour moy et pour ceux de mes gens que j'y voudrois mener. Ces paroles m'offenserent beaucoup d'un homme de telle qualité, et suppliay le Roy mon mary, si j'estois si heureuse d'avoir quelque part en sa bonne grace, de me faire connoistre qu'il ressentoit l'indignité qu'il me voyoit recevoir par ce petit homme, et qu'il m'en fist raison.

Le Roy mon mary, voyant que je m'en passionnois justement, le fit sortir et oster de devant moy, me disant qu'il estoit fort marry de l'indiscrétion de du Pin, et que c'estoit le zele de sa religion qui l'avoit transporté à cela, et qu'il m'en feroit telle raison que je voudrois; que pour les prisonniers catholiques, il adviseroit avec ses conseillers du parlement de Pau ce qui se pouvoit faire pour me contenter. M'ayant ainsi parlé, il alla après en son cabinet, où il trouva le Pin, qui après avoir parlé à luy le changea tout; de sorte que, craignant que je le requisse de luy donner congé, il me fuit et me fait la mine. Enfin voyant que je m'opiniastrois à vouloir qu'il choisist de du Pin ou de moy celuy qui luy seroit le plus agreable, tous ceux qui estoient là, et qui haïssoient l'arrogance de du Pin, luy dirent qu'il ne me devoit mécontenter pour un tel homme qui m'avoit tant offensé; que si cela venoit à la connoissance du Roy et de la Reyne ma mere, ils trouveroient fort mauvais qu'il l'eust souffert et tenu près de luy; ce qui le contraignit enfin de luy donner congé. Mais il ne laissa à continuer de me vouloir du mal et de m'en faire la mine, y estant, à ce qu'il m'a dit despuis, persuadé par M. de Pibrac, qui joüoit au double; me disant à moy que je ne devois souffrir d'estre bravée d'un homme de peu comme celuy-là, et, quoy que ce fust, qu'il falloit que je le fisse chasser, et disant au Roy mon mary qu'il n'y avoit apparence que je le privasse du service d'un homme qui luy estoit si necessaire : ce que M. de Pibrac (1) faisoit pour me convier à force de deplaisir de retourner en France, où il estoit attaché en son estat de president et de conseiller au conseil du Roy. Et pour empirer encore ma condition, depuis que Dayelle s'estoit eloignée, le Roy mon mary s'estoit mis à rechercher Rebours, qui estoit une fille malicieuse, qui ne m'aimoit point, et qui me faisoit tous les plus mauvais offices qu'elle pouvoit en son endroit.

En ces traverses ayant toujours recours à Dieu, il eut enfin pitié de mes larmes, et permit que nous partissions de ce petit Geneve de Pau, où, de bonne fortune pour moy, Rebours (2) y demeura malade, laquelle le Roy mon mary perdant des yeux perdit aussi d'affection, et commença à s'embarquer avec Fosseuse (3), qui estoit plus belle pour lors, toute enfant et toute bonne. Dressant nostre chemin vers Montauban, nous passasmes par une petite ville nommée Eause, et la nuit que nous y arrivasmes le Roy mon mary tomba malade d'une grande fievre conti-

(1) *Ce que M. de Pibrac.* Il ne paroit pas que Pibrac ait joué cet indigne rôle. Séduit par la coquetterie de Marguerite, il put faire des folies, mais il ne fit point de bassesses. Voyez la Notice.

(2) *Rebours.* Elle étoit fille d'un président de Calais. — (3) *Fosseuse* : Françoise de Montmorency, mariée depuis au baron de Saint-Mars. Elle étoit alors âgée de quatorze ans.

nuë, avec une extreme douleur de teste, qui luy dura dix-sept jours, durant laquelle il n'avoit repos ni jour ni nuict, et le falloit perpetuellement changer de lit à autre. Je me rendis si sujette à le servir, ne me partant jamais d'auprès de luy, et sans me deshabiller, qu'il commença à avoir agreable mon service, et à s'en loüer à tout le monde, et particulierement à mon cousin M. de Turenne, qui, me rendant office de bon parent, me remit aussi bien auprès de luy que jamais j'avois esté : felicité qui me dura l'espace de quatre ou cinq ans que je fus en Gascogne avec luy, faisant la pluspart de ce temps-là nostre séjour à Nerac, où nostre Cour estoit si belle et si plaisante, que nous n'envions point celle de France, y ayant madame la princesse de Navarre sa sœur, qui depuis a esté mariée à M. le duc de Bar mon neveu, et moy avec bon nombre de dames et filles, et le Roy mon mary estant suivi d'une belle troupe de seigneurs et gentilshommes, aussi honnestes gens que les plus galans que j'ay veu à la Cour; et n'y avoit rien à regretter en eux, sinon qu'ils estoient huguenots. Mais de cette diversité de religion il ne s'en oyoit point parler, le Roy mon mary et la princesse sa sœur allans d'un costé au presche, et moy et mon train à la messe en une chappelle qui est dans le parc; d'où, comme je sortois, nous nous rassemblions pour nous aller promener ensemble, ou dans un très-beau jardin, qui a des allées de lauriers et de ciprez fort longues, ou dans le parc que j'avois fait faire, en des allées de trois mille pas qui sont au long de la riviere; et le reste de la journée se passoit en toutes sortes de plaisirs honnestes, le bal se tenant ordinairement l'après disnée et le soir.

[1580] Durant tout ce temps-là le Roy servoit Fosseuse, qui, dépendant du tout de moy, se maintenoit avec tant d'honneur et de vertu, qui si elle eust toûjours continué de cette façon, elle ne fust tombée au malheur qui depuis luy en a tant apporté et à moy aussi. Mais la fortune envieuse d'une si heureuse vie, qui sembloit, en la tranquilité et union où nous nous maintenions, mepriser sa puissance comme si nous n'eussions esté sujets à sa mutabilité, excita pour nous troubler un nouveau sujet de guerre entre le Roy mon mary et les catholiques, rendant le Roy mon mary et M. le mareschal de Biron, qui avoit esté mis en cette charge de lieutenant de roy en Guyenne à la requeste des huguenots, tant ennemis, que, quoy que je pûsse faire pour les maintenir bien ensemble, le Roy mon mary et luy, je ne pûs empescher qu'ils ne vinssent à une extrême deffiance et haine, commençans à se plaindre l'un de l'autre au Roy, le Roy mon mary demandant que l'on luy ostast M. le mareschal de Biron de Guyenne, et M. le mareschal taxant mon mary et ceux de la religion pretenduë d'entreprendre plusieurs choses contre le traité de la paix.

Ce commencement de desunion s'allant toûjours accroissant à mon grand regret, sans que j'y peusse remedier, M. le mareschal de Biron conseille au Roy de venir en Guyenne, disant que sa presence y apporteroit un ordre. De quoy les huguenots estans advertis, ils creurent que le Roy venoit seulement pour les desemparer de leurs villes et s'en saisir : ce qui les fit resoudre à prendre les armes; qui estoit tout ce que je craignois de voir commencer une guerre, moy étant embarquée à courir la fortune du Roy mon mary, et par consequent me voir en un parti contraire à celuy du Roy et à celuy de ma religion. J'en parlay au Roy mon mary pour l'en empescher, et à tous ceux de son conseil, leur remonstrant combien peu advantageuse leur pourroit estre cette guerre, où ils avoient un chef contraire tel que M. le mareschal de Biron, grand capitaine et fort animé contre eux, qui ne les feindroit pas et ne les epargneroit pas comme avoient fait d'autres; que si la puissance du Roy estoit employée contre eux avec intention de les exterminer tous, ils n'estoient pas pour y resister. Mais la crainte qu'ils avoient de la venuë du Roy en Guyenne, et l'esperance de plusieurs entreprises qu'ils avoient sur la pluspart des villes de Gascogne et de Languedoc, les y poussoient tellement, qu'encores que le Roy mon mary me fist cet honneur d'avoir beaucoup plus de creance et de fiance en moy, et que les principaux de la religion m'estimassent avoir quelque jugement, je ne pûs pourtant leur persuader ce que bientost après ils reconnurent à leurs depens estre vray.

Il fallut laisser passer ce torrent (1), qui allentit bien-tost son cours quand ils vindrent à l'experience de ce que je leur avois prédit. Long-temps devant que l'on vint à ces termes, voyant que les choses s'y disposoient, j'en avois souvent adverty le Roy et la Reyne ma mere pour y remedier en donnant quelque contentement au Roy mon mary; mais ils n'en avoient tenu conte, et sembloit qu'ils fussent bien aises que les

(1) *Il fallut laisser passer ce torrent.* Marguerite ne dit pas qu'elle fut cause de cette guerre. Henri III avoit écrit au roi de Navarre qu'elle avoit une intrigue avec Turenne, depuis duc de Bouillon. La princesse demanda et obtint vengeance de cet outrage, et l'on appela cette guerre *la guerre des amoureux.*

choses en vinssent là, estans persuadez par le feu mareschal de Biron qu'il avoit moyen de réduire les huguenots aussi bas qu'il voudroit. Mes advis negligez, peu à peu les aigreurs se vont augmentant, de sorte qu'ils en viennent aux armes. Mais ceux de la religion pretenduë reformée s'estans de beaucoup mecontez aux forces qu'ils faisoient estat de mettre ensemble, le Roy mon mary se trouve plus foible que le mareschal de Biron; mesmes toutes leurs entreprises estans faillies, fors celle de Cahors qu'ils prindrent par petards avec perte de beaucoup de gens, pour y avoir M. de Vezins combattu l'espace de deux ou trois jours, leur ayant disputé ruë après ruë, et maison après maison; où le Roy mon mary fit paroistre sa prudence et valeur, non comme prince de sa qualité, mais comme un prudent et hazardeux capitaine. Cette prise les affoiblit plus qu'elle ne les fortifia. Le mareschal de Biron prenant son temps, tinst la campagne, attaquant et emportant toutes les petites villes qui tenoient pour les huguenots, et mettant tout au fil de l'épée.

Dès le commencement de cette guerre, voyant que l'honneur que le Roy mon mary me faisoit dè m'aimer me commandoit de ne l'abandonner, je me resolus de courir sa fortune, non sans extreme regret de voir que le motif de cette guerre fust tel, que je ne pouvois souhaitter l'avantage de l'un ou de l'autre que je ne souhaitasse mon dommage; car si les huguenots avoient du meilleur, c'estoit la ruine de la religion catholique, de qui j'affectionnois la conservation plus que ma propre vie. Si aussi les catholiques avoient l'avantage sur les huguenots, je voyois la ruine du Roy mon mary. Retenuë neantmoins auprès de luy par mon devoir, et

par l'amitié et fiance qu'il luy plaisoit me monstrer,
j'ecrivis au Roy et à la Reyne ma mere l'estat en quoy
je voyois les affaires de ce païs-là, pour en avoir esté
les advis que je leur en avois donnez negligez ; que je
les suppliois, si en ma consideration ils ne me vouloient
tant obliger que de faire esteindre ce feu au milieu
duquel je me voyois exposée, qu'au moins il leur plust
commander à M. le mareschal de Biron que la ville où
je faisois mon sejour, qui étoit Nerac, fust tenuë en
neutralité, et qu'à trois lieuës près de là il ne se fist
point la guerre, et que j'en obtiendrois autant du Roy
mon mary pour le parti de ceux de la religion.

Cela me fust accordé du Roy, pourveu que le Roy
mon mary ne fust point dans Nerac, mais que lors qu'il
y seroit la neutralité n'auroit point de lieu. Cette condition fut observée de l'un et de l'autre parti avec autant de respect que j'eusse peu desirer; mais elle n'empescha pas que le Roy mon mary ne vinst souvent à
Nerac, où nous estions, madame sa sœur et moy, estant
son naturel de se plaire parmi les dames, mesme estant
lors fort amoureux de Fosseuse, qu'il avoit toujours
servie depuis qu'il quitta Rebours ; de laquelle je ne
recevois nul mauvais office, et pour cela le Roy mon
mary ne laissoit de vivre avec moy en pareille privauté et amitié que si j'eusse esté sa sœur, voyant que
je ne desirois que de le contenter en toutes choses.

Toutes ces considerations l'ayans un jour amené à
Nerac avec ses troupes, il y sejourna trois jours, ne
pouvant se departir d'une compagnie et d'un sejour si
agreable. Le mareschal de Biron, qui n'espioit qu'une
telle occasion, en estant adverti, feint de venir avec
son armée près de là pour joindre à un passage de ri-

viere M. de Cornusson, seneschal de Tolose, qui luy
amenoit des troupes, et, au lieu d'aller là, tourne vers
Nerac, et sur les neuf heures du matin se presente avec
toute son armée en bataille près et à la volée du canon.
Le Roy mon mari, qui avoit eu advis dès le soir de la
venuë de M. de Cornusson, voulant les empescher de
se joindre, et les combattre separez, ayant forces suffi-
santes pour ce faire (car il avoit lors M. de La Roche-
foucaut avec toute la noblesse de Xaintonge, et bien
huit cens arquebusiers à cheval qu'il luy avoit ame-
nez), estoit parti du matin au point du jour, pensant les
rencontrer sur le passage de la riviere; mais les ayant
failli pour n'avoir esté bien adverti, M. de Cornusson
ayant dès le soir devant passé la riviere, il s'en revint
à Nerac. Et comme il entroit par une porte, il sceust
le mareschal de Biron estre en bataille devant l'autre.
Il faisoit ce jour là un fort mauvais temps, et une si
grande pluye que la harquebuserie ne pouvoit servir.
Neantmoins le Roy mon mari jette quelques troupes
des siennes dans les vignes, pour empescher que le
mareschal de Biron n'approchast plus près. N'y ayant
moyen, à cause de l'extreme pluye qu'il faisoit ce jour-
là, de faire autre effet; le mareschal de Biron demeurant cependant en bataille à nostre veuë, et laissant seulement desbander deux ou trois des siens qui vindrent
demander des coups de lance pour l'amour des dames,
se tenoit ferme, couvrant son artillerie jusques à ce
qu'elle fust preste à tirer; puis, faisant soudain fendre
sa troupe, fait tirer sept ou huit volées de canon dans
la ville, dont l'une donna jusqu'au chasteau; et ayant
fait cela, part de là, et se retire, m'envoyant un trompette pour s'excuser à moy, et me mandant que si

j'eusse esté seule il n'eust pour rien du monde entrepris cela; mais que je sçavois qu'il avoit esté dit en la neutralité qui avoit esté accordée par le Roy, que si le Roy mon mary estoit à Nerac la neutralité n'auroit point de lieu, et qu'il avoit commandement du Roy de l'attaquer en quelque lieu qu'il fust.

En toutes autres occasions M. le mareschal de Biron m'avoit rendu beaucoup de respect, et temoigné de m'estre amy; car luy estant tombé de mes lettres entre les mains durant la guerre, il me les avoit renvoyées toutes fermées; et tous ceux qui se disoient à moy ne recevoient de luy qu'honneur et bon traittement. Je repondis à son trompette que je sçavois bien que M. le mareschal ne faisoit en cela que ce qui estoit du devoir de la guerre et du commandement du Roy, mais qu'un homme prudent comme il estoit pouvoit bien satisfaire et à l'un et à l'autre sans offenser ses amis; qu'il me pouvoit bien laisser joüir ces trois jours du contentement de voir le Roy mon mari à Nerac; qu'il ne pouvoit l'attaquer en ma presence sans s'attaquer aussi à moy; que j'en estois fort offensée, et que je m'en plaindrois au Roy.

Cette guerre dura encor quelque temps, ceux de la religion ayant toujours du pire; ce qui m'aidoit à disposer le Roy mon mari à une paix. J'en ecrivis souvent au Roy et à la Reyne ma mere, mais ils n'y vouloient point entendre, se fians en la bonne fortune qui jusques alors avoit accompagné M. le mareschal de Biron.

En mesme temps que cette guerre commença, la ville de Cambray, qui s'estoit depuis mon partement de France mise en l'obeïssance de mon frere par le moyen de M. d'Inchy, duquel j'ay parlé cy-devant, fust assiegée des forces espagnoles. De quoy mon frere, qui estoit chez luy au Plessis lez Tours, fut adverti, lequel estoit depuis peu revenu de son premier voyage de Flandre, où il avoit receu les villes de Mons, Valenciennes et autres qui estoient du gouvernement du comte de Lalain, qui avoit pris le parti de mon frere, le faisant reconnoistre pour seigneur en tous les pays de son authorité. Mon frere le voulant secourir, fait soudain lever des gens pour mettre sus une armée pour s'y acheminer. Et pource qu'elle ne pouvoit estre sitost preste, il y fait jetter M. de Balagny pour soustenir le siege, attendant qu'avec son armée il le pust faire lever. Comme il estoit sur ces apprests, et qu'il commençoit d'avoir une partie des forces qui luy estoient necessaires, cette guerre des huguenots intervint, qui fit debander tous ses soldats pour se mettre aux compagnies de l'armée du Roy qui venoit en Gascogne; ce qui osta à mon frere toute esperance de secourir Cambray, lequel ne se pouvoit perdre qu'il ne perdist tout le reste du pays qu'il avoit conquis, et, ce qu'il regrettoit le plus, M. de Balagny et tous les honnestes gens qui s'estoient jettez dans Cambray. Ce deplaisir luy fut extreme; et comme il avoit un grand jugement, et qu'il ne manquoit jamais d'expediens en ses adversitez, voyant que le seul remede eust esté de pacifier la France, luy, qui avoit un courage qui ne trouvoit rien de difficile, entreprend de faire la paix, et depesche soudain un gentilhomme au Roy pour le luy persuader, et le supplier de luy donner la charge de la traitter. Ce qu'il faisoit, craignant que ceux qui eussent esté commis ne l'eussent fait tirer en telle longueur qu'il n'eust plus eu moyen de secourir Cambray, où M. de Balagny s'estant jetté, comme j'ay dit, manda à mon frere qu'il luy donneroit le temps de six mois pour le secourir; mais que si dans ce temps-là l'on ne faisoit lever le siege, la necessité de vivres y seroit telle, qu'il n'y auroit moyen de contenir le peuple de la ville et de l'empescher de se rendre.

Dieu ayant assisté mon frere au dessein qu'il avoit de persuader le Roy à la paix, il agrea l'office que luy faisoit mon frere de s'employer à la traiter, estimant par ce moyen de le detourner de son entreprise de Flandre, qu'il n'avoit jamais euë agreable, et luy donna la commission de traiter et faire cette paix, luy mandant qu'il luy envoyeroit pour l'assister en cette negotiation messieurs de Villeroy et de Bellievre. Cette commission reüssit si heureusement à mon frere, que venant en Gascogne (où il demeura sept mois pour cet effet, qui luy durerent beaucoup plus, pour l'envie qu'il avoit d'aller secourir Cambray, encor que le contentement qu'il avoit que nous fussions ensemble luy adoucist l'aigreur de ce soing), il fit la paix [1], au contentement du Roy et de tous les catholiques, laissant le Roy mon mary et les huguenots de son parti non moins satisfaits; y ayant procedé avec telle prudence, qu'il en demeura loüé et aimé de tous, et ayant en ce voyage acquis ce grand capitaine M. le mareschal de Biron, qui se voüa à luy pour prendre la charge de son armée en Flandre, et lequel il retiroit de Gascogne pour faire plaisir au Roy mon mary, qui eut en son lieu pour lieutenant en Guyenne M. le mareschal de Matignon.

[1] *Il fit la paix.* Les conférences eurent lieu à Floix, et le traité fut signé le 26 novembre 1580.

[1581] Avant que mon frere partist, il desira faire l'accord du Roy mon mary et de M. le mareschal de Biron, pourveu qu'à la premiere veuë il me fist satisfaction par une honneste excuse de ce qui s'estoit passé à Nerac, et me commanda de le braver avec toutes les rudes et dedaigneuses paroles que je pourrois. J'usay de ce commandement passionné de mon frere avec la discretion requise en telles choses, sçachant bien qu'un jour il en auroit regret, pouvant beaucoup esperer d'assistance d'un tel cavalier.

Mon frere s'en retournant en France, accompagné de M. le mareschal de Biron, avec non moins d'honneur et de gloire d'avoir pacifié un si grand trouble au contentement de tous, que de toutes les victoires que par les armes il avoit euës, en fit son armée encor plus grande et plus belle. Mais que la gloire et le bonheur est tousjours suivi d'envie! Le Roy n'y prenant point de plaisir, et en ayant eu aussi peu des sept mois que mon frere et moy avions demeuré ensemble en Gascogne traitans la paix, pour trouver un objet à son ire, s'imagine que j'avois fait naistre cette guerre, y ayant poussé le Roy mon mari (qui peut bien témoigner le contraire) pour donner l'honneur à mon frere de faire la paix; laquelle, si elle eust dépendu de moy, il eust euë avec moins de temps et de peine, car ses affaires de Flandre et de Cambray recevoient un grand prejudice de son retardement. Mais quoy! l'envie et la haine fascinent les yeux, et font qu'ils ne voyent jamais les choses telles qu'elles sont.

Le Roy bastissant sur ce faux fondement une haine mortelle contre moy, et faisant revivre en sa memoire la souvenance du passé (comme durant qu'il étoit en

Pologne, et depuis qu'il en estoit revenu, j'avois tousjours embrassé les affaires et le contentement de mon frere plus que le sien), joignant tout cela ensemble, il jura ma ruine et celle de mon frere. En quoy la fortune favorisa son animosité, faisant que durant les sept mois que mon frere fut en Gascogne, le malheur fut tel pour moy, qu'il devint amoureux de Fosseuse, que le Roy mon mari servoit, comme j'ay dit, depuis qu'il eut quitté Rebours. Cela pensa convier le Roy mon mari à me vouloir mal, estimant que j'y fisse de bons offices pour mon frere contre luy : ce qu'ayant reconnu, je priay tant mon frere, luy remonstrant la peine où il me mettoit par cette recherche, que luy, qui affectionnoit plus mon contentement que le sien, força sa passion, et ne parla plus à elle.

Ayant remedié de ce costé-là, la fortune, laquelle, quand elle commence à poursuivre une personne, ne se rebutte point pour le premier coup que l'on luy fait teste, me dresse une autre embusche bien plus dangereuse, faisant que Fosseuse, qui aimoit extrémement le Roy mon mari, et qui toutesfois jusques alors ne luy avoit permis que les privautez que l'honnesteté peut permettre, pour luy oster la jalousie qu'il avoit de mon frere, et luy faire connoistre qu'elle n'aimoit plus que luy, s'abandonne tellement à le contenter en tout ce qu'il vouloit d'elle, que le malheur fut si grand qu'elle devint grosse. Lors se sentant en cet estat, elle change toute sorte de procedé avec moy; et au lieu qu'elle avoit accoustumé d'y estre libre, et de me rendre auprès du Roy mon mary tous les bons offices qu'elle pouvoit, elle commence à se cacher de moy, et à me rendre autant de mauvais offices qu'elle m'en avoit fait de bons. Elle possedoit de sorte le Roy mon mary, qu'en peu de temps je le connus tout changé. Il s'estrangeoit de moy, il se cachoit, et n'avoit plus ma presence si agreable qu'il avoit eu les quatre ou cinq heureuses années que j'avois passées avec luy en Gascogne, pendant que Fosseuse s'y gouvernoit avec honneur. La paix faite, comme j'ay dit, mon frere s'en retournant en France pour faire son armée, le Roy mon mary et moy nous en retournasmes à Nerac, où, soudain que nous fusmes arrivez, Fosseuse luy met en la teste, pour trouver une couverture à sa grossesse, ou bien pour se deffaire de ce qu'elle avoit, d'aller aux eaux de Aigues-Caudes qui sont en Bearn. Je suppliay le Roy mon mari de m'excuser si je ne l'accompagnois à Aigues-Caudes; qu'il sçavoit que, depuis l'indignité que j'avois receuë à Pau, j'avois fait un serment de n'entrer jamais en Bearn que la religion catholique n'y fust. Il me pressa fort d'y aller, jusques à s'en courroucer. Enfin je m'en excuse. Il me dit alors que sa fille (car il appelloit ainsi Fosseuse) avoit besoin d'en prendre pour le mal d'estomac qu'elle avoit. Je luy dis que je voulois bien qu'elle y allast. Il me répond qu'il n'y avoit point d'apparence qu'elle y allast sans moy; que ce seroit faire penser mal où il n'y en avoit point; et se fasche fort contre moy de ce que je ne la voulois point mener. Enfin je fis tant qu'il se contenta qu'il allast avec elle deux de ses compagnes, qui furent Rebours et Villesavin, et la gouvernante. Elles s'en allerent avec luy, et moy j'attendis à Baviere.

J'avois tous les jours advis de Rebours (qui estoit celle qu'il avoit aimée, et estoit une fille corrompuë et double, qui ne desiroit que de mettre Fosseuse dehors, pensant tenir sa place en la bonne grace du Roy mon mari) que Fosseuse me faisoit tous les plus mauvais offices du monde, medisant ordinairement de moy, et se persuadant, si elle avoit un fils, et qu'elle se pust deffaire de moy, d'épouser le Roy mon mary; qu'en cette intention elle me vouloit faire aller à Pau, et qu'elle avoit fait résoudre le Roy mon mary, estant de retour à Baviere, de m'y mener ou de gré ou de force. Ces advis me mettoient en la peine que l'on peut penser. Toutesfois, ayant tousjours fiance en la bonté de Dieu et en celle du Roy mon mari, je passay le temps de ce séjour de Baviere en l'attendant, et versant autant de larmes qu'eux beuvoient de gouttes des eaux où ils estoient, bien que j'y fusse accompagnée de toute la noblesse catholique de ce quartier là, qui mettoit toute la peine qu'elle pouvoit pour me faire oublier mes ennuis.

Au bout d'un mois ou cinq semaines, le Roy mon mari revenant avec Fosseuse et ses autres compagnes, sceust de quelqu'un de ces seigneurs qui estoient avec moy, l'ennuy où j'étois pour la crainte que j'avois d'aller à Pau. Qui fut cause qu'il ne me pressa pas tant d'y aller, et me dit seulement qu'il eust bien desiré que je l'eusse voulu. Mais, voyant que mes larmes et mes paroles luy disoient ensemble que j'aimerois plustost la mort, il changea de dessein, et retournasmes à Nerac, où voyant que tout le monde parloit de la grossesse de Fosseuse, et que non seulement en nostre cour, mais par tout le païs cela estoit commun, je voulus tascher de faire perdre ce bruit, et me resolus de luy en parler; et la prenant en mon cabinet, je luy dis : « Encor que depuis quelque temps vous vous soyez estrangée de moy, et que l'on m'aye voulu faire croire que vous me faites de mauvais offices auprès du Roy mon mari, l'amitié que je vous ay portée, et celle que j'ay voüée aux personnes d'honneur à qui vous appartenez, ne me peut permettre que je ne m'offre de vous secourir au malheur où vous vous trouvez, que je vous prie de ne me nier, et ne vouloir ruiner d'honneur et vous et moy, qui ay autant d'interest au vostre, estant à moy, comme vous-mesme; et croyez que je vous feray office de mere. J'ay moyen de m'en aller, sous couleur de la peste que vous voyez qui est en ce païs, et mesme en cette ville, au Mas d'Agenois, qui est une maison du Roy mon mari, qui est fort écartée. Je ne meneray avec moy que le train que vous voudrez. Cependant le Roy mon mari ira à la chasse d'un autre costé, et ne bougeray de là que vous ne soyez delivrée, et ferons par ce moyen cesser ce bruit qui ne m'importe moins qu'à vous.

Elle, au lieu de m'en sçavoir gré, avec une arrogance extreme, me dit qu'elle feroit mentir tous ceux qui en avoient parlé; qu'elle connoissoit bien qu'il y avoit quelque temps que je ne l'aimois point, et que je cherchois pretexte pour la ruiner. Et parlant aussi haut que je luy avois parlé bas, elle sort toute en colere de mon cabinet, et y va mettre le Roy mon mari; en sorte qu'il se courrouça fort à moy de ce que j'avois dit à sa fille, disant qu'elle feroit mentir tous ceux qui la taxoient, et m'en fit mine fort long-temps, et jusques à tant que, s'estans passez quelques mois, vint l'heure de son temps.

Le mal luy prenant au matin au point du jour, estant couchée en la chambre des filles, elle envoya que-

rir mon medecin, et le pria d'aller advertir le Roy
mon mari; ce qu'il fit. Nous estions couchez en une
mesme chambre en divers lits, comme nous avions accoustumé. Comme le medecin luy dit cette nouvelle,
il se trouva fort en peine, ne sçachant que faire, craignant d'un costé qu'elle fust découverte, et de l'autre
qu'elle fust mal secouruë, car il l'aimoit fort. Il se resolut enfin de m'advouer tout, et me prier de l'aller
faire secourir, sçachant bien que, quoy qui se fust
passé, il me trouveroit toûjours preste de le servir en
ce qui luy plairoit. Il ouvre mon rideau, et me dit :
« Mamie, je vous ay celé une chose qu'il faut que je
vous advouë. Je vous prie de m'en excuser, et de ne
vous point souvenir de tout ce que je vous ay dit pour
ce sujet. Mais obligez-moy tant que de vous lever tout
à cette heure, et aller secourir Fosseuse qui est fort
mal; je m'asseure que vous ne voudriez, la voyant en
cet estat, vous ressentir de ce qui s'est passé. Vous
sçavez combien je l'aime; je vous prie, obligez-moy en
cela. » Je luy dis que je l'honorois trop pour m'offenser de chose qui vint de luy, que je m'y en allois, et
y ferois comme si c'estoit ma fille ; que cependant il
s'en allast à la chasse et emmenast tout le monde, afin
qu'il n'en fut point oüy parler.

Je la fis promptement oster de la chambre des filles,
et la mis en une chambre escartée, avec mon medecin
et des femmes pour la servir, et la fis très-bien secourir. Dieu voulut qu'elle ne fit qu'une fille, qui encores
estoit morte. Estant delivrée, on la porta à la chambre
des filles, où, bien que l'on apportast toutte la discretion que l'on pouvoit, on ne pust empescher que le
bruit ne fust semé par tout le chasteau. Le Roy mon

mari estant revenu de la chasse, la va voir, comme il avoit accoustumé. Elle le prie que je l'allasse voir, comme j'avois accoustumé d'aller voir toutes mes filles quand elles estoient malades, pensant par ce moyen oster le bruit qui couroit. Le Roy mon mari venant en la chambre, me trouve que je m'estois remise dans le lit, estant lasse de m'estre levée si matin, et de la peine que j'avois euë à la faire secourir. Il me prie que je me leve et que je l'aille voir. Je luy dis que je l'avois fait lors qu'elle avoit eu besoin de mon secours, mais qu'à cette heure elle n'en avoit plus à faire, que si j'y allois je découvrirois plustost que de couvrir ce qui estoit, et que tout le monde me monstreroit au doigt. Il se fascha fort contre moy, et ce qui me depleust beaucoup, il me sembla que je ne meritois pas cette recompense de ce que j'avois fait le matin. Elle le mit souvent en des humeurs pareilles contre moy.

[1582] Pendant que nous estions de cette façon, le Roy, qui n'ignoroit rien de tout ce qui se passoit en la maison de tous les plus grands de son royaume, et qui estoit particulieremeut curieux de sçavoir les deportemens de nostre Cour, ayant esté adverti de tout ceci, et conservant encor le desir de vengeance qu'il avoit conceu contre moy, pour l'occasion que j'ay dite, de l'honneur que mon frere avoit acquis à la paix qu'il avoit faite, pense que c'estoit un beau moyen pour me rendre aussi miserable qu'il desiroit, me tirant hors d'auprès du Roy mon mari, et esperant que l'éloignement seroit comme les ouvertures du bataillon macedonien. A quoy pour parvenir il me fit écrire par la Reyne ma mere qu'elle desiroit me voir; que c'estoit assez d'avoir esté cinq ou six ans éloignée d'elle; qu'il

estoit temps que je fisse un voyage à la Cour, et que
cela serviroit aux affaires du Roy mon mari et de moy;
qu'elle connoissoit que le Roy estoit desireux de me
voir, et que si je n'avois des commoditez pour faire ce
voyage, le Roy m'en feroit bailler. Le Roy m'écrivit
le semblable, et m'envoyant Manniquet, qui estoit son
maistre d'hostel, pour m'y persuader (pource que depuis cinq ou six ans que j'estois en Gascogne je n'avois
jamais pu me donner cette volonté de retourner à la
Cour), il me trouva lors plus aisée à recevoir ce conseil,
pour le mécontentement que j'avois à cause de Fosseuse, luy en ayant donné advis à la Cour. Le Roy et
la Reyne m'ecrivirent deux ou trois fois coup sur coup,
et me font delivrer quinze cens escus, afin que l'incommodité ne me retardast; et la Reyne ma mere me
mande qu'elle viendroit jusques en Xaintonge, et que
si le Roy mon mari me menoit jusques-là, elle com-
muniqueroit avec luy pour luy donner asseurance de
la volonté du Roy; car il desiroit fort de le tirer de
Gascogne, pour le remettre à la Cour en la mesme condition qu'ils y avoient esté autresfois mon frere et luy,
et le mareschal de Matignon poussoit le Roy à cela,.
pour l'envie qu'il avoit de demeurer tout seul en Gascogne.

Le temps que j'avois demeuré en Gascogne, ni toutes ces belles apparences de bienveuillance, ne me faisoient point tromper aux fruits que l'on doit esperer
de la Cour, en ayant eu par le passé trop d'experience;
mais je me resolus de tirer profit de ces offres, et y
faire un voyage seulement de quelques mois, pour y
accommoder mes affaires et celles du Roy mon mari,
estimant qu'il serviroit aussi comme de diversion pour

l'amour de Fosseuse que j'emmenois avec moy, et que le Roy mon mari, ne la voyant plus, s'embarqueroit possible avec quelqu'autre qui ne me seroit si ennemie. J'eus assez de peine à faire consentir le Roy mon mary à me permettre ce voyage, pource qu'il se faschoit d'éloigner Fosseuse, et qu'il en fust parlé. Il m'en fit meilleure chere, desirant extremement m'oster cette volonté d'aller en France; mais l'ayant déjà promis par mes lettres au Roy et à la Reyne ma mere, mesme ayant touché la somme susdite pour mon voyage, le malheur qui m'y tiroit l'emporta sur le peu de volonté que j'avois lors d'y aller, voyant que le Roy mon mari recommençoit à me monstrer plus d'amitié.

FIN DES MÉMOIRES DE MARGUERITE DE VALOIS.

MÉMOIRES

DE

JACQUES-AUGUSTE DE THOU,

DEPUIS 1553 JUSQU'EN 1601.

NOTICE

sur

DE THOU ET SUR SES MÉMOIRES.

Jacques-Auguste de Thou naquit, le 9 octobre 1553, de Christophe de Thou, premier président du parlement de Paris, et de Jacqueline, dame de Cely. Ayant deux frères aînés, auxquels on ignoroit qu'il dût survivre, on le destina dès lors à l'état ecclésiastique. Son enfance fut tourmentée par des maladies inquiétantes ; il y eut même une époque où ses parens désespérèrent de le conserver ; mais un bon régime et beaucoup de sagesse affermirent son tempérament, et ce jeune homme, né si délicat, se trouva bientôt en état de supporter les travaux les plus assidus et les plus pénibles. Après avoir fait avec succès ses études au collége de Bourgogne, il voulut perfectionner les connoissances qu'il avoit acquises, et il se livra, non-seulement à l'examen approfondi de la littérature ancienne, mais à l'histoire et à la jurisprudence, dans lesquelles il fit de rapides progrès.

Il avoit dix-neuf ans lorsque, n'ayant encore fait aucune attention aux troubles qui agitoient la France, il fut témoin du massacre de la Saint-Barthélemy. Cet horrible spectacle lui inspira des réflexions toutes nouvelles : il médita sur les causes qui avoient pu produire un tel résultat ; ces méditations le conduisirent à former le projet d'écrire l'histoire de son temps, ouvrage qui fut désormais l'occupation de toute sa vie; et c'est à cette première impression, que rien ne put effacer, qu'on doit attribuer certaines préventions par lesquelles il fut entraîné à quelques jugemens hasardés, qui soulevèrent dans la suite contre lui les plus violens orages. Peu de temps après, sans s'être engagé dans les ordres, il obtint un canonicat de Notre-Dame : les loisirs dont il put jouir furent entièrement consacrés à des recherches historiques, et dès ce moment il jeta les fondemens d'une bibliothèque qui devint l'admiration des savans par la réunion des ouvrages les plus précieux et les plus rares.

Comme de Thou embrassoit dans son plan, non-seulement l'histoire de France pendant la plus grande partie du seizième siècle, mais celle de toute l'Europe, il sentit le besoin de s'éclairer par des voyages; et l'occasion la plus favorable lui fut offerte de visiter un pays qui étoit depuis long-temps le centre de la politique. Paul de Foix, depuis archevêque de Toulouse, l'un des savans les plus illustres de son temps, étoit chargé par Charles IX d'aller remercier les princes d'Italie qui avoient félicité le duc d'Anjou, son frère, sur son élection au trône de Pologne. De Thou accompagna cet ambassadeur, dont il ne tarda pas à être apprécié : il profita de ses vastes connoissances dans la littérature, dans l'histoire et dans la politique; et, pendant ce voyage, si utile pour son instruction, il visita les bibliothèques, consulta les monumens, et rechercha l'entretien des hommes célèbres dans tous les genres. Ce fut ainsi qu'il en usa par la suite dans ses autres voyages : occupé d'un objet unique, il y rapportoit toutes ses pensées, toutes ses observations, toutes ses recherches.

Il étoit à Rome au mois de juin 1574, lorsque de Foix apprit la mort de Charles ix. Cet événement les rappela en France. Ils saluèrent Henri iii à Lyon, s'informèrent du système qu'alloit suivre le nouveau monarque, et de Thou remarqua que de Foix concevoit sur l'avenir les plus vives inquiétudes : ce pressentiment, qui ne fut que trop réalisé, frappa un jeune homme dont les études en politique n'avoient pas encore franchi les théories.

De retour à Paris, de Thou, n'ayant aucun désir de prendre part aux affaires publiques, se livra entièrement à l'étude : il contracta la liaison la plus intime avec Pierre et François Pithou, avec Claude Dupuy qui venoit d'épouser une de ses parentes; et ces trois hommes, à peu près du même âge que lui, ayant les mêmes goûts, l'aidèrent beaucoup dans ses recherches. Après avoir passé deux ans dans ces occupations, il fut obligé de les interrompre en 1576 pour remplir une mission, dont il fut chargé par Henri iii, près du maréchal de Montmorency; il s'agissoit d'un arrangement à conclure avec les protestans, et de Thou justifia dans cette négociation l'opinion que le monarque avoit conçue de lui. La même année, il fit un voyage dans les Pays-Bas, afin d'étudier un peuple agité, comme les Français, par des troubles religieux et politiques; et ce ne fut pas sans quelque danger qu'il put parcourir des provinces où la fermentation des esprits donnoit lieu à des excès qui presque toujours restoient impunis.

A peine étoit-il revenu dans le sein de sa famille

qu'il fut fait conseiller-clerc du parlement de Paris. C'étoit une carrière tout-à-fait nouvelle pour lui : jusqu'alors renfermé dans son cabinet, et n'ayant jamais assisté à de grandes assemblées, il éprouva beaucoup de difficulté lorsqu'il fallut opiner publiquement, et développer les motifs de ses avis. L'abondance de ses idées le jetoit dans un trouble qui l'empêchoit de leur donner l'ordre convenable; et une timidité, qu'il s'efforça vainement de surmonter, augmentoit encore son embarras. Combien de fois, dans ces séances quelquefois tumultueuses, et où il falloit rapidement résoudre les questions les plus importantes pour l'Etat, ne regretta-t-il pas la solitude de sa bibliothèque, où il pouvoit avec calme et maturité donner aux objets de ses méditations toute l'attention dont son génie étoit capable ! Quoique de Thou n'eût alors que vingt-quatre ans, et qu'à cet âge il soit ordinairement facile de prendre de nouvelles habitudes, il ne put jamais parvenir à parler en public avec cette aisance que tant d'hommes médiocres acquièrent sans se donner presque aucune peine.

A cette époque, son frère aîné tomba dangereusement malade, et il l'accompagna aux eaux de Plombières : il profita de cette occasion pour visiter une partie de l'Allemagne, et presque toute la Suisse. L'Allemagne possédoit alors, parmi ceux qui avoient embrassé le culte protestant, un grand nombre d'hommes distingués par des connoissances profondes et variées. De Thou recueillit près d'eux beaucoup de renseignemens sur l'histoire d'un pays où le schisme avoit pris naissance; et, ébloui par l'immense érudition qu'ils lui étalèrent, il ajouta peut-être trop de foi à leurs récits. Son frère, qu'il rejoignit à Plombières, mourut peu de temps après être revenu à Paris ; et lorsque ses regrets furent calmés, il trouva un nouveau moyen de compléter ses études historiques.

La chambre mi-partie (¹), qui rendoit alors la justice en Guienne, étant devenue le jouet des factions, le gouvernement résolut de la remplacer momentanément par une commission prise dans le parlement de Paris. De Thou, comme conseiller-clerc, fit partie de cette commission [1581]. Pendant le long séjour qu'il fit à Bordeaux, il eut de fréquens entretiens avec Michel Montaigne, auteur des *Essais,* qui étoit maire de la ville. Le philosophe, toujours fidèle à la cause royale, avoit les factions en horreur et les désastres qui désoloient son pays, lui fournissoient une foule de réflexions que de Thou recueilloit avec avidité. Lorsque la commission dont il faisoit partie eut terminé ses travaux, le jeune magistrat parcourut, avant de rentrer à Paris, le Languedoc, la Provence, le Dauphiné, le Velay, l'Auvergne, le Lyonnais et la Bourgogne, rassemblant partout des matériaux pour son histoire.

A quelque distance de la capitale, il apprit la mort du premier président Christophe de Thou son père, magistrat qui laissa la plus éclatante réputation de doctrine, d'intégrité et de vertu. Alors le garde des sceaux Cheverny, qui avoit épousé l'une des sœurs de de Thou, lui conseilla de renoncer à l'état ecclésiastique, et de se marier. Sa vocation pour le sacerdoce n'avoit jamais été bien prononcée ; il remplissoit avec une exactitude rigoureuse tous ses devoirs de religion, mais plus il avançoit en âge, plus il redoutoit la res-

(¹) *La chambre mi-partie.* Cette chambre étoit composée de catholiques et de protestans.

ponsabilité d'un état dans lequel il n'avoit vu d'abord qu'un moyen de pouvoir se livrer, sans être distrait par des soins domestiques, à son goût pour l'étude. Il accueillit donc les conseils de son beau-frère, par le crédit duquel il obtint une charge de maître des requêtes [10 avril 1584]; mais il ne se pressa point de se marier.

A peu près à la même époque, la mort de Pibrac ayant laissé vacante une charge de président à mortier au parlement de Paris, Adrien de Thou, oncle du nouveau maître des requêtes, en fut pourvu, et il désira que son neveu en eût la survivance. Mais il falloit faire des démarches auprès des favoris de Henri III, et de Thou, qui répugnoit à toute espèce d'intrigue, refusa long-temps de témoigner même le désir d'obtenir cette expectative. Enfin l'un des plus célèbres poètes de ce temps, Philippe Desportes, qui avoit un grand crédit auprès du duc de Joyeuse, aplanit les difficultés, et le brevet fut accordé à de Thou sans qu'il eût besoin de voir le favori [1586]. L'année suivante, à l'âge de trente-quatre ans, il céda aux vœux de sa famille en épousant Marie de Barbançon, femme d'un mérite distingué, et qui fit long-temps son bonheur.

Il avoit espéré en vain jouir pendant quelque temps de la paix domestique. La Ligue, plus animée que jamais contre Henri III, tramoit chaque jour de nouveaux complots; et le duc de Guise mit bientôt le comble aux humiliations de ce malheureux prince en venant le braver jusque dans sa capitale, audace qui fut suivie des déplorables journées des barricades [mai 1588]. De Thou, qui, comme maître des requêtes, n'étoit alors chargé d'aucune fonction, parcourut la ville pendant cette longue révolte : il s'attacha surtout à examiner les physionomies des chefs de rebelles, et à recueillir les propos qu'ils tenoient dans leurs fureurs, soit pour se mettre en état de préserver le Roi des dangers qui le menaçoient, soit afin de ramasser des matériaux pour son histoire; car, dans les crises les plus violentes, il ne perdoit jamais de vue cet objet de ses plus chères occupations.

Lorsqu'il apprit que Henri III s'étoit échappé de Paris, il ne balança pas à le suivre à Chartres, dont l'un de ses oncles étoit évêque. Accueilli par ce monarque, qui comptoit alors si peu de sujets fidèles, il fut chargé par lui d'aller sonder les dispositions des gouverneurs et des magistrats des provinces de Normandie et de Picardie. Il entreprit aussitôt ce voyage qui n'étoit pas sans danger, et il fut assez heureux pour ménager un asile au Roi dans l'importante ville de Rouen : son zèle ne fut pas couronné du même succès en Picardie, parce que ce pays, qui avoit été le berceau de la Ligue, se trouvoit sous l'influence directe de la maison de Lorraine. Il n'est pas besoin d'observer que, pendant ce voyage dans des provinces qu'il n'avoit pas encore visitées, de Thou examina soigneusement les bibliothèques, s'entretint avec les hommes qui s'occupoient de littérature, et parvint à se procurer quelques livres rares. A son retour, Henri III récompensa les services qu'il lui avoit rendus par une charge de conseiller d'Etat.

Les seconds Etats de Blois ayant été convoqués [octobre 1588], il se rendit dans cette ville, espérant pouvoir donner au Roi quelque preuve nouvelle de son dévouement; mais le monarque, qui venoit de renvoyer ses ministres, parmi lesquels se trouvoit le chancelier de Cheverny, beau-frère de de Thou, méditoit un coup d'Etat dont le projet ne pouvoit être confié à un homme qui conservoit toutes les doctrines de l'ancienne magistrature. Laissé dans l'inaction au moment où il auroit voulu déployer son zèle pour la cause royale, témoin des débats scandaleux des Etats, il ne rencontroit de consolation que dans les entretiens de Michel Montaigne, qu'il avoit vu autrefois à Bordeaux, et qui, député de cette ville, faisoit, bien malgré lui, partie d'une assemblée de fanatiques. Le résultat de ses longues conversations avec le philosophe lui donnant lieu de prévoir les plus horribles calamités, et n'apercevant point la chance de pouvoir être utile, il résolut de revenir à Paris. Il alla prendre congé de Henri III quelques jours avant la grande catastrophe qui se préparoit; et il s'en fallut peu que le monarque ne laissât, dans cette occasion, échapper son secret.

Peu de temps après son retour dans la capitale, on y apprit l'assassinat du duc et du cardinal de Guise, que les catholiques considéroient comme leurs chefs; et l'exaspération fut à son comble. Les royalistes devinrent l'objet des persécutions des ligueurs, et de Thou, qui étoit récemment arrivé de Blois, fut considéré comme un agent secret de la Cour. Sa femme fut arrêtée, et heureusement rendue presque aussitôt à la liberté par le duc d'Aumale, gouverneur provisoire de Paris : on le cherchoit pour le soumettre à une captivité beaucoup plus longue; mais il étoit caché dans le couvent des Cordeliers, qui avoient d'anciennes obligations à sa famille. Craignant d'être bientôt découvert dans cet asile, où les ligueurs faisoient de fréquentes visites, il s'échappa de Paris, déguisé en soldat, et sa femme le suivit bientôt sous l'habit d'une petite bourgeoise. Tous deux se retirèrent à Esclimont, chez le chancelier de Cheverny leur parent, qui, comme on l'a vu, avoit été renvoyé du ministère.

De Thou trouva quelques momens de tranquillité dans ce château, qui, grâce à l'extrême modération de celui qui le possédoit, sembloit être une retraite assurée pour les personnes de tous les partis. Il employa utilement cet instant de loisir à faire parler le chancelier sur les particularités les plus secrètes de son ministère ; et il est à croire que, malgré la grande réserve de Cheverny, il parvint à lui dérober quelques anecdotes, dont il ne manqua pas d'enrichir ses recueils historiques.

Mais il fut bientôt arraché à cette retraite par un ordre de Henri III qui l'appeloit à Blois. Sacrifiant ses goûts à ses devoirs, il se rendit auprès du monarque qui étoit presque abandonné, et il s'unit à ses plus fidèles serviteurs pour lui conseiller de traiter avec le roi de Navarre, unique moyen de salut qui lui restât. Pendant la négociation, à laquelle il prit part, de Thou fit connoissance avec Morosini, légat du Pape, qui avoit été autrefois ambassadeur de Venise auprès d'Amurat III ; et il ne négligea point cette occasion de prendre des renseignemens précis, tant sur le gouvernement que sur l'histoire des Turcs.

Lorsque l'alliance avec le roi de Navarre fut assurée, Henri III se rendit à Tours, où il fut suivi par les magistrats qui avoient pu s'échapper de Paris, et où il résolut d'établir un parlement royaliste. Il y avoit un assez grand nombre de conseillers, mais on manquoit de présidens; et de Thou, qui avoit la survivance d'une de ces charges, fut désigné pour être à la tête de la compagnie, à qui les plus grands intérêts de la monarchie alloient être confiés. Tout autre que lui eût accepté avec empressement les fonctions de premier président dans une circonstance si importante ; mais, habitué à la vie retirée, borné jusqu'alors au travail du cabinet, persuadé qu'il ne pourroit jamais parvenir à s'énoncer facilement en public, il crut devoir refuser une place qu'il craignit de ne pas bien remplir; et l'avocat général Jacques d'Espesses en fut chargé, jusqu'au moment où Achille de Harlay se fût dérobé au pouvoir des ligueurs.

Préférant les missions diplomatiques, de Thou consentit volontiers à partager celle qui fut alors confiée à Schomberg en Italie et en Suisse. Ce ne fut pas sans de grands dangers qu'il put sortir du royaume, en proie à toutes les horreurs de l'anarchie. Il revit avec satisfaction les villes qu'il avoit déjà visitées ; il y retrouva les savans avec lesquels il n'avoit pas cessé d'être en correspondance; et il venoit d'arriver à Venise, lorsqu'il apprit la mort de Henri III [2 août 1589]. Ayant remarqué les excellentes dispositions du sénat vénitien à l'égard de Henri IV, il ne négligea rien pour l'y maintenir. D'Italie il passa en Suisse, et il s'arrêta quelque temps à Bâle, où le professeur Grinay enseignoit l'histoire d'Allemagne d'après Sleidan, grand apologiste de Luther : il eut de longs entretiens avec ce professeur, et il est à présumer qu'il s'en rapporta trop à lui sur quelques points de controverse.

Après avoir terminé sa mission, de Thou rentra en France, où il courut les mêmes dangers que quand il en étoit sorti. Il vint trouver Henri IV à Châteaudun ; cet excellent monarque lui fit part de ses projets, et le chargea peu de temps après de surveiller à Tours le cardinal de Bourbon, qui s'étoit mis à la tête du tiers parti [1590]. L'année suivante, Cheverny étant engagé par le Roi à reprendre les sceaux, et montrant quelque répugnance à quitter une retraite où il avoit su trouver la tranquillité, de Thou le détermina, non sans peine, à s'exposer de nouveau aux orages des discordes civiles. Il l'aida dans ses pénibles fonctions, et déploya, au milieu des circonstances les plus difficiles, les vertus et les talens d'un grand magistrat. Vers le même temps, le célèbre Amyot, garde de la bibliothèque du Roi, mourut dans un âge très-avancé [1591]. Henri IV crut honorer de Thou en lui donnant cette place qui convenoit si bien à ses goûts, mais dont il ne put remplir les fonctions qu'après la réduction de Paris.

De Thou, chargé successivement par le Roi de plusieurs missions importantes, eut quelques mois de loisir dans le cours de l'année 1693. Ce fut alors que, après avoir passé plus de vingt ans à recueillir des matériaux pour son histoire, il commença la rédaction de ce grand ouvrage ; malheureusement les circonstances étoient loin de pouvoir procurer à l'historien ce calme dont il a besoin pour que ses jugemens portent le caractère de l'impartialité. La Ligue continuoit de lutter contre le roi légitime ; elle avoit assemblé à Paris de prétendus Etats, dont la mission étoit de pourvoir au trône vacant ; il étoit question de donner la couronne à une princesse étrangère ; et tout contribuoit à exalter les passions des différens partis. On doit donc peu s'étonner que de Thou, qui d'ailleurs, comme on l'a vu, n'avoit pas toujours puisé à des sources bien sûres, dominé alors involontairement par les opinions du moment, n'ait pas mis dans la combinaison première de son ouvrage toute la mesure qu'on auroit pu désirer.

Ce travail, auquel il se livroit avec une sorte de passion, ne l'empêcha pas de prendre part aux conférences de Surêne, et à toutes les négociations qui précédèrent l'entrée de Henri iv à Paris [22 mars 1594]. Alors il n'eut plus qu'à jouir avec tous les bons Français du retour de la paix et du rétablissement de la monarchie, sous un prince qui devoit faire disparoître toutes les factions. Cependant la judicieuse bonté de Henri iv n'avoit pas tellement calmé les esprits, qu'il ne subsistât encore plus d'un germe de fermentation. L'attentat de Jean Châtel réveilla toutes les inquiétudes; et les ennemis des jésuites employèrent pour les perdre une accusation dénuée de preuves. De Thou, qui étoit loin de partager les opinions de ces religieux, blâma l'injustice de leurs persécuteurs; et il vit surtout avec peine l'éloignement de Clément Dupuy, leur provincial, homme très-savant, avec lequel il étoit lié d'amitié.

La tranquillité étant presque entièrement rétablie, il quitta la Cour, qu'il n'avoit suivie pendant plus de quinze ans que pour servir, au milieu des guerres civiles, les rois Henri iii et Henri iv. Bientôt après, son oncle Adrien de Thou mourut, et il exerça dans le parlement de Paris la charge de président à mortier dont il avoit la survivance [1595]. Le Roi, qui comptoit sur sa fidélité à toute épreuve, le chargea de faire vérifier un édit en faveur des protestans, destiné à préparer les grandes mesures qui devoient être réglées quelques années après par l'édit de Nantes. Il réussit parfaitement dans cette négociation délicate, et l'édit fut vérifié sans aucune modification.

Après s'être acquitté de cette mission, de Thou reprit ses travaux historiques; mais il eut le malheur de perdre Pierre Pithou, son ami intime, très-versé dans l'histoire ainsi que dans le droit public, et dont les conseils lui étoient d'une grande utilité [1596]. Cette perte, qui le plongea dans la plus profonde affliction, eut peut-être quelque influence sur le grand ouvrage dont il s'occupoit, car il est à croire que l'esprit sage et modéré de Pithou l'eût empêché de blesser sans nécessité des opinions fondées sur des traditions anciennes et généralement respectées.

Il fut encore arraché aux occupations dont il faisoit ses délices, pour prendre part à l'un des actes les plus importans du règne de Henri IV [1597]. Chargé avec Soffray de Calignon, protestant célèbre, de préparer l'édit de Nantes, il y travailla plus d'un an; et son zèle fut d'autant plus louable, que, prévoyant les inimitiés que cette mission exciteroit contre lui, il ne l'avoit acceptée qu'avec beaucoup de répugnance. L'édit fut présenté au parlement de Paris en 1599, éprouva un grand nombre de difficultés; et il n'est pas besoin de dire que de Thou aida puissamment le monarque à les surmonter. Peu de temps après, il fut chargé d'une autre mission bien plus conforme à ses goûts : de concert avec Renaud de Beaulne, archevêque de Bourges, Edouard Molé, et Lazare Coqueley, magistrats, il revit les statuts de l'université de Paris, dont la nouvelle rédaction fut confiée à Edmond Richer, qui trouva le moyen d'y glisser quelques dispositions conformes aux principes condamnables qu'il développa dans la suite. A peu près à la même époque, de Thou accepta le titre de père temporel et protecteur de l'ordre de Saint-François dans le royaume [1600 et 1601].

Rendu enfin à la tranquillité, il travailla plus assidument que jamais au grand monument historique qu'il vouloit élever. Au commencement de 1603, un copiste allemand dont il se servoit lui déroba plusieurs cahiers, avec l'intention de les faire imprimer en pays étranger; et cette infidélité le détermina à publier le commencement de son ouvrage. Il en fit donc paroître en 1604 les dix huit premiers livres qui vont jusqu'à l'année 1560. Ne se dissimulant pas que quelques passages pourroient exciter des murmures, il prit le parti de se mettre sous la protection spéciale du Roi; et ce fut dans cette intention qu'il composa une préface éloquente, où les justes éloges donnés à Henri IV rappellent quelquefois les belles formes du panégyrique de Trajan.

« Parvenu à la couronne, lui dit-il, vous avez tem-
« péré l'autorité souveraine par la douceur, aimant
« mieux gagner par vos bienfaits les cœurs aliénés, que
« de les ramener au devoir par la crainte; aussi vos en-
« nemis ont pris une telle confiance en vous, qu'ils ont
« cru trouver plus de sûreté dans votre clémence que
« dans la force de leurs armes; moins fâchés en quel-
« que sorte d'être vaincus, que ravis de vous recon-
« noître comme vainqueur. De supplians devenus tout
« à coup vos amis, ils ont été reçus dans votre maison,
« où on les voit plus pénétrés du souvenir de leurs

« fautes que vous n'y aviez été sensible : la facilité
« que vous avez à pardonner les a fait repentir de ne
« vous avoir pas plus tôt demandé pardon. » De Thou
termine par supplier Henri iv de lui servir d'appui.
« Mon entreprise, ajoute-t-il, est fort délicate, elle
« peut m'exposer à la calomnie : il me faut un puis-
« sant protecteur contre la médisance et la malignité. »

Mais, dans cette préface même qui devoit être l'apologie de son ouvrage, de Thou ne conserva pas toute la mesure qu'il auroit dû se prescrire ; et le passage suivant excita surtout les plaintes des catholiques. « Vous avez donné l'édit de Nantes, dit-il au Roi, dans
« l'espérance, que les haines et les animosités venant
« à se calmer, la concorde se rétabliroit plus aisément,
« que les esprits reprendroient leur première sécu-
« rité, et qu'ayant dissipé le nuage des passions, *ils*
« *seroient plus capables de choisir ce qui est de meil-*
« *leur dans la religion,* je veux dire ce qu'on trouve
« de plus conforme à l'antiquité. » Malgré le correctif qui termine cette phrase, on trouva que cette sorte de faculté donnée aux chrétiens d'admettre ou de rejeter des points de doctrine, pouvoit avoir les conséquences les plus dangereuses.

Henri iv accueillit avec bonté cette dédicace ; et, comme elle étoit écrite en latin, il ordonna qu'on la traduisît en français, ce qui lui procura un grand nombre de lecteurs.

En même temps de Thou eut la précaution d'envoyer son livre, qui étoit aussi écrit en latin, aux cardinaux de Joyeuse, d'Ossat et du Perron qui étoient à Rome : il les pria de le communiquer aux prélats italiens, et de les disposer en sa faveur. Les trois cardinaux, qui étoient ses amis, remplirent ses intentions avec beaucoup de zèle : après avoir fait une lecture rapide de l'ouvrage, ils lui procurèrent le |suffrage des cardinaux Aquaviva, Viscomti et Sforce; quelque temps après, du Perron écrivit à l'auteur une lettre où se trouve le passage suivant : « Ils ne peuvent se « lasser de lire votre histoire, et de la mettre au pre- « mier rang, après Salluste, Tacite, et autres lumières « de l'antiquité. »

Cependant ces témoignages si honorables n'empêchèrent pas les théologiens catholiques d'examiner le livre avec l'attention la plus scrupuleuse; ils crurent remarquer que presque toujours les catholiques y étoient sacrifiés aux protestans; et ils relevèrent une faute qui avoit pu échapper involontairement à l'auteur. En parlant de Dryander, célèbre professeur de mathématiques à Marbourg, et protestant déclaré, il avoit dit : *Ac tandem Marburgi, ubi diu docuit, 13 kal. jan. ad potiorem vitam migravit;* ce qui annonçoit qu'un protestant pouvoit être sauvé : opinion contraire à la doctrine catholique. Au lieu de chercher à s'excuser sur un défaut d'attention, de Thou essaya de justifier les expressions dont il s'étoit servi : il représenta que Dryander n'étoit pas un sectaire manifeste faisant profession de la controverse; qu'en parlant de sa mort il n'avoit pas eu égard à sa religion; que ceux qui erroient de bonne foi étoient unis à l'Eglise, et pouvoient être sauvés; que d'ailleurs il n'avoit point parlé en théologien, mais en homme qui a compassion des hommes. Cependant, écoutant de meilleurs conseils, il changea ce passage dans la seconde édition; et au lieu de *ad potiorem vitam,* il mit *ad alteram vitam.*

L'orage qui s'étoit formé contre de Thou se grossissoit; et il avoit surtout pour détracteurs ceux qui s'étoient montrés opposés à l'édit de Nantes. Le nonce porta des plaintes à Henri iv, et l'on apprit que le Pape avoit donné ordre d'examiner l'ouvrage. Alors de Thou fit agir ses amis à Rome, et il chargea de ses intérêts Claude Dupuy, son parent et son ancien ami, qui étoit attaché au cardinal de Joyeuse en qualité de protonotaire. Cet ami, appuyé par les cardinaux du Perron et d'Ossat, ne put empêcher que le livre ne fût soumis à l'examen d'Antoine Caraccioli, clerc régulier, qui releva, en 1606, un assez grand nombre de propositions parmi lesquelles il s'en trouvoit plusieurs d'irréprochables.

De Thou se reposa d'abord sur la pureté de ses sentimens et sur la noblesse de sa conduite pendant les guerres civiles. Il s'exprimoit ainsi dans une lettre à Dupuy, en date du 10 février 1605 : « J'ay esté toujours
« françois et serviteur des rois, et de ceux de la maison
« royale, et non jamais pensionnaire ni partisan d'au-
« tres. Tout ce qui leur a esté contraire a esté con-
« traire à mon affection. Avec perte de mes biens, et
« au hazard de ma vie, je les ay suivis aux armées et
« partout ailleurs, durant ces calamiteuses guerres. Je
« n'ay pourtant rien donné à la grâce ni à la haine en
« escrivant l'histoire, mais j'ay osé plus librement dire
« la verité, et en conserver la memoire à la posterité,
« qu'un autre en craignant l'envie, *aut obnoxius,*
« n'auroit voulu faire (1). »

(1) *N'auroit voulu faire.* Le langage de de Thou dans cette lettre, et dans quelques morceaux qui suivront, paroîtra différent de celui de la préface. Cela vient de ce que cette lettre et ces morceaux ont été

Cependant, en examinant avec franchise ses dispositions au moment où il avoit commencé son ouvrage, il ne pouvoit se dissimuler que des souvenirs trop récens l'avoient peut-être emporté au-delà des bornes de la modération. C'est le noble aveu qu'il ne craignit pas de faire à ses protecteurs. Il écrivoit au cardinal de Joyeuse, au mois de février 1604 :

« Je ne veux pas nier que le style franc et libre, tel
« que mon naturel est, aliéné de toute dissimulation,
« comme aussi de toute haine et partialité, se peut
« ressentir du temps auquel a esté escrite cette pre-
« miere partie, et qu'encore que j'y aie beaucoup ap-
« porté dès lors de temperament pour adoucir l'ai-
« greur des esprits, merveilleusement envenimés au
« temps de ces premiers remuemens, toutefois il en
« peut encore rester beaucoup, et plus qu'il ne seroit
« besoing; mais cet œuvre n'est escrit pour faire un
« accord et reconciliation entre les partis, ains pour
« représenter historiquement, c'est à dire avec la vé-
« rité, comme les choses se sont passées. »

Il s'exprime d'une manière encore plus franche dans une lettre au cardinal du Perron, du 22 août 1607 :
« Je reconnois, dit-il, que le temps auquel j'ay escrit,
« et ma liberté naturelle, me peuvent avoir quelque-
« fois emporté, mais sans haine, comme j'appelle Dieu
« à temoing, et moins avec mépris de ce que je dois
« vénérer. »

De Thou, qui avoit autant de vertu que de talent, étoit disposé à sacrifier au bien public une partie de la gloire qu'il s'étoit efforcé d'acquérir par tant de tra-

écrits par lui en français, et de ce que la préface a été traduite du latin par un moderne.

vaux. Ses réflexions sur son livre l'avoient amené à être convaincu qu'il ne devoit être lu que par des personnes graves, et qu'une trop grande vogue, non-seulement pourroit avoir des conséquences dangereuses, mais attirer à l'auteur les plus grands chagrins. Instruit qu'à Genève on vouloit le traduire en français, il s'y opposa tant qu'il le put, et il chargea de cette négociation, qui eut un plein succès, le célèbre Casaubon son ami; en même temps, à sa prière, Henri IV donna, le 22 janvier 1607, des lettres patentes par lesquelles il défendoit de faire en France cette traduction, *attendu*, observe le monarque, *qu'on y pourroit commettre grandes fautes contre l'intention de l'auteur.*

Le crédit de ses amis à Rome empêcha que la censure proposée par Caraccioli ne fût adoptée par le Pape. Mais l'auteur ayant fait paroître en 1606 une seconde partie de son histoire qui conduisoit jusqu'en 1572, époque de la Saint-Barthélemy, et n'y ayant pas gardé plus de mesure que dans la première, le nombre de ses adversaires augmenta. D'un autre côté, la mort du cardinal d'Ossat, et le rappel du cardinal du Perron, lui enlevèrent ses plus zélés défenseurs. N'ayant plus auprès du Pape que des amis peu accrédités, et le Roi ne jugeant pas qu'il fût dans l'intérêt du royaume d'intervenir en sa faveur, il eut la douleur de voir son livre condamné à Rome par un édit du maître du Sacré Palais, du 9 novembre 1609; la condamnation ne relevoit aucune proposition, et étoit conçue en termes fort mesurés. En voici le texte :

« La lecture des livres dangereux étant une occa-
« sion de scandale et la source d'une infinité de maux;

« reconnoissant cependant qu'il s'en répand tous les
« jours dans le public qui portent ce caractère; nous
« François-Louis Ystella (de Valence), de l'ordre des
« Frères Prêcheurs, notifions à tous les fidèles que, de-
« puis notre édit publié le 7 septembre de la présente
« année 1609, nous avons défendu et suspendu la lec-
« ture des livres suivans. » Les ouvrages condamnés
sont au nombre de huit, et l'histoire de de Thou est le
troisième sur la liste : on y trouve un livre de Mariana,
le fameux discours d'Antoine Arnauld contre les jésuites, et l'arrêt du parlement de Paris dans l'affaire
de Jean Châtel.

L'année suivante, une mort imprévue ayant enlevé
Henri iv à ses peuples, de Thou parut craindre que,
sous une régente qui sembloit adopter un système entièrement contraire à celui que son époux avoit suivi
avec tant de bonheur, les guerres de religion ne se ral-
lumassent, et ne donnassent lieu à des désastres encore
plus horribles que ceux dont il avoit été témoin dans
sa jeunesse; mais son inquiétude étoit peu fondée :
cette longue maladie qui avoit désolé la France étoit
radicalement guérie, et les passions des hommes avoient
pris un autre cours.

En 1611, Achille de Harlay quitta les fonctions de
premier président du parlement de Paris, et exprima
le vœu que de Thou, dont il étoit le beau-frère, lui
succédât dans cette grande charge. Sans doute de
Thou, par sa fidélité inébranlable, et par les services
qu'il avoit rendus à la cause royale, étoit digne d'occuper ce poste : mais ses ennemis représentèrent à Marie
de Médicis qu'il l'avoit refusé en 1589 sous le prétexte
qu'il n'en avoit pas les talens; et ils insistèrent princi-

palement sur ce qu'il venoit d'être condamné à Rome comme auteur d'un livre dangereux. On prétend que la Régente consulta le Pape sur trois candidats qui étoient sur les rangs, savoir : de Thou, Jambleville et de Verdun, et que le pontife répondit : « Le premier « est hérétique, le second méchant, le troisième je ne « le connois pas. » *Il primo heretico, il secondo cattivo, il terzo no conosco.* Ce fut le dernier qui obtint la préférence sur de Thou, qu'on chercha cependant à consoler en le faisant entrer dans le conseil des finances.

Il n'accepta que par devoir cette fonction, qui n'étoit pas dans ses goûts; et il ne cacha pas à ses amis le vif chagrin que lui faisoit éprouver l'injustice dont il se croyoit l'objet. « Pourquoi, écrivoit-il au président « Jeannin le 31 mars 1611, pourquoi me confier l'ad- « ministration des finances, si je suis suspect pour un « autre emploi? Je serai donc réduit à passer ma vie à « compter de l'argent, et à mourir dans ce vil exer- « cice. Auroit-on cru qu'un homme nourri dans l'é- « tude des lettres, que les courtisans appeloient par « raillerie le philosophe, dût, dans un âge avancé, « passer des nobles fonctions de la magistrature à un « honteux maniement des deniers? Telle est ma situa- « tion, que ce qui est regardé comme une récompense « et un grand honneur par d'autres, ne sert qu'à « m'humilier et à m'avilir...... L'Etat souffre plus que « moi, ajoute-t-il plus loin, de l'injustice qu'on m'a « faite; voilà ce qui me rend l'injustice plus sensible. « Je puis dire que le zèle avec lequel j'ai mené jus- « qu'ici les affaires publiques est si grand, que les « malheurs du royaume m'ont toujours touché plus « vivement que les miens. Ceux qui me connoissent,

« savent assez que, sans avarice comme sans ambi-
« tion, je néglige mes propres affaires : ainsi je sou-
« haite qu'on ne considère pas, tant par rapport à moi
« que par rapport à l'Etat, l'injustice dont je me plains.
« S'il est possible de séparer ma cause de celle de la
« république, j'y consens : je suis prêt à me taire. » Ce
noble orgueil ne semble point déplacé dans un homme
qui voyoit ses anciens services méconnus, et qui avoit
la conscience de la pureté de ses sentimens.

Au moment où il éprouvoit cette humiliation, Scioppius publia contre lui un libelle diffamatoire, auquel il dédaigna de répondre. « Cet homme, dit-il, aura sa « fureur pour peine. » Mais le parlement de Paris ne montra pas la même indulgence. Par un arrêt du 24 novembre 1612, il ordonna que le livre de Scioppius seroit brûlé « comme contenant plusieurs diffamations
« exécrables contre la mémoire du feu roi Henri IV, et
« autres propositions tendantes à troubler le repos de
« toute la chrétienté. »

En 1614, les princes mécontens s'étant retirés de la Cour, de Thou fut chargé par Marie de Médicis de négocier avec eux, et il eut part au traité de Sainte-Menehould [15 mai]. Ce fut pendant qu'il servoit ainsi son pays, qu'un libraire de Francfort lui apporta une nouvelle critique de son livre, qui méritoit beaucoup plus d'attention que le libelle de Scioppius. Cet ouvrage étoit du jésuite Marchand, qui avoit pris le nom de J.-B. Gallus, et portoit ce titre : *In Jacobi Thuani historiarum libros, notationes, Ingolstadt* 1614. Il ne contenoit point d'injures, et présentoit, principalement sur les sources où avoit puisé l'auteur, des observations assez spécieuses. Le prévôt de Paris, Henri de Mesmes, crut devoir sévir contre ce livre qui renfermoit des propositions contraires aux maximes françaises; mais il n'en n'agit pas d'une manière aussi rigoureuse que le parlement à l'égard du libelle de Scioppius : il se borna, par une sentence du 7 juin, à en ordonner la suppression.

Cet ouvrage, qui fut examiné par de Thou avec beaucoup de soin, lui fit sentir la nécessité d'une apologie. Il crut que le meilleur moyen de se justifier aux yeux de la postérité, étoit de lui offrir le tableau de sa vie et de ses travaux; et ces Mémoires, qui l'occupèrent pendant les trois dernières années qui lui restoient à vivre, sont aussi instructifs qu'intéressans et curieux. On peut y étudier tous les secrets de son génie entièrement tourné vers l'étude de l'histoire; on voit avec quelle ardeur il recherche les entretiens des hommes instruits, quel zèle il apporte à se procurer des relations exactes, quels sacrifices il s'impose pour acquérir des livres rares. On le suit avec satisfaction dans ses longs voyages, presque toujours entrepris avec l'unique vue d'augmenter ses connoissances : on remarque, il est vrai, qu'une trop grande confiance ne le rend pas assez scrupuleux sur les liaisons qu'il forme, et qu'un savant renommé, quelles que soient ses opinions, et quelle qu'ait été sa conduite, est toujours sûr d'obtenir son amitié; mais on reste convaincu que cette facilité, produite par la passion des lettres, ne lui a jamais fait abandonner, ni les principes, ni la pratique de sa religion.

De Thou ne put pousser ses Mémoires que jusqu'à l'an 1601; son intention étoit qu'ils parussent après sa mort, sous le nom de Nicolas Rigault son ami : c'est ce qui explique pourquoi, en repoussant les calomnies de ses détracteurs, il parle quelquefois de lui trop avantageusement. Ils furent traduits au commencement du dix-huitième siècle par Le Petit, secrétaire du Roi, et par Costard, seigneur d'Ifs. Comme ils renfermoient quelques poésies latines, d'Ifs se chargea de les mettre en vers français. La première édition parut en 1711, Amsterdam, in-4°. Ils furent ensuite réimprimés in-12 en 1714; et on les joignit à la traduction de la grande histoire qui fut publiée à Londres en 1734, 16 vol. in-4°.

Quoique de Thou n'eût pas à se louer de Marie de Médicis, il la servit avec beaucoup de zèle pendant les troubles de 1615; et lorsqu'il fut question de faire la paix avec le prince de Condé, elle l'adjoignit à de Vic et à Pontchartrain pour les négociations qui furent suivies du traité de Loudun.

La même année [1616], il éprouva un malheur qui, mettant le comble à ses autres chagrins, devoit bientôt le conduire au tombeau. En 1601, il avoit perdu Marie de Barbançon, sa première épouse, qui étoit morte sans enfans; et une élégie latine, très-touchante, avoit été un monument de ses regrets. Quelque temps après, sollicité par sa famille, il s'étoit remarié avec Gasparde de La Châtre, femme jeune et aimable, dont il eut trois fils et trois filles. Heureux dans sa famille, c'étoit là qu'il trouvoit le repos après des travaux pénibles, et les consolations dont il avoit besoin dans les désagrémens que lui attiroit l'ouvrage auquel il avoit consacré sa vie. La mort inattendue de cette épouse le plongea dans une affliction et dans un abattement dont la force de son ame et la société assidue de ses amis ne purent le tirer. Etant allé demeurer chez son beau-frère Achille de Harlay, ancien premier président, *afin de chercher*, dit-il, *dans la solitude quelque soulagement à sa douleur,* il y fit son testament, où il parla ainsi de son histoire, dont les derniers volumes n'avoient pas encore paru.

« Pour ce qui est de mon histoire, que j'ay com-
« posée, j'en prends à témoin le ciel et la terre, à la
« gloire de Dieu et à l'utilité publique, sans haine et
« sans flatterie, et dont j'ay une copie en estat d'estre
« imprimée, j'entends, en cas que je vienne à mourir
« avant que l'édition s'en fasse, que cette copie soit re-
« mise entre les mains des sieurs Rigault et Dupuy, et
« je les charge d'executer mon intention, en se servant,
« pour cet effet, des conseils des freres de Sainte Mar-
« the, qui, par leurs soins et leur exactitude, m'ont
« esté d'un grand secours dans l'execution de l'ouvrage
« entier. »

Les volontés de de Thou, qui ne survécut que quelques mois à son testament, furent exactement remplies par ses deux amis ; et, grâce à leurs soins, la première édition complète de son histoire parut à Genève en 1620, 5 vol. in-folio (1).

Cet ouvrage, qui causa tant de rumeur au moment

(1) 5 *vol. in-folio*. En 1733, un Anglais, grand amateur de notre histoire, Thomas Caste, donna une édition de de Thou beaucoup plus soignée, et il y joignit un supplément de Rigault qui conduit la narration jusqu'en 1610, époque de la mort de Henri IV. (Londres, 7 vol. in-fol.) C'est sur cette édition que fut faite la traduction qui commença à paroître en 1734 (16 vol. in-4°.) Les auteurs de cette traduction sont l'abbé des Fontaines, l'abbé Le Maschier, Adam, Le Beau, l'abbé Le Duc, et le père Fabre. En 1759, Rémond de Saint-Albine publia un Abrégé de l'histoire de de Thou. (La Haye, 10 vol. in-12.)

où les premiers livres en furent publiés, peut être considéré comme l'un des monumens historiques modernes qui se rapprochent le plus de la manière des anciens : mais la postérité a confirmé, sous quelques rapports, le jugement qui en fut porté par les contemporains, et dont on a vu que de Thou lui-même se rapproche un peu dans ses lettres aux cardinaux de Joyeuse et du Perron. On a pensé que l'auteur, encore agité par les scènes horribles qui s'étoient passées sous ses yeux, n'avoit pu en être un peintre tout-à-fait impartial; que les excès des catholiques, qu'il avoit été plus à portée d'observer que ceux des protestans, avoient laissé dans son cœur une impression trop profonde; et qu'enfin, à une époque où les adversaires de l'ancienne religion possédoient en général une instruction plus variée que ses défenseurs, l'amour des lettres, qui étoit l'unique passion de de Thou, l'avoit disposé à s'en rapporter trop facilement à leurs témoignages.

M. Anquetil, qui avoit soigneusement étudié cette époque de notre histoire, attribue encore à d'autres causes cette sorte de partialité qu'on ne peut s'empêcher de remarquer dans l'ouvrage de de Thou. « Son
« attachement pour les formes, dit-il, lui fait condam-
« ner tout ce qui sort de la règle ordinaire. Comme
« la Cour, dans ces temps de trouble, employoit sou-
« vent contre les calvinistes des moyens violens qu'elle
« croyoit nécessaires, cette conduite a inspiré à de
« Thou un mécontentement qui se fait remarquer dans
« toute son histoire. Il le fait rejaillir, tantôt sur les
« princes qu'il accuse de partialité, tantôt sur les mi-
« nistres auxquels il reproche l'abus de l'autorité, sur
« le clergé enfin qu'il soupçonne d'avoir conseillé ces

« excès, de sorte que souvent on croiroit qu'il penche
« pour les prétendus réformés, tandis qu'il n'a pour
« eux que de la compassion (1). »

De Thou, peu de temps après avoir fait son testament, fut attaqué d'un squirrhe dans l'estomac : sa maladie fut longue et douloureuse, et il la supporta avec le courage d'un chrétien. Quelques heures avant d'expirer, il fit des vers latins dans lesquels il exprimoit l'idée que la vie n'est pas d'un si grand prix, que, pour la conserver, il faille mourir si long-temps.

Non vita tanti est, tandiù, ut vivas, mori.

Il mourut, âgé de soixante-quatre ans, le 7 mai 1617, treize mois après son épouse. Ses fils furent François-Auguste de Thou, conseiller d'Etat, condamné à mort, et exécuté en 1642, pour avoir eu connoissance du complot de Cinq-Mars, et ne l'avoir pas révélé; Achille-Auguste de Thou, conseiller au parlement de Bretagne, et Jacques-Auguste de Thou, président aux requêtes du parlement de Paris.

(1) *Esprit de la Ligue*, tome 1, page 55.

MÉMOIRES

DE

JACQUES-AUGUSTE DE THOU.

LIVRE PREMIER.

Jacques Auguste de Thou naquit dans la maison de ses pères à Paris le 8 octobre 1553, vers les sept heures du matin. Le même jour il fut présenté au baptême dans l'église de Saint-André-des-Arcs, par René Roulier, évêque de Senlis, par François Demié, conseiller au parlement, d'une famille noble du Limousin, et par Marguerite Bourgeois, épouse d'Augustin de Thou son oncle. Ils le nommèrent Jacques; le père l'avoit ainsi souhaité pour renouveler un nom qui, outre le rapport avec celui de la mère, étoit comme héréditaire dans sa famille, et qui avoit été porté de suite par trois de ses aïeux avant Augustin de Thou, grand-père de l'enfant.

Son oncle Adrien de Thou, présent à la cérémonie, ajouta le nom d'Auguste, comme un nom heureux. Ce magistrat d'un génie supérieur, et d'une probité incorruptible, étoit alors conseiller-clerc au parlement de Paris. Depuis il fut pourvu d'une charge de maître des requêtes, avant que le nombre eût avili cette dignité. Une mort prématurée l'enleva dix-huit ans après, dans le temps que le roi Charles ix, qui l'estimoit beaucoup, lui destinoit l'ambassade d'Espagne.

Entre ses ancêtres, Jacques, second du nom, avoit épousé Marie Viole, dont la famille a donné plusieurs conseillers au parlement, et un Guillaume Viole évêque de Paris.

Guichard, frère de ce Jacques, s'étoit marié avec Anne de Gannay, sœur de Jean de Gannay, depuis chancelier de France, dont Guichardin parle avec éloge en plusieurs endroits de son ouvrage. On consulta sur ce mariage Nicolas Boyer, jurisconsulte célèbre pour ce temps-là, comme on le peut voir dans sa quarantième consultation.

Comme la branche aînée, qui avoit toujours porté les armes, étoit éteinte ou fondue dans d'autres familles, Jacques, troisième du nom, descendu de la seconde, prit le parti de la robe. De Geneviéve Le Moine des Lallemans, il laissa Augustin de Thou, qui fut choisi par François 1, pour remplir une charge de président à mortier au parlement de Paris, et qui en mourut revêtu peu de temps après, au mois de mars 1545. Le parlement, invité à ses funérailles, répondit, par la bouche de son premier président, que l'intégrité et l'éminente vertu d'Augustin de Thou, qui avoient paru durant sa vie avec tant d'éclat dans le parlement, méritoient que la Cour non-seulement honorât ses obsèques comme elle avoit coutume d'honorer celles de ses présidens, mais qu'elle en pleurât encore la perte aussi long-temps que la justice y régneroit : ce qui fut mis sur les registres.

Il avoit épousé Claude de Marle, arrière-petite-fille de Henri de Marle, chancelier de France, massacré à

Paris avec le connétable d'Armagnac, l'an 1418, sous
le règne de Charles vi. Il eut de cette dame, en l'espace
de vingt années, Christophe de Thou, et vingt et un
autres enfans, tant de l'un que de l'autre sexe.

De Jacqueline Tuleu, dame de Celi, proche parente
du chancelier Olivier, et petite-fille de Denise de Gannay, sœur du chancelier de ce nom, Christophe de
Thou eut trois fils et quatre filles, outre six autres
enfans morts en bas âge.

Jean de Thou l'aîné mourut jeune, après avoir laissé
à la cour de France une grande idée de son mérite. Il
eut de Renée Baillet René de Thou et trois filles, restes
d'une famille plus nombreuse. Renée, l'aînée, épousa
Jean de Bourgneuf de Cussé, premier président au parlement de Bretagne; Isabelle, la seconde, fut mariée
à Jean de Longueval de Manicamp, parent du comte
de Buquoi en Flandre; et Jacqueline, la troisième,
épousa Frédéric de Hangest d'Argenlieu.

Christophe de Thou, moins âgé de deux ans que son
aîné, périt par un accident déplorable pendant les
guerres de la Ligue, avec un fils du même nom, qu'il
avoit eu de Françoise Allegrin.

Jacqueline, l'aînée des filles, prit l'habit de reli-
gieuse dans l'abbaye de Mallenoue; elle y mourut
désignée abbesse de ce monastère. Marie fut abbesse
des Clairets au Perche, monastère peu éloigné de No-
gent-le-Rotrou. Anne épousa Philippe Hurault, comte
de Cheverny, chancelier de France; et Catherine fut
mariée à Achille de Harlay, premier président du parlement de Paris.

Jacques-Auguste de Thou, dont on écrit ici la vie,
fut le dernier des fils de Christophe. On eut bien de la

peine à l'élever, comme il disoit lui-même l'avoir appris de sa nourrice. Des tranchées fréquentes, une insomnie, et des cris violens et presque continuels, firent appréhender de le perdre. On ne le nourrit pendant deux ans que de lait, parce qu'il avoit pour toute sorte de bouillie une aversion invincible, qu'il a toujours eue depuis. Pour le sevrer on se servit d'une certaine pâte qui est en usage en Italie, faite avec de la mie de pain, de la farine de froment séchée au four, et de l'huile d'olive; ce qui le rendit si délicat et si maigre, que jusqu'à l'âge de cinq ans on désespéra de sa vie. Depuis il commença à avoir plus d'embonpoint, tel qu'on le voit peint à l'âge de sept ans par Georges le Vénitien, qui étoit au cardinal de Lorraine, et qui logeoit dans le voisinage à l'hôtel de Fécamp.

Cette délicatesse fut cause qu'on eut plus d'attention à ménager sa santé qu'à cultiver son esprit; au reste, lorsqu'il se portoit bien, il apprenoit aisément tout ce qu'on lui montroit. Ennemi de la paresse, il méprisoit les amusemens et les plaisirs qui sont les principaux objets de l'enfance, et s'appliquoit surtout au dessin. Ce goût étoit héréditaire dans sa famille; car Adrien son oncle, Jean et Christophe ses frères, peignoient fort bien. Pour lui, il dessinoit déjà correctement avec la plume les estampes d'Albert Durer [1]; par un effet de ce talent naturel, il apprit à écrire avant que de savoir lire. Enfin, dès qu'il eut atteint l'âge de dix ans, on le fit étudier, et peu de temps après on le mit au collége de Bourgogne avec René Roulier, neveu de l'évêque de Senlis. A peine y avoit-il été un an,

---

[1] *Albert Durer*: peintre célèbre né à Nuremberg en 1471.

qu'ayant été attaqué d'une fièvre violente, on fut obligé de le ramener chez son père.

Le Grand et Le Jay ses médecins, le croyant sans espérance, l'abandonnèrent pendant trois jours; sa mère même, qui appréhenda que, s'il mouroit dans une chambre qui étoit près de celle de son père, son mari ne voulût plus rentrer dans cet appartement, le fit transporter dans une chambre plus éloignée. Gabrielle de Mareuil, héritière de l'illustre maison de Mareuil en Périgord, qui venoit souvent dans la maison pour ses affaires, prit soin de cet enfant abandonné des médecins, et, pour ainsi dire, de ses parens mêmes. Elle assistoit continuellement le malade, et passoit souvent les nuits auprès de lui. M. et madame de Thou la priant de ne se point fatiguer pour un enfant sans espérance, elle leur répondit que, loin de désespérer de sa santé, elle croyoit, sur l'idée qu'elle avoit de son tempérament et de son naturel, qu'il guériroit, et en auroit un jour de la reconnoissance.

Elle maria dans ce temps-là Renée, sa fille unique, née de son mariage avec Nicolas d'Anjou, marquis de Mézières, à François de Bourbon, prince dauphin d'Auvergne. De ce mariage vint Henri, duc de Montpensier [1], l'amour et les délices de son siècle, mais qui malheureusement lui fut trop tôt enlevé. De Thou l'honora toute sa vie, et il en fut pareillement aimé.

Il fallut six mois pour le rétablir d'une si grande maladie. Lorsqu'il fut guéri on le remit au collége. Henri Monantheüil de Rheims fut le premier qui lui

---

[1] *Henri, duc de Montpensier.* Ce prince mourut jeune des suites d'une blessure. Sa fille unique épousa Gaston duc d'Orléans, frère de Louis XIII. De ce mariage naquit *Mademoiselle*, dont les Mémoires font partie de la seconde série.

donna des leçons; il étudia ensuite sous Jean Martin de Paris, et enfin sous Michel Marescot et Pierre du Val de Normandie, philosophes célèbres, qui tous exercèrent depuis la médecine à Paris avec une grande réputation. Monantheuil, élevé dans le collége de Presles, et attaché à la doctrine de Ramus, joignit à la profession de la médecine celle des mathématiques, qu'il enseigna dans le collége royal jusqu'à sa mort. Ce fut sous ce professeur que de Thou apprit les élémens d'arithmétique et de géométrie.

Il disoit depuis qu'il avoit remarqué dès ce temps-là une faute considérable où tombent ceux qui abandonnent avec trop de confiance l'éducation de leurs enfans à des régens; qu'il croyoit qu'ils agiroient plus prudemment, s'ils les faisoient observer de près par des personnes sûres qui leur fissent faire un bon emploi de leur temps, et qui prissent garde que leurs actions et leurs paroles ne s'éloignassent jamais de la modestie (1); qu'il croyoit devoir donner cet avis, dans un temps où cette faute étoit très-ordinaire, et que si Dieu lui faisoit la grâce de lui donner des enfans (qu'il eut long-temps après en assez grand nombre), il seroit plus attentif à leur éducation qu'on n'avoit été à la sienne; qu'au reste il avoit étudié tard, et qu'il n'approuvoit point la précipitation de ceux qui font instruire leurs enfans à peine âgés de cinq ans; qu'il s'étonnoit que le célèbre Quintilien, par un conseil moins utile que louable, eût tant recommandé de faire étudier les enfans de bonne heure, lui qui perdit un fils d'une

---

(1) *De la modestie.* Le manuscrit de Sainte-Marthe porte : « De peur « que la familiarité trop grande de leurs camarades ne leur corrompe « les mœurs dans un âge susceptible de toutes les impressions. »

grande espérance, pour l'avoir fait étudier avec excès dans un âge trop tendre : perte heureuse pour la postérité, puisqu'elle a donné lieu à ces admirables traits d'éloquence avec lesquels ce grand maître déplore la mort de son fils dans le sixième livre de ses Institutions.

De Thou avoit plus d'inclination pour les sciences que de force d'esprit et de mémoire pour les apprendre : aussi profita-t-il davantage par son assiduité et par le commerce des gens de lettres que par un grand travail. La foiblesse de son tempérament ne lui permettoit pas de s'appliquer fortement : d'ailleurs le peu de contrainte où il avoit été élevé, ayant été comme abandonné à lui-même, l'accoutuma à une liberté qu'il conserva dans la suite dans toutes les actions de sa vie, et principalement dans ses études. Ce grand amour pour les sciences en fit naître un pareil dans son cœur pour tous les savans dont le nom ou les écrits étoient en réputation dans l'Europe. Il se proposa de les voir et de les entretenir. Adrien Turnèbe étant venu dans ce temps-là voir son ami Geoffroy de La Faye, celui-ci mena chez Turnèbe le jeune de Thou, qui se l'imprima si fortement, que l'image de cet homme célèbre, qui mourut peu de temps après, lui demeura toujours dans l'esprit, même en dormant.

Cinq ans après sa sortie du collége, il alla entendre Denis Lambin et Jean Pellerin, professeur en langue grecque au collége Royal. Ce dernier y expliquoit le texte grec d'Aristote, dans le temps que l'illustre François-Juste de Tournon, encore fort jeune, prenoit ses leçons. Jean Daurat avoit déjà cessé d'enseigner [1], et

---

[1] *Avoit déjà cessé d'enseigner.* Nicolas Gulonic, son gendre, l'avoit remplacé.

s'étoit retiré dans l'abbaye de Saint-Victor. De Thou l'y voyoit souvent, et lui demandoit des nouvelles de Budé, qu'on lui avoit montré dans son enfance, de Germain Brice, et de Jacques Tousan. L'entretien de Daurat étoit pour lui très-instructif. Daurat lui fit connoître Ronsard, qui avoit été son écolier. De Thou, qui se sentoit du talent pour la poésie, lia avec lui une amitié si étroite, que Ronsard, qui fit faire alors une nouvelle édition de ses ouvrages par Jean Galand, lui dédia ses Orphées avec un éloge magnifique. Il fut, par le même moyen, des amis de Jean Antoine Baif et de Remi Bellau, dont depuis il cultiva l'amitié avec un grand soin.

Sur la fin de l'année 1570, remarquable par le quatrième édit de pacification, et par le mariage de Charles ix avec Elisabeth, fille de l'empereur Maximilien ii, de Thou partit de Paris, pour aller à Orléans étudier en droit, avec Christophe-Auguste de Thou, son cousin germain, fils de l'avocat général, et avec René Roulier, son camarade de collége. Il employa l'année suivante à prendre des leçons de Jean Robert, de Guillaume Fournier, et d'Antoine Le Comte, arrivé depuis peu de Bourges. Il seroit de l'intérêt public qu'on recueillît en un seul volume les écrits dispersés de ce dernier. Adrien de Thou son oncle, et madame de Harlay sa sœur, moururent cette même année.

Dans un âge si peu avancé, la lecture des écrits de Jacques Cujas lui avoit donné tant d'estime pour lui, que, désirant passionnément de l'entendre, il quitta ses camarades, avec lesquels il vivoit dans une grande union, et s'en alla en Dauphiné. En passant il s'arrêta six mois à Bourges : il y alla entendre Hugues Doneau et François Hotman, dont les grandes questions ont été depuis imprimées. De Bourges il se rendit à Valence en Dauphiné, où Cujas expliquoit Papinien, et où François Roaldez et Edmond de Bonnefoi enseignoient. C'étoit un an avant les troubles de Paris.

Ce fut à Valence que commença son amitié pour Joseph Scaliger, venu exprès dans cette ville avec Louis de Montjosieu et Georges du Bourg, pour voir Cujas qui l'en avoit prié. Cette amitié, née dans la conversation, s'augmenta toujours, et se conserva depuis, ou par lettres, ou par un commerce plus étroit, pendant trente-huit ans sans interruption. Il ne pouvoit cacher sa joie, quand des esprits d'un caractère aussi violent que malin lui reprochoient cette liaison [1]. Il se faisoit honneur en public de leurs médisances. Le souvenir d'un commerce si doux, si honnête et si savant lui étoit si cher, qu'il disoit souvent que si Dieu lui en donnoit le choix, il étoit tout prêt de le racheter aux dépens des mêmes reproches, des mêmes traverses et des mêmes outrages que leur haine injuste lui avoit attirés; que c'étoit là toute la réponse qu'il avoit à faire à leurs indignes calomnies.

De Thou proteste avec sincérité que, tandis qu'il a pu jouir de l'entretien de ce grand homme, jamais il ne l'a ouï traiter aucune question de controverse sur les matières de religion, jamais il ne s'est aperçu qu'il en ait écrit à personne; du moins si Scaliger en a parlé quelquefois, ce n'a été que malgré lui, et dans

---

[1] *Lui reprochoient cette liaison.* On la lui reprochoit parce que Scaliger étoit protestant. Ce n'étoit point pour sa religion que de Thou le recherchoit : il vouloit profiter de son immense érudition.

des rencontres où, étant fort pressé, il ne pouvoit s'en défendre. Louis, seigneur d'Abin, de l'illustre maison de Châteigner, qui s'est acquitté avec tant d'honneur de l'ambassade de Rome, Jean, seigneur de La Rocheposai, et Louis, évêque de Poitiers, ses fils, en sont des témoins irréprochables. Instruits l'un et l'autre dans la maison paternelle par cet homme célèbre (le dernier particulièrement ayant demeuré long-temps avec lui en Hollande), s'ils sont sortis de ses mains plus savans, ils n'en ont pas été moins attachés à la religion de leurs ancêtres.

Scaliger avoit, la religion à part, une érudition si profonde et si peu commune, qu'il n'y a point d'honnête homme qui ne dût souhaiter avec autant de passion de l'entendre et de recevoir ses leçons, que d'admirer et de respecter en lui les rares talens dont il avoit plu à Dieu de le combler.

Mais on est assez malheureux de croire que la religion, qui de jour en jour faisoit autrefois de nouveaux progrès, qui se fortifioit par la foi, par la charité, et par une parfaite confiance en la bonté de Dieu, ne peut aujourd'hui se maintenir que par les conseils de la chair et du sang, par la brigue, par la cabale, et par les fausses vues de la politique; sans faire réflexion que plus nous avons de confiance aux illusions de notre esprit, (et plût à Dieu qu'on n'en eût pas tant!) plus nous diminuons celle que nous devons avoir en la Providence divine. De là vient la colère de Dieu contre nos pechés; de là l'emportement de nos passions, et cet abandon presque général à un sens réprouvé, qui, nous aveuglant sur nos devoirs, nous fait commettre les fautes les plus essentielles. Ne faut-il pas donc craindre qu'un mal si dangereux ne s'augmente tous les jours par la négligence de ceux qui devroient s'y opposer, et qui, se confiant témérairement sur leurs propres forces et sur leurs foibles lumières, décident souvent à contre-temps de ce qui concerne la religion? Ne doit-on pas craindre encore que ce qui reste de gens sages et équitables, qui se sont préservés de cette corruption par leur amour pour la paix, et par leur attachement à l'ancienne discipline, ne se laissent entraîner dans les mêmes égaremens? Il arrivera peut-être un jour qu'on cherchera de tous côtés inutilement le règne de Dieu, qui ne subsistera plus que dans un petit nombre de gens de bien, qui l'auront conservé par la douceur et par un esprit d'union et de charité.

Ce sont les plaintes dont on a souvent ouï de Thou s'entretenir avec Nicolas Le Fèvre (1), quand ils cherchoient à se consoler ensemble de l'état déplorable de la chrétienté dans ces derniers temps. Ces conversations ne finissoient jamais sans s'animer mutuellement à persévérer dans l'exactitude de leurs devoirs, malgré la haine du public; persuadés que les gens de bien seroient toujours exposés à la persécution et à la calomnie, et qu'ils les devoient considérer comme une marque certaine de la bonté de Dieu, et comme des gages de la récompense qu'ils en doivent attendre. J'ai cru devoir en passant faire ces réflexions, au sujet de l'amitié que de Thou conserva toute sa vie pour l'illus-

---

(1) *Nicolas Le Fèvre.* Henri IV, s'étant déterminé à faire élever dans la religion catholique le jeune prince de Condé, lui donna Le Fèvre pour précepteur. Le même Le Fèvre remplit depuis cette fonction près de Louis XIII.

tre Scaliger : amitié qui lui fut reprochée par une espèce de gens d'un caractère aussi ennemi des lettres que de la vertu.

Son père, qui ne vouloit pas que son fils fût si long-temps éloigné de lui, soit qu'il prévît nos malheurs, soit qu'il eût d'autres raisons, le rappela un an après qu'il fut parti pour Valence. Il pria Charles de Lamoignon de le ramener avec lui à Paris. C'étoit un homme de bien, et son parent éloigné, qui, comme maître des requêtes, avoit été envoyé avec d'autres commissaires, pour l'inspection des gabelles, dans la Provence, le Languedoc et le Dauphiné. Celui-ci, ayant obtenu de Cujas le congé du jeune de Thou, l'emmena premièrement à Grenoble. Ce fut là que de Thou vit François de Beaumont appelé, communément le baron des Adrets (1). Lamoignon alla à l'évêché saluer ce baron qui y logeoit, et qui étoit prêt à partir pour Saluces, avec les troupes destinées pour les garnisons des places qui sont au pied des Alpes. Comme Lamoignon se promenoit avec lui dans le jardin, de Thou, qui étoit encore dans l'habitude de dessiner, s'appliqua si fortement à considérer un homme qui avoit tant fait parler de lui, qu'après son départ il le peignit de mémoire, de manière que tout le monde le reconnoissoit.

Des Adrets étoit alors fort vieux, mais d'une vieillesse encore forte et vigoureuse, d'un regard farouche, le nez aquilin, le visage maigre, décharné, et marqué de taches de couleur de sang noir, tel que l'on nous dépeint Sylla; du reste, il avoit l'air d'un véritable homme de guerre.

(1) *Des Adrets*. Ayant d'abord embrassé le parti des protestans, il s'étoit distingué par ses cruautés dans la première guerre civile.

De Thou arriva enfin à Lyon avec Lamoignon; de là il passa par Moulins, Nevers et Gien, où il se mit sur la Loire, et vint à Orléans. Il n'y séjourna que peu de jours pour voir ses amis; et de là il se rendit à Paris auprès de son père.

Il trouva cette grande ville occupée des préparatifs des noces du roi de Navarre, et se rendit à l'église de Notre-Dame pour les voir. Après la messe il sauta par-dessus une barrière qu'on avoit faite pour empêcher la foule, et entra dans le chœur. Il y écouta avec une grande curiosité un entretien de l'amiral de Coligny et de Montmorency Danville, qu'on persécuta si fort depuis. L'Amiral fut blessé quelques jours après; et cette blessure fut un coup funeste pour l'Etat, et pour la sûreté et la tranquillité publique. Ce fut en vain qu'on voulut y remédier par une paix frauduleuse, confirmée par plusieurs édits de la même nature; le calme ne fut enfin rétabli qu'après qu'on eut mis, par un dangereux exemple, plusieurs villes et plusieurs fortes places entre les mains des protestans, pour leur servir de sûreté (places qu'ils conservent encore), et pour finir une guerre intestine qui se renouveloit tous les jours.

Voilà ce que les troubles de Paris coûtèrent au Roi et à l'Etat. Si l'on jette la vue sur les horreurs qui en ont été les funestes suites, on conviendra sans peine qu'elles ne sauroient être ni louées ni approuvées que par ceux qui ont un intérêt particulier d'entretenir dans le royaume une guerre perpétuelle, et de nous ôter toutes les voies de la réconciliation. Qui pourroit donc condamner un vrai François, ami du repos de sa patrie, qui, aux dépens de sa fortune, a toujours conseillé la paix, qui a détesté et déteste encore les conseils violens, qui s'est toujours persuadé que, pour faire cesser les mouvemens de l'Europe qui ont si fort ébranlé la religion, il n'y a point de plus sûrs moyens que la paix, la douceur et la charité?

Il est constant que le premier président, dont l'exemple sera toujours pour son fils une règle de conduite par rapport à la religion et à l'Etat, eut tant d'horreur pour tout ce qui s'étoit passé dans la journée de Saint-Barthélemy, qu'étant tombé peu de temps après sur un endroit des *Silves* du poète Stace (¹), il en fit l'application à cette fatale journée, et l'écrivit à la marge du livre, de ce beau caractère qui lui étoit particulier, et qui est si connu dans les registres du parlement. Ce livre, que le fils conserve dans sa bibliothèque, est un fidèle témoin de ce que le père avoit pensé de cette action, contre les faux rapports de ceux qui ont prétendu que ce magistrat l'avoit approuvée.

De Thou a écrit dans l'histoire de son temps, comme une chose certaine sortie de la bouche de l'Amiral, et qu'il avoit apprise de Villeroy, que l'Amiral ayant reçu plusieurs avis du danger où il s'exposoit s'il se trouvoit aux noces du roi de Navarre, ne voulut jamais les croire; qu'il répondit toujours qu'il aimoit mieux mourir, et être traîné par les rues de Paris, que de recommencer la guerre civile, et de donner lieu de penser qu'il eût la moindre défiance du Roi, qui depuis si peu de temps l'avoit reçu dans ses bonnes grâces.

(¹) *Des Silves du poète Stace.* Cette pièce est la seconde du cinquième livre des *Silves*. Voici les vers notés par Christophe de Thou :

> *Excidat illa dies ævo, nec postera credant*
> *Sæcula, nos certe taceamus ; et obruta multâ*
> *Nocte legi propriæ patiamur crimina gentis.*

De Thou disoit encore qu'un peu auparavant, comme il alloit à Vienne en Dauphiné, un certain capitaine, nommé Maye, le joignit en chemin, et lui dit qu'il falloit que l'Amiral fût dans un étrange aveuglement, pour négliger avec tant d'imprudence le conseil de ses amis; qu'à moins qu'il n'eût perdu l'esprit, il lui étoit aisé de croire qu'après une si prompte réconciliation, tant de marques affectées de faveur, et l'empressement qu'on avoit de le faire venir à ces noces, n'étoient qu'un piége pour attirer avec lui, de toutes les provinces, les chefs de son parti; que ce qu'on n'avoit pu faire pendant leur union, seroit exécuté de concert sur chaque particulier, qui étoit sans défiance au milieu de la joie publique. De Thou, pour réfuter Maye, se servit des meilleurs raisons qu'il put trouver, et lui représenta qu'on avoit grand tort de juger si mal du Roi et de ceux de son conseil. Ce capitaine, pour toute réponse, lui dit qu'il en appeloit à l'événement. Ensuite ils entrèrent ensemble dans Vienne, où les habitans eurent à peine aperçu Maye, qu'il se fit un soulèvement: cette émeute pensa lui coûter cher, pour avoir voulu défendre un homme qui l'accompagnoit, mais qu'il ne connoissoit point. Le peuple se plaignoit que, dans la dernière guerre, Maye les avoit ruinés par les courses, les ravages et les meurtres qu'il avoit faits sur leurs terres. De Thou, qui crut que le péril où étoit ce capitaine touchoit son honneur et la sûreté publique, fit tout son possible pour apaiser cette émotion, qui finit enfin, aux conditions que Maye sortiroit de la ville et iroit loger dans un faubourg.

De Thou marqua dans le journal de ses voyages l'aventure de cet homme, qu'il ne connoissoit point, et qu'il ne vit jamais depuis ; car, après la journée de Saint-Barthélemy, ce capitaine ayant recommencé ses brigandages, fut assommé par des paysans.

Il en usoit ainsi, ou dans le dessein qu'il avoit déjà pris d'écrire l'histoire de son temps (quoiqu'il n'y ait point parlé de cette aventure, non plus que de plusieurs autres particularités qu'on n'y trouve point, et qu'on n'y doit point chercher), ou seulement pour laisser après lui la preuve d'un fait qui lui fut prédit avant l'événement ; car on remarque que Dieu, par sa providence, fait souvent connoître aux gens de bien, en aidant leur prudence naturelle, les choses extraordinaires qui doivent arriver, comme les méchans les prédisent pas les mouvemens d'une conscience intimidée, ou les astrologues par l'expérience de leur art (si cet art n'est pas une chimère), afin que les hommes avertis se préparent à supporter ces accidens avec plus de patience, sans se plaindre d'avoir été surpris ; c'est ce qu'il a fait remarquer exactement quand l'occasion s'en est présentée.

Retournons à cette terrible journée de Saint-Barthélemy : cette fête arrivoit cette année-là un jour de dimanche. De Thou sortit le matin pour entendre la messe. Il ne put voir sans horreur les corps de Jérôme Groslot, bailli d'Orléans, et de Calixte Garrault, qu'on traînoit à la rivière par la rue la plus proche. Il fut obligé de regarder ces objets affreux sans oser jeter une larme, lui dont le tendre naturel ne lui permettoit pas de voir sans émotion la mort d'une bête innocente. La peine que cela lui fit l'obligea de ne plus sortir, de peur de rencontrer de pareils spectacles.

La fureur de ces massacres étant un peu apaisée,

il alla quelques jours après voir son second frère, qui logeoit près de la porte Montmartre : celui-ci le mena sur une hauteur d'où ils pouvoient découvrir Montfaucon. Le peuple y avoit traîné ce qui restoit du corps de l'Amiral, et l'avoit attaché à une pièce de bois de traverse avec une chaîne de fer. Aussitôt l'idée de ce seigneur, qu'il avoit vu quelques jours auparavant dans l'église de Notre-Dame, et qu'il avoit considéré avec attention, se réveilla dans son esprit ; il rappela dans sa mémoire ce capitaine fameux par tant de combats, par la prise de tant de villes, et sur le point de triompher des Pays-Bas ; il voyoit alors son cadavre, après mille indignités, attaché à un infâme gibet. Ces réflexions lui firent admirer la profondeur des jugemens de Dieu, la foiblesse de notre condition, dont les bornes si étroites devroient bien nous refroidir sur nos vastes projets, et nous renfermer à tous momens dans la pensée de ce qui nous doit arriver un jour.

Le maréchal de Montmorency, par sa retraite, avoit évité le massacre ; ce qui fut le salut de toute sa maison, si utile à l'Etat. Il fit enlever de nuit ce malheureux cadavre d'un lieu si infâme, le fit apporter à Chantilly et cacher dans un lieu secret, enfermé dans un cercueil de plomb, défendant qu'on le mît dans la chapelle, de peur qu'on ne l'en vînt tirer : on le porta depuis à Châtillon-sur-Loing, dans le tombeau de ses ancêtres.

[1573] Après ces temps malheureux, de Thou quitta la maison de son père, et vint loger chez Nicolas de Thou son oncle, conseiller au parlement, qui en avoit une fort belle dans le cloître Notre-Dame, dont il étoit chanoine. Elle avoit été bâtie par Guillaume Briçonnet, évêque de Meaux, fils du cardinal Briçonnet : il fut aussi chanoine de la même église, et demeura quatorze ans de suite dans cette maison. Son oncle fut pourvu quelque temps après de l'évêché de Chartres, par le décès de Charles Guillard. Ce fut dans la maison de son oncle que de Thou commença sa bibliothèque, qu'il augmentoit tous les jours, et qui devint depuis si nombreuse. Destiné à l'état ecclésiastique, et regardé comme le successeur de Nicolas de Thou, il se donna entièrement à l'étude du droit canonique, et à la lecture des auteurs grecs.

Il apprit dans ce temps-là que Paul de Foix, personnage d'un rare mérite, et distingué depuis peu par ses ambassades d'Angleterre et de Venise, étoit prêt à partir pour aller, de la part du Roi, remercier le Pape et les autres princes d'Italie qui avoient envoyé féliciter Sa Majesté sur l'élection de son frère au royaume de Pologne, et qu'il devoit de là passer en Allemagne et en Pologne. Comme il avoit une grande passion de voir l'Italie, il ne voulut pas négliger une si belle occasion; et s'étant fait recommander à Paul de Foix par son beau-frère de Cheverny, chancelier du roi de Pologne, il alla le joindre à Gien avec Christophe-Auguste de Thou son cousin germain, et avec messieurs de Marle et de La Borde-Arbaleste.

Il est à propos de faire connoître ici cet homme illustre, à qui de Thou témoigne avoir tant d'obligation, et de marquer quelques particularités de sa vie. Il étoit de l'ancienne maison de Foix ou Fox, comme on le trouve dans les anciens titres, et issu des comtes de Carmain (¹); car cette maison est divisée en plusieurs

---

(¹) *Des comtes de Carmain.* Les comtes de Carmain n'étoient Foix que par les femmes.

branches. Son père lui laissa peu de bien pour un homme de sa naissance, et ce bien étoit fort embarrassé de procès; ce qui fut cause qu'on le destina à l'Eglise. Comme il avoit fait ses humanités avec une merveilleuse facilité, il parloit fort bien la langue grecque, et écrivoit en latin élégamment; avec un esprit propre à toutes les sciences, il étudia le droit, qu'il apprit en peu de temps, et s'y attacha toute sa vie, préférant les sentimens de Cujas à ceux de tous les autres jurisconsultes. Depuis il s'appliqua entièrement à la philosophie, et principalement à celle d'Aristote, dont il honora toujours les sectateurs, entre autres, Daniel Barbaro, noble vénitien, qui disoit ordinairement, suivant de Thou, que, s'il n'étoit pas chrétien, il suivroit Aristote en toutes choses. Il eut pour interprètes de ce philosophe plutôt des amis que des maîtres, entre autres, Jacques Charpentier, qui s'est rendu célèbre dans l'école de Paris par ses leçons publiques et par ses querelles particulières avec Ramus. Il eut encore Augustin Nypho, petit-fils de ce fameux philosophe de Sessa, qu'il prit dans sa maison avec plusieurs autres savans, comme Charles Utenhove, Hubert Giffen, et Robert Constantin, qui méritèrent par leurs écrits l'estime de leur siècle et de la postérité.

Depuis que de Foix eut quitté le parlement de Paris pour s'attacher aux négociations, il partageoit si bien son temps, qu'après avoir fini ses affaires, auxquelles il s'appliquoit avec une grande exactitude, il employoit le reste du jour à l'étude, de sorte qu'il ne perdoit pas un moment. Il avoit chez lui un jeune domestique qui, devant quelqu'un des savans de sa suite, lui lisoit toujours quelque endroit, ou des jurisconsultes, ou d'Aristote, ou de Cicéron, dont il avoit presque toujours les ouvrages entre les mains. Il en usoit ainsi, ou pour soulager sa vue, ou pour exercer sa mémoire; mais il écoutoit avec tant d'application, qu'après la lecture il répétoit et expliquoit ce qu'on venoit de lire. Ainsi le lecteur et ceux de sa maison qui l'écoutoient, non-seulement s'instruisoient par ses savantes réflexions, mais enrichissoient encore leur mémoire et se formoient le jugement.

Cette manière d'étudier l'avoit accoutumé à des idées si claires et si précises, que tout ce qu'on lui avoit dit et tout ce qu'il avoit répondu, lorsqu'il traitoit des plus importantes affaires avec les princes et les ministres des rois, demeuroit gravé dans son esprit, et qu'il le faisoit transcrire de suite, sans oublier la moindre circonstance. Comme il ne lisoit jamais, il n'écrivoit point non plus, sinon dans les cas où le secret ne pouvoit se confier à personne.

On n'ajoutera rien ici de son souverain amour pour la vertu, de son zèle pour l'Etat et pour le bien public, de son aversion pour le vice et pour les séditieux, de l'élévation de son génie, de ses soins, de sa candeur, et de sa foi inviolable pour ses amis. Toutes ces vertus étoient tellement réunies dans ce grand homme, elles y étoient jointes à tant de noblesse, qu'on ne pouvoit s'empêcher de l'aimer ou de l'admirer : ajoutez un air vénérable répandu sur son visage, un port majestueux, un accueil obligeant, un entretien plein de douceur et de gravité, sans bassesse et sans flatterie. Avec ces qualités, qui devoient lui gagner tous les cœurs, il ne plaisoit point à la Cour. Il n'eut pas de peine à s'en apercevoir, et ne se sentant pas né pour rester inutile dans une une vie privée avec de si grands talens, il fut presque toujours occupé dans les ambassades comme dans un exil honorable qu'il s'étoit choisi. De Thou disoit souvent que si de Foix avoit lieu d'être satisfait de lui-même, et s'il contentoit tout le monde dans tout ce qu'on pouvoit attendre d'une vertu aussi pure et aussi parfaite que la sienne, pour lui il ne seroit jamais satisfait des éloges qu'il lui pourroit donner, parce que tout ce qu'il en diroit seroit toujours fort au-dessous de ce qu'il en pensoit.

Lorsqu'il le vint saluer à Gien, il trouva Arnaud d'Ossat [1] auprès de lui. De Foix, prêt à partir pour l'Italie, avoit pris d'Ossat dans sa maison, et l'avoit tiré du barreau, qu'il suivoit pour cultiver la science du droit qu'il avoit apprise de Cujas. Quelques années auparavant, d'Ossat, qui avoit étudié sous Ramus au collége de Presles, avoit soutenu sa doctrine, comme il paroît par quelques dissertations de Charpentier sur la méthode, contre les sentimens d'Ossat.

Cependant d'Ossat n'avoit point pris de parti dans les querelles violentes et les injures personnelles de Ramus et de Charpentier, qui ont tant fait de bruit. Comme il étoit très-judicieux, et qu'il n'avoit pas moins d'amour pour la vérité que de reconnoissance pour son maître, il avoit embrassé la doctrine d'Aristote, malgré la censure juste ou injuste de Ramus.

Il expliquoit alors Platon à Paul de Foix; mais comme les écrits de ce divin philosophe, quoique pleins

---

[1] *Arnaud d'Ossat*. Il devint cardinal après avoir rendu à Henri IV les plus signalés services. Son livre contre Charpentier est intitulé : *Expositio Arnaldi Ossati in disputationem Jacobi Carpentarii de methodo*.

de fleurs et d'une agréable variété, sont coupés de digressions tirées de loin, de récits pris de la fable, d'interrogations et de réponses dans le goût des dialogues, de Foix, accoutumé à la précision d'Aristote, qui ne s'écarte jamais de son sujet, se servoit de d'Ossat, qui lui développoit pendant le chemin les vrais sentimens de Platon; ce que de Foix répétoit ensuite. Cela ne se passoit qu'entre eux; mais quand on étoit descendu de cheval, il faisoit appeler de Thou et ceux qui mangeoient à sa table.

Tandis qu'on apprêtoit le repas, François Choësne, qui lui servoit de lecteur, et qui fut depuis président à Chartres, lui lisoit devant d'Ossat les sommaires de Cujas sur le Digeste. Comme ces sommaires étoient fort concis, de Foix les expliquoit exprès plus amplement, dans la vue que Cujas, en étant averti, s'étendît davantage sur le Code : ce que ce grand jurisconsulte fit par un ouvrage plus étendu qu'il dédia à de Foix. On peut voir dans la préface combien ce grand homme, qui ne donnoit rien à la faveur, avoit d'estime pour lui. Après le repas, de Foix se faisoit lire par le même Choësne les Commentaires d'Alexandre Piccolomini sur les secrets de la physique. C'étoit ce que lui et d'Ossat expliquoient alternativement avec le plus de plaisir.

Le premier des princes d'Italie qu'ils visitèrent, fut Philibert-Emmanuel, duc de Savoie, qu'ils trouvèrent malade d'une fièvre quarte. Ce prince étoit venu de Nice à Turin, et laissoit le soin de presque toutes ses affaires à la duchesse Marguerite [1] son épouse, qui avoit

[1] *La duchesse Marguerite.* Elle étoit sœur de Henri II, père de Charles IX. C'étoit aux fêtes célébrées pour son mariage que ce monarque avoit été blessé à mort.

autant d'esprit que de vertu. De Foix, connu de cette princesse avant et depuis qu'elle fut mariée, et rempli pour elle d'une estime respectueuse, passa quelques jours à Turin. Le commerce des belles-lettres fit lier à de Thou dans cette Cour une amitié fort étroite avec Guy du Moulin (1) de Rochefort, du pays Blaisois, et déjà fort âgé. Après son retour en France, il continua ce commerce par la liaison qu'il eut avec le frère de Rochefort, et le renouvela quelques années après avec lui-même à Bâle, où ce savant homme mourut. La connoissance de l'histoire naturelle, que Rochefort expliquoit avec beaucoup d'agrément, et qu'il enrichissoit par la solidité de son jugement, de plusieurs expériences, l'avoit mis fort bien dans l'esprit du duc et de la duchesse, qui le distinguoient autrement qu'un médecin, profession qu'il exerçoit néanmoins avec assez de succès.

Le duc ayant fait préparer une barque, de Foix descendit par le Pô à Casal avec toute sa suite. Cette ville est la capitale du Montferrat, et renommée par la force de sa citadelle. Ce fut de là que de Thou, qui prit congé de Paul de Foix, alla avec ses amis faire une promenade de deux jours dans le Milanais. Avant que d'entrer dans Pavie, ils s'arrêtèrent dans ce lieu funeste où François I avoit combattu et avoit été fait prisonnier. Il y allèrent voir la Chartreuse, qui passe dans l'Europe pour la plus belle, et qui est célèbre par les tombeaux des vicomtes de Milan. Là il apprit du plus ancien chartreux, qu'il interrogea curieusement, suivant sa coutume, une particularité digne d'être sue, et

---

(1) *Guy du Moulin.* Il étoit médecin du duc et de la duchesse de Savoie.

qu'il mit sur son journal, ne croyant pas qu'elle eût été remarquée ailleurs. Ce bon religieux lui dit que le Roi ayant été pris proche des murs de leur couvent, que le canon avoit renversés, fut conduit par une brèche dans leur église ; que là s'étant mis à genoux devant le grand autel, dans le temps que les religieux étoient au chœur, et qu'ils chantoient le psaume 118, après qu'ils eurent achevé le verset 70 et fait la pause ordinaire, le Roi les prévint, et dit par cœur à haute voix le verset suivant, qui se rencontroit si à propos pour sa consolation : « Seigneur, il m'a été très-utile que vous m'ayez humilié, afin que j'apprenne à observer vos commandemens (1). »

Quand de Thou eut vu les églises de Pavie il vint à Milan, et de là par Lodi à Plaisance, où de Foix étoit déjà descendu par le Pô, et d'où il alla à Mantoué saluer le duc Guillaume. Ce fut là que de Thou connut Camille de Castiglione, fils de ce comte Balthasar Castiglione, qui s'est rendu si fameux par son savoir, par ses poésies, et principalement par son *Homme de Cour,* qu'il a fait d'imagination, comme Cicéron a fait son *Orateur.* Camille étoit si semblable à son père par sa sagesse, par ses inclinations, par son visage et sa taille, qu'il sembloit que le fils fût le père même.

Entre autres raretés qu'Isabelle d'Est, grand'mère des ducs de Mantoue, princesse d'un excellent esprit, avoit rangées avec soin et avec ordre dans un cabinet magnifique, on fit voir à de Thou une chose digne d'admiration; c'étoit un Cupidon endormi, fait d'un riche marbre de Spezzia par Michel-Ange Buonarotti,

---

(1) *Seigneur, il m'a été très-utile,* etc. *Bonum mihi quia humiliasti me, ut discam justificationes tuas.*

cet homme célèbre qui de ses jours avoit fait revivre
la peinture, la sculpture et l'architecture, fort négli-
gées depuis long-temps. De Foix, sur le rapport qu'on
lui fit de ce chef-d'œuvre, le voulut voir. Tous ceux de
sa suite, et de Thou lui-même, qui avoit un goût fort
délicat pour ces sortes d'ouvrages, après l'avoir considéré curieusement de tous les côtés, avouèrent tout
d'une voix qu'il étoit infiniment au-dessus de toutes les
louanges qu'on lui donnoit.

Quand on les eut laissés quelque temps dans l'admiration, on leur fit voir un autre Cupidon qui étoit enveloppé d'une étoffe de soie. Ce monument antique,
tel que nous le représentent tant d'ingénieuses épi-
grammes que la Grèce à l'envi fit autrefois à sa louange,
étoit encore souillé de la terre d'où il avoit été tiré.
Alors toute la compagnie comparant l'un avec l'autre,
eut honte d'avoir jugé si avantageusement du premier,
et convint que l'ancien paroissoit animé; et le nouveau
un bloc de marbre sans expression. Quelques personnes de la maison assurèrent alors que Michel-Ange,
qui étoit plus sincère que les grands artistes ne sont
ordinairement, avoit prié instamment la comtesse Isabelle, après qu'il lui eut fait présent de son Cupidon,
et qu'il eut vu l'autre, qu'on ne montrât l'ancien que
le dernier, afin que les connoisseurs pussent juger en
les voyant, de combien, en ces sortes d'ouvrages, les
anciens l'emportent sur les modernes.

De Mantoue on se rendit à La Mirandole, où L'Ar-
tuisie, connu depuis dans les guerres civiles, commandoit une garnison de Français. De Foix y fut reçu avec
beaucoup de politesse par Fulvie de Corregio, veuve
et mère des Pic, princes de La Mirandole. Il n'y sé-

journa que deux jours; de là passant à Concordia, ville de cette principauté, il se rendit à Ferrare. Le duc Alfonse lui fit un accueil favorable, et à tous ceux de sa suite, qui ne trouvèrent point de différence entre cette Cour et celle de France, tant ce prince, allié de nos rois et élevé dans leur Cour, en avoit pris les manières. De Foix voulut avoir un entretien avec François Patrici de Dalmatie, qui y expliquoit Aristote d'une façon singulière et fort éloignée des précédentes interprétations. Aussi l'accusoit-on de vouloir introduire de dangereuses nouveautés, comme il paroît par quelques-unes de ses dissertations imprimées. De Thou le vit aussi, mais il ne lui parla pas.

De là, de Foix fut conduit à Venise, dans une galère que le duc de Ferrare avoit fait parer magnifiquement. Il entra de nuit dans cette ville par le grand canal, et par un si beau clair de lune que lui et toute sa suite furent charmés de voir dans la mer l'image de ces beaux édifices qui bordent ce canal des deux côtés; spectacle qui les fit souvenir de ce que dit Philippe de Comines, seigneur d'Argenton, ambassadeur à Venise du temps de Charles VIII, que c'est le plus beau village de l'Europe.

De Foix alla loger chez du Ferrier [1], ambassadeur

---

[1] *Du Ferrier.* Arnauld du Ferrier, né à Toulouse en 1508. Il fut un des plus grands jurisconsultes de son temps. Henri II le nomma président au parlement de Paris. Dans l'affaire de du Bourg, il donna lieu de soupçonner ses sentimens sur la religion. Cela n'empêcha pas qu'il ne fût envoyé comme député de la France au concile de Trente. Il y attaqua vivement les prétentions de la cour de Rome. Obligé de quitter le concile, il fut nommé ambassadeur à Venise. Henri III le disgracia, et il alla trouver le roi de Navarre qui le fit son chancelier. Alors il embrassa publiquement le calvinisme. Il mourut en 1585.

de France; ceux de sa suite se logèrent aux environs: pour de Thou, il prit un appartement dans l'auberge de dona Justina, qui lui avoit été destiné par du Ferrier, ami particulier du premier président son père. L'ambassadeur lui avoit choisi cette maison, parce que Justina étoit la seule femme de sa profession qui passât pour ne point faire certain commerce. De Foix fut conduit à l'audience par du Ferrier, suivant l'usage, et fut reçu fort honorablement par le sénat, tant par rapport à sa naissance, que par rapport à l'estime qu'il s'étoit acquise dans son ambassade ordinaire auprès de la République

Cependant les amis que de Foix avoit à Rome lui mandoient qu'il auroit de la peine à être bien reçu du Pape; que le Saint Père n'avoit pas oublié la mercuriale (1) où l'on avoit accusé de Foix, ni sa condamnation par les commissaires; que, quoiqu'ils l'eussent jugé contre les formalités ordinaires, et qu'il eût été depuis absous par le parlement assemblé, cela n'empêcheroit pas qu'on ne l'inquiétât encore. Là dessus il jugea à propos de s'arrêter quelque part pour recevoir de nouveaux ordres du Roi, et pour attendre que ceux qui s'étoient chargés de son affaire à la cour de Rome lui ménageassent un accès favorable. Pour cela il choisit Padoue, la plus forte place des Vénitiens en terre ferme, fameuse d'ailleurs par les plus célèbres professeurs en toutes sortes de sciences.

Il s'y retira avec de Thou, qui ne le quittoit guère, et avec ceux de sa suite qui n'étoient pas allés voir le pays. Pendant ce séjour, de Thou prit le temps, avec

(1) *La mercuriale*. Il s'agit de la fameuse séance du parlement de Paris où Henri II fit arrêter Anne du Bourg.

son cousin germain, de voir le pays des Vénitiens qui est en deçà des montagnes. Il visita Vicence, Peschiera, le fameux lac de Garde, Vérone, célèbre par son ancienneté et par les tombeaux des Scaliger, originaires du pays; Bresse, voisine et alliée de Vérone, et la patrie de Catulle; Bergame, qui s'étend du côté des montagnes, d'où il revint, par Crème, Este et Crémone, à Padoue.

Jérôme Mercurial, de Forli dans la Romagne, y enseignoit encore [1]. Il s'étoit fait un grand nom par son savoir et par ses écrits, dont la plupart avoient été rendus publics par ses disciples. De Thou lia une étroite amitié avec lui. Il n'y avoit pas long-temps que Mercurial étoit revenu de la cour de l'empereur Maximilien; depuis il fut appelé par le Grand-Duc à la cour de Florence, où il eut des appointemens. Il enseigna long-temps la médecine dans l'université de Pise, et revint enfin à Florence, où il vécut jusqu'à un âge fort avancé.

Nypho étoit aussi à Padoue, et y expliquoit Aristote. Il vouloit soutenir la réputation de son grand-père, et celle que lui-même s'étoit acquise à Paris, où il avoit enseigné avec un grand concours d'auditeurs, dans le temps qu'il étoit à Paul de Foix. C'étoit un homme insociable, médisant et jaloux, qui ne louoit personne. Il étoit piqué contre Jules-César Scaliger, de ce qu'il n'avoit pas fait assez de cas de son grand-père Nypho, et que, dans ses discours ordinaires, il lui préféroit Pomponace son maître. Comme la réputa-

---

[1] *Y enseignoit encore.* Il enseignoit la médecine. On a de lui des notes sur Hippocrate, et des traités intitulés : *De arte gymnasticá, de morbis mulierum.*

tion de Jules étoit trop bien établie pour qu'il pût médire de son esprit ni de sa doctrine, il se déchaîna contre Joseph Scaliger son fils. Le mérite de l'un et de l'autre étant au-dessus de la calomnie, il les attaqua sur leur naissance. Ayant appris que de Thou étoit des amis particuliers du fils, il le tira à part, et, avec un grand discours de déclamateur, il tâcha de persuader à ce jeune homme, qui d'ailleurs n'étoit pas crédule, que Jules Scaliger étoit fils de Benoît Bourdon, ou Bourden, et qu'il avoit pris mal à propos le nom de L'Escale, ou de Scaliger. Ce fut lui qui donna lieu à cette fable, que d'autres esprits aussi malins appuyèrent depuis, à leur honte, dans de grands livres dignes d'être lacérés par la main du bourreau.

Quand les ministres de France et les amis de Paul de Foix lui eurent mandé qu'on le recevroit bien à Rome, il partit de Padoue sur la fin de l'hiver, et, passant par Buigo et Lignago, il arriva à Bologne, première ville de l'Etat ecclésiastique. Alessandro d'Allarmi, accompagné de la principale noblesse de la ville, vint au-devant de lui avec un grand cortége de carrosses, et lui offrit son logis, qu'il fut enfin obligé d'accepter, après s'en être défendu quelque temps. De Foix, dans le séjour qu'il y fit, fut traité avec toutes les marques de distinction, et visité par tous les Ordres de la ville.

Charles Sigonius l'y vint saluer. Ce savant homme avoit eu plusieurs contestations avec François Robortel d'Udine, qui étoit mort alors. Fatigué de la vexation des Allemands du parti de Robortel, il avoit quitté Padoue, où il avoit d'abord fixé ses études, et s'étoit retiré à Bologne à la prière de Jacques Buoncompagnon. Il y composa, avec bien du jugement et une grande exactitude, l'histoire de Rome du dernier siècle, qu'il dédia à Buoncompagnon. Dès le temps qu'il étoit à Padoue, il avoit donné au public l'histoire de Rome du siècle précédent, et plusieurs autres ouvrages dignes de passer à la postérité.

Durant son séjour à Bologne, de Thou ne le quitta guère. Comme Sigonius avoit de la peine à s'exprimer en latin, de Thou fut obligé, pour ne se pas priver de sa conversation, de parler italien le mieux qu'il put. Sigonius lui avoua enfin qu'il étoit l'auteur, non seulement des livres du *Sénat Romain*, imprimés sous le nom de Jean Zamoïski, palatin de Belzki, seigneur d'une réputation fort établie, mais encore de la *Pologne* de Pierre Crazinski, et du *Commentaire* sur les lois des Romains touchant la distribution des terres (*leges agrariæ*), donné sous le nom de Bernardin Lauretano. De Thou vit encore les *Mémoires d'Ulysse Aldobrandin sur l'histoire naturelle*.

De Bologne on se rendit à Florence par l'Apennin, qui étoit tout couvert de neiges. A peine l'eut-on descendu, qu'on entra dans un pays si doux et si agréable, qu'il sembloit que l'on fût dans un autre climat, quoiqu'il soit au pied de ces affreuses montagnes. Le prince François de Médicis alla au-devant de Paul de Foix, et le conduisit dans le palais où il logeoit avec Jeanne d'Autriche sa femme. Le grand duc Côme son père vivoit encore, et s'étoit retiré dans le palais Piti, qui étoit joint à l'autre par une galerie couverte, bâtie sur la rivière d'Arne. Il avoit confié les soins du gouvernement à son fils, et s'en étoit réservé le titre et les honneurs. De Foix, avec toute sa suite, alla le saluer. Il le trouva dans une grande salle auprès du feu, en bonnet de nuit. Côme avoit été fort bel homme; mais il avoit alors la couleur du visage jaunâtre et brune, et étoit frappé de la maladie dont il mourut peu de temps après. Comme il entendoit avec peine et parloit de même, Camille Martelli, qu'il avoit épousée après la mort d'Eléonor de Tolède sa première femme, ne l'abandonnoit point. Elle lui faisoit entendre ce qu'on lui disoit, et répondoit souvent pour lui.

Antoine-Marie Salviati, évêque de Saint-Papoul, depuis cardinal, ne quittoit point de Foix, non plus que Robert Ridolfi, qui s'étoit sauvé depuis peu d'Angleterre, où le Pape l'avoit envoyé pour quelques négociations secrètes avec Marie reine d'Ecosse. Pierre Vittori, vieillard vénérable, venoit encore souvent lui rendre visite, et quand de Foix étoit occupé, il entretenoit ordinairement de Thou.

Il se plaignoit qu'on commençoit à négliger les belles-lettres en Italie; il dit qu'il donneroit volontiers plusieurs ouvrages au public, s'il ne craignoit qu'on ne les estimât pas ce qu'ils valoient : il ajouta que les imprimeurs étoient ignorans et paresseux; que depuis quelques années il avoit mis son Æschyle, corrigé et augmenté, entre les mains d'un jeune Français assez savant (c'étoit Henri Etienne dont il parloit), qui, après l'avoir fait attendre long-temps, s'étoit acquitté de l'impression fort négligemment; qu'il avoit fait aussi plusieurs notes tirées des anciens, sur les lettres de Cicéron à ses amis, et principalement à Atticus; qu'il appréhendoit fort de perdre cet ouvrage dans un siècle si malheureux.

Il mena de Thou à la bibliothèque de Saint-Laurent, et lui fit voir un gros volume, qu'on appelle *l'Océan*, et qui est un recueil manuscrit des interprètes grecs d'Aristote, avec un Virgile écrit en lettres capitales. Il déplora en même temps la dissipation de la fameuse bibliothèque de Médicis, que le malheur des séditions avoit fait transporter à Rome, et même hors d'Italie. C'est la même que Catherine de Médicis acheta depuis, et qu'elle fit apporter en France malgré l'opposition du Grand-Duc. Elle la garda en particulier tant qu'elle vécut, ayant un bibliothécaire à ses gages. Après sa mort, de Thou en augmenta la bibliothèque du Roi, qu'il enrichit de ce trésor, acheté des créanciers de la Reine.

Le livre des Pandectes ne courut pas la même fortune. Ceux de Pise le trouvèrent autrefois à Constantinople, et l'apportèrent d'abord à Pise, d'où on le transféra à Florence, où il fut mis dans la maison de ville ; ce qui l'empêcha d'avoir le même sort que la bibliothèque de Médicis. Depuis on l'a conservé avec grand soin dans le palais, avec les raretés les plus précieuses du Grand-Duc. De Thou, qui le feuilleta, remarqua, par l'ancienneté des caractères et par la reliûre, que c'étoit l'original de tous les exemplaires que nous en avons; car la transposition qu'on y voit aujourd'hui sur la fin, paroît visiblement tirée de celui-ci, suivant la remarque d'Antoine Augustin : ce qui fit ressouvenir de Thou de la passion de Cujas pour voir ce livre. Cujas lui avoit souvent dit qu'il consigneroit volontiers deux mille écus pour pouvoir s'en servir durant l'espace d'un an, afin de réformer les Pandectes; car, quoique l'édition de Lélio Taurelli paroisse fort exacte, cet homme savant et laborieux prétendoit avoir découvert dans l'original, par ses propres lumières et

par son examen, beaucoup de choses qui avoient pu
échapper à Taurelli, et même des fautes d'impression.
Etant à Turin, il avoit fait son possible pour se satisfaire là-dessus; il avoit employé le crédit du duc et de
la duchesse de Savoie, auxquels il en avoit parlé, et
qui s'étoient offerts d'être sa caution envers le Grand-
Duc; mais ce prince avoit toujours répondu que le livre ne sortiroit point du lieu où il étoit; que si Cujas
vouloit venir à Florence, il seroit content de lui, et
le maître absolu du livre : ce qui fit dire à Cujas qu'il
ne lui manquoit que cette satisfaction pour perfectionner la connoissance qu'il avoit de la jurisprudence, et
que son regret là-dessus lui dureroit jusqu'à la mort.

De Thou vit encore à Florence Georges Vazari d'A-
rezzo, excellent peintre et architecte, qui le conduisit
partout. Il remarqua les portraits de Jean et de Garcia de Médicis, fils du Grand-Duc. Ayant su leur sort
funeste [1] assez confusément, il pria Vazari en particulier de lui dire si ce qu'il en avoit appris étoit véritable. Celui-ci ne répondit que par un silence qui
marquoit assez la vérité de ce qu'on en disoit en secret. Il ajouta néanmoins que Côme n'avoit rien fait
qu'avec justice; mais qu'il avoit caché cet accident autant qu'il avoit pu, de peur que, dans les commencemens de sa domination, ses ennemis ne saisissent cette
occasion de le rendre odieux.

De Florence on vint à Sienne, où le souvenir des
Français étoit encore récent. De Thou, qui songeoit
déjà à écrire l'histoire de son temps, en visita la situa-

---

[1] *Leur sort funeste.* Jean et Garcia, fils de Côme, se haïssoient.
Garcia tua Jean à la chasse, et Côme punit ce crime en le faisant périr.
Ce sujet a fourni une tragédie au célèbre Alfieri.

tion exactement, pour se former par la connoissance des lieux une plus juste idée du long siége de cette ville. De Foix, dans le séjour qu'il y fit, alla voir Alexandre Piccolomini, vénérable vieillard. Comme il ne s'étoit point fait annoncer, et qu'il le surprit, il le trouva seul appuyé sur son oreiller, retouchant ses Commentaires sur Aristote. Piccolomini fit à de Foix de grands remercîmens de l'honneur de sa visite, et des excuses de l'absence de ses domestiques. Après que de Foix se fut assis, et que Piccolomini eut prié ceux de sa suite, dont étoit de Thou, de s'asseoir aussi, ce vieillard leur parla long-temps de ses études. Il leur dit que dans un âge où les divertissemens, même les plus innocens, ne lui étoient plus permis, il goûtoit les fruits de ses études avec beaucoup de plaisir : il ajouta qu'il ne disoit pas cela seulement pour faire voir la consolation qu'il avoit trouvée dans sa vieillesse, mais pour faire connoître, par son exemple, aux jeunes gens qui étoient présens, combien il est utile de ne se pas abandonner à l'oisiveté, mais de s'appliquer à l'étude.

[1574] De Sienne, de Foix prit le chemin de Lucques, chargé des lettres du Roi et du nouveau roi de Pologne pour la République et pour les principaux de la noblesse, qui étoient la plupart de leurs amis. Ils le reçurent, et toute sa suite, non-seulement comme un ambassadeur, mais comme leur ami particulier. De là il se rendit à Rome en trois jours, après avoir passé par Montefiascone et par Viterbe, d'où il alla voir Bagnarea, que le cardinal Gambara a fort embelli, et qui est célèbre par l'abondance de ses fontaines, et par ses eaux artificielles.

Dé Foix entra de nuit à Rome par Pontemolle, et fut conduit à l'audience secrète du Pape par l'ambassadeur ordinaire. Quelques jours après il eut audience publique, où de Thou et les principaux de sa suite furent admis à baiser les pieds de Sa Sainteté.

Alors par un grand abus, et sans égard pour l'honneur de la France et pour de Foix, son procès de la mercuriale, terminé il y avoit plus de douze ans, fut examiné de nouveau et renvoyé à une congrégation de cardinaux. On le peut excuser de s'être soumis à leur jugement, sur ce qu'ayant passé par Avignon pour voir le cardinal d'Armagnac son proche parent, qui lui avoit promis de lui résigner ses grands bénéfices (comme il fit effectivement depuis), ce vieillard, âgé de près de quatre-vingts ans, avoit exigé de lui, avant toutes choses, qu'il finît ses affaires à la cour de Rome. D'ailleurs des personnes malintentionnées [1] et qui ne l'aimoient pas, lui avoient fait espérer malicieusement que son affaire seroit bientôt terminée, s'il la remettoit entre les mains du Pape. Ainsi il fut la victime de sa bonne foi, qui l'engagea dans un labyrinthe d'affaires dont il eut toutes les peines imaginables de sortir au bout de dix ans.

Il ne faut pas oublier ici une particularité remarquable, dont de Thou, qui en avoit oublié la date, n'a point parlé dans son histoire générale, quoiqu'elle soit marquée dans ses recueils. On y trouve que de Foix, fatigué de la manière indigne dont on le traitoit dans cette Cour, et de ses sollicitations inutiles auprès des cardinaux, alla trouver un jour le cardinal Prosper

---

[1] *Des personnes malintentionnées.* Principalement le cardinal Pellevé.

de Sainte-Croix (¹) de la faction de France, et qu'il lui demanda son conseil, pour pouvoir sortir, à son honneur et sans se brouiller avec le Pape, d'une affaire si honteuse pour lui, et où le Roi n'avoit point de part.

Au commencement de nos guerres civiles, Sainte-Croix avoit été nonce en France, et nommé ensuite cardinal, à la recommandation de la Reine. Instruit des secrets de l'Etat, il avoit traité les intérêts du Pape et de cette princesse avec une prudence et une fidélité particulières, ainsi que le témoigne le duc de Nevers dans les Mémoires de son ambassade auprès de Sixte v. Comme il avoit conservé la même affection, et qu'il savoit que la Reine avoit une grande considération pour de Foix, qui lui devoit sa fortune et ses emplois, il le mena dans une grotte de sa vigne, un jour que les chaleurs étoient déjà fort grandes, quoiqu'on ne fût qu'au commencement de mai. Il voulut que de Thou fût du secret et qu'il les y accompagnât; il le considéroit par rapport à l'amitié qu'il avoit faite en France avec le président de Thou son père. Là, après s'être étendu sur son sincère attachement pour le Roi et pour la Reine, et sur son estime particulière pour la vertu et pour le mérite de Paul de Foix, il lui dit :

« Vous m'obligez, monsieur, de découvrir en votre faveur des secrets que l'on voile ici d'un religieux silence, et de vous faire connoître l'esprit de cette Cour, et la sévérité dont elle use avec les étrangers lorsque l'occasion s'en présente et qu'elle n'a rien à craindre. Elle n'a pas de plus grande joie que d'embarrasser, par

(¹) *Le cardinal Prosper de Sainte-Croix.* Ce cardinal avoit été nonce en Portugal. On a de lui des lettres sur l'histoire des premières guerres de religion. Ce fut lui qui apporta en Italie l'usage du tabac.

la longueur de ses délais et de sa procédure éternelle, quelque personne de distinction qui s'est soumise à son jugement. L'éclat que cela fait dans le monde fait naître dans les esprits une crainte respectueuse de son autorité; cependant cette sévérité n'a lieu qu'autant que la foiblesse ou la crainte qu'inspire la religion la font valoir : quand il se trouve un prince assez ferme pour s'exempter de ces bassesses, alors on use d'adresse et de déguisement avec |lui, et toute cette rigueur disparoît. Sachez donc que le respect qu'on a pour cette Cour n'est fondé que sur l'opinion des hommes et sur leur patience : ce qui perdroit les autres Etats, comme a fort bien remarqué un rusé Florentin, fait subsister celui-ci. Ce que j'ai l'honneur de vous dire est une marque de ma confiance; que ce m'en soit une de votre discrétion et de celle de la personne qui vous accompagne, quoiqu'elle soit encore jeune; je vous prie instamment que personne ne le sache. Je suis fâché que vous ne m'ayez pas demandé au commencement ce que vous me demandez aujourd'hui; vous auriez évité, par une autre conduite, ce que vous aurez bien de la peine à réparer par la soumission.

« Je veux cependant, pour vous instruire, vous faire part d'un fait arrivé ici il n'y a pas long-temps. Vous avez connu Galéas de Saint-Séverin, comte de Cajazzo, que l'on m'a dit être mort en France depuis peu; il avoit gagné les bonnes grâces du roi Très-Chrétien, et avoit supplanté Adrien Baglioni, qui vient de mourir, et qui étoit frère de ce brave Astor, qui a défendu Famagouste en Chypre, et que les Turcs ont fait massacrer inhumainement. Dans vos dernières guerres, le Roi fit Saint-Séverin colonel de la cavalerie légère de

France. Après la paix faite, il y a plus de quatre ans, Saint-Séverin vint à Bologne pour voir ses parens, recueillir le peu de bien qu'il avoit dans le pays, et le transporter en France. Ceux qui s'en étoient emparés, appréhendèrent qu'il n'y rentrât; et, par intérêt, ou en haine de la nouvelle religion, qu'ils l'accusoient de professer, ils le déférèrent à l'Inquisition. Aussitôt on l'arrêta et on le conduisit à Rome.

« A cette nouvelle le Roi entra dans une furieuse colère, et dépêcha sur-le-champ à Rome Saint-Goart (¹), de la maison de Vivonne, homme de qualité parmi vous, et présentement ambassadeur en Espagne, à ce que j'ai appris. Ce prince le chargea expressément de redemander un homme qui étoit à son service, et sur qui personne n'avoit de juridiction que lui, avec ordre de le ramener à quelque prix que ce fût. Saint-Goart en arrivant exposa d'abord ses ordres à Sa Sainteté. Le Pape (²), qui ajoutoit à la sévérité de cette Cour la dureté de son naturel, lui répondit qu'il étoit surpris que le roi Très-Chrétien prît si fort les intérêts d'un hérétique qu'il devroit voir punir avec joie; que cependant, puisqu'il demandoit un criminel avec tant d'instance, il examineroit cette affaire avec attention, pour marquer au Roi les égards qu'il avoit pour sa demande.

« Saint-Goart, renvoyé avec cette réponse pour la première fois, demanda quelques jours après une nouvelle audience. Voyant qu'on la différoit de jour en jour, et qu'on renvoyoit cette affaire à une congréga-

---

(¹) *Saint-Goart.* Il est plus connu sous le nom de marquis de Pisani.

(²) *Le Pape* : Pie v.

tion de cardinaux, il dit que c'étoit avec douleur qu'il se voyoit forcé d'exécuter ses ordres, et de garder aussi peu de mesures qu'on en gardoit avec lui; que si dans trois jours on ne donnoit satisfaction au Roi, et si l'on ne lui remettoit son officier, il seroit obligé de se le faire rendre; qu'il le déclaroit à Sa Sainteté, afin de lui donner le temps d'examiner, avec sa prudence ordinaire, s'il étoit plus avantageux à sa dignité et à celle du Saint-Siége qu'il lui objectoit toujours, d'accorder ce qu'un roi Très-Chrétien, qui avoit tant mérité de l'Eglise, lui demandoit, ou de se brouiller avec lui par un déni de justice; que le Roi son maître ne pouvoit refuser sa protection à son officier, qui la lui demandoit, ni s'empêcher de croire qu'en le retenant en prison on ne voulût, de dessein formé, offenser Sa Majesté; que c'étoit au Pape à examiner promptement les intérêts de sa dignité et ceux du roi Très-Chrétien, parce que dans trois jours il se présenteroit sans demander audience.

« Au bout de trois jours, le Pape en ayant usé avec la même rigueur, il vit bien que Sa Sainteté vouloit éluder sa demande par la longueur et l'embarras de la procédure. Ainsi il lui déclara qu'il ne lui étoit plus permis de rester à Rome; que le Roi ne lui avoit donné que quinze jours pour attendre la résolution de Sa Sainteté; qu'ils étoient passés, et que ce temps avoit été suffisant pour se déterminer; que, puisqu'il n'avoit rien obtenu, il étoit enfin obligé de déclarer que le Roi lui avoit ordonné de retirer son ambassadeur et de le ramener avec lui (c'étoit Charles d'Angennes, évêque du Mans, qui depuis fut cardinal); que s'il arrivoit quelque affaire de conséquence, le Roi enverroit ses ambassadeurs; que cependant les affaires ordinaires se traiteroient par ses agens et par ses banquiers en cour de Rome. Après cette déclaration, sans attendre de réponse, il dit qu'au sortir de l'audience il alloit ordonner de la part du Roi à l'ambassadeur ordinaire, déjà averti, qu'il eût à le suivre dans deux jours.

« Ces paroles, prononcées par Saint-Goart avec une grande présence d'esprit et avec une liberté digne d'un vrai Français, mirent le Pape dans la nécessité pressante de rejeter ou d'acheter l'amitié du Roi : embarras semblable à celui du roi Antiochus, quand autrefois Popilius Lænas le pressa de la part du sénat par la description d'un cercle. Le vieux pontife, aussi lent que hautain, en fut extrêmement ému ; cependant il dit à Saint-Goart, qui se retiroit, qu'il y penseroit davantage, et que le Roi seroit satisfait.

« Quand il fut sorti, le Pape fit de grandes plaintes, s'emporta, demanda l'assistance de Dieu et des hommes, jeta les yeux de tous côtés, et s'écria que c'étoit fait de la religion, qu'il n'y avoit plus de liberté dans l'Eglise; qu'un jeune prince, qui portoit le nom de Très-Chrétien, prenoit par de mauvais conseils la défense des hérétiques, et, ce qui étoit de plus outrageant, lui avoit envoyé un ivrogne qui prétendoit par son audace effrontée lui donner la loi, et à tout le sacré collége. Après ces plaintes et plusieurs semblables, il consulta une seconde fois avec les plus sensés des cardinaux qu'il avoit nommés pour cette affaire; et, voyant que Saint-Goart se disposoit secrètement à exécuter ce qu'il avoit dit, il fut résolu qu'avant que ces contestations éclatassent, on lui rendroit incessamment Saint-Séverin; mais qu'on avertiroit Saint-Goart en particu-

lier de ne point parler de ses ordres, plus injurieux au
Saint-Siége qu'avantageux à Sa Majesté; que c'étoit
assez qu'il eût obtenu du Pape ce qu'il avoit demandé.

« Comme Pie v, dans sa colère, l'avoit plusieurs fois
appelé ivrogne, cela donna lieu de rechercher la vie
de Saint-Goart, et l'on trouva que non-seulement il
ne buvoit point de vin, mais qu'à peine buvoit-il trois
verres d'eau en une année.

« Si vous m'eussiez demandé conseil dès le commencement, ajouta Sainte-Croix, je vous aurois donné
ces instructions, non-seulement par rapport à votre
caractère, mais encore par rapport à notre amitié. Aujourd'hui que votre affaire a pris un autre tour par
l'artifice de ceux qui vous ont engagé, il ne vous reste
d'autre voie que celle de sortir d'ici le plus honorablement que vous pourrez, à la première occasion qui se
présentera. Un plus long séjour ne vous seroit pas seulement inutile, mais honteux au Roi et à votre dignité.
Quand vous serez de retour, tâchez d'employer l'autorité du Roi, qui, comme je viens de vous dire, a réussi
sous un autre pape, quoique dans une affaire bien dif-
férente. Sans cela tous vos ménagemens et toutes vos
soumissions seront inutiles : vous n'obtiendrez rien
que par des longueurs insupportables, et par une
perte de temps également désagréable et ruineuse. »

Après cela le cardinal de Sainte-Croix pria de Foix
de se souvenir du conseil, mais d'oublier celui qui le
lui donnoit.

Cependant, ce procès étant toujours entre les mains
des cardinaux, d'Ossat, jusqu'alors secrétaire de Paul
de Foix pour ses études, commença à s'appliquer aux
affaires. Il mit cette cause dans un si grand jour, et en

fit un mémoire si net et si exact, dont on donna des copies aux cardinaux, que les plus éclairés jugèrent que, s'il demeuroit long-temps à la cour de Rome, il s'y feroit connoître avec distinction, et parviendroit un jour aux plus grandes dignités.

Quelque temps auparavant, de Thou, qui en avoit demandé la permission à Paul de Foix, étoit parti pour Naples sur la fin de février, lorsque le printemps commence en ce pays-là. Après avoir passé par Velletri, Terracine et Fondi, première ville du royaume de Naples, il y arriva par cette caverne pleine de poussière décrite par Sénèque, et creusée dans la montagne Pausilippe. Il vit Jean-Baptiste Porta, connu par son *Histoire des choses cachées de la nature,* que l'auteur a augmentée depuis. De là il fit une promenade jusqu'à Salerne et Sorrento, admirant partout la douceur de l'air et la beauté du pays. Il vit Mergolino (1), lieu célèbre par le tombeau de Sannazar, et par celui de Virgile qui n'en est pas loin : l'aspect de la mer rend ce lieu fort agréable. Il se hâta de venir à Rome par Pouzzol et par les lieux remarquables d'alentour, mais si défait et si fatigué des mauvais gîtes, qu'il paroissoit plutôt revenir d'une longue et fâcheuse maladie que d'un voyage.

Les affaires de Paul de Foix n'interrompoient point ses études. D'Ossat, pendant les chaleurs de l'après-dînée, lisoit devant lui, et en présence des gentilshommes de sa suite, la Sphère d'Alexandre Piccolomini, et l'expliquoit alternativement avec de Foix, suivant leur coutume. De Thou étoit un des plus assi-

(1) *Mergolino :* Mergilina. C'étoit une maison de plaisance qui avoit appartenu au poète Sannazar.

dus à les entendre. Son séjour à Rome fut de six mois. Il les employa à lier amitié, selon sa coutume, avec les plus savans hommes, principalement avec Marc-Antoine Muret, dont il avoit entendu l'éloge de la bouche de Joseph Scaliger, et que Jules Scaliger, son père, n'estimoit pas moins qu'il en étoit estimé. Ainsi, tout le temps qu'il n'étoit point auprès de de Foix, qu'il quittoit fort peu, il le passoit auprès de Muret, auquel il demandoit son sentiment au sujet de tous les habiles gens qui étoient à Rome.

Muret lui apprit le malheur de Scipione Tettio de Naples, homme à son gré universel, mais qui, accusé d'athéisme, avoit été condamné aux galères, où peut-être il étoit mort. Il regrettoit aussi Aonius Palearius de Verulo [1], et Nicolas Le Franc de Bénevent, dont l'un, à ce qu'il disoit, avoit été brûlé pour son indiscrète ingénuité sur les matières de religion, et l'autre condamné à être pendu, sous le pontificat de Pie v, pour avoir parlé trop librement, au gré de la cour de Rome.

De Foix avoit été logé à Araceli, couvent de cordeliers au-dessus du palais de Saint-Marc, où le Pape venoit ordinairement durant les chaleurs; Muret, qui y venoit souvent, mena plusieurs fois de Thou chez Paul Manuce, qui ne quittoit plus le lit. De Thou vit encore Latino Latini, Laurent Gambara, et Fulvio Ursini, logé au palais Farnèse : c'est celui qu'il fréquenta le plus après Muret. Ottaviano Pantagolo, homme illustre entre les gens de lettres, étoit déjà mort, de même que Onufre Panvini son élève, et si

---

[1] *Palearius de Verulo.* Il avoit fait un poëme latin sur l'immortalité de l'ame.

cher à Scaliger, qui l'avoit connu à Rome, et qui l'aimoit par rapport à sa patrie, et à la grande connoissance qu'il avoit des antiquités romaines, sacrées ou profanes. Ce fut à Palerme que mourut Panvini.

Dans ce temps-là, de Foix, ennuyé de son séjour à Rome, et fatigué de la longueur de son affaire, à laquelle on avoit donné d'abord un mauvais tour, fut accablé de la nouvelle de la mort de Charles IX, qui lui fournit une occasion aussi honorable que funeste de sortir de Rome. Le pape Grégoire avoit déjà dépêché le cardinal Philippe Buoncompagnon son neveu, en qualité de légat, pour saluer le nouveau roi de France, qu'on disoit être arrivé de Pologne sur les frontières de l'état de Venise. De Foix ayant pris congé du Pape, suivit aussitôt le légat, et, passant par Orvieto, Terni, Narni, Forli, Spolette et Urbin, il laissa Pesaro à droite; et, traversant le fameux Rubicon [1], arriva à Rimini en poste avec toute sa suite. Dans le peu de séjour que de Foix fit à Urbin avec le duc, de Thou n'eut que peu de temps pour examiner la beauté de l'architecture du palais, et la belle bibliothèque qu'on y conserve. Elle lui fut montrée par Frédéric Commendon [2], qu'il avoit plus d'envie de voir que la bibliothèque, dont il ne regarda que le vaisseau.

Ils prirent à Rimini une chaloupe, et arrivèrent à Ravenne avec un vent assez violent. De Thou y vit Hieronimo Rosso, excellent historien des antiquités de cette ville, dont on a fait deux éditions, et qui a tâché d'imiter Sigonius dans la profonde recherche des au-

---

[1] *Le fameux Rubicon.* Cette rivière s'appelle aujourd'hui *Luso*.

[2] *Frédéric Commendon.* Gratiani écrivit la vie de ce cardinal, et l'ouvrage fut depuis traduit en français par Fléchier.

tiquités de sa patrie. De Foix arriva à Venise dans la même chaloupe, avant le légat, qui couroit par un autre chemin.

Là s'étant joints à du Ferrier, ils vinrent ensemble par le Frioul saluer le nouveau Roi dans la Dalmatie. Bellièvre et Pibrac étoient auprès du prince. Pibrac venoit d'échapper d'un grand péril (1), qui fut le sujet d'un long entretien. De là on se rendit à Venise : l'histoire a pris soin d'écrire la réception. qu'on y fit au Roi, aussi bien que dans tous les lieux de son passage en Italie. A Venise, de Thou s'occupa dans les boutiques des libraires; il y trouva, entre autres, plusieurs livres grecs fort rares en France, dont il enrichit sa bibliothèque, qu'il avoit déjà commencée.

En quittant cette ville, il alla prendre congé de du Ferrier et lui demander un passe-port. Du Ferrier, ami particulier du premier président son père depuis le jour de la mercuriale, donna au fils des marques sincères de son amitié. Instruit qu'il étoit destiné à l'Eglise, suivant l'usage des familles nombreuses, ce sage et vertueux vieillard l'avertit de penser sérieusement à l'état qu'il embrassoit, d'examiner ses forces avant que de s'y engager davantage; qu'il paroîtroit par là qu'il avoit plus d'égard pour la gloire de Dieu et pour les biens incorruptibles du ciel, que pour ceux de la terre; qu'autrement ces grandes richesses, qu'on nommoit bénéfices, dont la plupart abusoient, et qu'ils n'employoient qu'à satisfaire leur cupidité, seroient un poison aussi mortel à son ame qu'à son honneur : paroles qui pénétrèrent de Thou si vivement, que de-

---

(1) *D'un grand péril.* Pibrac avoit couru les plus grands dangers lorsque Henri III s'étoit échappé de Pologne.

puis il apporta toutes les précautions possibles pour choisir un genre de vie.

De Venise toute la Cour se rendit à Ferrare, d'où le Roi dépêcha de Foix à Rome, pour remercier le Pape de l'ambassade honorable qu'il lui avoit envoyée. De Foix, accompagné du jeune de Thou, prit son chemin par Bologne, et de là par Florence. Le grand-duc François vint au-devant d'eux en deuil. Côme son père étoit mort quelques mois auparavant, d'autant moins regretté, qu'étant depuis long-temps épileptique, on ne devoit plus le compter parmi les vivans.

De Thou se souvint de l'empressement extraordinaire de Muret pour voir l'*Histoire de Zozime,* qui est un abrégé de Eunapius, dont Muret n'avoit jamais pu voir l'exemplaire qui est dans la bibliothèque du Vatican. Il avoit prié de Foix d'obtenir du Grand-Duc qu'il pût avoir pour quelques mois celui de Florence en sa disposition : ce qui lui fut d'abord accordé; mais comme on sut que Pie v en avoit défendu la lecture à Florence aussi bien qu'à Rome, le Grand-Duc s'en excusa depuis.

L'emportement de Zozime contre les chrétiens, dans un temps où la superstition régnoit encore, et ses satires contre Théodose et Constantin, étoient toujours présentes à l'esprit du vieux pontife; et il craignoit encore, dans le sein paisible du christianisme, et dans un temps où les erreurs du paganisme étoient abolies, ce que du temps d'Evagrius les chrétiens encore mal affermis avoient appréhendé.

Après avoir passé à Sienne, on arriva à Rome, dans le temps que la campagne d'alentour étoit embrasée par le feu qu'on met aux chaumes après la moisson.

De Thou fit savoir à Muret ce qui s'étoit passé au sujet de Zozime, et l'assura que sitôt qu'il seroit de retour en France, il feroit son possible pour le satisfaire, s'il pouvoit trouver cette Histoire, ou dans le royaume, ou en Allemagne; ce qu'il fit effectivement depuis, mais trop tard, comme on le dira dans la suite.

De Foix s'étant acquitté de sa commission en peu de jours, partit de Rome pour revenir trouver le Roi. Ayant laissé Florence à droite, et passé à Sienne, il vint à Lucques, où il fut reçu comme la première fois, avec de grandes marques d'amitié. De là, passant par Pise, Pistoie et Pietra-Santa, il arriva dans l'état de Gênes. Il vit Gênes et se rendit en Piémont, où le Roi étoit déjà arrivé. Alors, pour ne point embarrasser la Cour dans les défilés des montagnes, on ordonna à ceux qui la suivoient de prendre le chemin de Lyon.

De Thou y trouva son frère aîné, maître des requêtes. Il y resta quelque temps pour apprendre la résolution de la Cour. On y délibéra d'abord de la guerre contre les protestans. De Foix, dans le conseil, eut une dispute avec Villequier sur ce sujet; mais en secret cette guerre étoit résolue. De Thou disoit avoir vu de Foix en soupirer de regret, et soutenir qu'on ne seroit pas long-temps sans se repentir d'une résolution si pernicieuse et prise avec tant de précipitation.

De Thou fit à Lyon ce qu'il avoit fait à Venise; il y acheta bien des livres de Jean de Tournes et de Guillaume Rouillé, qui travailloit à l'impression de sa Botanique avec le secours de J. Dalechamps, et de sa Bible, suivant la correction de Salamanque.

Après un mois de séjour, l'aîné de Thou, s'en retournant à Paris, alla avec son frère trouver Paul de Foix, qu'il remercia de la part de son père et en son particulier. Il le pria de trouver bon qu'il ramenât son frère auprès du premier président. De Foix lui témoigna que la compagnie d'un jeune homme si sage lui avoit fait un grand plaisir, et qu'il ne le laissoit partir qu'à regret dans un temps où la Cour devoit bientôt se rendre à Paris. Mais comme la guerre étoit résolue, et que le Roi devoit descendre en Provence, ils ne voulurent pas tarder plus long-temps à satisfaire leur père. Ils le trouvèrent avec leur mère à Cely en Gâtinois. Ce magistrat, qui s'y occupoit à ses vendanges pendant les vacations, les revit avec beaucoup de joie.

[1575] Au retour d'Italie, de Thou s'appliqua pendant quatre ans à la lecture; il n'y profita pas tant que dans la conversation de ses doctes amis. Les principaux étoient Pierre et François Pithou frères, Antoine Loysel, Jacques Houllier, digne fils du grand Houllier, et Claude du Puy. Ce dernier, reçu conseiller au parlement dans ce temps-là, épousa Claude Sanguin, proche parente des de Thou. Par cette alliance les liens de leur amitié, formés par le savoir et par la vertu, furent serrés plus étroitement par ceux du sang. Sur tous les autres, Nicolas Le Fèvre fut l'ami qu'il cultiva davantage et qu'il conserva plus long-temps. C'étoit un homme dont le rare savoir et la droiture, la gravité et la douceur, égaloient la sagesse et la piété. On en parlera davantage dans la suite.

[1576] Au commencement de l'année suivante, le Roi, qui croyoit avoir pacifié la Provence et le Languedoc, et qui, après la mort du cardinal de Lorraine, avoit reçu des assurances de son mariage, qu'il souhaitoit depuis long-temps, traversa le duché de Bourgogne, se rendit en Champagne et vint à Reims, où il fut sacré. Le lendemain il épousa Louise de Lorraine, fille du comte de Vaudemont. Le premier président, avec Jean et Jacques de Thou ses fils, allèrent l'y trouver.

Sur la fin de la même année (1), le duc d'Alençon et le roi de Navarre se sauvèrent de la Cour, et se retirèrent en différentes provinces. Leur départ jeta le royaume dans de nouveaux troubles. La Reine-mère, qui vouloit regagner son fils, se rendit à Loches, accompagnée des maréchaux de Montmorency et de Cossé, qu'elle avoit exprès fait sortir de prison pour ménager la paix entre les deux frères. Le maréchal de Montmorency, qui avoit une grande autorité, oublia généreusement tous les mauvais traitemens qu'il avoit reçus, et fit cette réconciliation avec une fidélité qui a peu d'exemples. Peu de temps après on craignit que les brouilleries ne recommençassent, et l'on dépêcha de Thou au maréchal de Montmorency, auquel on donna des ordres secrets de se servir de son crédit pour les prévenir. Il y réussit et les suspendit pour quelque temps. L'accommodement fut suivi d'un édit, révoqué sitôt que la guerre recommença.

La même année de Thou vit par occasion une partie des Pays-Bas; peu s'en fallut même qu'il ne passât en Angleterre. Il étoit allé pendant les vacations à Beauvais; il y trouva Christophe de Thou son cousin germain, grand-maître des eaux et forêts de France, avec Jean Longueil de Maisons leur parent. De Beau-

---

(1) *Sur la fin de la même année.* Le duc d'Alençon quitta la Cour au mois de septembre 1575, et le roi de Navarre, au mois de février de l'année suivante.

vais ils allèrent tous trois de concert à Abbeville, à Boulogne et à Calais, et furent fort bien reçus par les gouverneurs. Ayant ensuite passé l'Aa, qui sépare la France des Pays-Bas, ils vinrent à Gravelines le long des dunes; d'où ayant laissé Bourbourg à droite, ils arrivèrent le même jour à Dunkerque, qui, brûlée dans les dernières guerres, avoit été depuis fort bien rétablie. Elle appartient, aussi bien que Bourbourg et Gravelines, à la maison de Luxembourg, et est depuis échue au roi de Navarre son principal héritier. Après y avoir passé la nuit, le lendemain ils allèrent à Nieuport, ville située sur le sable de la mer, et fort bien bâtie, comme toutes les villes des Pays-Bas.

Les troubles commençoient déjà dans ces provinces par l'insolence des soldats espagnols, que les peuples ne pouvoient plus souffrir, et dont les officiers n'étoient plus les maîtres; ainsi tout étoit en armes. Une troupe de Français qui marchoit dans un temps si peu convenable, et que le bruit de ce qui se passoit sembloit avoir attirée, leur devint suspecte; aussi, en entrant à Altenbourg, on les arrêta et on les conduisit à Bruges, avec une escorte de Flamands, dont ils n'eurent pas lieu de se plaindre. Là le conseil du Franc, qui est la souveraine magistrature de la ville, les interrogea séparément; et, comme il reconnut que c'étoient des jeunes gens que la seule curiosité de voyager amenoit, il leur fit dire, par François Nansi, un des principaux capitaines de la bourgeoisie, qu'ils pouvoient voir la ville avec liberté, mais qu'ils feroient plus sagement de retourner chez eux.

Nansi, qui étoit un homme poli, demanda civilement à de Thou des nouvelles de messieurs Pithou et du Puy; ce qui donna lieu à de Thou de lui en demander à son tour de Hubert Goltzius, qui, quoique né dans la Franconie, s'étoit venu établir à Bruges, d'où il étoit alors absent. Ils admirèrent la beauté des bâtimens de cette ville, qui semblent autant de châteaux et de palais, comme aussi le nombre de ses canaux et des ponts de pierre qui les traversent. La ville étoit assez mal peuplée, et l'on prétendoit que l'affront qu'y reçut l'empereur Maximilien (1), il y a plus de cent ans, et dont il ne put se venger que lentement, en étoit la cause; car ce prince accorda de grands priviléges aux marchands d'Anvers, dont le commerce devint florissant par la ruine de celui de Bruges; de sorte qu'il fut entièrement transporté dans le Brabant. De Bruges ils se rendirent à Gand, ville célèbre par ses troubles domestiques, qui ont causé sa ruine. On peut encore juger de sa grandeur passée par l'état où elle est aujourd'hui.

Après avoir passé l'Escaut, ils vinrent à Anvers. Cette ville est dans une situation avantageuse; les bâtimens en sont fort beaux, et elle est encore florissante, malgré la citadelle qu'on y a bâtie pour retenir les habitans dans le devoir. Frédéric Perrenot de Champigni y commandoit. Ayant été conduits chez lui, de Thou prit la parole, et s'excusa sur l'envie de voyager, si naturelle aux jeunes gens, quoique dans un temps peu propre pour la satisfaire. Ils obtinrent la liberté de voir la ville, et chacun se dispersa suivant son goût.

De Thou alla chez Christophe Plantin, où, malgré

(1) *L'Empereur Maximilien.* Ce prince n'étoit alors que roi des Romains. Les habitans de Bruges le tinrent en prison plusieurs mois. Il fut enfin délivré par l'empereur Frédéric son père.

le malheur des temps, il trouva encore dix-sept presses d'imprimerie. Il apprit de lui l'état malheureux des Pays-Bas, et que si le Conseil n'y donnoit ordre, ils étoient sur le point d'être ruinés par les Espagnols.

Après avoir séjourné quelque temps à Anvers, et fait réflexion qu'il n'y avoit pas d'apparence, dans un temps de confusion, de passer en Hollande, où ils avoient eu dessein d'aller, ils songèrent à leur retour. Ils vinrent à Malines, et de là à Louvain. Ils convinrent que, tant pour la beauté que pour le nombre des colléges, Louvain ne cédoit en rien à Padoue. Ils visitèrent le couvent des Célestins, que Guillaume de Croui de Chièvres, ce sage gouverneur de Charles v, avoit fait bâtir pour lui servir de sépulture et à ceux de sa maison.

De Louvain ils revinrent par Bruxelles, qu'ils trouvèrent dans une grande émotion. La veille, les Etats, comme de concert, avoient fait arrêter ceux du conseil royal soupçonnés de favoriser le parti d'Espagne. Leur chef étoit Guillaume de Horne de Hèse. Ainsi nos voyageurs n'eurent que peu de jours pour voir cette Cour des gouverneurs des Pays-Bas, et ce grand nombre de palais qu'ils ont fait bâtir sur une éminence. Après que de Thou eut rendu visite à Ulric Vigilius de Zwichem, et eut entretenu, par la permission de la garde qu'on leur avoit donnée, Mondoucet, agent du Roi dans cette Cour, ils se retirèrent, et vinrent à Mons en Hainaut par Notre-Dame de Hall. La mémoire de la surprise de Mons par Chaumont de Guitry, étoit encore toute récente. Les troubles de Valenciennes les empêchant d'y entrer, ils revinrent par Cambray, qui n'est qu'à sept lieues de Péronne.

Ce fut là que finit leur voyage des Pays-Bas. Nos

troubles domestiques, aussi dangereux que ceux de ces provinces, étoient alors fort allumés; on y avoit donné lieu sans réflexion, et en suivant de mauvais conseils. Le Roi mieux conseillé les apaisa depuis, par un nouvel édit qu'il donna l'année suivante. Durant le séjour que la Cour fit à Poitiers, le Roi envoya souvent en poste, dans les chaleurs excessives de l'été de cette année, l'aîné de Thou vers le parlement et vers le premier président son père. Cet homme robuste, qui se fioit à ses forces et à son courage, courut la dernière fois en vingt-quatre heures depuis Poitiers jusqu'à Longjumeau. Jamais il ne put revenir d'un effort si violent; il fut attaqué d'abord d'une fièvre lente, qui, s'augmentant insensiblement, devint continue, et l'emporta. Dans le cours de sa maladie il perdit plusieurs de ses enfans encore jeunes. Il ne lui resta d'une famille si nombreuse qu'un fils qui vit encore, et trois filles.

[1578] De Thou fut sensiblement touché de ces pertes, et de la longue maladie d'un frère qu'il voyoit s'affoiblir de jour en jour, et qu'il regardoit comme le soutien de sa famille. Quoique pénétré de douleur, il ne l'abandonna point, non plus que Renée Baillet sa belle-sœur, dame très-vertueuse, qui étoit inconsolable de la perte dont elle étoit menacée.

Le malade languit dix-neuf mois, et pendant ce temps là de Thou fut reçu conseiller au parlement, à la place de Jean de La Garde de Saigne, conseiller-clerc. Pendant la maladie dont La Garde mourut, de Thou ne fit jamais de prières plus ardentes que celles qu'il fit à Dieu de redonner la santé à ce magistrat. Il n'ignoroit pas que le Roi, à la recommandation de son père, lui destinoit cette charge; mais la douceur du repos et le charme de ses études, lui faisoient regarder cet emploi comme si fort éloigné de son genre de vie, qu'il ne pouvoit se résoudre à le quitter pour un autre plein d'agitation, et dont les occupations étoient si différentes.

C'est ainsi que toute sa vie il a fui les dignités pour lesquelles il étoit né, et qu'il sembloit que le démon de Socrate à la vue des honneurs le fît reculer. Il craignoit toujours de les trouver au-dessus de ses forces, et de ne répondre pas assez aux espérances du public. Mais, après ces réflexions, il déposoit ses craintes et toutes ses vues dans le sein de la Providence divine, persuadé qu'en la suivant il rempliroit dignement les emplois qu'elle lui destinoit; car, dès sa jeunesse, et n'étant qu'un simple particulier, jamais personne ne s'attacha davantage au bien de l'Etat, jamais personne ne fut plus sensible à ses malheurs. Lorsqu'ils arrivoient contre ce qu'il avoit prévu, il en étoit frappé jusqu'à en tomber malade, ce que ses amis lui reprochoient souvent; au lieu qu'il recevoit ses propres pertes avec une résignation et une fermeté dont on voit peu d'exemples.

Après la mort de La Garde, on apporta à de Thou les provisions de sa charge : c'étoient les premières que Hurault de Cheverny, son beau-frère, revêtu depuis peu de la dignité de garde des sceaux, avoit scellées. Pour satisfaire son père et les empressemens de sa famille, il se soumit à l'examen : il s'y présenta en tremblant, bien différent de ceux qui approchent de ce lieu auguste avec une voix arrogante et un front d'airain. Séguier y présidoit avec Prevôt de Morsan, et Bellièvre, fait depuis peu président à la place de Baillet, et qui monta depuis aux plus grandes dignités. De Thou fut interrogé pendant deux heures, en présence d'un grand nombre de conseillers, suivant l'usage, entre autres par du Puy de Saint-Valérien, oncle de ce du Puy de Vatan, qui depuis eut une fin ignominieuse. Ce magistrat, fort versé dans le droit civil et dans le droit canonique, disputa contre lui très-vivement. Enfin, le parlement ayant donné son arrêt et pris son serment, Bellièvre le conduisit à la première chambre des enquêtes. On remarqua qu'il dit en le menant, comme par un esprit prophétique, qu'un jour celui qui le suivoit le précéderoit dans les plus grands emplois (1). La modestie du jeune de Thou et sa destination à l'état ecclésiastique lui firent faire alors peu d'attention à ce présage.

Voici sa conduite dans cette charge. Il parloit peu, s'appliquoit fortement à ce qu'on disoit, avoit du respect pour ses présidens, traitoit ses confrères avec honneur, déféroit à ses anciens, et vivoit avec les jeunes avec amitié et politesse. Angenout, doyen de sa chambre, homme qui avoit beaucoup de lumières et d'expérience, d'ailleurs d'une probité digne des premiers siècles; du Drac, Jourdain, Brulard de Silleri, aujourd'hui chancelier de France, et Marillac de Ferrières, furent entre les autres ses amis particuliers.

Il fut deux ans sans rapporter de procès; même depuis il s'en défendit autant qu'il put. Comme un des derniers de sa chambre, quand il falloit opiner, il avoit une attention extraordinaire aux opinions, et

---

(1) *Le précéderoit dans les plus grands emplois.* En effet de Thou fut président à mortier avant Bellièvre. Mais par la suite Bellièvre devint chancelier, tandis que de Thou ne put être premier président.

suivoit celle qui lui paroissoit la meilleure, après avoir loué celui qui l'avoit ouverte. Il n'en disoit pas davantage, à moins qu'il n'eût de nouvelles raisons pour confirmer son avis. Quand il commençoit à parler, il ne pouvoit vaincre son émotion; dans la suite, il élevoit sa voix et poursuivoit avec tranquillité. Cette émotion et son peu de mémoire lui faisoient souvent perdre ce qu'il avoit médité, dont il ne se ressouvenoit qu'après le jugement. Voulant prévenir cette incommodité, il ne trouva point d'autre expédient que de mettre par écrit ses raisons en abrégé; ce qu'il pratiqua depuis dans les plus importantes affaires. Il ne s'en cachoit pas, et l'avouoit ingénument; mais au commencement cela lui donna de la confusion; car, malgré ses soins pour s'approcher de celui qui parloit, et quoiqu'il fût presque toujours au fait de la question proposée, sa mémoire infidèle lui faisoit toujours oublier une partie de ce qu'il vouloit dire, et son avis n'étoit jamais assez développé : semblable à ces poètes qui, gênés par la rime ou par la mesure, ne peuvent exprimer leurs pensées qu'imparfaitement. Aussi, quoique la chambre fût convaincue qu'on ne pouvoit mieux entrer dans la difficulté, il n'étoit jamais content de lui-même, et se plaignoit à ses amis en particulier qu'il lui échappoit toujours plusieurs raisons.

Jean Texier, fils d'un autre Jean Texier, professeur célèbre en droit à Orléans, étoit premier président de sa chambre. Ce magistrat vertueux et savant, mais très-vieux, mourut peu de temps après.

Philibert de Diou, conseiller-clerc, étoit le second. Il étoit d'une noblesse distinguée de l'Autunois, et des amis particuliers du premier président : lorsqu'il logeoit dans son voisinage il mangeoit tous les jours chez lui. Il avoit beaucoup de candeur et une intégrité parfaite.

Claude Faucon, d'un esprit vif et plein de ressources, fut mis à la place de Texier; et peu de temps après, Bon Broé occupa celle de Diou, mort en son pays.

Broé étoit aussi conseiller-clerc, et avoit ménagé les intérêts particuliers de la Reine-mère à Rome ou à Florence, avec une grande conduite. Ce fut à la recommandation de cette princesse qu'il fut pourvu de cette charge : il ne sera pas inutile d'en dire quelque chose de plus.

Il étoit de Tournon dans le Vivarais, et d'une assez bonne famille. Instruit dans les belles-lettres, il apprit le droit sous André Alciat, dans le temps que ce jurisconsulte étoit en France, et depuis il enseigna lui-même à Toulouse. Quand son oncle Pierre de Villars, conseiller au parlement de Paris, fut fait évêque de Mirepoix, Broé lui succéda dans sa charge de conseiller au parlement l'an 1561. Tous deux avoient été avec distinction auprès de l'illustre cardinal de Tournon, seul protecteur des gens de lettres en ce temps-là. Il joignoit à la connoissance du droit civil et du droit canonique, qu'il possédoit parfaitement, une pénétration particulière, et une éloquence vive, mais douce et insinuante en même temps. Elle avoit paru avec éclat quand il suivoit le barreau : aussi lorsqu'il fut président, et qu'il se trouvoit d'un avis contraire aux autres, c'étoit toujours si poliment, et avec un tour si agréable qu'il réfutoit le sentiment opposé, que jamais personne n'eut lieu d'être mécontent de lui. Pour les difficultés du droit canonique, il les démêloit avec tant de clarté et de grâce, qu'il s'attiroit l'attention et les regards de toute la chambre, charmée de ses manières. De Thou étoit un de ses principaux admirateurs, et disoit souvent que tant qu'il avoit été dans le parlement, il n'avoit vu personne à qui il eût plus souhaité de ressembler en toutes manières.

A Faucon succéda Champrond, d'une noblesse du pays Chartrain, homme sévère, dont la capacité approchoit assez de celle de son collègue, mais qui étoit fort éloigné de sa douceur et de sa politesse. Ce fut avec ces magistrats que de Thou passa tout le temps qu'il fut conseiller aux enquêtes.

LIVRE SECOND.

[1579] Comme la longueur de la maladie de l'aîné de Thou faisoit espérer à sa femme qu'il en pourroit revenir, les médecins, après plusieurs remèdes inutiles, envoyèrent son mari aux eaux. On choisit, comme les meilleures, celles de Plombières en Lorraine, qui sortent du pied des montagnes des Vosges, et l'on résolut de partir au commencement du printemps. Le jeune de Thou, avec l'agrément de son père, fut du voyage. Après avoir passé par Châlons-sur-Marne, il arriva avec son frère et sa belle-sœur à Bar-le-Duc, d'où, après avoir traversé la Meuse et la Moselle, et passé à Toul, ils se rendirent à Nancy. De Thou y alla saluer le duc Charles, dont il fut fort bien reçu. Il fit à ce prince les excuses de son frère, dont la santé ne lui permettoit pas d'avoir le même honneur. De là ils passèrent par Saint-Nicolas, recommandable par la beauté de ses bâtimens, par les pélerinages qui s'y font, et par les foires qui s'y tiennent; plus avant, par Remiremont et par Epinal, célèbres par leurs chapitres de filles de qualité, qui ne sont point obligées de faire de vœux. Enfin ils arrivèrent à Plombières, où il y avoit déjà bien des malades, venus des provinces voisines, tant de l'Allemagne que des Pays-Bas.

Pendant que son frère étoit aux eaux, de Thou prit avec lui un guide qui parloit fort bien l'allemand; et, après avoir traversé les monts des Vosges, il alla par

Bruyères à Schélestadt, ville considérable, ainsi appelée d'une rivière du même nom; de là il vint à Strasbourg. Cette dernière ville, connue par son antiquité, est défendue du côté de la France par un triple fossé. Elle est ornée d'une belle cathédrale, dont la principale tour est d'une hauteur extraordinaire. De Thou, qui voulut y monter, fut saisi de frayeur en descendant; un vent violent qui s'éleva, et des ouvertures qui ne montrent qu'un affreux précipice, le firent frémir.

Il vit à Strasbourg Jean Lobel, qu'il avoit connu à Paris dans le temps que Lobel étoit à la Cour agent des villes impériales : c'étoit un Flamand qui avoit beaucoup d'érudition et une grande connoissance de l'Allemagne. De Thou sut de lui que Hubert Languet [1], français de nation, et qui étoit au service du prince d'Orange, étoit aux eaux de Bade. Lobel lui donna pour lui des lettres de recommandation, afin qu'il pût s'en faire connoître et l'entretenir avec liberté. De Thou vit encore à Strasbourg Hubert Giffen,

---

[1] *Hubert Languet.* Il étoit né à Vitteaux près de Dijon en 1518. Ayant embrassé la religion protestante, il se retira en Allemagne, où il eut une grande liaison avec Mélanchton, et où il fit fortune. Il fut envoyé, à deux reprises différentes, par des princes d'Allemagne, près de Charles IX. La seconde fois, il étoit venu le complimenter sur son mariage avec Isabelle d'Autriche, et il se trouvoit encore à Paris le 24 août 1572, époque de la Saint-Barthélemy. Il fut sauvé du massacre par Jean de Morvilliers, évêque d'Orléans, qui lui donna asile dans sa maison. La hardiesse, souvent répréhensible de ses écrits, lui avoit fait une grande réputation. Son ouvrage le plus remarquable est intitulé : *Disputes contre les tyrans, ou de la puissance légitime du prince sur le peuple, et du peuple sur le prince, par Junius Brutus.* Languet mourut à Anvers en 1581.

professeur en droit, aux gages de la République. Il fut tout un jour avec lui à s'informer des savans d'Allemagne, et à s'entretenir de belles-lettres; et comme il l'avoit connu chez Paul de Foix, il le fit ressouvenir avec plaisir de ce temps-là : heureusement ce jour-là Giffen ne donnoit point de leçon.

De là de Thou vint à Bade, où trouvant Languet de loisir, il ne le quitta point pendant trois jours. Il ne pouvoit se résoudre à s'éloigner de lui que dans le temps que Languet prenoit ses eaux. Il étoit charmé de sa franchise, de sa probité, et de la solidité de son jugement, non-seulement par rapport aux belles-lettres, mais encore par rapport aux intérêts publics, qu'il avoit traités toute sa vie auprès des princes avec une droiture qui a peu d'exemple : ce savant homme possédoit si bien les affaires d'Allemagne, qu'il en instruisoit même ceux du pays. De Thou en apprit beaucoup de particularités; et quand il le quitta, Languet lui fit présent d'un petit mémoire écrit de sa main, qui contenoit l'état du Corps germanique, les droits de ses diètes, le nombre et l'ordre de ses cercles : de Thou le garda soigneusement, et prit de lui la route du chemin qu'il devoit faire.

Comme ils se trouvèrent à Bade dans le lieu où l'on prend les eaux, Languet lui fit remarquer Salentin, comte d'Ysembourg, qui étoit à une des fenêtres vis-à-vis, avec Jeanne de Ligne sa femme, sœur du comte d'Aremberg. De Thou ne le connoissoit point. Languet lui demanda ensuite en riant ce qu'il choisiroit, s'il en étoit le maître, ou d'une si belle femme, ou de l'archevêché de Cologne. De Thou lui ayant répondu qu'il ne comprenoit rien à sa question, Languet la lui expliqua : il lui dit que c'étoit-là ce Salentin qui étoit devenu si amoureux de mademoiselle d'Aremberg, qu'il avoit quitté son riche archevêché pour l'épouser.

Il ajouta que les princes et les grands seigneurs allemands qui avoient embrassé la religion protestante se trouvoient alors fort embarrassés pour décharger leurs familles, et qu'ils étoient obligés de marier leurs filles, qu'ils ont presque toujours en grand nombre; au lieu qu'avant que le célibat des religieuses eût été aboli par les protestans, ils les plaçoient dans de riches abbayes, dont elles étoient presque sûres de devenir abbesses dans la suite.

De Bade, de Thou vint à Pfortzheim sur l'Entz, ville du marquisat de Bade; et passant par la Souabe, il prit la route de Stuttgard, qui n'est éloigné que d'une petite journée. Sur le chemin il eut une aventure peu considérable, mais dont on peut parler dans la vie d'un particulier. Son truchement s'égara, de même qu'un gentilhomme de Souabe qui les accompagnoit, mais qui ne savoit ni le latin, ni l'italien, ni le françois. Ce gentilhomme, qui ne crut pas qu'on pût gagner Stuttgard sans prendre des chevaux frais, s'arrêta dans le milieu d'un petit village, alla chez le ministre du lieu, et le pria de dire à de Thou qu'il étoit à propos de mettre pied à terre. De Thou n'étoit point content de s'arrêter dans un endroit qui lui paroissoit si incommode; cependant il fallut rester. Il pria le ministre, qui parloit latin, de venir dîner avec eux dans l'hôtellerie, pour être son interprète, aussi bien que du gentilhomme et de l'hôte. Il y fit, contre son attente, meilleure chère que pendant tout le reste de son voyage : c'étoit le 25 de mai, jour destiné à la fête du pape saint Urbain. Surpris qu'on ne travailloit point ce jour-là, qu'il faisoit très-beau temps, il en demanda la raison au ministre ; mais il n'en put rien tirer que celui-ci n'eût dit tout ce qu'il pensoit du massacre de la Saint-Barthélemy, qu'il appeloit *la boucherie de Paris;* après cela il lui parla ainsi :

« Quoiqu'on ait aboli les anciennes superstitions, il
« est cependant demeuré parmi le peuple de certains
« jours qu'il fête avec dévotion; on n'a jamais pu les
« lui ôter de l'esprit, quelque peine qu'on ait prise
« pour le désabuser : celui-ci en est un. Ces gens gros-
« siers, qui ne sont occupés que de leurs intérêts, se
« sont mis dans la tête depuis long-temps que s'il fait
« beau temps à pareil jour que celui-ci, leurs vendan-
« ges, en quoi consistent toutes leurs richesses, seront
« abondantes. C'est ainsi qu'on fête en France le jour
« de Saint-Vincent, qui est le 5 d'avril. »

De là de Thou vint à Stuttgard, principale place du duché de Wurtemberg : elle est située sur les bords du Necker, dans un pays agréable, avec un fort beau château. Il y alla saluer le duc Louis, qui lui fit entendre un concert, auquel il prit beaucoup de plaisir.

Tout proche est Esling, ville impériale sur la même rivière. Le Necker a sa source proche de celle du Danube et des montagnes d'Arbonne, et, passant par Rotweil et par Tubinge, prend son cours entre des coteaux chargés de vignes des deux côtés; il sépare la Souabe par le milieu, en serpentant jusqu'à Heidelberg, au-delà duquel il se jette dans le Rhin. Pour venir à Esling, de Thou passa cette rivière sur un pont de communication avec Stuttgard. Esling est un lieu renommé par sa fabrique d'artillerie et par l'abondance de ses vins. Dans les celliers de l'hôpital, on en conserve une grande quantité en des tonneaux d'une grandeur extraordinaire; le plus grand est placé le premier, et les autres, dans une longue suite, diminuent à proportion : le vin s'y garde très-long-temps. On en but à la santé de M. de Thou, du numéro 40, d'un vin qu'on disoit être de quarante feuilles : les princes d'Allemagne le prennent par remède, et, à mesure qu'on en tire du plus grand tonneau, on en remet autant du tonneau voisin, mais qui est plus nouveau.

D'Esling de Thou vint à Geppinghen sur la Wils, autre place du duché de Wurtemberg. Le prince Christophe, père du duc, en a fait un château de plaisance avec des jardins très-agréables : ses eaux médicinales sont en réputation. Albert de Bavière étant venu les prendre, de Thou alla le saluer. Ce prince l'interrogea sur les affaires de France; mais sa maladie ne permit pas à de Thou d'être long-temps avec lui : il ne fut pas plutôt retourné dans ses Etats qu'il y mourut.

Tournant ensuite du côté du Danube, de Thou vit Ulm, qui est sur les bords de ce fleuve, et reprit son chemin par Burgaw. Il avoit déjà su de Languet que de tout le grand patrimoine de l'archiduc Ferdinand, qui s'étendoit depuis les Alpes de Carniole jusqu'aux montagnes des Vosges, au-delà du Rhin, c'étoit le seul bien que les princes ses neveux, fils de son frère Maximilien, avoient laissé aux enfans que l'archiduc Ferdinand avoit eus de Philippine Velser, qui vivoit encore : exemple de la vénération qu'ont les Allemands pour la dignité du mariage; ils ne souffrent point que des enfans issus d'un mariage inégal, clandestin et contracté contre la volonté des parens, passent pour légitimes, ni qu'ils partagent la succession de leurs pères.

Il partit de là pour Ausbourg. Sa grandeur et l'éclatante richesse de ses habitans, la font passer, avec raison, pour la plus considérable ville d'Allemagne. Il y séjourna quelques jours pour la visiter; il y vit les maisons des Foukre (1), et fut surpris entre autres de la magnificence de Marc Foukre, qui avoit fait une dépense prodigieuse pour les jardins de sa maison, située au bas de la ville. Il y avoit fait conduire les eaux d'un petit ruisseau qui est au-dessous, par des pompes qui fournissent à plusieurs jets d'eau, et qui remplissent quantité de canaux. Marc Foukre avoit de plus amassé un nombre surprenant de médailles de cuivre, d'argent et d'or, que de Thou examina avec soin. De Thou vit encore Jérôme Wolfius, qui a traduit tant d'auteurs grecs, et contribué si utilement à éclaircir l'histoire bysantine. D'Ausbourg, ayant passé par Memmingen, il vint à Lindau, ville agréablement située sur le bord du lac de Constance, que le Rhin traverse comme le Rhône traverse celui de Genève, sans se mêler avec l'eau du lac; semblable à la fontaine d'Aréthuse, dont l'eau, comme dit Homère, surnage comme de l'huile, sans se confondre avec d'autre eau. Ceux qui font le

(1) *Les maisons des Foukre*, ou Fuggher. C'étoient des négocians qui avoient montré un grand dévoûment pour Charles-Quint. L'un d'eux, lorsque ce prince revint de Tunis, lui donna un repas splendide dans une salle échauffée par du bois de canelle, et il alluma, dit-on, le feu avec un billet d'une somme très-considérable que lui devoit l'Empereur. Le monarque lui donna le privilége exclusif de vendre des épiceries en Allemagne, ce qui rendit cette maison la plus riche de l'Europe.

tour du lac ne sauroient avoir la vue plus agréablement occupée : ce sont des coteaux d'une pente douce, chargés de vignes de tous côtés, jusque sur ses bords, et qui forment dans l'eau une riante perspective.

De là de Thou se fit conduire par eau à Constance, également bien située, à l'autre bout le plus bas du lac. Il eut la curiosité de voir le lieu où il y a plus de deux cents ans que s'assembla ce concile célèbre [1], qui nonseulement rétablit alors l'union dans l'Eglise, mais qui, par une sage prévoyance, donna les moyens de l'y remettre à l'avenir. Il fit en même temps des vœux pour le retour de cet esprit de charité dans le cœur des chrétiens. Il semble qu'il y soit éteint aujourd'hui par l'animosité de leurs guerres civiles, quoiqu'il n'y puisse subsister que par la paix.

De là, suivant toujours les bords du Rhin, il passa par Stein et par Schaffouse, un des principaux cantons des Suisses, par Lauffenbourg et par Rhinfeld, où le Rhin se précipite dans son lit de fort haut, par cascades et avec un très-grand bruit, jusqu'à Bâle, qu'il commence à être navigable, et où de Thou se rendit.

Le séjour de Bâle ne lui fut pas inutile : il avoit des lettres de Pithou pour Théodore Zuingher et pour Basile Amerbach, homme poli et officieux. Il ne quitta point ce dernier, qui lui fit voir chez lui, avant toutes choses, des recueils manuscrits, des médailles anciennes et quelques petits meubles qu'Erasme avoit laissés à Amerbach son père par son testament, entre autres un

---

[1] *Ce concile célèbre.* Ce concile fit cesser un schisme funeste; mais on dut regretter qu'il eût envoyé au supplice Jean Hus et Jérôme de Prague, qui s'y étoient rendus avec un sauf-conduit de l'Empereur.

globe terrestre d'argent, bien enluminé et gravé par
un ouvrier de Zurich. Dans le temps que de Thou le
regardoit avec attention, il s'ouvrit par le milieu : on
remplit aussitôt de vin les deux hémisphères, et l'on
but à la santé de M. de Thou, suivant l'usage du pays.
De là on le conduisit à la bibliothèque publique, où
l'on garde les manuscrits de plusieurs commentateurs
grecs sur Platon et sur Aristote.

Il visita Félix Plater, docteur en médecine, logé
dans une grande et agréable maison, où il le reçut
fort civilement. Plater lui fit voir dans son écurie une
espèce d'âne sauvage, de la grandeur des mulets de
Toscane ou d'Auvergne. Cet animal avoit le corps
court et de longues jambes, la corne du pied fendue
comme celle d'une biche, quoique plus grosse, le poil
hérissé, et d'une couleur jaunâtre et brune. Il lui montra encore un rat de montagne, de la grandeur d'un
chat, qu'ils appellent une marmotte; il étoit enfermé
dans une cassette, et comme il avoit passé l'hiver sans
manger, il étoit tout engourdi. Plater avoit aussi l'étui
des fossiles de Conrad Gesner; on l'avoit apporté de
Zurich tel qu'il est décrit et dessiné dans un de ses
livres. Cet étui renfermoit bien des raretés différentes,
entre autres quantité d'insectes particuliers qui semblent autant de jeux de la nature. De Thou les examina
à loisir et avec une grande curiosité, aidé d'Amerbach,
qui s'y connoissoit fort bien. Il alla voir ensuite Théodore Zuingher, dans une maison qui appartenoit à ce
savant homme, et qu'il avoit ornée de plusieurs inscriptions, en quoi il excelloit. Il alla voir de là le magasin
de Pierre Perne de Lucques : ce vieillard étoit encore
si vigoureux, qu'il travailloit lui-même à son impri-

merie. Enfin, après avoir remercié Amerbach de sa politesse, il partit de Bâle pour venir le soir coucher à Mulhausen, où se tenoit une foire, comme il y en a souvent.

On trouve devant ce bourg une grande plaine, où s'assemble durant la foire une prodigieuse multitude de monde, de tout âge et de tout sexe; on y voit les femmes soutenir leurs maris, et les filles leurs pères, chancelans sur leurs chevaux ou sur leurs ânes; vous croyez voir une foule de Bacchantes et de Corybantes. Dans les cabarets tout est plein de buveurs; là de jeunes filles qui les servent, leur versent du vin adroitement d'une grande bouteille à long col. Elles les pressent de boire en les agaçant par mille plaisanteries; elles boivent elles-mêmes et reviennent souvent faire la même chose, après s'être soulagées du vin qu'elles ont pris: ce spectacle plaisant et nouveau pour de Thou dura bien avant dans la nuit. Ce qu'il y a de particulier, est que, dans un si grand concours de peuple et parmi tant d'ivrognes, tout se passe sans querelle et sans contestation: ce fut inutilement qu'il appela plusieurs fois son hôte, trop occupé à servir tant de monde; l'hôte enfin lui fit préparer un lit et allumer un poêle.

De Thou sortit de là de grand matin: ayant laissé Colmar à droite, il vint dîner dans un village à la source de la Moselle. On y trouve quantité de grandes et d'excellentes truites, qui s'élancent avec impétuosité; comme l'eau est fort basse, on les peut prendre avec la main.

De là il revint à Plombières. Il y trouva son frère peu soulagé par les eaux, et résolut avec sa belle-sœur de le reconduire chez lui. Ils revinrent par Bourbonne, où, de l'avis des médecins, ils séjournèrent quelques jours pour essayer des eaux, qui ne firent pas un meilleur effet que les autres. Enfin, ayant passé à Langres et à Troyes, ils le ramenèrent à Paris. Son frère y mourut au bout de quelques mois, malgré les soins infatigables de sa femme, qui avoit un courage au-dessus de son sexe, et après bien des remèdes inutiles. Peu de momens avant sa mort il recouvra la parole, dont il avoit presque perdu l'usage dans le cours d'une si grande maladie; il prononça distinctement à haute voix ce verset du Psaume 50 : *Seigneur, ne me rejetez pas de devant votre face, et ne retirez point de moi votre Saint-Esprit*, et rendit le dernier soupir.

Son père, qui malgré sa douleur lui donna dans ce moment sa bénédiction, s'abstint pendant quelques jours d'aller au palais, et pour éviter les visites se retira dans la maison de l'évêque de Chartres son frère, chez qui logeoit son fils Jacques de Thou.

Là, ce prélat et l'avocat général son autre frère le prièrent avec instance de faire réflexion sur la diminution de sa famille, et lui demandèrent s'il ne seroit pas plus à propos de faire changer d'état à son fils, que de le laisser dans celui qu'il lui avoit choisi. Le premier président ne s'en éloignoit pas; mais, plus occupé des affaires publiques que de celles de sa famille, il laissoit couler le temps sans se déterminer.

De Thou étoit accoutumé au célibat, et son ambition n'envisageoit que quelque ambassade pour continuer ses voyages : ainsi il s'excusoit auprès de ses oncles, et s'en remettoit entièrement à la volonté de son père. Ce fut de cette manière que se passa le reste de cette année, qu'il employa avec la veuve de son frère à se consoler de leur perte commune.

[1580] L'année suivante, la peste emporta bien du monde; ce qui obligea de Thou d'aller en Touraine avec Jacques Dennet, avocat au parlement, homme d'esprit et ami de sa famille. Le duc d'Anjou étoit alors au Plessis-les-Tours, et songeoit sérieusement à la guerre des Pays-Bas.

De Thou avoit pour ce prince des lettres de recommandation de son père, qui étoit son chancelier. Il se fit présenter par Jean de Simié, favori du duc, mais qui ne le fut pas long-temps. Ce prince le reçut obligeamment, et le congédia après lui avoir demandé des nouvelles de la Cour. De Thou se retira à Maillé-Laval, château considérable en Touraine. Là, s'occupant tantôt à l'étude, tantôt à la chasse, il fit la description de Maillé en vers ïambes. Elle fut imprimée depuis, tant pour la satisfaction de Nicolas Perrot, conseiller au parlement, homme d'une gravité antique, mais poli, et qui étoit alors de la cour du duc d'Anjou, que comme une preuve de sa reconnoissance pour un lieu qui lui avoit servi d'asile.

Enfin, comme il crut que c'étoit séjourner trop long-temps dans un même lieu, il en partit avec Dennet et avec Gilles de La Normandière, frère de cet avocat; ce dernier leur servit de guide. Ayant passé par Alençon, Séez et Falaise, il arriva à Caen, où il logea chez Jean de Novince d'Aubigny, qui lui fit une magnifique réception.

Il alla voir l'abbaye de Saint-Etienne, qui semble commander le château. Elle avoit été ruinée au commencement des guerres civiles, aussi bien que le tombeau de Guillaume duc de Normandie, roi d'Angleterre; et on les avoit depuis réparés comme on avoit pu : c'est une abbaye fondée autrefois par ce même duc, avec de grands revenus. On y voit encore dans la cour l'écu des armes des gentilshommes qui passèrent avec lui à la conquête d'Angleterre. De là on lui fit voir le château et l'endroit par où l'amiral de Coligny l'avoit attaqué pendant la maladie du duc d'Elbeuf. Il apprit de ceux qui l'accompagnoient que la Reine-mère, y étant venue quelque temps après, avoit dit qu'elle ne comprenoit pas comment on avoit pu sitôt rendre une si bonne place, que des femmes auroient pu défendre avec leurs quenouilles; ce qu'elle ne disoit pas sans taxer le gouverneur de lâcheté, ou de trahison.

Il avoit envie d'aller jusqu'à Coutances; mais il se détourna pour passer par l'abbaye d'Aunay, du diocèse d'Avranches, dont étoit abbé Jean Prévôt qui l'accompagnoit, frère d'Augustin Prévôt, greffier au parlement, auteur de quelques poésies latines fort élégantes. Cet abbé n'étoit pas ignorant, mais grand parleur, médisant et si mauvais plaisant, qu'il en étoit insupportable. Il fit et dit plusieurs choses à la honte de ses religieux, qui vivoient sans règle; et enfin, montrant les murs de l'abbaye qui étoient fort en désordre, il leur dit, par une froide raillerie et pour leur reprocher leur ignorance, que si les murs étoient dans ce désordre-là, cela ne venoit que de ce qu'il n'y en avoit pas un d'eux qui les pût soutenir d'un seul mot latin.

Messieurs de Sey, gentilshommes du pays, demeuroient proche de Coutances. Ils étoient parens de messieurs de Thou; car Jean de Marle, évêque de Coutances, frère du chancelier, et qui fut massacré avec lui par le peuple de Paris (dont les armes même se voyent encore à la clef de la voûte de l'église de Coutances), avoit marié Hilaire sa sœur à un de Sey, gentilhomme du voisinage, dont ces de Sey étoient descendus. Il ne resta que trois jours dans cette ville, qui est sans murailles; de là, passant par Granville, il arriva à Avranches, où il coucha chez l'évêque. Le lendemain il alla voir une abbaye fameuse, qu'on nomme le Mont Saint-Michel, au péril de la mer.

C'est un rocher escarpé de tous côtés, qu'on croit avoir été autrefois attaché à la terre; il en est à présent séparé de deux lieues, que l'on passe à cheval quand la mer est basse. Sa figure conique est enfermée tout autour d'un mur fort élevé; on y monte par des degrés taillés dans le roc, sans aucun repos. Cet escalier forme une rue bordée des deux côtés de boutiques, où l'on vend aux pélerins des chapelets, des images de plomb, et d'autres choses pareilles; il y a aussi quelques hôtelleries pour les loger. Au haut du rocher, qui aboutit en cône, comme je viens de le dire, il y a une citadelle où est l'abbaye, aussi grande et aussi spacieuse que le rocher a de tour par bas. Le bâtiment est soutenu par des arcs-boutans de pierre, qui servent aussi à élever avec des poulies toutes les grosses provisions de la maison.

L'église magnifiquement bâtie a une tour fort élevée, qui soutient une figure de saint Michel dorée et éclatante au soleil; il y a deux cloîtres voûtés l'un sur l'autre et des réfectoires de même, des offices, des citernes et une bibliothèque, où il y avoit autrefois de bons manuscrits; on voit dans la maison de l'abbé une

grande galerie fort bien percée; enfin tout est au haut
de ce roc si grand et si spacieux, qu'il semble qu'on se
promène en terre ferme. A côté de la maison abbatiale,
on trouve, entre le midi et le couchant, un petit jardin
de terre rapportée, où malgré le froid du climat il
vient de fort bons melons. Ce lieu, qui doit faire l'admiration de toute la France et de toute l'Europe, fut
anciennement bâti avec beaucoup de dépense. On doit
être surpris que d'un désert stérile, éloigné de tout
commerce, d'ailleurs d'un abord si difficile que, lorsqu'il est baigné de la mer, à peine y peut-on aborder
avec des chaloupes, la religion de nos ancêtres ait fait
un lieu si merveilleux, et qu'elle ait surmonté tant
d'obstacles et de difficultés. J'espère que le lecteur ne
trouvera pas ces remarques inutiles.

Au sortir de cette abbaye, de Thou vint par Saint-
James et par Fougères, villes de la haute Bretagne,
à Saint-Aubin du Cormier, lieu célèbre par la bataille
qui s'y donna, il y a quatre-vingt-onze ans, entre l'armée du Roi, commandée par Louis de La Trémouille,
et celle de Louis duc d'Orléans et du prince d'Orange,
qui furent tous deux faits prisonniers.

Enfin il revint à Rennes, capitale de la province,
où le parlement, qui est semestre, réside encore aujourd'hui; il étoit autrefois à Nantes, où les ducs de
Bretagne avoient fait bâtir un grand palais. De là il
revint à Maillé, par Vitré, Laval, Château-Gonthier,
Angers, Saumur et Tours.

A son arrivée il reçut des lettres de son père, qui lui
mandoit d'aller trouver le maréchal de Cossé pour des
affaires de conséquence. Ce seigneur étoit allé à Poitiers
dans le dessein de joindre le duc d'Anjou, qui en étoit

parti pour aller trouver le roi de Navarre en Périgord, et pour tâcher de le porter à la paix. De Thou fut donc obligé de prendre la poste avec son fidèle Dennet, non sans courir quelque risque; car les partis commençant déjà à se mettre en campagne, comme si la guerre eût été déclarée, il fut arrêté, mais relâché aussitôt qu'on le reconnut.

Il trouva encore le maréchal à Poitiers, et s'acquitta des ordres que son père lui avoit donnés. Il entretint sur le même sujet Bellièvre, envoyé du Roi, et revint aussitôt à Maillé. Perrot, qui étoit resté à Tours depuis le départ du duc d'Anjou, l'y vint trouver. Ils résolurent tous deux, contre l'usage des courtisans, d'aller à Bourgueil, abbaye située dans un des plus beaux pays du royaume, pour voir Simié que le duc d'Anjou venoit de disgracier, et pour lui témoigner que s'ils l'avoient honoré dans sa faveur, ils gardoient pour lui les mêmes sentimens dans sa disgrâce. Simié les reçut avec de grandes marques d'amitié : l'entretien ne roula que sur son malheur.

[1581] Ensuite ils se séparèrent, après que de Thou lui eut offert les bons offices de son père, et le crédit qu'il pouvoit avoir auprès du duc d'Anjou. L'hiver, qui avoit été rude, avoit beaucoup diminué une maladie qui avoit emporté tant de monde; cela obligea de Thou de revenir à Paris, y étant de plus rappelé par son père, qui n'avoit point quitté cette grande ville. On y étoit occupé à l'exécution des articles de la conférence de Fleix. Entre autres conditions, on y étoit convenu qu'on députeroit des conseillers du parlement de Paris pour rendre la justice en Guienne, au lieu de la chambre mi-partie de cette province, où la différence de la religion causoit tant d'aigreur dans les esprits, qu'elle se remarquoit jusque dans les jugemens de cette chambre : cela faisoit un tort considérable à ceux du pays, qui souffroient une grande vexation. Pour en arrêter le cours, on choisit douze conseillers laïques et deux clercs, auxquels le Roi donna pour président Antoine Séguier, dont l'esprit adroit et plein d'expédiens n'en étoit pas moins équitable. Séguier, ami particulier du jeune de Thou, le fit nommer avec Coqueley bourguignon, homme d'un grand jugement et d'un profond savoir, pour remplir les deux places de conseillers ecclésiastiques. Parmi les laïques on choisit entre autres Jean de Thumery, Claude du Puy, et Michel Hurault de L'Hôpital, petit-fils du grand chancelier de L'Hôpital. Ce dernier avoit été reçu conseiller depuis peu de temps. Il avoit épousé Olympe, fille du président de Pibrac, qui avoit fait porter ce nom à sa fille, en mémoire de l'honnête et savant commerce qu'il avoit eu autrefois à Ferrare avec Olympia Morata, dans le temps qu'elle étoit auprès de la duchesse Renée de France.

C'étoit un jeune homme d'un génie élevé, et qui écrivoit fort bien en latin et en françois; il le fit bien voir par les écrits qu'il publia au sujet des troubles de France. Comme il portoit le même nom que son grand-père, et qu'il étoit de la même chambre dont avoit été ce chancelier, de Thou, qui s'y trouvoit pareillement, fit une amitié particulière avec lui. Aussi, connoissant la passion qu'avoit L'Hôpital pour la nouvelle fauconnerie, et se sentant d'ailleurs du talent pour la poésie latine, il composa en sa faveur, et pour son coup d'essai, un poëme sur cette nouvelle espèce de chasse, dont il fit imprimer depuis les deux premiers chants.

Le voyage des députés pour la Guienne étant résolu, les oncles de Jacques de Thou profitèrent de cette occasion, pour presser encore son père de réfléchir sur l'état de sa famille presque éteinte, et de considérer qu'il n'avoit plus qu'un fils qui la pût relever. Il s'excusa à son ordinaire sur la nécessité du voyage de Guienne, qui ne lui permettoit pas de se déterminer. Le fils, jusqu'alors occupé de ses études, n'y avoit pas fait une plus grande attention; mais enfin il commença à songer sérieusement à sa vocation : les avis de du Ferrier lui revinrent dans l'esprit; l'état auquel on le destinoit, et où il ne se sentoit point porté, lui sembla un pesant fardeau; la vie tranquille où son penchant l'entraînoit lui parut douce; l'embarras des affaires l'effraya. Tant de raisons le déterminèrent à juger qu'il lui étoit plus convenable d'abandonner quelques grandeurs apparentes, remplies d'une infinité de peines, de choisir un genre de vie plus aisé, de se marier enfin lorsque l'occasion s'en présenteroit, et de se servir en attendant, auprès de ses oncles, des mêmes excuses que son père.

Peu de temps après son départ pour la Guienne, il passa par Angoulême, ayant été choisi par les commissaires du parlement de Paris, pour aller de leur part saluer Henri prince de Condé, qui faisoit sa résidence à Saint-Jean-d'Angély. Ce prince le reçut avec toutes les marques de distinction dues à ceux qu'il représentoit, mais en son particulier avec beaucoup de bienveillance, fondée sur l'estime qu'il avoit pour le premier président son père. Condé et les autres protestans n'avoient pas perdu la mémoire des preuves que ce magistrat leur avoit toujours données de son équité; il l'entretint souvent de ce qui pouvoit contribuer au bien de l'Etat, et des motifs qui devoient porter les députés à rétablir, par leur équité, la tranquillité dans la Guienne.

De Thou rendit compte de son voyage aux commissaires, et ils se rendirent tous ensuite à Libourne, ville située dans un lieu commode, où la rivière d'Ile se jette dans la Dordogne : lorsque la mer poussée par le vent monte dans cette rivière, elle fait enfler et tourner les eaux de l'Ile avec tant de rapidité et de violence, que, sans l'expérience et l'adresse des pilotes, les vaisseaux courroient risque de s'y perdre. Ceux du pays regardent avec admiration l'effet d'un tourbillon particulier à cette rivière dans cet endroit-là, et l'appellent en leur langue *mascaret*. Les commissaires consultèrent d'abord s'ils y établiroient le siége de leur juridiction; mais la pauvreté des procureurs et des avocats, qui seroient obligés de s'y rendre de Bordeaux et des lieux voisins, sans compter d'autres difficultés qu'ils prévirent, les fit résoudre de s'arrêter à Bordeaux, comme dans un lieu plus commode pour tout le monde.

On choisit encore de Thou pour en aller conférer avec le maréchal de Matignon [1], qui avoit une grande autorité dans la province, dont il étoit commandant sous le roi de Navarre. Il eut ordre d'aller de là, sans s'arrêter, saluer ce prince, qu'il joignit à Castel-Jaloux, où il se divertissoit à la chasse. Il en fut reçu

---

[1] *Le maréchal de Matignon* : Jacques Goyon, maréchal de Matignon, venoit de succéder au maréchal de Biron dans le commandement de la Guienne.

avec autant de marques de distinction et de bonté qu'il l'avoit été du prince de Condé, et ce prince lui ordonna de le suivre à Nérac.

De quelque côté qu'on aborde en cette ville, qui est située dans un pays très-gras, on ne trouve que des sables. Comme il neigea toute la nuit après qu'ils furent arrivés, le lendemain, suivant l'usage du pays, le Roi alla à la trace des bêtes fauves jusqu'à l'heure du dîner. Quand de Thou se fut acquitté de sa commission auprès de lui, il demeura encore deux jours à Nérac, pour y faire sa cour à la reine Marguerite et à la princesse Catherine, sœur unique du Roi : il étoit bien aise aussi de voir et d'entretenir du Faur de Gratins, chancelier de Navarre.

Gratins avoit été élevé dans le parlement de Paris, et avoit de grandes obligations au premier président, qui l'avoit protégé dans l'affaire de la mercuriale, où l'on avoit voulu le mêler : il en témoigna au fils une sincère reconnoissance, et l'embrassa avec bien de la tendresse. Il lui dit que c'étoit lui qui avoit conseillé de demander des commissaires du parlement de Paris, connoissant leur droiture et leur équité, et avec quel désintéressement ils rendoient la justice à tout le monde sans partialité ; au lieu que dans la Guienne, depuis que la différence de religion y avoit divisé les esprits, la haine et la faveur dictoient tous les jugemens. Après cela de Thou prit congé du roi de Navarre : ce prince lui fit voir ses jardins, qu'il entretenoit avec un grand soin, et le promena dans de belles allées palissadées de lauriers.

Après avoir passé la Garonne, il reprit son chemin par Agen, et y fut reçu magnifiquement par Secondat de Roques. Ce gentilhomme avoit épousé la tante de Joseph Scaliger du côté de sa mère, et il en avoit eu plusieurs enfans, dont la plupart prirent le parti des armes, entre autres Paul Secondat qui fut tué au siége d'Ostende. Il avoit avec lui le frère aîné de Joseph Scaliger, nommé Sylvius, pour qui Jules leur père avoit écrit sa *Poétique*. Ce Sylvius étoit un homme fort doux et assez savant : comme on s'entretint des Commentaires de son père sur les livres d'Aristote touchant l'histoire naturelle des animaux, de Thou le pria de les revoir, et de n'en priver pas plus long-temps le public. Sylvius y satisfit en partie, et donna le dixième livre, qu'il dédia à Duranti, premier président du parlement de Toulouse : après sa mort le reste tomba entre les mains de son frère Joseph, qui l'emporta en Hollande, et qu'il laissa en mourant à Daniel Heinsius son élève, mais dans un si grand désordre, comme Heinsius l'écrivit à Casaubon, qu'on ne doit pas espérer d'en jouir.

Après que de Thou fut de retour à Bordeaux, les commissaires choisirent le couvent des Jacobins pour y tenir leurs séances. Loysel et Pithou étoient, l'un avocat, et l'autre procureur général de la commission : couple d'amis illustre par leur mérite et par leur probité, plus illustre encore par la conformité de leur zèle pour le bien public. L'ouverture s'en fit avec un concours extraordinaire de monde, que la nouveauté du spectacle ou l'aversion qu'on avoit pour les juges du pays avoit attiré.

[1582] Parmi ces occupations, de Thou n'interrompoit point ses études. Dans le dessein d'écrire l'histoire de son temps, il faisoit connoissance, partout où il passoit, avec ceux qui pouvoient y contribuer ; et, comparant tout ce qu'il avoit lu ou entendu, avec ce qu'il en apprenoit par lui-même, il en tiroit de justes conséquences. Il fut instruit de bien des particularités remarquables par Benoît de Largebaston, premier président de Bordeaux, vieillard vénérable, et par son âge fort avancé, et par sa profonde capacité. Ce magistrat, qui avoit été protégé dans les mouvemens précédens par le premier président de Thou, toujours prêt à secourir les illustres affligés, satisfit avec une complaisance rare à son âge la curiosité du jeune de Thou.

Il tira encore bien des lumières de Michel de Montagne, alors maire de Bordeaux, homme franc, ennemi de toute contrainte, et qui n'étoit entré dans aucune cabale, d'ailleurs fort instruit de nos affaires, principalement de celles de la Guienne sa patrie, qu'il connoissoit à fond. L'amitié que de Thou lia ensuite avec Jean Malvin de Sessac, doyen du parlement, lui fut aussi d'un grand secours.

Pithou et lui trouvèrent beaucoup d'agrément et de politesse dans l'esprit éclairé d'Elie Vinet de Barbezieux. Vinet étoit recteur du collége de Bordeaux, si célèbre dans les siècles précédens, et s'occupoit alors à retoucher son *Ausone*. Autrefois il avoit été des amis de Turnèbe, de Muret, de Gruchy, de Guérente et de Georges Buchanan. Tous les ans il recevoit des lettres de ce dernier, quand les marchands écossais venoient enlever des vins à Bordeaux. De Thou vit les dernières que Buchanan avoit écrites à Vinet, d'une main tremblante à la vérité, mais d'un style ferme, et qui ne se ressentoit en aucune manière des foiblesses de son grand âge; aussi Buchanan ne s'en plaignoit pas, mais plutôt de l'ennui que cause une longue vie. Il lui mandoit qu'il avoit quitté la Cour, et qu'il s'étoit retiré à Sterlin; il ajoutoit sur la fin ces dernières paroles, dont de Thou s'est toujours souvenu depuis : « Au reste, je ne songe plus qu'à me retirer sans bruit et à mourir doucement : comme je me regarde comme un homme mort, le commerce des vivans ne me convient plus. »

De Thou fit voir à Vinet les deux premiers chants de son poème de la *Fauconnerie*, où il n'avoit pas mis encore la dernière main; Vinet l'engagea à les faire imprimer à Bordeaux par Simon Millanges, très-habile imprimeur.

Pendant le mois de février les commissaires interrompirent leur séance, et quelques-uns prirent ce temps-là pour voir le pays de Médoc. Thumeri étoit malade d'une fièvre quarte, qu'il domptoit en montant souvent à cheval; Loysel et Pithou, toujours prêts à marcher en si bonne compagnie, voulurent être du voyage. M. de Foix de Candale, auquel ils avoient rendu de fréquentes visites au Puy-Paulin à Bordeaux, leur avoit donné des lettres de recommandation.

Quand on a quitté le pays qui est au-delà de la Garonne, on trouve à gauche le rivage de la mer, bordé de pins très-élevés, dont on tire la poix ou la résine. Comme on enlève l'écorce de ces arbres, la nature prévoyante fait naître autour quantité d'arbustes pour les revêtir, entre autres des arboisiers, dont les fleurs et les fruits, plus agréables qu'utiles, forment un spectacle qui, joint à la vue de la mer, plaît beaucoup aux yeux.

Du temps d'Ausone on donnoit le nom de *Boiates* et de *Boii* aux habitans de ces côtes; ce poète les nomme

Picei, sans doute par rapport à la poix qu'on tire de ces pins, dont l'écorce fournit encore de nos jours à ces peuples de quoi se chauffer et s'éclairer. On trouve aussi le long de la côte le cap des Boiens, *Boiorum promontorium*, ainsi appelé autrefois, et qui conserve en quelque sorte son ancien nom; ce qui se prouve par le nom d'une petite ville qu'on appelle encore aujourd'hui Tête de Buch, et par le nom que portoient les seigneurs de la maison de Foix, entre autres ce fameux capitaine du temps de nos guerres contre les Anglais, duquel nos histoires font mention sous le nom de Captal de Buch.

Quelques-uns prétendent que cette ville tire son nom d'un rocher qui la domine, et qui est couvert d'une grande quantité de tests ou d'écailles d'huîtres que produit le voisinage de la mer; ce qui ne me paroît pas vraisemblable, car le mot latin *testa* ne signifie point ce qu'entendent les Gascons dans leur langue par le mot de *teste*.

La baie de ces côtes est faite de manière que cette petite ville, qu'on nomme Tête de Buch, est située à la partie supérieure, et Certe de l'autre côté. Certe appartenoit à Honorat de Savoie, marquis de Villars, auparavant gouverneur de la province; et c'étoit Françoise de Foix sa femme qui la lui avoit apportée en dot.

On fit dresser une table pour dîner sur le rivage; comme la mer étoit basse, on leur apportoit des huîtres dans des paniers; ils choisissoient les meilleures et les avaloient sitôt qu'elles étoient ouvertes; elles sont d'un goût si agréable et si relevé, qu'on croit respirer la violette en les mangeant; d'ailleurs elles sont si saines, qu'un de leurs valets en avala plus d'un cent sans s'en trouver incommodé. Là, dans la liberté du repas, on s'entretint, tantôt de la beauté du lieu, tantôt de ce qu'on jugeoit le plus propre au bien de l'Etat, tantôt de ce fameux capitaine dont on vient de parler, tantôt de ces grands hommes dont Cicéron se souvient en quelque endroit de ses ouvrages, qui ne croyoient pas qu'il fût indigne d'eux d'employer un repos honnête et nécessaire, pour délasser l'esprit de ses grandes occupations, à ramasser à Gaète et à Laurentio des coquilles et de petits cailloux sur le rivage.

La beauté de la saison les invita à voir le reste du pays de Médoc et le château de M. de Candale : la maison de Foix possédoit autrefois tout ce pays-là. Ils le trouvèrent à Castelnau, où il s'étoit rendu depuis peu, et où il avoit accoutumé de séjourner jusqu'à l'automne, à moins qu'il n'allât à Cadillac ou à Bachevelle, deux châteaux qui sont sur la Garonne, où il alloit et d'où il revenoit par eau commodément.

Ce seigneur, savant dans la géométrie et dans les mécaniques, avoit chez lui des laboratoires, des ateliers et des forges, avec tous les instrumens nécessaires pour fondre ou pour fabriquer toutes sortes de machines. Il invita les commissaires à dîner : le repas fut assaisonné d'une savante conversation, suivant sa coutume. De Thou tourna l'entretien sur ce que les Pyrénées pouvoient avoir de hauteur : il savoit que c'étoit faire plaisir à son hôte que de le mettre sur ce chapitre.

M. de Candale leur raconta qu'il avoit été aux eaux de Béarn proche de Pau, à la suite de Henri d'Albret, roi de Navarre, père de la princesse Jeanne, dont il étoit proche parent; que dans le séjour qu'il y fit, il résolut de monter au sommet de la plus haute montagne, qui n'en est pas éloignée, et qu'on nomme *les Jumelles* à cause qu'elle se sépare par le haut en forme de fourche; que dans le temps qu'il préparoit tout ce qu'il crut nécessaire pour son dessein, plusieurs gentilshommes et d'autres jeunes gens, vêtus de simples camisoles pour être moins embarrassés, s'offrirent de l'accompagner; qu'il les avertit que plus ils monteroient, plus ils sentiroient de froid; ce qu'ils n'écoutèrent qu'en riant; que pour lui il se fit porter une robe fourrée par des paysans qui connoissoient les lieux ; que vers le milieu du mois de mai, sur les quatre heures du matin, ils montèrent assez haut pour voir les nuées au-dessous d'eux ; qu'alors le froid saisit ces gens qui s'étoient si fort pressés, de manière qu'ils ne purent passer outre; que pour lui il prit sa robe et marcha avec précaution, accompagné de ceux qui eurent le courage de le suivre; qu'il monta jusqu'à un endroit où il trouva des retraites de chèvres et de boucs sauvages, qu'il vit courir par troupes sur ces roches escarpées; qu'ayant été plus loin, il remarqua quantité d'aires d'aigles et d'autres oiseaux de proie ; que jusque là ils avoient rencontré des traces taillées dans le roc par ceux qui y avoient auparavant monté; mais qu'alors on ne voyoit plus de chemin, et que pour gagner le sommet il en restoit encore autant à faire qu'on en avoit fait ; que l'air froid et subtil qui les environnoit leur causoit des étourdissemens qui les faisoient tomber en foiblesse, ce qui les obligea de se reposer et de prendre de la nourriture; qu'après s'être enveloppé la tête, il se fit une nouvelle route avec l'aide des paysans qu'il avoit amenés; que quand le roc résistoit au travail, on se servoit d'échelles, de crocs et de grappins; que par ce moyen il arriva enfin jusqu'à un lieu où ils ne virent plus aucune trace de bête sauvage, ni aucun oiseau qu'on voyoit voler plus bas; que cependant on n'étoit pas encore au sommet de la montagne; qu'enfin il le gagna, à peu de distance près, avec l'aide de certains crochets qu'il avoit fait faire d'une manière extraordinaire.

Qu'alors il choisit un lieu commode d'où il pût regarder sûrement jusqu'en bas; qu'il s'y assit, et qu'avec le quart de cercle il commença à prendre la hauteur; qu'il prit pour rez-de-chaussée le courant paisible que les eaux qui se précipitent de rocher en rocher avoient formé; que jusqu'au plus haut de la montagne, qu'il mesuroit aisément du lieu où il étoit, il trouva onze cents brasses ou toises de notre mesure, la toise de six pieds, ce qui compose treize cent vingt pas géométriques, le pas de cinq pieds, à la manière des Grecs (1).

De Thou, après avoir fait là-dessus de profondes réflexions, convint que M. de Candale ne s'étoit pas fort écarté de la vérité, ni du sentiment des anciens géomètres, qui rapportent que le mont Olympe, qu'ils ont cru le plus élevé qu'il y eût au monde, ne pouvoit pas avoir plus de dix stades de hauteur, non plus que la mer a de profondeur. Xenagoras trouva un demi-stade davantage dans la mesure qu'il prit de la même montagne. Je dirai en passant que ce calcul n'est pas exact dans Apulée (2), au livre qu'il nous a laissé du

---

(1) *Ce qui compose*, etc. Le traducteur a ajouté ces mots pour éclaircir ce passage.

(2) *Dans Apulée.* Apulée dit qu'elle n'a pas dix stades de hauteur. Plutarque lui en donne davantage.

Démon de Socrate, et qu'il y faut suppléer par Plutarque dans la *Vie de Paul Emile*.

Que si on multiplie dix fois le stade de cent vingt-cinq pas, comptant le pas de cinq pieds, à la manière des Grecs, on trouvera mille deux cent cinquante pas géométriques; ce qui, à onze toises cinq pieds près, fait le même nombre que M. de Candale avoit trouvé; mais on laisse un calcul plus exact [1] aux gens du métier.

De Castelnau la compagnie se rendit à Lesparre, autrefois ville libre et jouissant de ses droits, avec un château et des salines appartenantes à la maison de Montferrand. Depuis, du temps de Charles VII, elle tomba par confiscation dans la maison d'Albret, qui avoit toujours été fidèle à la France; alors elle appartenoit à Louis de Gonzague de Clèves, duc de Nevers, du chef de la duchesse son épouse [2].

De Lesparre on vint à Soulac, connu par sa chapelle dédiée à la Vierge, et par le port de Verdon, qui est fort commode. De là on découvre la tour de Cordouan, située entre des bancs de sable et des rochers, à l'embouchure de la Garonne, qui, dans cet endroit, est large d'environ quatre lieues. Cette tour, qui la nuit sert de fanal aux vaisseaux, avoit été à demi ruinée: depuis elle a été rebâtie par l'adresse et le travail de Louis de Foix [3], parisien, qui portoit ce nom à cause de son père qui étoit du pays.

---

[1] *Un calcul plus exact.* Le traducteur observe que de Thou s'est trompé dans ce calcul; ce qui n'empêche pas, ajoute-t-il, que le compte fait par de Candale ne soit à peu près juste.

[2] *La duchesse son épouse.* Elle étoit de la maison de Longueville.

[3] *Louis de Foix.* Il avoit été appelé par Philippe II pour bâtir le monastère de l'Escurial. Don Carlos, fils de Philippe, effrayé des dangers qui le menaçoient, lui demanda des machines qui le missent à

Ils se rendirent de là à Blaye, par Royan et par Talmond; ils y découvrirent les premiers une grande quantité de capillaires, que ceux du pays ne connoissoient pas; ils leur apprirent la manière d'en faire du sirop, afin qu'à l'avenir ces gens s'épargnassent la peine et les frais d'en aller chercher à Montpellier. Ils en trouvèrent encore en beaucoup d'autres lieux, et principalement à Bourdeille, où il en croît de tous côtés. Bourdeille est un des plus forts châteaux du Périgord; il est situé sur un rocher, baigné par la Drône (1), et creusé par la nature, ou par la violence des eaux de cette rivière.

De là ils revinrent enfin à Bordeaux. La chambre des commissaires y étoit moins occupée aux affaires civiles qu'aux criminelles, de l'examen desquelles dépend la sûreté du public. Comme les ecclésiastiques ne pouvoient assister aux jugemens criminels, on chargeoit Coqueley et de Thou de faire les informations, d'interroger les coupables, et de les confronter aux témoins, comme il arriva dans le procès de Rostaing. Quand il fut instruit, Thumeri, Loysel, Pithou et de Thou firent un tour en Gascogne pendant les vacations de Pâques.

Ils passèrent d'abord à Bazas, où on les instruisit des véritables causes des malheurs de cette ville, et de la faction des Casse frères; de là à Albret, d'où l'illustre maison d'Albret et tout le pays d'alentour tirent

portée de se préserver d'une surprise : de Foix les lui fit, mais elles lui furent plus funestes qu'utiles, parce qu'il en avertit Philippe.

(1) *La Drône*. Le traducteur observe qu'il y a ici une faute dans le texte latin : il y est dit que ce rocher est baigné par l'Ile, tandis que c'est la rivière de la Drône qui l'arrose.

leur nom. Ils allèrent ensuite à Tartas, au Mont-de-Marsan, et à Ayre, située sur l'Adour : cette ville a été ruinée par nos dernières guerres.

Continuant leur route par le Bigorre, ils virent Tarbes, qui en est la capitale, et descendirent dans un pays fort agréable, au pied des Pyrénées, où les vignes, comme dans la Lombardie, sont attachées aux ormeaux et aux peupliers : autrefois Tarbes étoit composée de trois villes; mais ce n'étoit plus alors qu'une solitude, habitée seulement par des paysans.

Ils visitèrent des bains qui n'en sont pas loin, et qui étoient autrefois fort fréquentés, comme on le remarque par de beaux bancs qu'on y voit encore; les eaux en sont fort chargées d'alun. De Thou en fut guéri d'une espèce de rhumatisme au bras gauche, causé par ses études trop assidues et par ses veilles.

De là ils allèrent à Campan, où le beurre est excellent; tout proche est la vicomté de Lavedan, qui appartient à des seigneurs de la maison de Bourbon, et qui est renommée par les beaux chevaux qu'on y élève. En passant, ils examinèrent avec attention une inscription qui est sur l'autel d'une chapelle, et dont Scaliger s'est servi fort à propos dans sa description de la Gascogne. Ils remarquèrent en arrivant à Lourde, qui est un château sur une hauteur et sur les frontières du Bigorre, que ce n'est point là le pays anciennement appelé Lapurda, comme l'a cru le même Scaliger, dans la première édition de ses Commentaires sur Ausone, qui fut faite à Lyon. Lapurda est un pays bas proche de la mer, et fort éloigné de Lourde; c'est plutôt le Bayonnais. Dans les anciens martyrologes des évêques de Bayonne, il n'y a que le pays situé depuis la Garonne jusqu'à l'Adour qui soit appelé le pays et l'évêché de Lapurda : encore aujourd'hui ce qui est entre l'Adour jusqu'à Fontarabie se nomme le pays de Labourd. De Thou en avertit Scaliger, qui, dans la seconde édition qui fut faite de son Ausone, avec celui de Vinet, supprima ce qu'il en avoit dit.

De là, par Pontac, ils arrivèrent à Pau. Le roi Henri et la reine Jeanne sa mère ont fort embelli cette ville par un château et des jardins magnifiques : on y voit des berceaux de feuillage d'une hauteur surprenante. Ils trouvèrent à Pau la princesse Catherine, sœur du roi de Navarre; elle les reçut avec toutes les marques possibles de bienveillance. Les devoirs de la charge de Loysel l'obligèrent de se séparer en ce lieu de sa compagnie; Pithou avoit déjà fait la même chose dès Aire, et avoit regagné Bordeaux par Saint-Sever.

Thumeri et de Thou, qui restèrent seuls, furent aux bains de Béarn, qui ne sont éloignés de Pau que de sept lieues. Ce sont des sources d'eaux souffrées qui sortent des monts Pyrénées, et qui sont très-bonnes contre la pierre, la néfrétique et les obstructions; elles sont si légères et si subtiles, que toute leur force se perd dans un moment, à moins qu'on ne les prenne au sortir de la source; aussi l'on ne peut les transporter dans des bouteilles, comme nos eaux de Lux, de Spa et de Pougues. De Thou avoit avec lui un jeune Allemand, qui, quoique fort sobre, en buvoit tous les jours cinquante verres en une heure; pour lui, pendant sept jours, il en prit vingt-cinq verres à chaque fois, plutôt par plaisir que par nécessité. Quoiqu'elles ne le purgeassent point, il en ressentit un grand soulagement, avec un merveilleux appétit, un sommeil tranquille, et une légèreté surprenante répandue par tout le corps.

Au retour des eaux ils passèrent par Oleron, Sauveterre et Orthez, où la reine Jeanne avoit fondé un collége célèbre, et vinrent à Navarreins. Henri d'Albret, roi de Navarre, avoit ainsi nommé cette dernière ville pour se consoler de la perte de son royaume; il y avoit aussi fait bâtir un château fort et bien muni, pour défendre le reste de son pays de Béarn.

Passant ensuite par Saint-Palais et par Saint-Jean-Pied-de-Port, ils vinrent à la bastide de Clarence. Ils y virent Jean de Licarrague, ministre de l'église du lieu, qui, par ordre de la reine Jeanne, avoit traduit le catéchisme et le nouveau Testament en langue basque, et qui l'avoit fait imprimer en beaux caractères, à La Rochelle, par Pierre Haultin. Tout autre que lui n'auroit pu le faire, vu le peu de rapport que cette langue, de même que l'irlandais et le bas-breton, a avec les autres.

Ce ministre, qui parloit également bien basque et français, prêchoit devant ceux du pays en sa langue, dans la même église où les anciens catholiques célébroient l'office divin, mais à des heures différentes. La diversité de religion ne causoit entre eux aucune querelle, et ils étoient accoutumés à vivre ensemble paisiblement.

De Biscaye on vint à Bayonne par le pays de Labourd, en laissant à gauche Bidache, qui appartient à la maison de Gramont. L'Adour, qui passe par Acqs, sépare Bayonne en deux, et il n'y avoit pas long-temps qu'elle avoit failli à la submerger: les eaux qui tombent des Pyrénées dans cette rivière, et celles qu'elle reçoit de la Gave, qui s'y jette à Peyrehorade, l'avoient si fort enflée, que, ne pouvant se rendre dans la mer par son embouchure ordinaire, comblée par les sables, elle avoit été contrainte de prendre son cours par le canal qui s'étend jusqu'au cap Breton. Les habitans avoient commencé à bâtir un mur sur pilotis pour fermer l'entrée de ce canal, afin que la rivière, forcée de couler par son lit ordinaire, entraînât les sables, et rendît par ce moyen sa sortie plus libre et plus profonde ; ce que le hasard exécuta plutôt que leur travail. Les eaux se précipitèrent avec tant de rapidité pendant une basse marée, qu'elles écartèrent à droite et à gauche les sables qui bouchoient son lit, bien mieux que tous les pilotis qu'ils pouvoient faire; elles s'ouvrirent même un passage si large qu'elles ne se débordoient presque plus dans la ville. Cependant on y appréhendoit toujours l'inondation; car les grandes marées apportant continuellement des sables dans le port, la rivière, qui n'avoit plus la liberté de son cours, avoit encore depuis peu de temps emporté une grande partie de leurs murailles.

Le langage de ces peuples est fort singulier, et les habits de leurs femmes ne le sont pas moins : elles en ont pour chaque âge et pour chaque état. Les filles, les femmes mariées, les veuves, les jeunes et les vieilles, portent des habits différens, soit dans les cérémonies funèbres, soit dans celles des noces, soit aux processions. Leurs tailleurs ne sont que pour leur usage et pour celui du pays de Labourd : si l'on voyoit ailleurs des gens vêtus à leur manière, on croiroit qu'ils se seroient ainsi déguisés exprès pour faire rire sur un théâtre, ou pour aller en masque.

Jean Denis de La Hillière, qui avoit succédé au

vicomte d'Horte (1), commandoit dans la ville; c'étoit un vieux capitaine, fort simple, et si accoutumé à la fatigue, qu'il couchoit en tout temps la tête nue et buvoit toujours du vin pur sans s'en trouver incommodé, quoique le vin de Chalosse, dont il usoit, soit le plus fort de la province. Il reçut nos voyageurs avec beaucoup de politesse, et leur fit l'histoire de sa vie sans en rien déguiser. Thumeri lui dit qu'il lui conseilloit de se marier, et, lui ayant frappé dans la main, il lui fit promettre qu'il y songeroit au plus tôt : ce qu'effectivement La Hillière fit peu de temps après.

Au sortir de là ils rencontrèrent un beau bois de liéges verts, et passèrent à Acqs, ville épiscopale, qui tire son nom des eaux bouillantes qu'on y voit; puis en cinq jours de marche ils se rendirent à Bordeaux. Ils trouvèrent sur leur route de grandes landes et des bruyères pleines d'abeilles et de tortues, avec des villages fort écartés les uns des autres, mais très-peuplés : les paysans y sont plus riches que dans tout le reste de la Gascogne, quoique les autres soient dans un meilleur pays : leur travail et leur industrie rendent leur terroir aussi fertile qu'aucun autre.

Peu après leur retour à Bordeaux, on jugea le procès de Rostaing (2), qui fut condamné avec rigueur; ce qui fit dire par toute la ville que, depuis plus de trente ans, on n'avoit point vu un si grand exemple de sévérité contre un gentilhomme : l'impunité qui régnoit dans

---

(1) *Au vicomte d'Horte.* Ce seigneur avoit pris sur lui de ne pas faire exécuter dans son gouvernement les ordres donnés par Charles IX, à l'époque de la Saint-Barthélemy.

(2) *Rostaing :* Tristan de Rostaing. Il avoit livré aux ligueurs la ville de Melun.

toute la Guyenne étoit cause qu'il n'y en avoit pas un, ou qui ne se vengeât lui-même, ou qui ne commît quelque violence, sans avoir recours à la justice.

En voici un exemple remarquable arrivé dans ce temps-là. Le capitaine Gaillard, homme brave et déterminé, étoit ennemi juré d'un gentilhomme de ses voisins qui demeuroit proche de Saint-Milion; il prétendoit que son frère avoit été lâchement assassiné par ce gentilhomme durant nos dernières guerres. Résolu de venger cette mort, il se fait accompagner d'une troupe de scélérats, vient de nuit escalader la maison de son ennemi, qui se croyoit en sûreté pendant la paix, applique un pétard à la porte, entre avec ces brigands, tue ce gentilhomme, qui étoit sorti au bruit l'épée à la main, massacre sa femme, son frère, et ce qu'il trouve de valets. Le crime fut bientôt suivi de la punition : ces gens qu'il avoit amenés, courant vite au pillage dans l'obscurité, rencontrent un baril de poudre à canon; une étincelle de leurs mèches tombe dessus, y met le feu, qui renverse une partie de la maison, écrase et brûle ces scélérats, ou au moins leurs habits, les étend à demi morts sur le pavé, sans armes, nus et hors d'état de pouvoir souffrir aucun vêtement. Au bruit qui s'en répandit, le prévôt des maréchaux accourut et se saisit sans peine de ces bandits, qui couroient le pays impunément : il n'y eut que ceux qui étoient demeurés dehors qui se sauvèrent.

On prit aussi Gaillard, auteur de cette horrible action, qui, nu et blessé des coups de son ennemi, qui s'étoit défendu en brave homme, fut conduit sur un chariot à Bordeaux avec ses compagnons, mais si défigurés, et ayant la peau si noire et si brûlée, qu'ils sembloient n'avoir rien d'humain qu'une voix affreuse. Comme la prison étoit fort éloignée du lieu de la juridiction, il fallut leur faire traverser presque toute la ville : le peuple, frappé de ce spectacle, regardoit leur crime avec encore plus d'horreur. On fut obligé de les interroger dans la place et dans leur chariot, sur un fait qu'ils ne pouvoient nier; on ne les en fit sortir que pour les mettre sur une roue. Pour Gaillard, qui étoit homme de bonne mine, des archers le conduisirent devant les juges, sans être lié, mais enveloppé d'un linge, suivant l'usage de Toulouse et de Bordeaux. Il convint hardiment du fait, et avoua effrontément, comme une belle action, qu'il avoit tué son ennemi, accusant même ce malheureux d'être cause de la perte de ses braves soldats; c'est ainsi qu'il nommoit ces scélérats qui avoient été brûlés, ou écrasés par les ruines de la maison de ce gentilhomme. Il parut toujours aussi intrépide que s'il n'avoit pas mérité la mort, ou qu'il ne dût pas la craindre, et la souffrit avec la même fermeté avec laquelle il avoit parlé à ses juges.

On rendit encore, au rapport de M. de Thou, un jugement célèbre et digne de la majesté des commissaires. Une jeune demoiselle, dont le père étoit mort depuis quelques années, avoit quitté la maison de sa mère sous prétexte de religion, et, sans le consentement d'aucun de ses parens, avoit épousé un jeune homme d'une condition fort inférieure à la sienne; cependant ils n'avoient pas consommé le mariage. Il fut déclaré nul, et la fille rendue à sa mère, qu'on avertit de ne lui faire aucune violence sous prétexte de religion; on défendit de plus au jeune homme de voir la

fille davantage, et de se marier avec elle, sur peine de
la vie : arrêt d'autant plus nécessaire pour rétablir
l'honneur et la validité des mariages, que dans ces
temps de désordre il s'en étoit fait beaucoup de clan-
destins, et qu'on avoit besoin d'un exemple pour réprimer l'insolence des ravisseurs, qui abusoient de la
simplicité des filles de famille mal conseillées, et qui
disposoient d'elles impunément sans l'aveu de leurs parens. Des affaires particulières occupèrent le reste des
séances jusqu'aux vacations : avant qu'elles commen-
çassent, on ordonna aux parties de se rendre à Agen,
où la chambre tiendroit ses séances après la Saint-
Martin.

Soit que le premier président prévît sa mort assez
prochaine, soit qu'il ne pût supporter davantage la
trop longue absence de son fils, il obtint du Roi la permission de le faire revenir. On nomma en sa place
François Godard, jeune homme qui avoit été reçu
depuis peu conseiller au parlement, et qui avoit l'esprit fort délié. Pour de Thou, il fit entendre à ses amis
qu'en retournant à Paris il avoit envie de voir le Languedoc et la Provence, et de passer à Clermont en Auvergne, pour y saluer son beau-frère de Harlay, et les
conseillers qui y tenoient les grands jours cette année-là.

Le bruit se répandit alors que le duc d'Anjou envoyoit au Roi Salcède qu'il avoit fait arrêter à Anvers. Les accusations fausses et véritables dont Salcède avoit chargé plusieurs personnes, étoient cause
qu'on parloit fort diversement de cette affaire. Quelques-uns des plus considérables de la Cour, qui s'y
trouvoient mêlés, en avoient écrit au maréchal de Ma-

tignon, ét lui avoient mandé que Salcède l'avoit accusé avec d'autres personnes du premier rang. Le maréchal, qui sçavoit qu'à son égard Salcède étoit un imposteur, s'étoit si fort mis dans l'esprit qu'il l'étoit à l'égard des autres, qu'il traitoit de calomnie tout ce que ce scélérat avoit déposé.

Il regardoit par une fenêtre des jeunes gens qui jouoient dans la place, quand de Thou vint lui demander un passeport : il savoit que de Thou retournoit à Paris, et qu'il devoit passer en Languedoc pour y voir le duc de Montmorency ; ce qui l'obligea de l'entretenir sur le sujet de Salcède fort particulièrement et fort long-temps, dans la vue que de Thou pût partir d'auprès de lui bien instruit sur ce chapitre. Pour l'empêcher d'ajouter foi aux dépositions de ce malheureux, il lui dit que Salcède avoit passé sa jeunesse avec des brigands et des scélérats; que depuis on lui avoit fait à Rouen son procès pour crime de fausse monnoie; qu'il n'avoit évité que par la fuite la peine à laquelle on l'avoit condamné; qu'il s'étoit caché de côté et d'autre depuis ce temps-là; qu'enfin le duc de Mercœur, auquel il se trouvoit allié de fort loin par la mère de sa femme, l'avoit pris sous sa protection ; que tout ce qui venoit de la cour du duc d'Anjou devoit être suspect; qu'elle étoit composée de gens sans religion et sans honneur qui se faisoient un jeu de jeter, par leurs calomnies, des soupçons dans l'esprit de Sa Majesté sur ses plus fidèles serviteurs et sur les plus grands de l'Etat, pour y remettre la confusion.

« Peut-on, disoit-il, rien imaginer de plus méchant et de plus imprudent en même temps, que de confondre dans une même conspiration tant de gens d'honneur, dont la probité reconnue éloigne d'eux jusqu'au moindre soupçon, avec le petit nombre de ceux qui peuvent être coupables? Qu'on reconnoît bien là les traits empoisonnés des courtisans de ce prince, qui ne se font pas un scrupule de mettre en péril, aux dépens d'un misérable, la vie et l'honneur des plus gens de bien! Si vous faites réflexion sur l'accusateur et sur ceux qui lui ont suggéré ses dépositions dans sa prison, vous jugerez aisément quels égards on doit avoir pour une accusation de cette importance, où le repos de l'Etat est si fort intéressé. »

Il ajouta que, malgré le bruit qu'on faisoit courir que le duc d'Anjou devoit envoyer Salcède au Roi, il n'en croyoit rien ; qu'il ne pouvoit se persuader que ceux qui étoient auprès de ce prince le souffrissent; que certainement Salcède se dédiroit en France de ses prétendues accusations, et que cela ne serviroit qu'à découvrir leurs mauvaises intentions et leur méchanceté.

Comme par le témoignage de sa conscience il étoit fortement persuadé de ce qu'il disoit, que d'ailleurs il joignoit à une profonde sagesse une éloquence vive et insinuante, de Thou, dont le bon naturel le portoit à juger favorablement de toutes choses, partit si convaincu de tout ce qu'il lui avoit dit, que toutes les fois qu'on parloit de Salcède (ce qui arrivoit souvent) il prenoit toujours le parti de réfuter avec chaleur tout ce qu'il en entendoit dire.

Il partit de Bordeaux avec Thumeri et Pithou, et vint à Moissac sur le Tarn, belle et ancienne abbaye, remplie autrefois de fort bons livres. Pithou et lui examinèrent ceux qui restoient, et prirent leur route par

Aiguillon sur le Lot; le lendemain ils vinrent dîner au port Sainte-Marie, lieu connu par ses bons vins. Comme tous leurs valets s'y enivrèrent, ils ne purent partir que tard pour se rendre à Agen, où ils n'arrivèrent que bien avant dans la nuit, quoiqu'on n'y compte que deux lieues depuis Sainte-Marie. Secondat, dont on a déjà parlé, vint au-devant d'eux avec des flambeaux : comme ils se plaignoient de la longueur du chemin, il leur conta une histoire fort particulière.

Adam Fumée [1], autrefois médecin de Louis xi, et employé dans les principales affaires de ce prince, avoit laissé un petit-fils nommé Martin, qui étoit maître des requêtes, grande charge en ce temps-là, et que le nombre n'avoit pas encore avilie. Ce maître des requêtes étoit venu, il y avoit plus de trente ans, dîner à Sainte-Marie dans le commencement de l'hiver; quand il eut dîné il voulut venir coucher à Agen, où on lui dit qu'il n'y avoit plus que deux lieues. Son hôte le pria instamment de ne se point mettre en chemin, qu'il le trouveroit très-mauvais, et que la nuit le surprendroit infailliblement. Lui, qui ne comptoit que sur deux lieues, et qui avoit envie d'avancer, monta à cheval. Il lui arriva encore pis que ce que son hôte lui avoit prédit : non-seulement il fut surpris de la nuit, mais il tomba encore dans un bourbier d'où ses valets eurent bien de la peine à le retirer. Les magistrats d'Agen, qui l'attendoient, en étoient fort en peine, lorsqu'enfin il arriva à minuit, mais si fatigué et de si mauvaise humeur, qu'il reçut mal leurs complimens, et se retira aussitôt dans son auberge. Le len-

---

[1] *Adam Fumée*. Selon du Tillet et Sainte-Marthe il fut garde des sceaux sous Louis xi et sous Charles viii.

demain, comme sa mauvaise humeur n'étoit pas encore passée, il alla tenir l'audience, et ordonna, avant toutes choses, qu'à l'avenir, pour ne point tromper les voyageurs, on compteroit de Sainte-Marie à Agen six lieues.

Tout étant disposé dans Agen pour la séance des commissaires, Pithou et de Thou passèrent la Garonne pour voir le reste de la Gascogne, et se rendirent à Lectoure. Cette ville épiscopale, située sur une hauteur, est la capitale de la principauté d'Armagnac. Ils coururent quelque risque en y entrant; comme ils n'arrivèrent qu'à la nuit, et qu'ils tournoient autour des fossés, les sentinelles qui étoient sur les remparts tirèrent sur eux quelques coups de mousquet.

Le lendemain, Astrac de Fontrailles, gouverneur du pays, les reçut fort civilement, et leur fit des excuses de ce qui s'étoit passé la veille; ils y restèrent tout ce jour-là pour voir la ville et pour examiner la disposition du camp de Montluc, qui l'avoit assiégée et prise dans nos dernières guerres. Les Romains y avoient autrefois institué des sacrifices de taureaux en l'honneur de la mère des dieux; ce qui se remarquoit par plusieurs inscriptions qu'on voyoit encore gravées sur les pierres d'un temple que la barbarie de nos guerres avoit ruiné, et dont on prétendoit se servir pour en rebâtir un autre.

Ils y visitèrent le château où le comte d'Armagnac fut assassiné du temps de Louis XI, et, comme on croit, par sa participation. Les murailles sont encore teintes de son sang, qu'on n'a pu effacer jusqu'aujourd'hui. Ces marques sanglantes les firent souvenir d'une action qui s'étoit passée dans le même château; elle est assez semblable à celle du capitaine Gaillard; mais la suite n'en fut pas si funeste. De Thou, qui en avoit déjà appris quelque chose à Bordeaux de du Faur de Gratins, pria celui qui commandoit alors à Lectoure de l'en instruire plus particulièrement : voici le fait.

Un nommé Baleins, qui en avoit été gouverneur avant celui qui leur contoit cette aventure, étoit un homme violent, qui avoit été élevé dans les guerres contre les Turcs. Il étoit des amis d'un gentilhomme du pays, des principaux officiers de sa garnison, qui, sous prétexte de mariage ou autrement, ayant abusé d'une sœur qu'avoit Baleins, s'étoit retiré de la garnison, et s'étoit marié à une autre personne. Cette sœur qui en fut informée, vint aussitôt tout échevelée et toute en larmes trouver son frère, et lui conta ce qui s'étoit passé. Baleins, qui étoit vif et intrépide, lui dit de se taire, de ne faire semblant de rien et de le laisser faire. Il continue pendant quelque-temps de vivre avec cet officier aussi familièrement qu'auparavant, sans lui rien faire connoître de ce qu'il savoit : un jour il l'invite à dîner dans le château avec quelques autres de ses amis, et leur fait un repas magnifique; le dîné fini et les conviés retirés, il le prend en particulier, lui fait mettre les fers aux pieds et aux mains par des gens apostés, se met dans un fauteuil comme juge, et l'interroge. Comme ce pauvre homme ne demeuroit d'accord de rien, il lui produit des témoins, et fait paroître tout d'un coup cette demoiselle qui s'étoit cachée. Alors cet officier tout effrayé lui avoua qu'il avoit été de ses amis, mais qu'elle lui avoit fait plusieurs avances; que de son côté il ne lui avoit rien promis et ne lui avoit jamais donné parole de l'épouser. Baleins continuant son personnage de juge, fait écrire par un secrétaire l'interrogatoire, les dépositions des témoins, et leur fait signer le tout, puis, sur le serment pris des témoins et sur la confession de l'accusé, le condamne à mort.

Alors le même homme qui avoit été l'accusateur, le témoin et le juge, voulut encore être le bourreau; il poignarda lui-même ce malheureux, qui réclamoit inutilement Dieu et les hommes, et qui se plaignoit de l'infraction des droits de l'hospitalité. Baleins renvoya le corps aux parens du mort, mais comme il jugea que si cette exécution venoit d'ailleurs à la connoissance du roi de Navarre, de qui il tenoit sa commission, elle ne manqueroit pas de prévenir ce prince contre lui, il lui en écrivit lui-même, et lui manda le détail de ce qui s'étoit passé : il dit qu'ayant un juste sujet de se venger d'un affront, il n'avoit cependant rien fait que dans toutes les formes de la justice; qu'il lui envoyoit les copies du procès, et qu'il gardoit les originaux pour sa justification; qu'il le prioit de de lui donner sa grâce, prêt, s'il le souhaitoit, à remettre le château à qui il jugeroit à propos; qu'il étoit assez content d'avoir trouvé le moyen de se venger par ses mains de l'outrage qu'il y avoit reçu.

Le roi de Navarre fut effrayé de l'audace de Baleins et de l'énormité de cette action : cependant, comme il appréhendoit que s'il lui refusoit sa grâce cet homme violent ne se portât à quelque résolution qui pouvoit être dangereuse dans la conjoncture présente, il ne laissa pas de la lui envoyer; mais en même temps il fit partir un homme de confiance pour prendre possession du château. Baleins le remit sans difficulté sur les ordres du prince, et se retira avec sa famille dans un château assez fort qu'il avoit dans le voisinage.

De Lectoure ils vinrent à Auch, autrefois capitale de la Gascogne. C'est un très-riche archevêché dans la principauté d'Armagnac : les cardinaux Hippolyte et Louis d'Est l'avoient possédé depuis le cardinal de Tournon, qui y avoit fondé un collége. Ce dernier prélat n'étoit pas homme de lettres; mais comme il avoit le cœur élevé, et qu'il vouloit soutenir son rang, il aima toute sa vie les sciences, et ceux qui en faisoient profession. Le beau collége qu'il fit bâtir à Tournon dans le Vivarais, d'où cette maison illustre a tiré son nom, en est une marque, et toute sa vie en fut une preuve continuelle.

A la Cour, à Rome, dans ses voyages, il avoit toujours à sa suite tout ce qu'il y avoit de gens illustres dans les belles-lettres; il en prenoit tant de soin, qu'Arnaud du Ferrier, qui avoit été long-temps attaché à son service, disoit ordinairement qu'il n'avoit jamais étudié si commodément dans son cabinet qu'il le faisoit lorsqu'il accompagnoit ce cardinal dans ses voyages.

Quand ce prélat suivoit la Cour, il n'étoit pas plutôt descendu de cheval qu'il visitoit la chambre des savans de sa suite, pour voir si les malles où étoient leurs livres étoient en bon état : de peur qu'ils n'attendissent après, il les faisoit porter par ses mulets, avec son lit et ses papiers; puis, tout étant prêt, il les exhortoit à travailler pendant qu'il alloit trouver le Roi, dont il étoit le principal ministre. Il tenoit table ouverte; mais il en avoit une particulière pour un petit nombre de ses amis : elle étoit aussi pour ces savans dont il écoutoit les conversations avec plaisir. Cela se passoit sur la fin du règne de François 1, dans le temps que Pierre Danès, du Ferrier, Vincent Lauro, Denys Lambin et Muret, tous si distingués par leur savoir, étoient attachés à lui. C'est à ceux qui possèdent aujourd'hui cet archevêché à voir s'ils en usent aussi noblement.

De Thou, et Pithou son compagnon de voyage, allèrent voir la cathédrale d'Auch, qui seroit la plus belle église de France et de toute la chrétienté si elle étoit achevée avec autant de magnificence qu'elle a été commencée. Le chœur, avec les stales des chanoines, étoit dans sa perfection, et l'on travailloit à la nef et aux bas-côtés. Ils virent aussi l'église de Saint-Oren, qui tomboit en ruine de vétusté : cependant cette église, où il y a une paroisse, appartient à un très-riche monastère dépendant de l'abbaye de Cluny. On y voit plusieurs autels qui sont des tombeaux de martyrs; les chrétiens y tenoient autrefois leurs assemblées. Les tables qui couvrent ces tombeaux ne sont pas plates comme les nôtres, mais un peu arrondies. On y voit les deux lettres grecques qui signifient le nom de *Jésus-Christ*, et qui étoient sur le *Labarum* des premiers empereurs chrétiens : preuves de l'antiquité de cette église et de ces monumens.

Au sortir d'Auch ils passèrent par Caumont, Sanmathan, Lobez, Saint-Gimont, et vinrent à Pibrac. Guy du Faur, qui en est seigneur, y étoit venu de Paris passer les vacations, et les y attendoit. Il reçut ses hôtes magnifiquement et les régala avec beaucoup de propreté et de délicatesse, surtout avec un visage qui rehaussoit extrêmement le mérite de la bonne chère.

Ils y séjournèrent trois jours, pendant lesquels ils se promenèrent beaucoup dans les cours et dans les jardins du château. Tout cela étoit fort négligé et fort inculte; mais les agrémens de l'esprit du maître rendoient tout agréable : tout y paroissoit fort simple, à l'exception des meubles qui étoient magnifiques.

Pibrac dit peu de chose sur l'affaire de Salcède ; cependant il en parla d'une manière qui faisoit comprendre qu'il en croyoit plus qu'il n'en témoignoit : comme il ne disoit point clairement ce qu'il pensoit, de Thou n'eut pas lieu de combattre ses sentimens, Pithou l'obligea de communiquer à Pibrac ce qu'il avoit écrit sur la fauconnerie ; il savoit que leur hôte avoit une grande passion pour toute sorte de chasse, et qu'il se plaignoit que cette nouvelle manière de chasser n'eût point encore été bien décrite en latin. Pibrac lut ce poème en son particulier, et, comme il remarqua que sur la fin du premier livre l'auteur déploroit la mort d'un personnage considérable nommé François, qu'on pouvoit confondre avec une autre personne du même nom, il comprit enfin que l'auteur avoit eu en vue François de Montmorency, maréchal de France, mort depuis peu, et qui l'avoit honoré de son amitié. Il témoigna à de Thou le plaisir qu'il lui faisoit d'avoir fait mention d'un seigneur dont toute la France, et ce qu'il y avoit de plus honnêtes gens, devoient regretter la perte. Il l'exhorta à continuer cet ouvrage et à travailler à cette partie qui concerne la guérison des oiseaux de proie, et que promet le commencement du premier chant.

Après, l'on s'entretint de la liaison de la famille de du Faur de Toulouse avec celle de de Thou : on ajouta que la générosité naturelle des Français s'étoit tellement corrompue, que les amitiés n'avoient de force qu'autant qu'elles étoient fondées sur l'intérêt; que pour peu qu'on craignît qu'une liaison ne portât préjudice, non-seulement on abandonnoit ses amis avec lâcheté, mais qu'on les trahissoit avec perfidie; qu'il ne s'étoit trouvé que Christophe de Thou, qui, se confiant sur son intégrité, avoit osé prendre la défense de l'innocence persécutée; que les du Faur y ayant été exposés, non-seulement à Toulouse, mais encore par toute la France, il les protégea avec autant d'habileté que de constance, lorsqu'ils ne trouvoient plus d'appui dans le parlement, et qu'ils n'avoient que de foibles amis à la Cour : paroles que prononça Pibrac, en regardant fixement de Thou, à qui elles causèrent une joie si sensible, que, malgré toute sa prudence et sa modestie, Pithou s'aperçut combien l'éloge qu'un si honnête homme venoit de faire du premier président son père avoit fait d'impression sur son esprit.

Pibrac étoit chancelier de Marguerite, reine de Navarre. Un petit refroidissement venoit de lui attirer de la part de cette princesse une lettre dans laquelle elle lui reprochoit sa témérité de ce qu'il avoit osé élever ses désirs jusqu'à elle; ce qui donnoit beaucoup de chagrin à Pibrac : il n'étoit pas moins inquiet de la réponse qu'il lui devoit faire. Un jour qu'il se promenoit avec de Thou, il lui en fit confidence; il le crut le plus propre, comme le plus jeune, à excuser sa foiblesse; et, par une espèce de honte, il ne voulut pas s'en ouvrir à Pithou. Il lui dit la réponse qu'il méditoit, mais avec un air si prévenu, en des termes si étudiés, et d'un style où il paroissoit tant de passion, que cela ne servit qu'à convaincre de Thou de la vérité des reproches que lui faisoit cette princesse. Pibrac lui envoya bientôt après cette réponse, qui courut depuis dans le monde, et qui étoit écrite avec toute la délicatesse et toute la finesse dont il étoit capable.

C'étoit un homme d'une probité incorruptible et d'une piété sincère; il avoit un véritable zèle pour le bien public, le cœur élevé, l'ame généreuse, une extrême aversion pour l'avarice, beaucoup de douceur et d'agrément dans l'esprit; outre cela, il étoit bien fait de sa personne, de bonne mine, et doué naturellement d'une éloquence douce et insinuante. Il avoit appris les belles-lettres sous Pierre Bunel, et avoit acquis sous Cujas une parfaite conñoissance du droit : il n'avoit jamais pu vaincre sa paresse et son indolence naturelle, et il ne lui manquoit qu'un peu plus d'action et de vivacité. Il écrivoit en latin avec élégance, et il avoit beaucoup de talent pour la poésie française : ce qui fit naître d'abord un peu de jalousie entre lui et Ronsard, qui le piqua vivement; mais elle se convertit bientôt en une estime et en une amitié mutuelle. Ses quatrains, traduits en toutes sortes de langues, l'ont fait connoître par tout le monde, et servent parmi nous à l'instruction des enfans qu'on prend soin de bien élever. Disons de suite, afin qu'il ne manque rien à l'éloge de ce grand homme, que sa famille, qui étoit de Toulouse et originaire d'Auch, étoit déjà très-noble et très-illustre du temps de Charles VII et de Louis XI, et que son bisaïeul Gratien du Faur, président à mortier au parlement de Toulouse, avoit mérité, par son savoir et par son intégrité, de tenir une des premières places dans le conseil du Roi que nous nommons aujourd'hui conseil d'Etat.

De Thou et Pithou prirent congé de leur généreux

ami, et, ayant passé par un petit village nommé Leguevin, ils arrivèrent dans une grande plaine d'où l'on découvre Toulouse de loin. Cette ville est une des plus grandes du royaume, après Paris, si l'on considère le nombre et la beauté de ses églises, la dignité de son parlement, qui est le second de la France, le nombre des écoles et des écoliers, la richesse des habitans et la magnificence des édifices. On peut dire que, si elle ne l'égale pas, du moins elle lui est peu inférieure, et qu'elle peut encore s'appeler avec justice, comme autrefois, la ville de Pallas.

Ils y séjournèrent quelques jours, pour en voir les beautés les plus remarquables. Pithou en passa une grande partie avec François Roaldez, sous qui il avoit appris la jurisprudence à Valence en Dauphiné. De Thou lui rendit aussi visite, et Roaldez leur apprit des particularités considérables des provinces de Guienne et de Languedoc, tant des villes et des rivières que des autres lieux.

L'archidiacre Galand, attaché à la famille de du Faur, homme d'un commerce agréable, assez savant, et surtout bon botaniste, les conduisit à la cathédrale, aux principales églises et dans tous les lieux publics. Il leur fit voir le Capitol, et le lieu célèbre où les échevins, qu'on appelle Capitouls, rendent la justice; comme aussi la statue de Clémence Isaure, qui fonda, il y a plus de deux cents ans, un prix pour celui qui feroit de plus beaux vers, et à laquelle on va rendre tous les ans une espèce d'hommage.

Il les mena encore à Saint-Jorry : ils y trouvèrent Pierre du Faur, cousin germain de Pibrac, et président à mortier au parlement de Toulouse. Ce président, pendant les vacations, s'y divertissoit à l'étude, autant que sa santé le lui pouvoit permettre. C'étoit un homme laborieux et appliqué; ses œuvres données au public, et principalement ses Commentaires sur les règles du droit, dédiés à Cujas son maître, en sont une preuve. S'il étoit moins propre pour la Cour que Pibrac, il étoit plus propre que lui pour le palais; du reste, leur humeur, leur piété, leur probité étoient égales. Lui et Pithou, qui s'étoient connus dès leur jeunesse, renouvelèrent connoissance. Sa femme, qui étoit belle et vertueuse, et sœur de François de Rieux, gouverneur de Narbonne, leur fit tout le bon accueil possible; occupée uniquement de la santé de son mari et du soin de recevoir ses amis, elle les retint pendant trois jours.

De là ils allèrent à Montauban, où ils se séparèrent, après avoir visité Claude Granger et Robert Constantin. Pithou retourna à Agen, et de Thou à Toulouse, peur descendre en Languedoc. Ce dernier en repartit dès le lendemain de son arrivée, sans rendre visite au premier président Duranti, qui avoit envie de le voir; mais, comme dès son premier voyage avec Pithou ils ne l'avoient point vu, pour certaines considérations qui regardoient leur compagnie, il ne crut pas devoir faire seul ce qu'ils n'avoient pas jugé à propos de faire ensemble : cependant il en eut toujours regret depuis. Le même jour il vint par Montesquiou coucher à Castelnaudary, et deux jours après à Carcassonne.

La rivière d'Aude et une grande esplanade qui avoit autrefois de chaque côté un faubourg très-peuplé, séparent Carcassonne en deux. La ville haute contient la cathédrale, le palais de l'évêque et la citadelle : le lieu où l'on tient la juridiction est dans la ville basse, où sont aussi logés les magistrats. Pibrac avoit donné à de Thou des lettres de recommandation pour Raimond Le Roux, qui en étoit juge-mage. C'étoit un homme de haute taille, qui avoit l'air sérieux, grave et antique. Il avoit écrit pour l'autorité du Pape contre Charles du Moulin, au sujet de l'édit de 1552. Comme il avoit été avocat au parlement de Paris, où il avoit connu le premier président, il demanda fort de ses nouvelles à son fils, qu'il conduisit partout très-poliment.

Il le mena dans la citadelle, où l'on voit beaucoup d'armes anciennes qui ne sont plus d'usage depuis l'invention des mousquets; plusieurs manuscrits hébreux, qui paroissent être du temps que les Juifs furent bannis de ce pays-là, comme de tout le reste de la France, avec quantité d'informations et de jugemens rendus contre les Albigeois.

De Carcassonne de Thou vint à Narbonne; Pibrac lui avoit aussi donné des lettres pour Baliste, qui en étoit syndic. Baliste le conduisit par toute la ville, et lui montra d'anciennes inscriptions qui se remarquoient parmi ses ruines; comme il en avoit fait un recueil exact, il en étoit fort instruit. Il lui fit voir encore cet autel célèbre qui est à la porte de la principale église. Elie Vinet en parle dans ses *Antiquités de Narbonne*; Smith, et, après lui, Jean Gruter, en ont fait aussi mention dans ce gros volume d'inscriptions qu'ils ont donné au public. On voit un grand nombre d'anciens monumens dans cette ville qui a autrefois donné son nom à tout le pays qui s'étend depuis les Alpes jusqu'à Vienne, et qui comprenoit la Provence et le Languedoc, avec tout l'ancien diocèse de Toulouse.

Guillaume de Joyeuse, qui commandoit en Languedoc sous le duc de Montmorency, demeuroit à Narbonne. De Thou alla saluer ce seigneur, qui le mena, avec sa famille, entendre la messe dans une chapelle de la grande église. On y voit cet admirable tableau de la résurrection du Lazare, peint par Sébastien del Piombo : le dessin est de Michel-Ange, et c'est un présent du cardinal Hippolyte de Médicis.

Ce beau tableau les fit ressouvenir de ce que rapporte Vasari du défi de Michel-Ange avec Raphaël, pour un prix proposé par le cardinal de Médicis. Le tableau de Michel-Ange, qui fut achevé le premier, fut apporté à Narbonne du vivant du cardinal, et celui de Raphaël, qui représentoit l'ascension de notre Seigneur, fut mis à Rome dans l'église de Saint-Pierre *in Montorio ;* mais il ne fut fini qu'après la mort du cardinal, qui mourut à Rome où le défi s'étoit fait.

On voit dans le milieu du chœur de la grande église le tombeau de Philippe le Hardi, fils de saint Louis, et père de Philippe le Bel, avec sa représentation en marbre. Le corps de ce prince, qui mourut à Perpignan l'an 1285, au retour du combat qui s'étoit donné en Roussillon, entre lui et Pierre d'Aragon, qui y périt, fut apporté à Narbonne.

Au retour de l'église, Joyeuse invita de Thou à dîner. Comme de Thou le connoissoit peu, et que d'ailleurs il craignoit de devenir par là suspect au duc de Montmorency, s'il venoit à le savoir, il s'en excusa le plus honnêtement qu'il put.

Il alla trouver ce duc à Béziers, après avoir passé un

bois plein de bruyères et de tamarins, et décrié pour les vols qui s'y commettoient : aussi, quand il parle de Béziers dans quelque endroit de ses poésies, il l'appelle *Biterras tamarisciferas*.

Le duc de Montmorency le reçut avec beaucoup d'honnêteté, et, après les premières civilités et les assurances de ses bonnes intentions pour le premier président son père et pour toute sa famille, il lui parla aussitôt de Salcède. Il avoit été informé depuis peu des dépositions de ce scélérat, par Mathurin Chartier qui arrivoit des Pays-Bas. De Thou se servit des raisons du maréchal de Matignon pour lui en faire connoître la fausseté : le duc soutint que ces dépositions n'étoient pas sans fondement. Enfin le duc, voyant que de Thou persistoit vivement dans son opinion, se ralentit un peu et lui dit qu'il le feroit parler le lendemain à un homme qui étoit fort instruit sur ce chapitre.

De Thou alla souper chez l'évêque de Béziers, qui le jour suivant le mena à son église, et le fit monter sur une plate-forme d'où l'on découvre tout le pays d'à lentour. Ils y étoient à peine que le duc y arriva en bottes avec Chartier. « Voilà, dit-il en s'adressant à de Thou, l'homme avec qui je vous promis hier de vous mettre aux prises; il a vu le premier président votre père en passant à Paris; faites réflexion sur ce qu'il vous dira, et ce soir, quand je serai de retour, nous en parlerons plus à loisir. »

Il partit aussitôt pour un rendez-vous qu'il avoit donné, entre Béziers et Narbonne, à Anne, fils de Guillaume de Montmorency. Ce seigneur, qui avoit accompagné le Roi jusqu'à Lyon, avoit demandé permission à Sa Majesté d'aller voir son père; et, après être descendu par le Rhône et avoir donné avis de sa route au duc de Montmorency, il avoit pris la mer, et étoit arrivé à Narbonne le jour même que de Thou en étoit parti.

L'évêque s'étant retiré de Thou resta seul avec Chartier, qui lui apprit ce qui s'étoit passé à Anvers, les conjectures et les motifs qui avoient porté le prince d'Orange à faire arrêter Salcède et le comte d'Egmont, les entretiens particuliers que le premier avoit eus avec le duc de Parme, et de quelle manière celui que le duc de Parme lui avoit associé s'étoit tué quand on l'arrêta. « Et, afin, lui dit-il, que vous soyez convaincu que je vous dis vrai, vous saurez que Salcède a été mis entre les mains de Bellièvre, qui l'a amené au Roi : ce que le duc d'Anjou ni ceux de son conseil n'auroient jamais permis, s'il n'y avoit eu que des suppositions dans cette affaire. »

Après plusieurs autres discours de part et d'autre, comme de Thou soutenoit toujours que ce qui rendoit les dépositions de Salcède suspectes de fausseté étoit que ce méchant homme avoit accusé de cette horrible conspiration un trop grand nombre de personnes d'honneur, dont l'innocence et la fidélité étoient généralement reconnues, Chartier lui dit qu'il se pouvoit faire que Salcède, qui cherchoit ses sûretés, en avoit peut-être accusé plusieurs à tort, ou que ceux qui l'avoient porté à un si grand crime avoient pu l'encourager en lui nommant un plus grand nombre de complices qu'il n'y en avoit; que cependant le premier président son père, qu'il avoit vu secrètement à Paris par l'ordre du duc d'Anjou, étoit d'avis de ne rien précipiter dans une affaire d'une aussi grande conséquence, mais de la bien approfondir, en tenant long-temps le coupable en prison, de peur de gâter l'affaire par un jugement trop prompt. Après cet entretien ils se séparèrent.

Le soir le duc, étant de retour de son rendez-vous, fit appeler de Thou, qu'il entretint d'abord sur le chapitre de M. de Joyeuse, et des marques d'amitié feintes ou véritables qu'ils s'étoient données; puis, passant aussitôt à l'affaire de Salcède, il lui demanda ce qu'il en pensoit, après avoir entretenu Chartier. Comme de Thou persistoit toujours dans son sentiment, sans néanmoins vouloir le défendre aussi vivement qu'auparavant, il se contenta de répondre que le temps, qui étoit un grand maître, les en instruiroit; qu'il falloit attendre de la prudence du Roi et de celle de ses ministres ce qu'on devoit croire d'une affaire d'une si grande importance. Là-dessus le duc se retira dans sa chambre, après que de Thou lui eut demandé un passe-port; il lui donna le même Chartier pour l'accompagner, et lui ordonna de passer par Pézenas, où étoit la duchesse sa femme.

Il arriva le lendemain une aventure qui fut d'un mauvais présage pour Chartier, ainsi que la suite le vérifia. Comme ils marchoient tous deux sur le soir, par un petit sentier frayé entre des hauteurs escarpées, Chartier devant et de Thou derrière, un paysan armé, comme ils le sont presque tous en ce pays-là, demanda à de Thou, de dessus une hauteur, si ce n'étoit pas Chartier qui marchoit devant. De Thou voulant savoir le sujet de cette question, le paysan lui répondit qu'il seroit bien aise que ce fût Chartier, parce que le bruit couroit qu'il avoit été pendu. Alors de Thou cria de toute sa force à Chartier de s'arrêter, et lui dit ce qu'il venoit d'apprendre du paysan, qui cependant avoit disparu. Il l'exhorta d'être à l'avenir plus circonspect dans les affaires dont il se mêloit, et d'éviter par sa conduite de donner lieu à un si funeste présage (1). Chartier, qui ne se soucioit de rien et qui se croyoit à couvert de toute mauvaise aventure, ne reçut un avis si sage qu'avec un grand éclat de rire.

Quand ils furent arrivés à l'hôtellerie, il continua, sur le même ton et avec la même assurance, de l'entretenir des affaires dangereuses dont il s'étoit mêlé pour le maréchal de Bellegarde (2), dans le temps qu'il étoit à son service; des dernières intrigues auxquelles il avoit eu part avec lui; enfin, de la mort de son maître, fin digne de la vie libertine qu'il avoit menée : il ajouta d'autres particularités, qu'il est de l'intérêt public de ne pas révéler pour ménager l'honneur de la maison de ce maréchal.

Il ne fut pas plus discret sur son propre chapitre. Il dit qu'il étoit de Dol en Bretagne; qu'étant encore fort jeune, son père le chassa de sa maison pour ses mauvaises mœurs; qu'il s'embarqua sur un vaisseau qu'il trouva par hasard et qui l'amena à Bordeaux; qu'il s'y mit d'abord au service d'un chanoine de son pays; que comme il savoit quelque peu de latin, il se fit notaire apostolique; que son maître, qui étoit fort âgé, avoit chez lui une femme qu'il entretenoit, et que lui, qui étoit dans la vigueur de son âge, avoit gagné cette

---

(1) *Un si funeste présage.* Chartier fut pendu peu de temps après.

(2) *Le maréchal de Bellegarde.* De Thou dit, dans son Histoire, que ce maréchal mourut par suite d'excès de libertinage. Brantôme dit qu'il fut empoisonné.

femme; que par son moyen il gouvernoit l'esprit de son maître, et que, quand il mourut, ils s'emparèrent de son bien; qu'appréhendant les poursuites des héritiers, il s'étoit retiré à Toulouse, et de là plus avant dans le bas Languedoc; qu'il s'y étoit insinué dans la maison de l'évêque d'Aleth, de la maison de Joyeuse, et y avoit exercé sa profession de notaire apostolique; que le voisinage des montagnes de Sault lui avoit donné l'occasion de faire société avec les bandouliers des Pyrénées, et avec leur chef, dont il avoit épousé la fille; que, comme dans cette province il se mêloit de tous les différends, qui y sont fréquens, il s'étoit si bien fait aux manières des habitans, qu'ils le croyoient né et élevé dans le pays; que de là il étoit entré en qualité de secrétaire au service du duc de Montmorency; mais qu'après la paix faite et rompue presque aussitôt avec les protestans, il avoit pris parti avec le maréchal de Bellegarde, et qu'après sa mort il s'étoit attaché au duc d'Anjou : circonstances qu'il contoit comme autant de belles actions aux gens de l'escorte, que les cousins empêchoient |de dormir, no n sans y mêler plusieurs aventures semblables aux contes d'Apulée; ce qui faisoit connoître d'un côté l'esprit surprenant du personnage, et de l'autre le peu de confiance qu'on pouvoit prendre en lui.

Quand de Thou fut arrivé à Pézenas, il alla saluer madame de Montmorency, qui le reçut honnêtement; il y laissa Chartier, et de là se rendit à Montpellier. Le prince de Condé y étoit venu s'y faire payer, par les receveurs de Sa Majesté, du reste du don que le Roi lui avoit fait quand il le maria. Il se promenoit hors de la ville avec François de Coligni-Châtillon qui en étoit gouverneur, lorsque de Thou y arriva. Comme il vit que sitôt que de Thou l'avoit aperçu, il avoit mis pied à terre pour le venir saluer, il vint au-devant de lui, et le reçut avec l'accueil le plus gracieux; il se souvint de l'entretien qu'il avoit eu avec lui l'année précédente, et le mena dîner à l'hôtel de Fises où il logeoit.

On parla pendant le repas de la manie détestable des duels, qui s'étoit répandue partout. Isaac de Vaudrai-Mouy, qui s'y trouva avec d'autres gens de qualité, voulut l'excuser sur la nécessité de défendre son honneur, qu'un véritable gentilhomme est obligé de préférer à sa propre vie. Là-dessus le prince prenant la parole lui répondit, avec un air d'autorité qui convenoit à son rang, que c'étoit à tort que la noblesse faisoit consister son honneur dans ces sortes de combats; qu'ils étoient absolument contraires aux commandemens de la loi divine; que nous étions obligés de rapporter toutes nos pensées et toutes nos actions à la gloire de Dieu, et non à la nôtre; que notre salut dépendoit uniquement de l'observation de ses préceptes; qu'il n'étoit permis de tirer l'épée que par l'ordre du prince, pour la défense de le patrie ou pour celle de sa vie. Puis, se tournant vers le ministre qui étoit derrière sa chaise, il lui demanda si ces combats étoient permis en conscience pour tirer raison des querelles particulières; à quoi le ministre ayant répondu qu'on ne le pouvoit faire sans risquer son salut, « Apprenez de moi, leur dit-il, que vous devez vous désabuser une bonne fois de cette erreur chimérique où vous êtes sur ce chapitre : je vous réponds là-dessus de votre honneur, et je m'offre volontiers d'en être la caution. »

Après que tout le monde se fut levé de table, le prince entretint de Thou en particulier de quelques affaires d'Etat et de ce qui regardoit les dépositions de Salcède, sans que de Thou témoignât la même chaleur qu'auparavant. Ayant pris congé du prince, qui lui fit présent d'un beau mulet et de son caparaçon, il se mit en bateau sur le lac pour se rendre à Aigues-Mortes.

Cette ville étoit autrefois célèbre par son port, où nos rois s'embarquoient pour leurs voyages de la Terre Sainte; aujourd'hui il est comblé et ne peut plus servir. On y voit l'ancienne tour de Constance, où il y a garnison, et où l'on mettoit autrefois des fanaux pour les vaisseaux qui y abordoient.

De là, prenant sur la gauche et laissant à droite les salines de Peccais, et ce qu'on appelle la Camargue, qui est un pays fort gras, enfermé entre le canal d'Aigues-Mortes, ou la Robine, et le Rhône, il vint par le bas Languedoc à Nîmes, qui, au rapport d'Ausone, prend son nom d'une fontaine qui est hors de la ville et qui sort avec un grand bruit.

Nîmes est recommandable par son amphithéâtre et par les ruines de plusieurs monumens antiques, dont la magnificence et la majesté effacent encore aujourd'hui tous les bâtimens modernes : c'est le lieu de la naissance des deux Antonins, comme Narbonne l'est de Carinus; ce sont les Antonins qui ont fait faire à Nîmes tous ces ouvrages dont on voit aujourd'hui les superbes restes. Près de la ville sont les ruines d'un temple abattu autrefois par les citoyens mêmes dans le temps d'un siége. La voûte, qui subsiste encore à moitié, fait regretter le reste de ce bel édifice; ajoutez à tant de raretés le pont du Gard à trois rangs d'arches les unes sur les autres : il est bâti entre des rochers auprès de Saint-Privat pour conduire l'eau dans la ville ; et, ce qui est admirable, il paroît encore en très-bon état après tant de siècles.

Ayant laissé Beaucaire à droite, de Thou vint, par Montfrin et par Aramont, à Villeneuve, sur les bords du Rhône du côté de la France : c'est un lieu célèbre par sa chartreuse et par ses ruines; on y remarque encore plusieurs écussons aux armes des cardinaux. Il y a un pont qui relève du Roi, non pas droit comme le pont Saint-Esprit, mais bâti en serpentant, à cause de la rapidité de la rivière et de la violence des vents, ce qui le rend fort commode.

Au bout est Avignon, qui est la capitale du comtat; car Valence, comme l'a cru Cujas, n'est point comprise dans le pays qu'on nomme aujourd'hui le Comtat, mais dans la Gaule Narbonnaise, qui comprenoit autrefois tout le Dauphiné. Cette ville ne le cède à aucune autre de la chrétienté, tant par la beauté de ses murailles, que par le palais du Pape, qui tient à une roche fort élevée. Clément v s'y réfugia l'an 1306, la vingt-unième année du règne de Philippe le Bel : les papes y firent leur séjour jusqu'à l'année 1377, que Benoît xi en sortit pour retourner à Rome le 14 de janvier de l'année suivante.

De Thou alla saluer le cardinal Georges d'Armagnac, qui y faisoit la fonction de légat en l'absence du vieux cardinal de Bourbon. Ce prélat avoit déjà quatre-vingts ans, et n'étoit plus occupé que de sa santé; comme il étoit très-poli et qu'il recevoit bien les étrangers, il l'arrêta à dîner. Le repas fini, de Thou lui demanda une escorte et se retira, parce que ce cardinal se mettoit au lit au sortir de table. Quand il eut quitté le légat, il alla voir Henri d'Angoulême [1], qui commandoit dans la Provence, et qui se trouva alors à Avignon. D'Angoulême l'entretint long-temps sur le chapitre de Salcède, et lui fit entendre que, quoique ce scélérat eût varié dans ses dépositions, il ne doutoit pas qu'il n'y en eût beaucoup de vraies.

D'Avignon de Thou se rendit par eau et sans danger à Tarascon, qui est sur les bords du Rhône, vis-à-vis de Beaucaire, et de là vint à Arles.

Il est incertain en quel temps le siége épiscopal d'Arles a été établi, si c'est du temps de ce Trophime dont parle saint Paul, ou du temps d'un autre Trophime plus récent; quoi qu'il en soit, l'église est dédiée à saint Trophime. Cette ville, qui fut autrefois la capitale d'un royaume, en conserve encore quelques marques, qui sont aussi peu considérables que le fut la durée de ce royaume. On y voit dans le Rhône quelques piles du pont qui la joignoit à la partie qui étoit de l'autre côté, mais où il ne reste plus que les ruines d'un amphithéâtre et de plusieurs tombeaux, qui sont des monumens de son ancienne grandeur. Aujourd'hui la principale noblesse du pays y fait son séjour ordinaire, ce qui n'est point en usage dans les autres provinces. Il n'y a point de ville dans le royaume qui ait de plus grands priviléges et de plus grands revenus. Du côté qui regarde la rivière, elle est située dans un marais, et du côté du midi et du levant, dans un terrain pierreux qu'on nomme la Crau, et qui a été rendu plus

---

[1] *Henri d'Angoulême.* Il étoit fils naturel de Henri II. Quatre ans après il fut assassiné.

doux par un canal qu'on a tiré de la Durance; quand il est cultivé, il produit, malgré les cailloux, du froment très-bon et très-pur.

Laissant à droite le château de Salon, où Henri d'Angoulême faisoit sa principale demeure, de Thou vint à Saint-Chamas, situé à la tête du lac de Martigues, renommé par ses salines et par sa caverne creusée dans le roc. Il le laissa encore à droite, et, par d'anciennes arcades qu'on trouve sur le chemin, il se rendit enfin à Marseille.

Ce nom seul donne une grande idée de cette ville, quoiqu'il n'y reste plus rien de ce qu'on y voyoit autrefois; on prétend même qu'elle est bâtie présentement dans un autre endroit. Les Corses et les habitans des îles voisines s'y retirent avec leurs effets pour y jouir de la liberté sous la protection de la France; ils en sont d'autant plus jaloux, qu'ils ont quitté pour elle leur pays et leur fortune; ils la comptent comme un de leurs plus grands biens, et croiroient avoir tout perdu s'ils en étoient privés. Aussi il n'y a rien qu'ils n'entreprennent pour se la conserver; ce qui les rend quelquefois fort mutins.

Le gouverneur du château d'If, qui est situé sur une roche escarpée dans la mer, et qui semble défendre l'entrée du port, y donna à dîner à de Thou, qui de là revint à Marseille. On trouve d'abord le château de Notre-Dame de la Garde, qui commande le port, au-delà duquel, mais assez proche, est la riche abbaye de Saint-Victor. De Thou ne mit que deux jours à voir Marseille, et de là se rendit à Aix.

Jean de Monchal [1], président du parlement, l'ac-

(1) *Jean de Monchal*, ou Moncaly.

compagna le plus poliment du monde par toutes les églises, à la maison-de-ville, à l'arsenal, et principalement au palais où le parlement s'assemble. De Thou l'avoit connu familièrement il y avoit plus de dix ans, lorsque ce président fut envoyé, avec Charles de Lamoignon, commissaire dans ces provinces, pour informer des malversations qui se commettoient dans les gabelles. Monchal lui fit voir aussi les bains, d'où cette ville a tiré son nom : ils sont fort bien bâtis, avec des bancs. Ceux du pays font usage de ces bains.

De là, après avoir passé par Cavaillon, il vint à Orange, ville recommandable par l'antiquité vénérable de ses monumens. On voit hors de son enceinte ces superbes trophées auxquels on donne encore le nom de trophées de Marius, et dont l'injure des siècles a respecté la majesté.

En sortant de la Provence, la première ville du Dauphiné que l'on rencontre est Montelimart : elle s'est fait assez connoître dans nos dernières guerres. Comme de Thou y soupoit, Colas, qui en étoit le vice-sénéchal (ce qui veut dire à peu près bailli, de peur qu'on ne se trompe sur ce terme de sénéchal), vint le trouver dans son auberge : il y avoit plus de dix ans que de Thou ne l'avoit vu, et il ne l'avoit connu qu'à Valence, dans le temps qu'il y étudioit en droit sous Cujas. Comme de Thou partit alors de Valence, il apprit que Colas [1] avoit été depuis nommé recteur,

---

[1] *Il apprit que Colas.* La famille de ce magistrat nous a priés d'opposer à l'accusation portée par de Thou la note suivante :

« Il est de notoriété publique, et on se souvient encore à Montelimart, que M. de Thou étoit l'ennemi particulier de Colas, avec lequel il avoit étudié à Valence sous le célèbre Cujas. On doit croire que l'accusation

ou, comme ils disent, prince de la jeunesse, parce qu'il étoit du pays; qu'on l'avoit accusé d'avoir assassiné, de nuit et en trahison, un jeune écolier de Bour-

dont il fait ici mention n'avoit d'autre motif que la haine qu'il lui portoit, puisqu'à peine arrêté Colas se justifia complétement et fut aussitôt élargi.

« En rendant justice aux qualités du magistrat intègre et aux talens de l'historien estimable, on sait cependant que M. de Thou n'étoit pas exempt de prévention, et que souvent il ajoutoit trop de foi aux bruits populaires. Colas n'est pas le seul qui ait été l'objet des méprises de cet écrivain. Voyez ce qu'il dit au sujet du cardinal de Pellevé dans son *Histoire universelle*, Bâle, 1742, tom. 1, liv. III, page 339, *in fine*.

« M. de Thou s'est également trompé lorsque, dans cette même Histoire, tom. VI, liv. LXXXV, page 646, en parlant du même J. Colas, il dit : « Colas, vice-sénéchal de Montelimart, qui, pour les services qu'il
« avoit autrefois rendus au duc de Mayenne en Dauphiné, étoit par-
« venu par son crédit à être mis aux rang des officiers généraux :
« homme d'ailleurs de la plus vile naissance ; mais qui, rempli d'impu-
« dence et d'orgueil, a trouvé moyen, à force de crimes et à la faveur
« des troubles qui ont désolé la France, de s'élever à des dignités où il
« auroit eu honte d'aspirer si la licence de ces temps malheureux n'a-
« voit rendu tout permis. »

« Colas fut, à la vérité, un ardent ligueur ; uni au duc de Mayenne qui lui confia le gouvernement de La Fère, il en soutint le siége pendant six mois contre Henri IV qui l'assiégeoit en personne, et on doit le blâmer sans doute de n'avoir pas écouté la voix du devoir et de la patrie qui l'appeloit au service de son légitime souverain ; mais l'erreur qui le séduisit fut peut-être moins la sienne que celle de son siècle, et M. de Thou auroit parlé plus avantageusement du vice-senéchal s'il se fût rappelé que leurs aïeux respectifs avoient été citoyens de la ville d'Orléans, qu'ils avoient rempli les mêmes offices municipaux; qu'ils avoient formé des alliances dans les mêmes familles, ou dans d'autres également illustres; que le trisaïeul de Colas étoit conseiller au parlement de Paris en 1436, temps où messieurs de Thou n'étoient encore connus qu'à Orléans *; et qu'enfin ce même Colas, si maltraité par M. de Thou, avoit épousé Antoinette d'Angennes, dame d'honneur de l'infante Isabelle, femme de l'archiduc Albert, fille de Jacques d'Angennes, capitaine des gardes du corps du roi François I, lieutenant général de ses armées, gouverneur de Metz, etc., sœur du cardinal de Rambouillet et de l'évêque de Noyon. »

---

* « La généalogie de messieurs de Thou par Blanchard, Histoire des présidens à mortier, pages 351 et suivantes, nous a servi à faire le parallèle de l'une et de l'autre famille, pour les temps antérieurs à J. Colas. »

gogne; qu'ayant été poursuivi pour ce crime, on l'avoit mis en prison, dont il n'étoit sorti que par faveur ou par la négligence de ses parties. Colas vint donc en robe saluer de Thou, qui le retint à souper. Pendant le repas, il l'entretint d'affaires d'Etat, avec de grands discours vagues et inutiles, y mêlant sans cesse le nom du duc de Mayenne, auquel il avoit offert ses services pendant que ce duc commandoit dans la Provence. C'étoit un parleur véhément, présomptueux et hardi, qui paroissoit disposé à tout hasarder pour s'élever au-dessus de sa condition. On n'auroit point parlé de ce bailli ni de ce repas si dans les guerres suivantes il n'avoit fait parler de lui par la hardiesse de ses entreprises : il n'épargnoit rien pour en venir à bout, et se fit craindre même du duc de Mayenne auquel il devoit son élévation, comme on le peut voir plus au long dans l'Histoire Générale.

Le lendemain le même homme le vint trouver encore dans son hôtellerie, lui fit voir la ville, et le conduisit jusque sur les bords du Rhône, où ils se séparèrent après de grandes embrassades. De Thou passa ce fleuve sur un bac, et le même jour, traversant des montagnes fort rudes, il vint coucher à Aubenas, principale ville du marquisat de Montlaur. De là, pendant trois jours, il passa par des chemins affreux, au bout desquels il aperçut le Puy en Velay, au-delà d'une plaine très-agréable, où la Loire, qui prend sa source tout proche et qui serpente entre des rives fleuries, se déborde quelquefois. De l'autre côté de la ville, on voit au milieu d'une prairie un rocher escarpé, en forme de cône au sommet, où l'on monte par des marches taillées dans le roc. On y voit une église dédiée à l'archange saint Michel, bâtie, à mon avis, sur le modèle de celle du Mont-Saint-Michel dont on a parlé ci-dessus.

La ville s'élève insensiblement, et, à proportion de sa grandeur, est assez peuplée. On monte à la cathédrale par des degrés jusqu'au grand autel, qui est séparée du palais épiscopal par un mur bâti à l'antique. On y voit encore tout entières les deux lettres grecques qui signifient le nom de Jésus-Christ, et qu'on a remarquées en parlant de saint Oren d'Auch. Nectaire de Senneterre, qui en étoit évêque, reçut de Thou civilement, et lui montra sa bibliothèque, remplie de manuscrits anciens et dignes de la curiosité des savans.

Ayant quitté le Puy, il descendit les montagnes pour venir à Langeac, qui est le premier lieu d'Auvergne, situé dans cette plaine qu'on nomme la Limagne, et de là il se rendit à Clermont, capitale de la province. Il n'y fut pas plus tôt arrivé, qu'il alla saluer son beau-frère de Harlay, qui le reçut avec toutes les marques possibles d'amitié, comme firent aussi les autres commissaires pour les grands-jours, qui lui donnèrent une fois séance parmi eux. Il employa deux jours à voir la ville et tous ses dehors, avec les fontaines qui sont à l'entour, une entre autres dont l'eau se pétrifie au sortir de sa source, de manière que si l'on n'avoit soin d'en creuser tous les jours le canal avant que l'eau s'endurcît entièrement, elle seroit bientôt bouchée.

Il prit congé de son beau-frère et de Brulard, et, passant par Montferrand, par Thiers, célèbre manufacture de papier, et par Saint-Bonnet, il vint à Lyon.

Il y trouva Louis Châteigner d'Abin, commissaire du Roi pour la visite des provinces, et qui eut la commodité et le loisir de le recevoir dans sa maison pendant trois jours. Il en passa la plus grande partie à visiter les imprimeries de Tournes et de Rouillé : il vit Daléchamps, qui travailloit sur Pline et qui corrigeoit la Botanique que Rouillé imprimoit. Il est de l'intérêt des gens de lettres de savoir ce que Daléchamps dit là-dessus à de Thou. Il l'assura qu'il y avoit près de trente ans qu'on travailloit à cet ouvrage, qu'on l'avoit retouché plusieurs fois, et que la plus grande partie en étoit imprimée quand il y mit la dernière main; ce qui étoit cause qu'ayant été imprimé, revu et corrigé tant de fois, il s'en trouvoit des exemplaires fautifs, d'autres plus corrects, mais que les dernières éditions étoient toujours les meilleures.

Le premier de novembre, jour auquel Dieu retira du monde le premier président, de Thou étoit encore à Lyon; comme il ne sut rien de cette mort jusqu'à Paris, il passa à Villefranche dans le Beaujolais, à Mâcon, à la fameuse abbaye de Tournus, à Châlons, toutes places sur la Saône qu'il laissa pour venir à Beaune. On y voit un bon château sur le bord d'une petite rivière qui y passe; mais ses vins, si connus partout, rendent cette ville encore plus célèbre.

Cîteaux n'en est pas éloigné. Cette abbaye, si fameuse dans le monde chrétien, fut bâtie par le duc Othon l'an 1098; aujourd'hui plus de mille soixante-dix monastères, tant d'hommes que de femmes, en dépendent. De Thou voulut y aller pour rendre visite à Nicolas Boucherat, qu'il savoit être des amis de son père. Boucherat, après avoir été vicaire général de l'ordre, en avoit été élu général sous le titre d'abbé de Cîteaux. Il avoit fait plusieurs voyages en Italie, en Sicile, en Allemagne, en Pologne, en Hongrie, et dans les Pays-Bas, et par ces voyages il avoit acquis beaucoup d'expérience et d'érudition. Il étoit informé de la mort du premier président; mais, comme il vit que le fils l'ignoroit, il ne lui en témoigna rien : il le pria seulement, après le dîner, de demeurer à cause du mauvais temps : de Thou s'en excusa et vint coucher à Dijon, capitale de la Bourgogne, quoiqu'il n'y ait point d'évêché (1).

Le torrent de Suzon incommode fort cette ville par ses débordemens; mais elle en est bien dédommagée par les commodités qu'elle reçoit de l'Ouche, et par sa situation avantageuse. On y voit l'église de Saint-Bénigne, bâtie par Grégoire évêque de Langres; dessous est une église souterraine, ou une caverne où l'on dit que ce saint homme se cachoit, ou qu'on l'y mit aux fers, lorsqu'il prêchoit la connoissance du vrai Dieu à ces peuples idolâtres. Le parlement de Bourgogne réside à Dijon : il y avoit alors deux citadelles : celle qui fut bâtie par Louis XII est peu de chose; l'autre, un peu meilleure, éloignée de la ville, et qu'on nommoit Talan, a depuis été démolie. La chartreuse qui est hors la ville est fort célèbre; on y voit dans le chœur trois tombeaux des ducs de Bourgogne de la maison de France. De Thou y alla rendre ses devoirs à Denis Brulard, premier président du parlement, qui savoit la mort de Christophe de Thou, mais qui, pour ne pas renvoyer son hôte affligé, ne lui en dit rien. Il s'éten-

(1) *Quoiqu'il n'y ait point d'évêché.* Au commencement du dix-huitième siècle, un évêché a été érigé à Dijon, qui faisoit auparavant partie du diocèse de Langres.

dit seulement sur les louanges du premier président, mais avec tant de vivacité et d'effusion de cœur, que non-seulement il pouvoit faire souffrir la modestie du fils, mais qu'il auroit encore pu lui faire naître quelque soupçon; car son discours ressembloit plutôt à une oraison funèbre qu'à l'éloge d'un homme vivant.

De Thou le quitta au bout de deux jours, et, passant par la source de la Seine, il vint à Troyes par Chatillon, patrie du savant Guillaume Philander, par Mussy-l'Evêque, par Gyé, et par Bar-sur-Seine. Troyes est une grande ville remplie de riches marchands : c'étoit autrefois le séjour des anciens comtes palatins de Champagne, et le lieu de leur sépulture. De Thou n'y séjourna qu'un jour, ignorant toujours la perte qu'il venoit de faire : ceux qui le suivoient avoient pris soin qu'il ne l'apprît qu'en arrivant à Paris.

Ainsi il passa à Méry, à Pont, où l'Aube se jette dans la Seine, à Nogent; et, laissant la rivière à gauche, il se rendit à Provins, petite ville assez peuplée, sur le penchant d'un coteau : on y voit un beau couvent dédié à saint Jacques, mais souvent inondé par les débordemens d'une petite rivière enflée par les pluies.

De là il vint par Nangis à Boissy : ce fut en ce lieu qu'après le dîner un colonel suisse qui l'avoit accompagné depuis Lyon, lui apprit la mort du premier président. Il lui dit que, puisque ce malheur étoit sans remède, il devoit le prendre en patience et se soumettre à la volonté de Dieu qui en avoit ainsi disposé; que ses jugemens étoient adorables, et qu'il devoit être persuadé que sa providence n'avoit rien fait que pour le bien de ce magistrat et pour le sien.

Comme de Thou comptoit beaucoup sur la santé de

son père, qui promettoit une plus longue vie, il fut frappé vivement d'une nouvelle si imprévue : ainsi, s'abandonnant à de tristes réflexions, soit à son sujet, soit par rapport au bien de l'Etat, qu'il n'oublioit pas, même dans ses plus grands malheurs, il monta à cheval, et fit le reste du chemin comme un homme hors de lui-même.

On avoit fait la cérémonie des obsèques le jour qu'il arriva à Paris, quoiqu'il y eût déjà quinze jours que le premier président fût mort. Comme cela étoit arrivé pendant les vacations, le Roi avoit voulu qu'on en différât la cérémonie afin qu'elle se fît avec plus d'éclat. On y dépensa quatre mille écus, qui étoit tout ce qui se trouva chez lui après sa mort. Ce magistrat, qui n'avoit point d'ambition et qui étoit ennemi juré de l'avarice, négligeoit assez souvent ses affaires; mais avant sa mort il y avoit donné si bon ordre qu'il ne devoit rien; il avoit mis cette somme en réserve, ou pour subvenir à la nécessité des temps, ou pour la prêter au Roi, quand Sa Majesté la lui demanderoit, ou pour en aider ses amis.

Lorsque le Roi, accompagné des deux reines, fit l'honneur à la première présidente de lui rendre visite sur cette perte, on n'entendit aucune plainte sortir de la bouche de cette veuve affligée; elle ne lui marqua jamais qu'elle eût besoin de rien, quoiqu'après cette dépense il ne restât plus d'argent dans sa maison. Cette vertueuse femme [1], qui méprisoit tous les secours

---

[1] *Cette vertueuse femme.* Le traducteur des Mémoires fait le plus grand éloge de la constance de madame de Thou. « Elle disoit souvent, « observe-t-il, qu'elle auroit volontiers donné la moitié de ses biens « pour pouvoir être homme. »

humains et qui n'en attendoit que de la divine providence, dit simplement, sans rien demander, que Dieu avoit suffisamment pourvu à ses besoins et à ceux de ses enfans pourvu que sa grâce ne les abandonnât point. Le Roi parut confus de ces paroles, et fut étonné d'une si grande confiance en Dieu. Ce prince prodigue, qui ne gardoit aucune mesure dans les bienfaits dont il accabloit même des gens indignes, sortit aussitôt avec la Reine sa mère qui étoit du même caractère. Ce mépris des biens de la terre sembla humilier le Roi, qui mettoit sa gloire à les distribuer avec profusion.

Pierre du Val (1), fameux médecin, dont on a parlé au premier livre de ces Mémoires, avoit traité le premier président dans sa maladie, avec Jean Le Grand, Jacques Piétre, Léonard Botal, et d'autres. Après sa mort il avoit assisté à l'ouverture du corps, qu'il avoit fallu faire pour l'embaumer. Il disoit qu'il n'en avoit jamais vu dont toutes les parties fussent plus saines et moins altérées par la vieillesse, et le cerveau mieux composé. Ce médecin, qui, indépendamment de sa profession où il excelloit, avoit beaucoup d'esprit et de jugement, et se connoissoit en mérite, disoit encore qu'il n'avoit jamais connu deux personnes comparables au mari et à la femme; que leur piété étoit sans faste, qu'on ne pouvoit rien ajouter à leur amour pour la vérité, que leurs mœurs irréprochables

---

(1) *Pierre du Val.* C'étoit un médecin tellement en vogue qu'il étoit souvent fatigué de recevoir de l'argent. Il loua une maison voisine de celle de madame de Thou : ayant beaucoup de vivacité et d'enjouement, il venoit souvent consoler cette veuve. (Manuscrit de Sainte-Marthe.)

n'avoient aucune tache d'avarice ni d'ambition, que leur conduite étoit régulière et équitable en public et en particulier, leur humeur douce, sociable et bienfaisante pour tout le monde.

En arrivant à Paris, de Thou trouva cette grande ville encore tout occupée du triste spectacle dont elle venoit d'être témoin. Etant allé descendre à la maison paternelle, il y vit d'abord l'évêque de Chartres et l'avocat général, ses oncles. Après bien des larmes répandues de part et d'autre, ils se rendirent dans l'appartement de la première présidente, où, après avoir renouvelé leurs pleurs et leurs regrets, chacun se sépara.

Depuis ce temps-là, pour se consoler de n'avoir pu recevoir les derniers soupirs de son père, il s'appliqua entièrement, suivant ses moyens, à conserver par des monumens éternels une mémoire si chère, quoique déjà assez illustre par elle-même. Pénétré de la reconnoissance qui lui étoit commune avec toute la France, et qu'il lui devoit en son particulier, il lui fit ériger à Saint-André-des-Arcs, dans la chapelle de sa famille, deux monumens : l'un de sculpture, par Barthélemy Prieur, ouvrage où la beauté du travail renouvelle le souvenir d'un bon citoyen et d'un excellent ouvrier; l'autre exposé dans un plus grand jour, plus durable, et travaillé par les plus beaux esprits du siècle. Il fallut deux ans entiers pour mettre l'un et l'autre en sa perfection, Prieur n'ayant pu finir le premier plus tôt, ni de Thou recevoir plus promptement les réponses de ses amis qui travaillèrent au second.

Il en avoit en France, aux Pays-Bas, en Allemagne et en Italie. Tous s'efforcèrent à l'envi de lui donner des marques de leur estime en cette conjoncture; il n'y eut que Ronsard, dont le génie poétique commençoit à baisser et qui étoit devenu paresseux, qui s'en excusa sur le prétexte de la nouvelle édition de ses Orphées.

Cette funeste occasion lui donna lieu de renouveler amitié avec Muret, Pierre Angéli, de La Bargue, Gilbert Génebrard, Le Fèvre de La Bodène, qui a travaillé avec d'autres à l'édition de la Bible de Plantin; Jean Dorat, Jean Passerat, Germain Le Vaillant, Nicolas Le Sueur, Adrien du Drac, Charles Mérard, Florent Chrétien, Scévole de Sainte-Marthe qui devint son intime ami, Salluste du Bartas, Robert Etienne, Jean Guyon d'Autun, Henri Etienne et d'autres; auxquels il faut ajouter ses anciens amis, Joseph Nicolas Audebert, Scaliger, Guillaume du Vair, Pierre Pithou, Antoine Loysel, Augustin Prévôt, dont j'ai déjà parlé, Nicolas Rapin, Louis Aleaume, et Pierre Champagne de Bordeaux; tous ceux enfin qui lui avoient témoigné le même zèle à la mort de son frère, mort trois ans auparavant. Il choisit de tous ces ouvrages ceux qu'il jugea les plus convenables au sujet, et y mêla des siens.

Ces tristes occupations l'ayant empêché long-temps d'aller au palais, il y retourna enfin, et chercha dans les affaires publiques et dans ses études particulières quelque soulagement à ses déplaisirs. Il prit dans sa maison Claude de Châlons, qui avoit un talent particulier pour copier d'après les premiers peintres. Comme Châlons avoit l'humeur et l'esprit agréables, de Thou le regardoit travailler avec plaisir pendant ses lectures.

Enfin, pour faire plus de diversion à sa douleur, il revit son poème de la Fauconnerie, et, à la persuasion du garde des sceaux de Cheverny son beau-frère, il y ajouta un troisième chant, touchant les remèdes propres pour la guérison des oiseaux qu'on dresse à la volerie. François de L'Orme, médecin de Poitiers, qui étoit alors à Paris pour ses affaires et qui venoit souvent le voir, lui fut en cela d'un grand secours : c'est le même qui a donné au public un *Traité de la rate*, avec le livre d'Hippocrate *Des plaies de la tête*. Le premier a été traduit en latin et corrigé par François Lavau; il contient un nouveau système des fonctions de la rate, fort différent de tout ce qu'on en avoit écrit jusqu'alors. De Thou, qui appréhendoit de se tromper sur les noms des remèdes et des simples qu'il avoit trouvés dans plusieurs auteurs barbares et souvent très-ignorans sur ces matières, étoit bien aise de se servir de l'expérience d'un si habile homme pour éviter les équivoques.

Il fit depuis imprimer l'ouvrage entier, qu'il dédia au garde des sceaux. Dans les vers qu'il lui adresse, il lui fait le plan du genre de vie qu'il se propose de suivre, ce qui donna lieu à Cheverny de l'encourager à se marier. Cheverny avoit été lui-même destiné à l'Eglise; mais son frère aîné Jacques, seigneur de Vibraye, n'ayant point eu d'enfans de sa femme qui étoit trop âgée, lui conseilla d'épouser Anne de Thou, dont Cheverny eut une fort belle famille; ainsi il ne proposoit rien à de Thou qu'il n'eût fait lui-même; et il avoit tout lieu d'être content du parti qu'il avoit pris. On remit l'affaire à un autre temps; la première présidente étoit encore trop occupée de sa douleur pour y songer, et son fils différoit toujours de se résoudre sur ce qui le regardoit.

Le chancelier de Birague, qui avoit été très-touché de la mort du premier président, se crut obligé, par les devoirs de l'amitié qu'il avoit eue pour lui, de contribuer au soulagement de la veuve et des enfans de son ami. Les manières généreuses, la candeur et la noblesse des sentimens qu'il avoit reconnues dans le feu premier président, et qui avoient tant de rapport à ses inclinations, étoient autant de motifs qui l'engageoient à honorer sa mémoire. Il envoyoit souvent faire des complimens et des offres de services à la veuve; il ne se passoit point de mois que Léonard Botal ne vînt, de sa part, prier le fils de l'aller voir et de manger avec lui. Ce vieux magistrat ne dédaignoit pas d'entretenir ce jeune homme et de lui conter avec familiarité jusqu'aux moindres circonstances de la liaison qu'il avoit eue avec le premier président son père, jusqu'à lui dire qu'ils aimoient tous deux les petits chiens de Malte ou de Lyon (qu'on a depuis nommés des *bichons*).

Il lui disoit encore que, du temps que Louis XII et François I étoient maîtres de Milan, Galéas de Birague son père, qui étoit patrice, le menoit souvent dans sa jeunesse aux actions publiques pour entendre Jean-Baptiste Panigarola, excellent orateur qui portoit la parole pour le Roi, et dont le fils, évêque d'Ath (1), n'est pas moins éloquent par rapport à sa profession; que son père l'exhortoit sans cesse à se rendre capable d'imiter un si grand exemple; mais que, comme alors il savoit peu la jurisprudence, il avoit pris le parti de suivre son penchant, qui le portoit du côté de la guerre et à se mettre au service de la France, dont

(1) *Dont le fils, évêque d'Ath.* Il étoit évêque d'Asti.

l'autorité ne se maintenoit dans le Piémont et dans le Milanais que par les armes; qu'il s'étoit également appliqué aux exercices militaires et aux affaires du cabinet; que le Roi l'ayant attaché à son service par une charge de conseiller au parlement de Paris, Sa Majesté l'avoit depuis envoyé en Italie, où, par ses conseils et par la considération qu'il s'y étoit acquise, il avoit ménagé plusieurs affaires de la dernière importance avec nos gouverneurs; que trente ans durant il avoit été employé dans plusieurs négociations et dans des ambassades fort honorables; que quand on fit la paix avec le roi d'Espagne et le duc de Savoie, il avoit été honoré du gouvernement du Lyonnais, et enfin élevé à la première dignité de la robe : éloge qui a paru d'autant moins indigne de ces Mémoires, qu'il est sorti de la propre bouche de cet homme illustre dans une conversation particulière où la vanité ni l'affectation n'avoient point de part.

Il ne laissa qu'une fille d'une conduite très-régulière, mais dont l'humeur libérale alla jusqu'à l'excès. Il la maria en premières noces avec Imbert de La Platière Bourdillon, maréchal de France, qui la laissa sans enfans. Quelques années après, du consentement de son père, elle épousa en secondes noces Jean de Laval, comte de Maillé, qui fut depuis marquis de Nesle et comte de Joigny. Ce seigneur étant encore décédé sans enfans, elle s'engagea, à l'insu de son père, avec Jacques d'Amboise de la maison d'Aubijoux, et l'épousa sitôt que le chancelier son père fut mort. Il n'est pas surprenant que cette femme, qui avoit toujours vécu avec magnificence dans une cour où le luxe étoit au suprême degré, s'épuisât pour faire briller un mari jeune, qui aimoit la dépense, mais pauvre, et qui ne tiroit rien de son père.

Ainsi tout l'argent comptant et les meubles magnifiques qu'elle avoit hérités de son père, qui vivoit splendidement mais avec règle, furent bientôt dissipés.

La dernière campagne que son mari fit en Saintonge, sous le commandement du duc de Joyeuse, où il fut tué avec lui, acheva de la ruiner. Alors, se voyant sans mari et sans bien, le chagrin la fit tomber dans une maladie de langueur; enfin, après avoir soutenu un long procès contre Florimond de Birague son cousin germain, à qui son père, qui prévoyoit la dissipation que feroit sa fille, avoit substitué ses biens, elle mourut dans une pauvreté si affreuse qu'il ne lui resta pas de quoi se faire enterrer. Les dames de la Cour qu'elle avoit connues dans sa prospérité, et dont elle s'étoit attiré l'affection par ses grandes dépenses, lui fournirent journellement de quoi vivre, et, par charité, de quoi l'inhumer après sa mort.

La fin malheureuse de cette dame, qui avoit hérité des grands biens du premier magistrat de France, est une grande leçon pour les veuves et pour les autres dames de qualité qui ne mettent point de bornes à leur dépense, et qui se choisissent un mari sans le conseil de leurs pères ou de ceux qui en tiennent lieu.

Le cardinal de Birague mourut sur la fin de cette année; on lui fit une superbe pompe funèbre; toutes les cours en corps assistèrent à son convoi par ordre de Sa Majesté; honneur qui n'est dû qu'aux rois, aux fils de France, aux frères du Roi et au connétable. Son corps fut porté à Sainte-Catherine-du-Val-des-Ecoliers, dans une chapelle où il avoit fait élever un tombeau pour lui et pour Valentine Balbiani sa femme.

[1583] Il ne faut pas oublier une ancienne coutume abolie, qu'il renouvela lorsqu'il fut cardinal, et qui depuis lui n'a plus été pratiquée. C'étoit une procession qui se faisoit la nuit, et qui parcouroit toute la grande paroisse de Saint-Paul; on y chantoit et on y dansoit aux flambeaux. Le clergé y marchoit, la croix à la tête; on y voyoit des vieillards, des hommes faits, de jeunes gens, des femmes de tout âge, des enfans, de jeunes filles, qui marchoient en cadence aux sons des instrumens, avec assez de modestie. Il se fit à la mort de ce prélat une pareille cérémonie, où se trouvèrent plus de six mille personnes, qui chantoient dévotement comme dans une procession; des domestiques, postés sous des portiques élevés dans les rues et ornés des armes du cardinal, leur offroient des rafraîchissemens, et cela se faisoit sans confusion.

Pierre du Val dont on vient de parler disoit qu'autrefois il avoit vu pratiquer la même chose dans la paroisse de Saint-Benoît; que la procession qui étoit partie de Saint-Jacques-du-Haut-Pas étoit venue au petit Châtelet, et de là aux carmes de la place Maubert; mais que tout cela avoit plutôt l'air d'une réjouissance publique que d'une action de piété; que cette coutume, que la simplicité avoit introduite, étoit dégénérée en débauche, et qu'elle avoit été abolie dans un temps suspect où elle pouvoit causer plus de scandale que d'édification; cependant, quand ce cardinal la renouvela, personne n'y trouva à redire. Tant il est vrai qu'on interprète ces sortes de choses en bien ou en mal, selon la différence des temps, des lieux et des personnes.

LIVRE TROISIÈME.

L'année 1584 fut fatale à de Thou et au chancelier son beau-frère, qui perdit Anne de Thou sa femme (¹); elle mourut en couche à La Roquette proche de Paris, après une violente maladie. La première présidente ne l'abandonna point, et lui rendit tous les soins d'une tendre mère. Le chancelier s'abstint des devoirs de sa charge pendant quelques jours, et, pour éviter les visites de la Cour, il se retira chez lui. Comme il cherchoit dans la solitude et dans sa famille quelque soulagement à sa douleur, de Thou, à qui cette perte étoit également sensible, ne le quitta point. Le corps, qui passa en grande pompe au travers de la ville dans un chariot, fut porté au château de Cheverny proche de Blois, et enterré dans la chapelle des Hurault.

Dans le temps que la Cour étoit à Blois, où elle étoit allée après Pâques, on fit à cette dame, le 25 d'octobre, un service magnifique, en présence d'un grand nombre de prélats, de parens et d'amis, qui en avoient été priés. Renaud de Beaune, archevêque de Bourges, proche parent du chancelier, fit l'oraison funèbre. Elle fut imprimée cette même année, avec des vers de Jean Dorat et de Paul Melisse, et avec un poème que de Thou composa pour sa consolation particulière et pour celle de son beau-frère.

(¹) *Anne de Thou sa femme.* Elle mourut le 27 juillet 1584.

C'est ici la première fois qu'on a eu occasion de parler de Renaud de Beaune; mais il n'est pas juste de poursuivre sans faire connoître au lecteur ce prélat si célèbre de son temps à la Cour.

Il étoit petit-fils de Jacques de Beaune de Semblançay, auquel on fit le procès, et qui fut condamné à une mort injuste et infâme pour satisfaire la haine de l'impérieuse mère de François 1. Il avoit étudié les belles-lettres sous Jacques Tousan et sous Jacques Stracelles. Sa mémoire étoit si fidèle et son jugement si solide, qu'en public ou devant ses amis il se servoit toujours à propos de ce qu'il avoit appris dès son enfance dans les poètes grecs et latins, ou dans les autres bons auteurs, dont il citoit les beaux endroits exactement, quand l'occasion s'en présentoit.

Plusieurs personnes l'ont entendu réciter à quarante ans une page entière d'Homère, sans en oublier un mot, quoique les grandes affaires où il fut employé dès sa jeunesse eussent dû lui en faire perdre les idées. Il étoit bien fait de sa personne et de bonne mine, naturellement éloquent, doux, et d'une humeur agréable, si modéré d'ailleurs, qu'il ne se fâchoit jamais, et qu'il ne lui échappoit jamais aucune parole désobligeante contre personne : circonstance d'autant plus remarquable, qu'il avoit tous les signes d'un homme colère et emporté.

Il étoit d'un tempérament si chaud, qu'il avoit besoin d'un aliment presque continuel pour entretenir sa santé, qui faisoit sa plus grande attention. L'exercice ou le sommeil ne lui étoient point nécessaires pour digérer; la chaleur naturelle y suppléoit suffisamment : à peine dormoit-il tous les jours quatre heures, au bout desquelles le besoin de manger le réveilloit. A deux heures après minuit (¹), ou même plus tôt, il se faisoit donner à manger, se reposoit ensuite, et expédioit ses affaires particulières jusqu'à quatre heures, qu'il se remettoit à table avec quelques-uns de sa maison qu'il faisoit lever. A huit heures on le servoit pour la troisième fois; il sortoit après ce déjeuner pour les affaires publiques jusqu'à midi, qu'il rentroit chez lui pour dîner, toujours en bonne compagnie. Il mangeoit encore à quatre heures, et le soir sa table n'étoit pas moins bien servie que le matin : cela n'empêchoit pas qu'il ne mangeât encore avant que de se mettre au lit. Ces repas de cour qui se font à la hâte ne l'accommodoient point; il disoit agréablement qu'on y mangeoit plutôt comme des chiens gourmands que comme des hommes. L'hiver il étoit toujours une bonne heure à table, et l'été, qu'il semble qu'on ait moins d'appétit, cinq quarts d'heure. Aussi, s'étant excusé plusieurs fois au duc d'Alençon de manger chez lui, ce prince, qui en sut la raison, lui promit d'ordonner à son maître-d'hôtel de laisser toujours un temps suffisant entre les services.

Avec tout cela, on ne le vit jamais ni plus ému, ni plus assoupi, ni la tête plus embarrassée; son esprit fut toujours aussi présent, aussi agréable, et son visage, malgré ses années, conserva la même sérénité, sans aucunes de ces marques de chaleur qui sont or-

(¹) *A deux heures après minuit.* On apportoit alors une table auprès de son lit, et à cette heure il mangeoit rarement seul, aimant à manger en compagnie, et à parler à table de matières savantes et agréables. (Manuscrits de Sainte-Marthe.)

dinaires aux grands mangeurs. Il faisoit peu d'exercice, et ne se servoit d'aucuns moyens pour exciter son appétit ; mais il soulageoit la nature, accablée d'alimens, par quelques purgatifs qu'il faisoit préparer chez lui ; comme il n'étoit pas ignorant dans la médecine, il les ordonnoit lui-même : ainsi il n'étoit presque jamais malade; et son esprit, toujours actif, ne se ressentoit en aucune manière de la pesanteur du corps.

Il eut une grande barbe de bonne heure, et fut, fort jeune encore, conseiller au parlement, et, avant l'âge, président aux enquêtes, mais toujours avec réputation ; de là, maître des requêtes, et presque aussitôt évêque de Mende, par le crédit de Marguerite sa sœur, qui étoit fort bien à la Cour. Elle épousa dans ce temps-là Claude Gouffier, marquis de Boissy, grand écuyer de France, qui, à la faveur de ce mariage, fut créé duc de Roanez. Alors ce prélat fut employé dans les grandes affaires, et fait chancelier du duc d'Alençon dans le temps que la reine Catherine fit la maison des fils de France et que de Thou le père eut la charge de chancelier du duc d'Orléans ; mais comme ce sage magistrat ne pouvoit accorder l'assiduité que demande le palais avec cet emploi qui attache à la Cour, il s'en défit en faveur de son gendre de Cheverny ; ce qui depuis servit à ce dernier pour monter aux plus grandes dignités.

Il y avoit eu de tout temps une étroite liaison entre la famille de Beaune et celle de de Thou. Quand la première fut accablée par une affreuse disgrâce, et qu'elle fut abandonnée de la Cour et de la ville, comme il arrive tous les jours, elle ne trouva de secours que dans la dernière.

Renaud de Beaune demeura quelque temps chez le
président Augustin de Thou, et ce fut en ce temps-là
qu'on parla de marier Christophe de Thou, fils aîné
du président, à Marguerite de Beaune dont on vient
de parler. Ce mariage ne se fit point; mais l'amitié de
deux personnes si vertueuses, fondée sur un sujet si
légitime, subsista toujours. Quand cette dame fut en
faveur auprès de la Reine-mère, elle s'en servit pour
avancer ses frères; mais après eux ce fut Christophe
de Thou pour lequel elle s'employa davantage. Plusieurs années avant qu'elle mourût elle avoit mis son
testament entre les mains de son bon ami (c'est ainsi
qu'elle l'appeloit), et l'en avoit fait exécuteur. Elle
lui laissa pour gage de son amitié un beau livre de
prières, orné de fleurs peintes en miniatures, qu'elle
avoit eu de la reine Claude, fille de Louis xii, femme
de François i, et mère de Henri ii. De Thou le conserva depuis avec grand soin parmi ses plus précieux
bijoux.

Ajoutons encore ici quelques marques de l'intime
amitié qu'il y eut toujours entre Renaud de Beaune
et de Thou. Ils logeoient tous deux dans le cloître de
Notre-Dame, et de Thou soupoit tous les soirs chez
de Beaune, qui l'entretenoit souvent, avec de grandes
marques de reconnoissance, des obligations qu'il avoit
à messieurs de Thou. Cela dura pendant trois ans, et
jusqu'au temps que de Thou quitta la maison de son
oncle pour aller loger chez sa mère : mais cette sé-
paration ne diminua rien de leur amitié, qui fut re-
nouvelée depuis dans les occasions que le malheur des
temps fit naître, comme on le dira dans la suite.

Cependant madame de Thou pressoit son fils de se

déterminer, et de quitter ses bénéfices pour se mettre en état de pouvoir disposer de lui-même. Cela ne se pouvoit faire tant qu'il étoit conseiller-clerc ; ce qui l'obligea de prendre une charge de maître des requêtes, non par ambition, ou pour paroître à la Cour, dont son inclination étoit fort éloignée, mais pour contenter sa mère, et parce que les ecclésiastiques aussi bien que les autres en pouvoient être revêtus : cela ne se fit pourtant pas sans difficulté. Le Roi, prodigue et inconstant, après avoir fait des dépenses et des profusions énormes, et avoir créé quantité de nouvelles charges jusqu'alors inconnues dans le royaume, s'étoit enfin retranché, et avoit défendu d'en vendre aucune sous de rigoureuses peines; que si quelqu'une venoit à vaquer par mort ou par confiscation, ou elle étoit supprimée, ou l'on y commettoit ou l'on choisissoit quelque personne capable de la remplir : ordonnance avantageuse s'il eût été permis d'exercer paisiblement des charges dans un siècle rempli d'esprits si turbulens. Il ne restoit plus de voie que celle de permuter, et elle n'étoit accordée que par grâce. La Reine-mère l'obtint pour de Thou, en considération du premier président son père, qu'elle avoit honoré de son estime.

Il fut donc pourvu le 10 avril d'une charge de maître des requêtes, à la place de Guillaume du Vair, qui, quoique fort jeune, en avoit été jugé capable par ses bonnes qualités et par son savoir, mais qui aima mieux se faire conseiller-clerc au parlement que de passer tout d'un coup du palais à la Cour dans un âge si peu avancé.

La douleur de la mort d'un père et d'une si chère

sœur faisant chercher à de Thou quelque soulagement et dans le public et dans le particulier, il se remit à l'étude. Il prit chez lui Maurice Bressieu, professeur royal de mathématiques qui avoit partagé avec Jean Stadius la chaire de Ramus, vacante par la mort de ce professeur, suivant le conseil de l'illustre et savant François de Foix Candale. Il s'attacha toute cette année et la suivante, autant que ses affaires le lui purent permettre, à la lecture du texte grec d'Euclide avec les notes de Proclus.

Sur la fin de celle-ci il entreprit de paraphraser en vers latins le livre de Job, comme l'ouvrage le plus propre, après les Psaumes, pour exercer non-seulement son esprit, mais encore les meilleures plumes. Ce livre, au rapport de saint Jérôme, a été composé en vers hexamètres, à l'exception des deux premiers chapitres et du dernier. Ces vers, selon ce Père, qui sont composés du dactyle et du spondée, et qui finissent toujours par ce dernier, produisent, par le génie particulier de la langue dans laquelle ils sont écrits, une vraie harmonie. Ils sont composés aussi d'autres pieds qui ont plus ou moins de syllabes, mais qui ont toujours le même temps. Quelquefois aussi ces vers ont une rime douce et agréable, avec une cadence libre, ce qui ne peut être compris que par ceux qui les savent mesurer. Chacun sent, par la version un peu obscure que nous avons de cet ouvrage, que le style en est tout figuré.

Pour mieux exécuter son dessein, outre l'explication de saint Jérôme, de Thou se servit de l'excellent commentaire de Jean Mercier, pour pouvoir joindre les agrémens de la langue latine avec la vérité du texte, et lier, pour l'utilité du lecteur, ce qui paroît séparé à la première vue. De Thou communiqua son projet à Pierre Pithou, qui l'approuva fort et qui l'exhorta à y travailler. Ce conseil, qu'il regarda comme une approbation générale, lui fit entreprendre cet ouvrage, qui l'occupa pendant deux ans.

En ce temps-là, Henri Etienne (¹), n'ayant point de caractères propres, faisoit imprimer par un autre imprimeur *Aulugelle* et *Macrobe,* que Louis Carion de Bruges lui avoit promis d'éclaircir par un commentaire ; ce qui fit naître entr'eux une grande contestation, préjudiciable au public, et fomentée par l'imprimeur dont se servoit Étienne, et qui n'étoit qu'un brouillon. De Thou et Claude du Puy tâchèrent en vain de les accommoder ; Carion, n'ayant point voulu se rendre à leurs prières, ne donna point ces notes sur ces auteurs, il se contenta d'en faire paroître quelques-unes sur Aulugelle.

Jean Guilleaume, qui étoit venu à Paris, proposoit aux imprimeurs de cette ville de faire une nouvelle édition des œuvres de Cicéron. L'espérance du gain que ces imprimeurs prétendoient faire sur cette édition les brouilla avec lui. Étienne les voulut accommoder ; mais comme il survint d'autres difficultés, et que Guilleaume mourut à Bourges, où il étoit allé pour entendre Cujas, la chose ne fut point exécutée.

La mort de François duc d'Anjou, frère unique du Roi, qui arriva cette année, consterna de Thou et tous les bons Français : elle fit espérer aux Espagnols

---

(¹) *Henri Etienne.* Ce célèbre imprimeur demeuroit à Paris, malgré les volontés de son père, et soupoit presque tous les jours avec de Thou.

de recouvrer les Pays-Bas, par où, plutôt que par ailleurs, ils ont toujours attaqué la France, et elle causa chez nous la guerre civile (1).

De Thou fut aussi très-sensible à la mort de Paul de Foix, archevêque de Toulouse, et à celle de Guy du Faur de Pibrac, président au parlement de Paris, dont il est parlé dans le second livre de ces Mémoires. Il faut dire ici que c'est à Pibrac, à de Thou, et aux soins de Scévole de Sainte-Marthe, que le public est redevable des poésies du fameux chancelier de L'Hôpital. Il seroit à souhaiter que cet ouvrage eût pu recevoir une plus grande perfection; mais la maladie et la mort de Pibrac ne permirent pas aux autres de suppléer à ce qui y manquoit : comme il étoit le maître de ces poésies, qu'il prétendoit ranger par l'ordre des dates avant que de les faire imprimer, ce qui leur eût donné un grand jour et une grande beauté, ils ne purent pas faire la même chose. De Thou espéroit néanmoins qu'il pourroit en venir à bout, avec l'aide de Pierre Pithou et de Nicolas Le Fèvre, et les augmenter encore d'un tiers.

[1585] La guerre civile recommença l'année d'après la mort du duc de Brabant (c'est ainsi qu'on nommoit le duc d'Anjou), et elle ne fut pas moins funeste à ses auteurs qu'au Roi et à l'Etat. De Thou, pour éloigner l'idée des malheurs publics, continuoit sa paraphrase sur Job, et s'occupoit aux mathématiques avec Bressieu.

L'avocat général son oncle l'avoit souvent pressé de songer de son vivant à se faire pourvoir de sa charge,

(1) *Et elle causa chez nous la guerre civile.* La mort du duc d'Anjou produisit cet effet, parce que Henri de Bourbon, alors protestant, devint l'héritier présomptif de la couronne.

dont il reconnoissoit avoir l'obligation au premier président son père. Il lui représentoit qu'il avoit beaucoup d'amis à la Cour, qui emploieroient leur crédit en sa faveur, et qu'il se faisoit fort d'en obtenir les provisions du Roi; qu'il ne pouvoit voir sans douleur cette dignité sortir de sa famille; mais qu'il mourroit content, s'il la voyoit remplie par une personne de son nom, puisque les inclinations opposées de son fils ne lui permettoient pas de la lui laisser.

De Thou le remercia de sa bonne volonté, et lui fit entendre que ce pénible emploi ne lui convenoit point; qu'il obligeoit à parler continuellement en public sur toutes sortes de matières, et que cela demandoit une personne accoutumée dès ses premières années à ces sortes d'actions.

Peu de temps après parut l'édit d'union, qui non-seulement troubla la paix et la tranquillité de l'Etat, mais qui rendit encore le commerce vénal des charges, qui avoit été si sévèrement défendu, plus commun que jamais. L'avocat général fut pourvu par l'ordre du Roi de celle de président, vacante par la mort de Pibrac. Il ne l'accepta qu'en faisant promettre à son neveu qu'il emploieroit ses amis pour en obtenir la survivance en sa faveur, puisqu'il n'avoit plus pour s'en défendre les mêmes raisons dont il s'étoit servi pour la charge d'avocat général : il lui dit que si cette charge ne lui convenoit point, il le prioit de le lui déclarer, parce que pour lui, en ne consultant que son goût particulier, il aimoit mieux être le premier des avocats généraux que le dernier des présidens. Ils s'accommodèrent ensemble là-dessus, sans autres conditions que celles que de Thou voulut y mettre de sa bonne volonté et sur sa parole. Il les exécuta depuis très-religieusement après la mort de son oncle, qui n'avoit demandé aucun engagement par écrit.

Que ces hommes qui ne parlent que de religion, et qui témoignent tant de zèle et de ferveur, nous fassent voir autant de candeur, autant de droiture, autant de désintéressement. Tout ce que l'avocat général exigea de son neveu, fut de ne point se comporter par rapport à cette survivance aussi négligemment qu'il avoit coutume de faire dans ses propres affaires. Mais comme celle-ci ne paroissoit intéresser que lui, il agit avec son indifférence ordinaire, et elle ne réussit que l'année suivante, que l'occasion se présenta de la terminer.

On apprit en ce temps-là la mort du pape Grégoire XIII. Le Roi, qui n'ignoroit pas que c'étoit sous son pontificat qu'on avoit jeté les premiers fondemens de la Ligue, appréhendoit qu'on n'élût un pape d'une humeur plus turbulente et plus porté à allumer qu'à éteindre le feu qui avoit commencé sous son prédécesseur.

Ainsi l'on résolut d'envoyer à Rome au prochain conclave : pour cet effet, on jeta d'abord les yeux sur le cardinal de Bourbon, qui avoit eu le chapeau depuis peu, et qu'on appela le cardinal de Vendôme, pour le distinguer de son oncle. On le crut plus propre qu'un autre à s'opposer aux intrigues de la Ligue, et à défendre les intérêts du Roi et de l'Etat, qui se trouvoient mêlés avec les siens : ce choix étoit fort du goût du Roi.

Le cardinal, qui aimoit les belles-lettres, avoit fait amitié depuis quelques années avec de Thou : on soupçonnoit même ce dernier de gouverner cette éminence, et d'avoir fait naître la contestation qui arriva l'année précédente à l'assemblée de l'abbaye de Saint-Germain, où Vendôme disputa la préséance au cardinal de Guise, malgré le cardinal de Bourbon son oncle, dévoué à la Ligue; ce qui donna lieu à de grandes contestations, qui furent cause que le cardinal de Bourbon empêcha le Roi d'envoyer son neveu à Rome. De Thou s'étoit offert de l'y accompagner, et d'être caution des sommes qu'il falloit emprunter pour faire ce voyage; ce qu'il fit depuis dans une autre occasion, non-seulement avec perte, mais avec de fâcheuses traverses. Comme ce cardinal mourut avant que tout l'emprunt dont il étoit caution fût remplacé, les créanciers de ce prélat le fatiguèrent autant qu'il leur fut possible.

C'est ainsi que par sa générosité naturelle il se faisoit aimer des princes et des grands seigneurs, dont il soulageoit les disgrâces par ses services ou par ses conseils, sans en attendre d'autre récompense que la seule satisfaction d'avoir suivi son penchant. Content de ce plaisir intérieur, il s'éloignoit d'eux insensiblement au retour de leur prospérité, et quittoit la place à ces faux amis et à ces lâches flatteurs, qui ne reviennent à eux qu'avec leur bonne fortune. Il n'ignoroit pas que, se laissant aisément séduire par leurs artifices, ils oublient et regardent même avec aversion les services passés, la franchise et la fidélité de leurs véritables amis. Il savoit qu'ils ne se plaisent plus alors qu'avec ceux qui les trompent et qui leur déguisent la vérité; aussi l'on peut assurer, sans prétendre leur rien reprocher, que de Thou, qui leur rendoit souvent des services considérables, n'a jamais reçu d'eux que de l'ingratitude; mais comme il se satisfaisoit lui-même, il avoit pris son parti de ne se rebuter point, et de ne changer ni de bonne volonté ni de conduite, malgré les affaires qu'il s'étoit toujours attirées par sa candeur, incapable de se démentir et de s'abaisser à de serviles complaisances.

Quoiqu'on fasse ces réflexions à l'occasion du cardinal de Vendôme, on ne doit pas lui en faire l'application; ce prince eut toujours pour lui une véritable amitié jusqu'en l'année 1591, que le tiers-parti se fortifia pendant que le Roi étoit occupé au siége de Chartres. Alors des esprits malintentionnés lui ayant persuadé de se faire chef du parti, après la mort du vieux cardinal de Bourbon son oncle, lui qui étoit du sang royal se laissa surprendre à leurs mauvais conseils; et ceux de ses amis qui ne pouvoient approuver ces factions, lui devinrent suspects.

De Thou ne fut pas long-temps sans s'en apercevoir : cette amitié si vive dont il l'avoit honoré se refroidit. Aussi Paris ne fut pas plus tôt rentré sous l'obéissance du Roi, que de Thou se retira pour toujours de la Cour, et continua en liberté d'écrire l'Histoire qu'il avoit commencée il y avoit deux ans, et qu'il avoit conduite jusqu'au règne de François II.

Enfin ce cardinal étant malade à Saint-Germain-des-Prés, de la maladie dont il mourut, envoya chercher de Thou, le vit, et lui parla jusqu'au dernier moment de sa vie. Alors, comme ils tâchoient de se consoler l'un et l'autre dans ces entretiens particuliers, ils déplorèrent les funestes suites de nos guerres civiles, dont l'aveuglement fatal avoit causé le progrès des Espagnols dans les Pays-Bas et donné lieu aux desseins ambitieux du duc de Savoie.

Depuis que de Thou fut pourvu de la charge de maître des requêtes, et qu'il se fut démis de ses bénéfices, sa mère le pressoit continuellement de retourner dans la maison paternelle. Il avoit pendant deux ans différé, sous divers prétextes, de se rendre à ses instances; mais enfin il résolut de satisfaire à des empressemens si tendres et si justes. Il y fit porter ses meubles, et principalement sa bibliothèque, qui étoit déjà très-nombreuse. L'objet de sa mère n'étoit pas seulement de l'avoir auprès d'elle, mais de le presser de changer d'état et de se marier.

D'un autre côté, le président de Thou son oncle souffroit impatiemment sa négligence, et lui reprochoit que, quoiqu'il n'eût accepté la charge de président qu'à condition qu'il s'y feroit recevoir en survivance, il n'y avoit pas encore songé.

Heureusement François Choesne, lieutenant général de Chartres, se trouva alors à Paris. Il avoit été mis fort jeune auprès de Paul de Foix, et lui avoit servi long-temps de lecteur pendant ses ambassades. Quand de Thou suivit de Foix dans celle d'Italie, Choesne faisoit encore la même fonction auprès de M. de Foix. Le mérite et un zèle égal pour le bien de l'Etat qu'ils s'étoient reconnus l'un et l'autre, les avoient liés d'une amitié fort étroite. Il arriva que Choesne vint un jour rendre ses devoirs au président de Thou; ce magistrat, qui savoit qu'il étoit des amis de son neveu, lui en fit aussitôt ses plaintes. Il le pria de le voir et de lui faire entendre qu'il ne devoit pas avoir tant de paresse et d'indifférence sur ses affaires. Choesne se chargea volontiers de la commission, persuadé qu'elle feroit plaisir à l'oncle, qu'elle étoit utile au neveu, et qu'elle lui faisoit honneur.

Aussitôt il alla trouver de Thou, et lui exposa le sujet de sa visite. Celui-ci le remercia de ses soins, et lui dit que cet empressement partoit de la bonne volonté de son oncle, mais qu'il falloit attendre un temps plus favorable; que les sollicitations et les assiduités étoient contraires à son humeur; qu'à son gré rien n'étoit si cher que ce qui s'achetoit par des prières; que les choses étoient dans une situation qu'il étoit impossible de rien obtenir du Roi sans la faveur de ceux qui disposoient de ses grâces.

Choesne, qui le vit d'humeur à s'étendre là-dessus, l'interrompit et lui dit : « Il n'y a que ceux qui négligent le temps qui se plaignent de sa perte. Si vous jugez qu'il est indigne de vous et de votre dignité d'employer des sollicitations auprès des favoris, ou que vous en appréhendiez le succès, je m'en charge volontiers. Vous connoissez Philippe des Portes [1], et vous n'ignorez pas qu'il est de mes parens et de mes amis; vous savez encore son crédit auprès du duc de Joyeuse, qui pour ces sortes d'emplois est tout-puissant auprès de Sa Majesté; je suis persuadé que je ferai plaisir à l'un et à l'autre si je m'emploie à vous faire obtenir du Roi par leur moyen ce que vous souhaitez. »

A peine eut-il achevé ces mots, qu'il alla de ce pas chez des Portes, qu'il trouva sur le point de sortir, avec son porte-feuille, pour aller chez le duc de Joyeuse, et pour l'entretenir de ce qu'il y avoit à faire

---

[1] *Philippe des Portes.* Il fut l'un des premiers poëtes français qui connurent bien le génie de notre langue. Il étoit chanoine de la Sainte-Chapelle de Paris, et possédoit plusieurs bénéfices.

ce jour-là. Il le tire à part, lui dit ce qui l'amenoit, et l'ayant trouvé bien disposé, il n'eut pas de peine à lui faire mettre cette affaire sur ses tablettes. Comme ceci se passoit le matin, des Portes lui dit seulement de venir dîner avec lui, et qu'il lui en rendroit compte; Choesne ne manqua pas d'y aller, et trouva la chose faite; aussitôt il courut chez de Thou, qui, surpris de sa diligence et de la facilité du succès, fut fâché de n'avoir fait aucune démarche de civilité auprès du duc de Joyeuse et de des Portes.

[1586] De Thou lui en témoigna son chagrin, et lui dit qu'il ne pouvoit assez reconnoître un si grand service. Dans le moment même il alla trouver des Portes, et s'excusa sur l'activité du zèle de son ami, de ce qu'il ne lui avoit pas parlé lui-même de cette affaire. Des Portes ne souffrit pas qu'il en dît davantage, et lui répondit : « Je sais que vous êtes du nombre de ceux auxquels il convient mieux de témoigner leur reconnoissance des plaisirs qu'on leur a faits, que de prendre la peine de les solliciter. Quand vous m'avez employé auprès du duc de Joyeuse pour obtenir ce que vous souhaitiez, comptez que vous nous avez obligés l'un et l'autre ; c'est en pareille occasion que l'on peut dire qu'on se fait honneur, quand on rend service à un homme de mérite. »

De Thou pria des Portes de le mener sur-le-champ chez le duc de Joyeuse; mais des Portes lui dit qu'il ne le trouveroit pas; qu'il lui sembloit même qu'ayant été obligé de si bonne grâce, un remercîment si précipité pourroit importuner ce seigneur dans l'embarras où il étoit; qu'il se chargeoit de son compliment, et qu'il étoit sûr que le duc ne trouveroit pas mauvais s'il ne le remercioit pas aussi promptement qu'il avoit été servi. Cependant Joyeuse partit pour son gouvernement de Normandie, comme il faisoit ordinairement tous les ans aux fêtes de Pâques : ainsi cela fut remis à son retour.

Claude Pinard, secrétaire d'Etat, expédia les provisions de cette charge de président le 22 mars ; mais elles ne furent scellées que quelque temps après : ce qui fut cause que de Thou ne prêta serment au parlement que le 13 du mois d'août suivant. Toute cette auguste compagnie lui témoigna sa joie de le voir revêtu d'une charge éminente, que son grand-père, son père et son oncle avoient si dignement possédée, et qui étoit comme héréditaire dans sa famille. Après que Mathieu Chartier eut fait le rapport des provisions, la cour ordonna, quelque bien intentionnée qu'elle fût pour de Thou, qu'au cas qu'Augustin de Thou son oncle mourût avant que son neveu, qui n'avoit encore que trente-trois ans, eût atteint l'âge porté par les ordonnances, de Thou ne pourroit opiner comme président qu'il ne fût entré dans sa quarantième année; ce qu'elle fit, pour ne pas préjudicier à ses réglemens ni à sa discipline.

Tous ses amis s'empressèrent de le féliciter sur cette promotion. Pour leur en témoigner sa reconnoissance, il composa quelques vers à la hâte qu'il adressa à Pierre Pithou et à Antoine Loisel. Pithou y répondit par ces beaux vers qu'on voit dans ses ouvrages; ce qui faisoit souvent dire à de Thou que si les siens étoient médiocres, du moins ils en avoient fait faire d'excellens.

Cette affaire finie, il ne restoit plus que de marier

de Thou ; pour cela, il falloit lever les difficultés qui pouvoient se rencontrer du côté de la cour ecclésiastique ; ce qui l'obligea de s'y pourvoir, et de présenter requête à l'official de Paris, devant lequel il fit appeler la première présidente sa mère, le chancelier et le premier président ses deux beaux-frères, la veuve de son frère aîné, son autre frère Christophe-Auguste de Thou, qui ne comparut point, tous ceux enfin qui pouvoient y avoir intérêt : il n'y en eut pas un qui ne consentît à ses demandes, ou qui ne s'en rapportât à ce qu'en seroit ordonné. Ainsi, après toutes les informations et les preuves rapportées, principalement après que l'évêque de Chartres eut assuré que, quand son neveu fut pourvu d'une charge de conseiller-clerc, il n'avoit pris ce qu'on appelle les *quatre moindres* que par obéissance aux volontés du premier président, et que, du vivant de son père, il avoit souvent témoigné sa répugnance pour cet état ; après que sa mère interrogée eut répondu la même chose, l'official le dégagea des obligations qu'il auroit pu contracter, le déclara libre de tous les vœux qu'il auroit pu faire, le rétablit dans son premier état, lui permit de se marier, s'il le jugeoit à propos, et déclara légitimes les enfans qui viendroient d'un mariage qu'il contracteroit dans les formes. Cette sentence fut rendue le 29 de mars, la surveille du dimanche des Rameaux.

Sur la fin de cette même année, de Thou mit la dernière main à sa traduction du Livre de Job, qui fut imprimée par Denis du Val. On en fit depuis une seconde et une troisième éditions, beaucoup plus exactes et augmentées de quelques éloges. Pineda en mit une partie à la tête de ce gros Commentaire en deux volumes qu'il donna sur le Livre de Job. La première fois que ce savant homme lut cette paraphrase imprimée, il lui appliqua ce vers :

Non alio fuit hic Pelides dignus Homero.

Le changement de demeure que de Thou fut obligé de faire, et le voyage de Bressieu, interrompirent ses études de mathématiques. Bressieu s'en alla à Rome pour accompagner François de Luxembourg, duc de Piney, qui, suivant l'usage, y fut envoyé par le Roi pour rendre, de la part de Sa Majesté, l'obédience au nouveau pape Sixte v; car Marc-Antoine Muret, qui s'étoit si long-temps acquitté auprès des papes de la même commission qu'on donnoit à Bressieu, étoit déjà mort.

Bressieu, après avoir fait son discours, resta à Rome, où il acquit une grande réputation. Depuis, pendant nos guerres, il enseigna à Pérouse, d'où enfin, après plusieurs années, il revint en France.

[1587] L'année suivante vit naître plusieurs grands événemens, tantôt heureux, tantôt malheureux, mais, au jugement des plus sages, toujours funestes à la patrie. L'armée du duc de Joyeuse fut défaite en Saintonge avec l'élite de la noblesse de France, et lui-même y fut tué (1). Les Guise empêchèrent celle qui venoit au secours des protestans de passer la Loire, et la défirent deux fois, l'une à Vimory et l'autre à Auneau en Beauce. Les suites de ces deux actions, qui l'année suivante furent si fatales au Roi et au repos de l'Etat, firent douter avec justice si l'on devoit compter ces victoires pour des avantages.

(1) *Lui-même y fut tué.* Bataille de Coutras, 20 octobre 1587.

Le public et de Thou en particulier perdirent au commencement de cette année Jacques Dennet, né à Paris, mais issu d'une noble famille de Ponthieu. Il avoit exercé la profession d'avocat au parlement de Paris, avec autant de capacité que d'intégrité. Les sentimens nobles qu'il conserva toute sa vie dans son emploi lui firent toujours préférer ses amis à ses intérêts particuliers. Il aimoit en gentilhomme les armes et la chasse; comme sa profession ne lui permettoit pas de suivre les armes, il eut toujours une meute de chiens courans. Il s'attacha au père et aux oncles de M. de Thou, tant qu'ils vécurent, entre autres à Adrien de Thou, dont on a parlé au commencement de ces Mémoires, et à Jean de Thou son neveu.

Après leur mort il réunit en la personne de Jacques-Auguste de Thou toute l'amitié qu'il avoit eue pour sa famille, et vécut avec lui pendant quatorze ans dans une étroite liaison. Cette amitié, pour ainsi dire héréditaire, méritoit qu'on en fît mention dans la vie que l'on écrit. De Thou ne l'abandonna point pendant sa maladie, et fut presque continuellement auprès de lui dans le cloître de Notre-Dame où il logeoit. Lorsque Dennet mourut, il reçut ses derniers sentimens, qui ordonnoient à sa famille, et principalement à Gilles Dennet, son frère, qui s'étoit établi en Normandie, de cultiver avec la famille des de Thou une amitié si bien fondée et qu'il leur laissoit en partage. Dennet mourut d'une pleurésie à l'âge de cinquante-huit ans, et voulut être inhumé à Saint-André-des-Arcs, où sont les tombeaux des de Thou.

Quittons ces tristes objets pour parler de l'heureux mariage où de Thou s'engagea cette même année. Il épousa Marie de Barbançon, fille de François de Barbançon de Cany, tué au combat de Saint-Denis, et dont il est parlé dans son Histoire Générale. Il étoit petit-fils de Michel de Barbançon, lieutenant de roi de Picardie, qui possédoit de grands biens dans cette province, du temps qu'Antoine de Bourbon duc de Vendôme en étoit gouverneur.

La maison de Barbançon est originaire du Hainaut, où est située la principauté de Barbançon, qui a passé aux comtes d'Aremberg, cadets de la maison de Ligne. Ils se sont signalés, sous le nom de Barbançon, dans le commandement des armées, durant les guerres des Pays-Bas, et sous Henri II et Charles V.

François de Barbançon laissa d'Antoinette de Vasières, riche héritière, très-noble et très-vertueuse, Louis, Anne et Marie de Barbançon. Anne avoit épousé Antoine Duprat de Nantouillet, petit-fils du cardinal Antoine Duprat, chancelier de France, si connu sous le règne de François I. Dès le vivant du premier président, Nantouillet étoit fort des amis du jeune de Thou son fils : ainsi il donna volontiers les mains à ce mariage. Ce fut Charles Turcant, maître des requêtes, qui en fut l'entremetteur avec Pierre du Val, dont on a déjà parlé, et qui étoit connu de madame de Cany par les services qu'il lui avoit rendus. Ce médecin, qui étoit toujours chez madame de Thou, l'avoit souvent entretenue de la mère et de la fille, et lui avoit fait naître un grand empressement pour ce mariage.

Pour garder les bienséances, on pria le chancelier de demander la demoiselle. Ayant mené son beau-frère, accompagné de plusieurs personnes de distinction, chez madame de Cany, qui logeoit au faubourg

Saint-Germain à l'hôtel de Picquigny, il obtint le consentement de cette dame.

Sur ces entrefaites, madame de Cany tomba dans une maladie dont elle mourut; mais sa mort n'apporta point de changement à ce qu'on avoit arrêté. Au mois de mai suivant on convint des articles du mariage, que l'affliction de cette mort et les cérémonies des funérailles firent différer jusqu'au mois d'août, qu'il fut célébré avec toutes les formalités prescrites par l'Eglise.

L'évêque de Chartres les fiança devant la première présidente de Thou, devant le chancelier, et le premier président de Harlay, en présence d'Augustin de Thou, fils du président, de Christophe-Augustin de Thou, cousin germain du fiancé, et de Renée Baillet, d'un côté ; de l'autre, devant Louis de Barbançon Cany, Charles de Barbançon son oncle, Antoine Duprat Nantouillet, prévôt de Paris, Anne de Barbançon sa femme, les frères d'Estourmel, oncles des Barbançon, et devant plusieurs autres personnes de distinction, nommées dans l'acte. Le même évêque célébra la messe dans l'église de Saint-André-des-Arcs, et, pour éviter la foule, les maria après minuit.

Quoique le père et la mère de la demoiselle, qui avoient autrefois été protestans, fussent rentrés depuis long-temps dans le sein de l'Eglise avec leurs enfans, on voulut cependant lever jusqu'au moindre soupçon, et l'on fit examiner la demoiselle en particulier par Arnaud du Mesnil, archidiacre de Brie et grand-vicaire de l'évêque de Paris, qui la confessa et qui lui donna ensuite l'absolution.

Après des formalités si exactes, qui ne seroit indigné de l'impudence de ces imposteurs qui, non contens de s'être efforcés de décrier l'Histoire que de Thou nous a donnée, ont encore voulu pénétrer jusque dans l'intérieur de sa famille pour le rendre odieux sur la religion! Qu'ils examinent, ces dangereux calomniateurs, si de ce côté-là l'on a pu prendre plus de précautions pour recevoir avec respect ce sacrement, et si du côté du monde on a rien oublié pour le rendre vénérable et authentique aux yeux du public, par le consentement et la présence d'un si grand nombre d'illustres parens.

Quelque temps après on reçut la nouvelle de la défaite arrivée en Saintonge. De Thou, pénétré de reconnoissance, et qui comptoit les pertes publiques au nombre des siennes particulières, en fut vivement frappé : sa prévoyance lui faisoit envisager un enchaînement de malheurs qui l'affligeoient; il ne pouvoit voir sans douleur la mort d'un jeune seigneur qui venoit de l'obliger si généreusement, et périr avec lui l'élite de la noblesse, c'est-à-dire les forces de l'Etat. Il détestoit la fureur des factions qui se répandoient de tous côtés; il regardoit cette perte comme le commencement d'une guerre funeste, excitée par des esprits entreprenans, livrés à des conseils étrangers, principalement dans un temps où la France avoit si grand besoin de repos pour se remettre de ses maux passés et pour rétablir la religion.

Car, quand une fois on eut violé la paix, les haines et les vengeances éclatèrent impunément; l'ambition n'eut plus de bornes, les lois furent méprisées, et l'honneur de la France fut presque anéanti. Cette religion, qui servoit de prétexte à la prise des armes, fut bannie de la campagne : s'il en restoit quelque apparence dans les villes, elle servoit seulement de matière aux déclamations des gens d'église : les chaires et les confessionnaux, loin de ranimer l'esprit de charité, n'inspiroient que la révolte, et, sous le voile de la religion, on ne respiroit que la haine, la vengeance, le massacre et l'incendie : tel fut l'état de la France après la perte de la bataille de Coutras.

Philippe des Portes, accablé de douleur et fuyant la compagnie des hommes, se retira chez J.-Antoine Baif, à Saint-Victor. De Thou l'y alla voir pour le consoler, et pour chercher auprès d'un ami qui l'avoit obligé de si bonne grâce, quelque soulagement aux malheurs qui leur étoient communs.

Pour ne manquer à aucun de ses devoirs, il alla saluer ensuite François, cardinal de Joyeuse, qui restoit seul de la branche illustre de cette grande maison; car Henri, comte du Bouchage, s'étoit fait capucin. Ce prélat ignoroit le service que son frère avoit rendu à de Thou, qui l'en instruisit, afin qu'après la mort de son bienfaiteur il restât quelqu'un de sa maison qui pût en avoir connoissance.

De Thou ne croyoit pas alors (mais qui l'auroit pu prévoir?) qu'il deviendroit un jour son allié; cela arriva cependant seize ans après; car, après qu'il eut perdu sa première femme, dont il n'eut point d'enfans, il épousa Gasparde de La Châtre, fille de Gabrielle de Batarnay, tante du cardinal de Joyeuse. Cette dame renouvela par sa fécondité l'espérance d'une famille presque éteinte.

La première présidente ne fut pas moins sensible à ce malheur public, dont elle appréhendoit les suites;

cela l'obligea de proposer à son fils, sur qui elle avoit beaucoup de pouvoir et qu'elle connoissoit assez négligent sur ses intérêts, de lui faire une donation par testament de la part qui pouvoit lui revenir de ses biens, à l'exclusion de ses autres héritiers. Elle vouloit lui laisser la maison paternelle, au lieu de ce qui lui pourroit échoir de ses biens en fonds de terre qui lui avoient été cédés par ses enfans et par ses gendres, dans la vue que son fils, destiné pour succéder aux charges de ses pères, prît le soin des monumens érigés à leur mémoire dans leur paroisse, et qu'il fît exécuter les charges des fondations qu'elle y avoit faites : elle étoit bien persuadée qu'il s'en acquitteroit ponctuellement.

Cette donation se passa au vu et au su de ses autres héritiers, auxquels de Thou fit voir qu'il avoit ménagé la bonne volonté de sa mère avec tant de modération, qu'en cas qu'il arrivât dans la suite que sa part se trouvât la plus forte, il offroit de leur en faire raison, selon qu'ils le jugeroient à propos, après que les charges que sa mère lui laissoit auroient été déduites. Ce fut inutilement que de Thou fit insérer cette clause contre la volonté de sa mère : après les partages aucun des héritiers ne se plaignit de la donation ni des legs que sa mère lui avoit faits; ils trouvèrent tous qu'il ne s'étoit rien passé qu'avec justice, et convinrent qu'il avoit exactement observé la loi *de ne faire à autrui que ce qu'on voudroit qui nous fût fait.*

Peu de temps après ces dispositions, cette dame, plus accablée de la douleur que lui avoit causée la perte de son mari que du poids de ses années, n'ayant d'ailleurs plus rien à souhaiter après avoir marié son fils, tomba dans une maladie dont elle mourut. Elle résista à la violence du mal durant deux mois, après lesquels, ayant reçu tous ses sacremens, elle attendit la mort avec une entière confiance en la miséricorde de Dieu, et avec la même tranquillité d'esprit qu'on lui avoit toujours remarquée, jusque là que peu de momens avant sa mort elle prenoit congé de ses amis qui la venoient voir, et qu'elle se recommandoit aux absens avec la même politesse : ce qui fit dire à Pithou, lorsqu'il la vint voir, qu'elle lui avoit dit adieu avec autant de sang-froid que si elle se fût préparée à faire un petit voyage à sa maison de La Villette.

[1588] Elle mourut au commencement de janvier, à l'âge de soixante-dix ans, n'ayant survécu son mari que de cinq. Le parlement fit faire son oraison funèbre, et les présidens accompagnèrent son cercueil en grande cérémonie; les principaux de la Cour et les compagnies de la ville assistèrent au convoi.

Cette année vit naître l'amitié que de Thou conserva toute sa vie pour Gaspard de Schomberg, comte de Nanteuil, colonel général de la cavalerie allemande, et pour tous ceux qui lui appartenoient. L'alliance y donna lieu, et de Thou, qui avoit avec lui une grande conformité de caractère et de sentimens, ne quitta presque point un ami si estimable. Tout le temps que vécut Schomberg il lui rendit fidèlement, à lui et aux siens, tous les services dont il étoit capable.

Paris étoit dans ce temps-là dans un tumulte et dans une agitation extraordinaire, causée par les mouvemens de la Ligue. Pendant que le Roi s'amusoit à délibérer sur les moyens d'apaiser la sédition, prenant toujours les plus timides et les plus mauvais conseils, il donna le temps aux factieux de se rassurer et d'entreprendre. Comme ils étoient insolens et audacieux, ils obligèrent, par des instances réitérées, le duc de Guise, qui étoit à Soissons pour examiner de plus près ce qu'il devoit espérer de leurs mouvemens, de venir à Paris, contre les défenses du Roi. Au lieu de punir cette désobéissance, comme il auroit dû et pu le faire par le moyen des Suisses et des gardes-françaises qu'il avoit fait entrer dans la ville, ce prince, par une faute plus grande encore que la première, donna par son irrésolution le loisir au duc et aux chefs de la sédition, étonnés de l'arrivée de ces troupes, de reprendre leurs esprits, et de commencer cette fameuse journée que l'on nomma les Barricades.

Ce fut alors que de Thou eut la triste consolation de voir qu'il ne s'étoit point trompé dans le présage qu'il avoit tiré de ces mouvemens qui lui avoient causé tant d'inquiétude. Il alla à pied au Louvre, accompagné d'une ou de deux personnes sans armes, mais connues. Le silence y régnoit partout, la solitude y étoit affreuse, et l'étonnement, qui avoit passé jusque dans le cabinet du Roi, y faisant différer ou changer de résolution à chaque moment, étoit cause qu'on n'en prenoit aucune vigoureuse. De là il courut à l'hôtel de Guise qui en est fort éloigné : il trouva le duc qui se promenoit dans une rue qui est derrière l'hôtel de Montmorency, avec Pierre d'Espinac, archevêque de Lyon : elle étoit bordée de deux haies de soldats et de peuple qui regardoient ce prince avec admiration. Il se mêla parmi eux, et eut tout le loisir d'examiner le duc, qui tantôt donnoit des ordres, et tantôt recevoit avis de ce qui se passoit dans les autres quartiers de la ville.

Quoiqu'il parût quelque embarras sur son visage, on y remarquoit néanmoins une fermeté et une sérénité qui sembloient répondre du succès de ses desseins et annoncer que cette journée alloit le faire triompher de ses ennemis.

Quand de Thou voulut retourner chez lui il trouva toutes les rues embarrassées par des tonneaux qu'on apportoit de tous côtés. Comme il n'avoit point d'armes et qu'il étoit assez connu, les sentinelles le laissèrent passer. Etant arrivé à la tête du pont Saint-Michel, dont les ligueurs s'étoient emparés et qu'ils avoient fortifié par des barricades, il s'arrêta quelque temps à parler à Alphonse d'Ornano qui gardoit le marché Neuf avec les troupes du Roi : il le connoissoit dès le temps qu'il étudioit sous Cujas à Valence en Dauphiné, où d'Ornano commandoit une garnison de Corses. Ce capitaine lui dit que le tumulte augmentoit, et qu'il lui conseilloit de se retirer chez lui le plus promptement qu'il pourroit : ce qui empêcha de Thou d'aller voir d'Auxy de La Tour, parent de sa femme, qu'on avoit porté blessé dans un cabaret.

En approchant des barricades, de Thou fut fort surpris d'y trouver des principaux de la ville mêlés avec les ligueurs. Ils lui dirent depuis qu'ils n'étoient venus que pour apaiser la sédition ; mais la vérité étoit que la peur les y avoit amenés, sans faire réflexion que leur présence autorisoit le désordre et rehaussoit le courage des mutins.

Jean de La Rue, tailleur d'habits, l'un des chefs des révoltés, l'arrêta lorsqu'il voulut franchir une barricade. De Thou lui dit que le Roi avoit commandé à ses troupes de se retirer : cet insolent lui répondit que c'étoit la peur qui les y obligeoit, et non l'ordre du Roi. Il quitta le plus tôt qu'il put ce séditieux, et gagna sa maison qui n'étoit pas éloignée : sa femme l'y attendoit avec une grande impatience, dans le temps qu'au son de la cloche du Palais toutes celles de la ville sonnoient le tocsin.

Le soir, les troupes du Roi ayant abandonné leur poste et s'étant retirées, le duc de Guise se trouva maître de la ville. Alors de Thou retourna sur le pont Saint-Michel, où, comme il s'entretenoit, dans la boutique d'un boulanger, avec le président Brisson, colonel des compagnies bourgeoises de son quartier, il reconnut à ses discours que ce magistrat entroit dans les sentimens de cette populace, et qu'il s'accommodoit au temps : ce qui dans la suite lui fut très-funeste.

Aussitôt arriva sur la place de Mouy de Risbourg, qui, après avoir hautement déclamé contre le Roi et contre ceux qui l'environnoient, qu'il appeloit des scélérats, fit entendre les ordres dont il étoit chargé, avec commandement de la part du duc de les exécuter. La nuit qui suivit une journée si pleine de troubles ne fut pas plus tranquille; elle se passa dans la crainte et dans le tumulte. Le lendemain le parlement envoya offrir au Roi sa médiation pour réconcilier le duc de Guise avec Sa Majesté. D'un autre côté les ligueurs crioient que le Roi et le parlement agissoient de concert avec les huguenots : ils commencèrent par le quartier de l'Université, firent prendre les armes aux écoliers qui étoient assemblés dans les écoles, et par ordre de Brissac, à ce qu'on disoit, ils remplirent d'armes le grand couvent des Cordeliers. Alors des voix s'élevèrent de tous côtés qu'il falloit assiéger le Louvre. Dans un si grand embarras, le Roi, destitué de fidèles conseillers (car le duc d'Epernon étoit en Normandie), suivit l'avis de ceux qui étoient auprès de lui et qui sous main favorisoient la rébellion; et, ayant pris le parti honteux de sortir de la ville, accompagné du régiment des gardes et de ses courtisans, qui le suivirent comme ils purent, il se rendit à Trappes par le chemin de Saint-Cloud, et laissa la Reine-mère à Paris, pour avoir par son moyen une porte ouverte à quelque accommodement. Sa retraite, ou plutôt sa fuite releva entièrement les espérances et le courage des conjurés.

Au bout de trois jours, Schomberg demanda un sauf-conduit au duc de Guise; car rien ne se faisoit que par les ordres de ce duc, quoique la Reine fût à Paris. Il y fit comprendre de Thou, avec Albert, fils de Bellièvre, qui fut depuis archevêque de Lyon; tous trois se rendirent à Chartres, où le Roi étoit déjà arrivé. Le duc d'Epernon l'y vint trouver de Normandie, dont il remit le gouvernement entre les mains du duc de Montpensier : il partit pour se rendre dans la Saintonge et dans l'Angoumois.

Cependant Villeroy se donnoit de grands mouvemens. Il alloit tantôt chez la Reine, tantôt chez le duc de Guise, qui, enflé de la journée des Barricades, cherchoit, par des délais affectés, à maintenir son autorité et à prolonger la négociation; ce qui fit résoudre dans le conseil d'envoyer des commissaires dans les provinces pour sonder les sentimens des gouverneurs et des magistrats, les instruire de ce qui s'étoit passé, les confirmer dans leur devoir, et leur faire connoître l'intention où le Roi étoit d'assembler les états.

De Thou eut la Normandie en partage. Par le conseil de Mouy de Pierrecourt, qui étoit alors auprès de Sa Majesté, dont il quitta depuis le parti, il commença par Evreux. Il y conféra avec Claude de Saintes, qui en étoit évêque, et qui étoit déjà secrètement du parti de la Ligue. De là, après avoir passé par Louviers, il se rendit à Rouen; il y disposa le parlement et les officiers de ville à recevoir le Roi, qui devoit s'y rendre. A Dieppe, où il alla ensuite, il trouva les esprits des habitans, qui étoient presque tous protestans, fort animés contre les Guise, et très-bien disposés pour le Roi : mais de même que ceux de Caen, ils cachoient leurs sentimens, appréhendant que le Roi n'aimât mieux chercher le repos, même aux dépens de sa dignité, que de recouvrer son autorité avec vigueur; ce qu'ils jugeoient par le caractère de ceux qu'il employoit dans ses affaires. Du reste ils firent connoître à de Thou qu'ils n'appréhendoient point la guerre, prêts, en cas qu'elle recommençât, à sacrifier leurs biens et leurs vies pour le service du Roi.

De Dieppe, ayant passé par Saint-Valery en Caux, il se rendit à Fécamp. Cette ville est recommandable par une riche abbaye, bâtie près du port en forme de citadelle; on y voit encore des restes précieux d'une riche bibliothèque; il y conféra avec le gouverneur, et vint à Montivilliers. Tout y étoit en confusion par les menaces du gouverneur du Havre-de-Grâce, auquel les habitans étoient forcés d'obéir. Ce gouverneur étoit André de Brancas-Villars, qui avoit obtenu ce gouvernement par le crédit du duc de Joyeuse, dont il étoit proche parent. De Thou avoit ordre de le voir et de tâcher de le mettre dans les intérêts de Sa Majesté;

mais comme Villars s'étoit vendu à la Ligue, aux dépens de l'argent des Parisiens, il reçut cette proposition non-seulement avec raillerie, mais encore avec mépris.

Il le quitta, et, après avoir passé la Seine, il se rendit à Caen par Saint-Pierre sur Dive. La plupart des habitans de cette ville, et Pelet de La Verune leur gouverneur, étoient dans des dispositions différentes : La Verune, quoique fort uni avec Villars, étoit un esprit doux, qui n'entroit point dans ses sentimens, et qui sembloit ne respirer que le service du Roi et l'obéissance qu'il devoit à Sa Majesté; mais la considération des principaux de la ville l'empêchoit de se déclarer. De Thou ne vit point Longchamp, qui commandoit à Lisieux et qui étoit ligueur. Il se rendit le plus tôt qu'il put à La Mailleraye, où Pierrecourt, suivant qu'ils en étoient convenus, l'attendoit avec son frère, qui en étoit seigneur. De Thou les instruisit de ce qu'il avoit fait au Havre-de-Grâce et à Caen; mais, lorsqu'il leur fit part de la réponse de Villars, ils furent extrêmement surpris de la conduite de ce gentilhomme, et lui dirent qu'il n'y avoit qu'un coup de mousquet dans la tête qui pût guérir Villars de son arrogance et de sa folle ambition : ce que de Thou ne manqua pas de rapporter au Roi quand il lui rendit compte de son voyage.

Ce prince avoit quitté Chartres pour se rendre à Rouen, où il passoit le temps à de vains spectacles. Il donna une audience particulière à de Thou, avec des ordres de sa propre main d'aller sur-le-champ en Picardie. Il ignoroit ce qui se passoit dans cette province, parce que ceux qu'il y avoit envoyés n'étoient point encore de retour. De Thou prit son chemin par Neufchâtel, et se rendit à Abbeville, où il eut une conférence avec les magistrats et avec le gouverneur d'une citadelle qui y étoit alors. De là, par Pont-Dormy, il alla à Amiens, dont il trouva les habitans prévenus en faveur de la Ligue. Balagny (1), qui étoit dans leur voisinage, les assuroit d'un secours de troupes et d'argent pour les défendre contre les Navarrois ennemis de la religion (c'est ainsi qu'il nommoit ceux qui tenoient le parti du Roi). A peine de Thou put-il leur persuader, en leur montrant ses ordres, que Sa Majesté étoit bien éloignée de ces sentimens, et qu'elle n'avoit rien plus à cœur que de les protéger et de prendre la défense de la religion.

Ensuite il traversa la Somme, et se rendit à Corbie, pour y voir Pons de Belleforière, qui en étoit gouverneur, mais qui étoit alors à la campagne : il l'attendit un jour entier ; ce qui lui donna le loisir d'examiner les restes d'une précieuse bibliothèque, qu'on avoit déjà pillée plusieurs fois, mais où il y avoit encore de fort bons manuscrits et des fragmens authentiques : il en mit à part plusieurs, qu'il espéroit retrouver après la fin des troubles et dont il prétendoit enrichir la république des lettres. La fatalité des guerres civiles ne le permit pas : Corbie fut ruinée quelques années après, et le respect dû à l'église, où l'on conservoit ces précieux monumens, n'empêcha pas la dissipation de ce trésor. Quand il y retourna depuis pour les chercher, quoique le gouverneur que le Roi y avoit mis fût des

(1) *Balagny*, fils naturel de Jean de Montluc, évêque de Valence. Balagny étoit gouverneur de Cambrai, où il exerçoit une sorte de souveraineté.

parens de sa femme, quoiqu'il l'aidât de toute son autorité, il ne trouva plus rien dans les coffres où on les avoit enfermés, ni sur les tablettes; il en vit seulement les débris, des planches renversées ou brisées, et les couvertures de ces rares manuscrits dispersées de tous côtés. Voilà les fruits de nos guerres civiles, qui plaisent tant à ces dangereux esprits qu'un zèle indiscret de religion transporte : tels sont les effets que produit une piété fanatique, qui ne respire que massacre et incendie.

Lorsque Belleforière fut revenu de la campagne, de Thou lui donna des lettres du Roi, qui le sommoit de sa parole et des assurances qu'il lui avoit données de sa fidélité. Comme la réponse de Belleforière fut équivoque, il écrivit aussitôt à Sa Majesté, et lui manda ce qu'il avoit fait à Abbeville et à Amiens : il ajouta qu'on devoit se défier surtout de Belleforière. De là il se rendit à Noyon. Varane, château bâti dans une île de la rivière d'Oise, n'en est pas éloigné : comme il appartenoit à Louis de Barbançon son beau-frère, il s'y rendit, et y trouva madame de Thou sa femme, qui étoit venue au-devant de lui et qu'il avoit laissée à Paris.

Cependant la Reine-mère avoit ménagé un traité entre le Roi et le duc de Guise, dont une des conditions étoit la guerre contre le roi de Navarre. Il fut suivi de l'édit de juillet, qu'on eut bien de la peine à faire signer au duc de Nevers. Quand il eut été arrêté, le Roi partit de Rouen pour revenir à Chartres avec toute sa cour; il vouloit y prendre, avec le duc de Guise qui s'y rendit avec la Reine-mère, les mesures nécessaires pour la guerre contre les protestans.

Ce fut dans cette dernière ville que le Roi, qui dès le voyage de Rouen avoit promis à de Thou de reconnoître ses services, surpassa les espérances qu'il lui avoit données, et le fit conseiller d'état. De Thou en prêta le serment le 26 d'août. La Cour étoit alors fort attentive sur le succès qu'auroit cette formidable flotte d'Espagne, qu'on disoit destinée pour faire une descente en Angleterre. L'arrivée de Bernardin de Mendose redoubla l'inquiétude et la curiosité; il n'étoit pas venu seulement comme ambassadeur, mais comme émissaire du Roi son maître pour animer par sa présence le parti de la Ligue. Là-dessus l'on assembla le conseil : d'un côté de la table étoit le chancelier de Cheverny, au-dessous de lui, Villequier, Claude Pinard, et Pierre Brûlart de Crosne, ces deux derniers secrétaires d'état; de l'autre côté, l'archevêque de Bourges, au-dessous, le duc de Guise et les conseillers d'état, entre autres de Thou et Méry de Vic.

Comme les esprits étoient alors fort divisés, tout s'y passa en basses flatteries ou en dissimulation. On parla beaucoup de la flotte d'Espagne, et on ne conclut rien; cela donna lieu à de Thou d'envoyer cette lettre en vers à Claude du Puy; elle s'est trouvée parmi ses papiers, et mérite bien d'être insérée dans ces Mémoires.

LA DÉROUTE
DE LA FLOTTE D'ESPAGNE.

A CLAUDE DU PUY,

CONSEILLER AU PARLEMENT.

A Chartres le 29 août 1588.

Après ce jour fatal où la rebellion,
Sous le voile trompeur de la religion,
Osa barricader jusqu'au palais du prince,
Le Roi, quittant Paris, vint dans cette province.
Depuis, pour pallier le plus grand des forfaits,
On convint à Rouen d'une équivoque paix;
Et la Cour sur ses pas revint dans cette ville.
Les Guise même en grâce auprès d'un roi facile,
Après s'être excusés d'un fait mal éclairci,
De Paris depuis peu se sont rendus ici.
Superbe en ses discours, superbe en équipage,
L'ambassadeur d'Espagne est aussi du voyage.
Une flotte nombreuse alors couvrant nos mers,
Faisoit l'attention de cent peuples divers;
Et le fier Castillan répandoit dans le monde
Qu'un glorieux triomphe alloit s'offrir sur l'onde,
Vantoit les millions destinés par son roi
En l'honneur de l'Eglise et pour planter la foi;
Qu'on verroit Albion et punie et soumise,
Et la flotte d'Espagne au bord de la Tamise;
Même, sur les chemins qui conduisent ici,
S'il rencontroit un moine, il lui parloit ainsi;
Au moindre paysan c'étoit même langage;
Que les milords épars avoient perdu courage,

Que Drak étoit en fuite, et ses meilleurs vaisseaux
Dispersés, en déroute, ou dans le fond des eaux;
Que dans Londres, la Reine, à bon droit alarmée,
S'étoit avec frayeur dans la Tour enfermée.
Mais quand un cavalier se trouvoit sur ses pas,
Il changeoit de discours dans un grand embarras:
Tantôt il étoit gai, puis tout-à-coup farouche,
Les mots prêts à sortir s'arrêtoient dans sa bouche;
Tantôt, pour éviter un mensonge odieux,
Il disoit d'un ton grave et tout mystérieux:
La flotte a jusqu'ici trouvé le vent contraire,
Mais tout va bien encore, et tout le monde espère.
On a pourtant avis qu'aux côtes de Médoc
Un de leurs grands vaisseaux, brisé d'un rude choc,
S'est depuis quelques jours échoué sur le sable.
On nous assure encor, comme un fait véritable,
Qu'entre Douvres et Calais des orages nouveaux
Ont dispersé la flotte et battu ses vaisseaux;
Et proche de Boulogne on a vu le rivage
Couvert de tous côtés des marques d'un naufrage,
Des débris différens, des voiles déchirés,
D'un succès malheureux présages assurés.

Maintenant en secret il faut que je te dise
Ce qu'on pense à la Cour touchant cette entreprise,
L'espérance et la crainte où sont nos courtisans,
Toujours dissimulés, et quelquefois plaisans:
Ris-en, mon cher du Puy, s'il est permis de rire
En voyant tous les maux que la France s'attire.

Au logis de l'évêque où le Roi tient sa Cour,
L'élite des seigneurs s'assembla l'autre jour.
Pour tenir le conseil on prit une chapelle;
On agita d'abord cette grande nouvelle.
J'assistois au conseil, car la bonté du Roi
Venoit de m'honorer de ce brillant emploi.
Tel qu'un homme dévot qui veut marquer son zèle,
Soudain on vit de Crosne ajuster sa prunelle,
Et, dans un saint transport, levant les mains aux cieux,
S'écrier: Quelle gloire à ce prince pieux!

Bénis soient les projets d'un roi si catholique,
Et ses puissans efforts pour vaincre une hérétique!
Périssent son armée et tous les Castillans!
Lui répondit Pinard, qui, dès ses jeunes ans,
Prenoit à tout propos plaisir à contredire;
Périssent ses vaisseaux jusqu'au moindre navire!
Que Neptune en courroux puisse les abîmer!
N'est-ce pas sans notre ordre et sans nous informer
Qu'ils viennent dans nos mers avec tant d'arrogance
Pour surprendre un Etat si voisin de la France?

L'éloquent Beaune alors nous imposant à tous
Par un ton gracieux, un air affable et doux :
Que pensez-vous, dit-il, de cet apprêt terrible,
Et du titre pompeux d'une flotte INVINCIBLE?
Ne voyez-vous pas bien qu'ayant dompté l'Anglois,
L'Ibère prétendra nous ranger sous ses lois?
C'est ainsi qu'il s'avance à cette monarchie,
L'objet de ses desseins et de sa tyrannie.
Il en veut à l'Europe, et son ambition
Se couvre du manteau de la religion.
Jamais la piété, le véritable zèle,
N'ont été les motifs d'une guerre cruelle.
Que de Pierre et de Paul on lise les écrits,
Ils n'ont point approuvé de conquête à ce prix :
Ces divins fondateurs d'une Eglise féconde,
N'ont donné que leur sang pour conquérir le monde.
Tous les premiers chrétiens ont marché sur leurs pas,
Et pour gagner les cœurs ont souffert le trépas.

A ces mots Cheverny jette partout la vue,
Et son âme incertaine, embarrassée, émue,
Qui n'ose découvrir ses secrets sentimens,
Sur son maître étonné règle ses mouvemens :
Tantôt il parle bas; puis, craignant le reproche,
Il demande tout haut si la flotte s'approche;
Quel vent peut calmer l'onde ou la peut agiter,
Et quel obstacle enfin l'oblige à s'arrêter?

Ne vous alarmez point, le vent n'est plus contraire,
Je le sens à ma jambe, et j'en crois son ulcère,

Dit le gros Villequier, dont une chaise à bras
Embrassoit l'épaisseur, et n'y suffisoit pas.
Tu connois sa crapule, et que, par sa débauche,
Un ulcère malin pourrit sa jambe gauche.
Tu sais qu'il est encor un lâche corrupteur,
Un monstre d'impudence, un bas adulateur,
Et qu'il sert à la Cour au plus honteux usage.
Comptez, ajouta-t-il, qu'on ne craint plus d'orage,
L'air est devenu calme et le temps a changé;
Un grand, un puissant roi sera bientôt vengé :
Mon ulcère aujourd'hui coule avec abondance,
Et je gagerois bien que la flotte s'avance.
A ce discours infâme on eut la lâcheté
D'applaudir de concert comme à la vérité.

Un balustre du Roi nous cachant la présence,
Guise écoutoit chacun dans un profond silence :
Enfin, quand il eut mis exprès son manteau bas
Pour faire remarquer sa taille et ses grands bras,
Du plus bas de la table, où, sans cérémonie,
Il s'étoit allé seoir par feinte modestie,
Il rompt ce grand silence, et, marquant son courroux,
Il frappe rudement la table de trois coups;
Il pousse un long soupir, et, craignant d'en trop dire,
C'est en vain, nous dit-il, c'est en vain qu'on aspire
A faire en Angleterre aborder des soldats,
Si l'on n'a point de ports voisins de ses Etats;
Le soldat fatigué d'un pénible voyage.
Tombe à la fin malade, et n'a plus de courage.
Quiconque sans péril veut passer dans leurs mers,
Doit partir de Zélande ou des côtes d'Anvers :
A de grands galions, d'un abord difficile,
La Flandre n'offre rien qu'une rade inutile.
Pour faire avec succès de si puissans efforts,
Ce n'est que dans la France où l'on trouve des ports :
Seule elle peut fournir à des vaisseaux de guerre
Les moyens les plus sûrs de dompter l'Angleterre.
C'étoit donc un projet prudemment concerté,
D'établir pour la flotte un lieu de sûreté.

Mais en vain de Boulogne on tenta la surprise :
On a fait échouer cette juste entreprise,
Et le chef découvert, à la fuite obligé,
Y perdit son canon trop avant engagé,
Laissant à la merci d'une triste vengeance,
Ses amis malheureux suspects d'intelligence.

Guise se tut alors, mais encor agité,
Il se tourna vers Vic assis à son côté,
Et lui dit à l'oreille, et comme en confidence :
La flotte a fait naufrage, et j'en ai connoissance;
Des avis plus certains m'en sont ici venus
Que si Mars l'écrivoit à sa chère Vénus.

On leva le conseil, cette histoire finie.
Ainsi se sépara la noble compagnie.

Dans ce temps-là Schomberg, dont la Reine s'étoit servi pour l'édit de juillet, vint à Chartres avec plusieurs de ses amis. Il venoit d'accorder à Paris Catherine sa fille à Louis de Barbançon de Cany, et c'étoit de Thou, beau-frère de Cany, qui avoit proposé ce mariage. Comme cette demoiselle avoit l'honneur d'être filleule de la Reine-mère, qui l'avoit tenue sur les fonts de baptême, Schomberg voulut que les fiançailles se fissent à la Cour et en présence de Leurs Majestés. L'évêque de Chartres en fit la cérémonie avec éclat, et le soir le Roi, la Reine et tous les seigneurs assistèrent au festin. On avoit aussi invité à la fête Anne d'Anglure [1] de Givry. C'étoit le cavalier de la Cour le plus parfait; beau, bien fait, de bonne mine, agréable dans la conversation, savant dans les lettres grecques et latines (talent assez rare parmi la noblesse), surtout brave, et connu pour tel; d'ailleurs proche parent de Cany. Il s'en ex-

[1] *Anne d'Anglure.* Il épousa depuis la fille aînée de Cheverny.

cusa d'abord sur une chute de cheval dont il étoit encore incommodé : cependant, pour ne pas manquer à
son parent dans une occasion si remarquable, il trouva
moyen de paroître devant la compagnie d'une manière
galante et ingénieuse. Comme sa chute ne lui permettoit pas de se tenir debout, il prit de ces forçats turcs
dont la ville étoit remplie depuis le naufrage de la
flotte d'Espagne, se fit porter sur leurs épaules dans
une espèce de palanquin, et, vêtu comme un roi des
Indes, entra à visage découvert dans la salle du festin, tandis que ces forçats qui le portoient chantoient
d'un ton fort plaisant des chansons mal articulées. Ce
spectacle divertit fort le Roi et toute la Cour. Les ré-
jouissances de ces fiançailles étant finies, on revint à
Paris, où le mariage fut fait à l'hôtel Schomberg. Depuis les nouveaux mariés s'en allèrent à Varane.

Ce fut dans ce château où de Thou, qui prévoyoit
les funestes suites des Barricades et la révolte de Paris,
fit transporter ce qu'il avoit de meilleurs meubles,
sous le prétexte des noces de son beau-frère; comme
ses tapisseries, ses lits, sa vaisselle d'argent, ses pierreries, et tout ce que sa mère lui avoit laissé de plus
précieux. La guerre s'étant allumée depuis avec plus
de violence, Schomberg les envoya, avec quantité
d'autres qu'il avoit, dans sa maison de Nanteuil, à La
Fère en Vermandois, où le capitaine Guerry, sa créa-
ture, étoit en garnison avec sa compagnie.

Mais cette précaution, qui paroissoit si sage, leur
fut préjudiciable à l'un et à l'autre; car l'année suivante La Fère ayant été prise et pillée par Florimond
d'Halwin, marquis de Maignelay, ils perdirent tous
ces meubles, à l'exception de ce que les deux frères

Lamet purent sauver, et de ce que purent détourner les concierges du château. Ils consignèrent ce qu'ils avoient préservé du pillage entre les mains de Bouchavanes, et ces meubles furent ensuite rendus de bonne foi à sa femme, qui pendant ces mouvemens s'étoit retirée à Coucy-le-Château où son frère Lamet étoit avec une garnison.

Cette perte alla seule à plus de dix mille écus pour de Thou, sans compter toutes les autres qu'il fit pendant ces guerres : cependant, après la paix, quoique la plupart en usassent autrement, on ne lui en entendit pas faire la moindre plainte. Il n'inquiéta personne là-dessus, soit à cause de son aversion naturelle pour les procès, soit qu'il ne voulût pas donner lieu aux esprits malintentionnés de lui reprocher qu'il n'avoit suivi le parti du Roi que dans la vue de s'exempter de la perte et de s'attirer des récompenses; soit enfin qu'il fût persuadé que, pour son intérêt particulier, il ne devoit pas retracer l'image de ces désordres, dont il souhaitoit que la mémoire fût éteinte.

Cependant le temps marqué pour l'ouverture des états approchoit; déjà un grand nombre de députés s'étoient rendus à Blois, où le Roi étoit arrivé. Là, ce prince, rebuté du ministère précédent, et méditant quelque secrète entreprise, changea la face de la Cour : il relégua le chancelier et Bellièvre dans leurs maisons, et congédia Villeroi, Pinard et Brûlart, secrétaires d'état.

Schomberg partit aussitôt pour Blois, et de Thou l'y suivit; mais il se détourna d'un peu pour rendre visite au chancelier de Cheverny, qui s'étoit retiré à Eclimont, dans le pays Chartrain : il demeura trois jours chez lui. Il ne s'en passa pas un que le chancelier ne reçût des nouvelles de Blois, et qu'il n'apprît que, dans tous les différends du Roi avec le duc de Guise, le duc l'emportoit toujours par la supériorité de son parti : ce qui fit dire au chancelier qu'il en tiroit un mauvais augure, et que toutes ces contestations auroient une autre fin qu'on ne pensoit; que le duc, voulant abaisser le pouvoir et avilir la dignité de son souverain, abusoit de la patience et de la dissimulation de Sa Majesté; que ceux de son parti, par leur hardiesse et leur insolence, élevoient son autorité trop haut; qu'il connoissoit parfaitement le génie du Roi; que Sa Majesté tenteroit toutes sortes de voies pour ramener les esprits par la douceur, mais que s'ils persistoient dans leurs desseins, comme il y avoit de l'apparence, il étoit à craindre que cette modération ne se tournât en fureur, et que ce prince, aux dépens de tout ce qui en pourroit arriver, ne consultât que son désespoir, et ne prît enfin la résolution de poignarder lui-même le duc dans son appartement.

Après cette conversation, que de Thou tint alors fort secrète, il alla à Blois, dans le temps que les états y étoient assemblés. Il s'y passa des particularités qu'on ne trouve point dans l'Histoire qu'il nous a donnée, et que nous rapporterons ici, autant que la mémoire du président de Thou a pu se les rappeler.

De Thou s'étoit fort attaché au cardinal de Vendôme et à son frère le comte de Soissons : quoiqu'ils lui laissassent le soin de leurs affaires, il les faisoit plutôt comme leur ami que comme en ayant la disposition. Depuis la mort de son père et de sa mère, il voyoit souvent aussi Anne d'Est, mère des Guise et du duc de Nemours, et n'oublioit rien pour réunir ces deux maisons, moins ennemies que rivales.

Avant les troubles de Paris, Michel de Montaigne, dont on a déjà parlé, étoit venu à la Cour : il l'avoit suivie à Chartres, à Rouen, et étoit alors à Blois. Il étoit des amis particuliers du président de Thou, et le pressoit tous les jours de songer sérieusement à l'ambassade de Venise, qu'on lui destinoit depuis le retour d'André Hurault de Meisse, parent du chancelier. Lui-même avoit dessein d'aller à Venise; et, pour l'y engager davantage, il lui promettoit de ne le point quitter durant tout le séjour qu'il y feroit.

Comme ils s'entretenoient des causes des troubles, Montaigne lui dit qu'autrefois il avoit servi de médiateur entre le roi de Navarre et le duc de Guise, lorsque ces deux princes étoient à la Cour; que ce dernier avoit fait toutes les avances, par ses soins, ses services, et par ses assiduités, pour gagner l'amitié du roi de Navarre; mais qu'ayant reconnu qu'il le jouoit, et qu'après toutes ses démarches n'ayant trouvé en lui qu'un ennemi implacable, il avoit eu recours à la guerre, comme à la dernière ressource qui pût défendre l'honneur de sa maison; que l'aigreur de ces deux esprits étoit le principe d'une guerre qu'on voyoit aujourd'hui si allumée; que la mort seule de l'un ou de l'autre pouvoit la faire finir; que le duc ni ceux de sa maison ne se croiroient jamais en sûreté tant que le roi de Navarre vivroit; que celui-ci, de son côté, étoit persuadé qu'il ne pourroit faire valoir son droit à la succession de la couronne pendant la vie du duc. « Pour la religion, ajouta-t-il, dont tous les deux font parade, c'est un beau prétexte pour se faire suivre par ceux de leur parti; mais la religion ne les touche ni l'un ni l'autre : la crainte d'être abandonné des protestans empêche seule le roi de Navarre de rentrer dans la religion de ses pères, et le duc ne s'éloigneroit point de la confession d'Ausbourg, que son oncle Charles, cardinal de Lorraine, lui a fait goûter, s'il pouvoit la suivre sans préjudicier à ses intérêts : » que c'étoit là les sentimens qu'il avoit reconnus dans ces princes lorsqu'il se mêloit de leurs affaires.

Durant ces intrigues de Blois, le duc de Guise n'oublioit rien pour fortifier son parti; il prenoit la défense de ceux qui lui étoient attachés, gagnoit les autres par des caresses, se rendoit affable à chaque particulier, promettoit des emplois, des dignités, des charges et des gouvernemens aux plus intéressés, comme s'il en eût été déjà le maître; il mettoit enfin tout en usage pour s'attirer l'amitié de tout le monde.

Le bruit se répandit alors qu'Anne de Barbançon, femme de Nantouillet, avoit été poignardée. Le duc demanda à de Thou quelles nouvelles il en avoit, et lui offrit, aussi bien qu'à son beau-frère, ses services et son crédit. De Thou, qui fuyoit toute sorte d'engagemens, ne répondit à ce prince qu'en peu de paroles : malgré les complimens et les caresses du duc, il le quitta le plus tôt qu'il put. Le duc s'en plaignit à Schomberg, et quand celui-ci en parla à de Thou, ce dernier lui répondit que les bonnes grâces d'un si grand prince ne lui seroient pas seulement honorables, mais encore très-utiles et très-nécessaires dans la conjoncture présente, mais qu'il lui avouoit naturellement qu'il ne pouvoit approuver les différends continuels que le duc avoit avec Sa Majesté; qu'au reste, on ne voyoit autour du duc de Guise que tout ce qu'il y avoit de gens ruinés et de plus corrompus dans le royaume, et presque pas un honnête homme; que cette raison l'avoit obligé d'en user comme il avoit fait; que de l'humeur dont il étoit, il aimoit mieux vieillir dans une retraite honorable, que d'acheter un peu d'éclat par de si indignes liaisons.

Quand le duc de Guise apprit cette réponse, il dit qu'il avoit toujours fait son possible par ses soins et par ses bons offices pour gagner l'amitié des honnêtes gens; que toutes ses démarches ayant été inutiles (puisque plus il leur faisoit d'avances, plus ils sembloient s'éloigner de lui), il avoit été obligé, dans un temps où il avoit besoin d'amis, de recevoir ceux qui venoient s'offrir à lui de si bonne grâce.

Le clergé avoit fait choix de Renaud de Beaune, archevêque de Bourges, pour porter la parole dans les états : c'étoit un prélat qui n'étoit entré dans aucune faction, et dont l'esprit étoit opposé aux conseils violens. Comme on s'entretenoit sur la réforme qu'on devoit apporter au luxe qui s'étoit répandu partout avec tant de profusion, et qui depuis a été porté bien plus loin, il disoit que c'étoit à Paris que l'ancienne simplicité de nos pères avoit commencé à dégénérer. Il donnoit pour modèle d'une modération qu'on ne pouvoit trop recommander, la première présidente de Thou, qui, en qualité de femme du premier magistrat du parlement, auroit pu se servir, comme les principales dames de la Cour, d'une litière ou d'un carrosse, dont l'usage étoit encore fort rare en ce temps-là; que cependant cette dame n'alloit jamais par la ville qu'en croupe derrière un domestique, pour servir par sa

modestie de règle et d'exemple aux autres femmes.
Lorsque dans sa harangue il rappela en public, devant
le Roi et devant toute la Cour, le souvenir d'une frugalité si estimable, il se servit du même exemple, qu'on
retrancha tout entier de son discours lorsqu'il fut imprimé avec les autres qui avoient été prononcés dans
les états.

Il étoit vrai qu'il n'y avoit pas fort long-temps que
cette mode s'étoit introduite dans Paris. Jean de Laval-Boisdauphin, homme de qualité, a été le premier, sur
la fin du règne de François 1, qui se soit servi d'un carrosse, à cause de son embonpoint qui ne lui permettoit
pas de monter à cheval. Il n'y en avoit alors à la Cour
que deux, dont l'usage étoit venu d'Italie, l'un pour la
Reine, l'autre pour Diane, fille naturelle de Henri II.
Dans la ville, Christophe de Thou fut le premier qui
en eut un, après qu'il eut été nommé premier président; cependant il ne s'en servoit jamais, ni pour aller
au palais, ni pour aller au Louvre quand le Roi l'y
mandoit, car les magistrats gardoient encore religieusement cette louable coutume de n'aller jamais à la
Cour que par ordre du Roi. Sa femme en usoit de
même, et, comme on le vient de dire, n'alloit qu'en
croupe quand elle rendoit ses visites à ses parentes ou
à ses amies; l'un et l'autre ne se servoient de leur carrosse que pour aller à la campagne, ce qui fut cause
qu'on fut long-temps sans en voir à Paris. Le nombre
s'en est tellement multiplié depuis, qu'on peut dire
qu'il est aussi grand que celui des gondoles à Venise,
et cela sans distinction ni de qualité ni de rang. On
voit aujourd'hui les personnes du plus bas étage s'en
servir indifféremment comme les plus relevées.

De Thou, qui voyoit avec douleur que la patience de Sa Majesté ne produisoit que du mépris pour l'autorité royale, à mesure que la fin des états approchoit, résolut de retourner à Paris pour donner ordre, le mieux qu'il pourroit, aux affaires générales et aux siennes propres. Dans cette vue il alla prendre congé du Roi, et l'attendit dans un passage obscur qui conduisoit de la salle où il mangeoit dans un cabinet. Là ce prince lui tint la main pendant un temps considérable sans lui parler; cela fit croire à tout le monde qu'il lui avoit confié plusieurs secrets : cependant il le renvoya, sans lui rien dire autre chose sinon qu'il le chargeoit de voir le premier président son beau-frère, et de le prier de sa part de veiller à ses intérêts. Schomberg, qui étoit derrière, demanda à de Thou, en sortant, de quoi le Roi l'avoit entretenu si long-temps. De Thou lui répondit qu'à l'exception de quelques ordres obligeans dont Sa Majesté l'avoit chargé pour le premier président, le reste s'étoit passé dans un fort grand silence. Schomberg en fut étonné, et soupçonna que le dessein du Roi avoit été d'abord de lui donner d'autres ordres, mais que les réflexions que ce prince avoit faites dans le temps qu'il lui tenoit la main lui avoient fait changer d'avis. De Thou crut la même chose après ce qui arriva à Blois, et que le Roi, rempli de son projet, avoit eu d'abord envie de le charger d'instructions plus secrètes pour le premier président, mais qu'y faisant réflexion pendant ce profond silence, il avoit jugé plus sûr et plus à propos de renfermer son secret.

Il y avoit déjà long-temps que le duc de Guise tâchoit, par le moyen de ses émissaires et de Rossieux, de gagner les habitans d'Orléans pour se rendre maître de la citadelle. Dans cette vue il y avoit dépêché secrètement Trémont, pour être prêt à tout événement; Charles de Balzac de Dunes, qui y commandoit en l'absence de François d'Entragues son frère qui en étoit gouverneur, appréhendoit qu'on ne leur enlevât ce poste. Il y avoit plus d'un mois qu'il s'étoit aperçu des intrigues du duc de Guise; mais comme il n'espéroit pas de grands secours du côté du Roi, dont l'esprit paroissoit affoibli, il cherchoit de l'argent de tous les côtés, comme il pouvoit, pour se défendre des entreprises des habitans et des intelligences du duc; car le duc de Guise avoit prétendu, dans le traité honteux que le Roi fit avec lui, qu'Orléans lui avoit été cédé pour sa sûreté et pour celle de son parti.

De Dunes faisoit sur cela diverses réflexions, dont il s'étoit ouvert plusieurs fois à de Thou dans le temps qu'il étoit à Blois. Il étoit de ses amis; il le connoissoit ennemi de toute faction, et uniquement attaché au parti du Roi; ce qui l'obligea de lui faire part de l'embarras où il se trouvoit. Il lui dit qu'il voyoit toutes choses disposées pour l'assiéger dans sa citadelle; que la patience imprudente et excessive de Sa Majesté, et sa sécurité à contre-temps, ne permettoient, ni à son frère ni à lui, d'en attendre aucun secours; que les affaires étoient réduites à une telle extrémité, qu'il ne lui restoit d'autre ressource que ses propres forces pour se défendre des entreprises du duc; qu'il ne manquoit ni de courage ni d'amis; qu'il n'ignoroit pas non plus que tout l'avantage consistoit à prévenir son ennemi, mais qu'il appréhendoit, en prenant cette résolution, d'exposer au pillage une ville riche que son frère et lui vouloient conserver; que dans cette vue ils avoient trouvé un expédient et meilleur et plus sûr, qui étoit d'agrandir la citadelle, qui, dans l'état où elle étoit, ne pouvoit pas résister long-temps; que s'ils pouvoient y réussir, ils se rendroient maîtres de la ville et assureroient une retraite à tous les bons Français, aux serviteurs de Sa Majesté et à tous les vrais catholiques; qu'il arriveroit encore que le Roi, se voyant fortifié de leur secours, reprendroit sa première vigueur au lieu de se laisser abattre à sa mauvaise fortune, comme tous ses serviteurs le voyoient avec douleur; mais que pour cela il avoit besoin d'argent, pour maintenir la discipline parmi les soldats, et pour assembler un nombre suffisant de pionniers, afin d'achever l'ouvrage en peu de jours, sans craindre d'être insulté par les bourgeois; qu'il avoit des perles d'un grand prix qu'il engageroit volontiers pour avoir de l'argent; que c'étoit l'affaire commune de tous les bons citoyens; qu'ainsi il le prioit instamment de les exhorter en particulier à lui ouvrir leurs bourses dans une si juste occasion.

De Thou goûta ce projet, et, comme il étoit aimé du cardinal de Vendôme, ainsi qu'on l'a déjà remarqué, et qu'il le trouva alors fort piqué du peu de cas que les Guise et le cardinal de Bourbon son oncle, qui leur étoit dévoué, faisoient de lui, il n'eut pas de peine à lui persuader d'avoir toujours une somme d'argent prête, pour s'en servir à tout événement contre les suites dangereuses que pourroit avoir ce mépris: ainsi le cardinal lui donna pouvoir d'emprunter pour lui, lorsqu'il seroit à Paris, jusqu'à vingt mille écus, et lui promit d'employer cette somme aux fortifications de la citadelle d'Orléans, après que de Thou lui en eut fait confidence, suivant qu'il en étoit convenu avec Dunes.

Le lendemain que de Thou prit congé du Roi, il partit en poste avec Dunes pour Orléans, où ils arrivèrent le 18 décembre. Il y trouva Jean de Bourneuf de Cucé, qui avoit épousé Renée de Thou sa nièce. Il vint à Paris avec lui, et y chercha de l'argent de tous côtés; mais la nouvelle de la mort du duc de Guise fit évanouir son dessein et celui de Dunes.

Sur ces entrefaites, le Roi envoya à Orléans le maréchal d'Aumont et d'Entragues, avec des troupes réglées, pour s'assurer de la citadelle, et pour se rendre maîtres de la ville, s'il étoit possible. Dès que les Parisiens surent cette nouvelle, ils y firent marcher du secours. Cucé, qui fut averti du jour que devoit partir ce secours, et de la route qu'il devoit prendre, dépêcha en diligence au maréchal qui étoit dans la citadelle, et qui devoit assiéger la ville, à ce qu'on croyoit, pour l'informer de ce qui se passoit. Le valet qui portoit l'avis étoit le même qui avoit cherché, en présence de Dunes, des gants que Cucé avoit perdus dans la citadelle, et qu'on n'avoit pu retrouver : il eut ordre, si l'on ne le croyoit pas, d'en faire ressouvenir Dunes. Ce valet s'acquitta de sa commission exactement; Dunes, qui s'en défioit d'abord, fut persuadé de la vérité de l'avis par la circonstance des gants.

Là-dessus le maréchal fit marcher Philippe d'Angennes de Fargis, de la maison de Rambouillet, connu par son esprit, par sa valeur et par sa capacité, avec François de La Grange-Montigny. Comme ils avoient des troupes réglées, ayant rencontré cette nouvelle milice proche de Nemours, ils la mirent aisément en fuite, en désarmèrent plusieurs, et prirent leur poudre et leur bagage : une grande partie néanmoins gagna Orléans; car ils étoient plus de quinze cents hommes, qui, diminuant leur perte et faisant espérer aux habitans de plus grands secours, les portèrent par leur arrivée à continuer le siége de la citadelle.

Il n'y avoit pas plus de trois jours que de Thou étoit de retour de Blois à Paris. La veille de Noël, comme il se retiroit sur le soir dans sa maison, il apprit la mort du duc de Guise par le bruit qui s'en répandit dans toute la ville, et par l'émotion qu'y causa cette nouvelle. Comme il craignoit tout pour la vie de Sa Majesté, il crut d'abord que le Roi avoit été tué par les conjurés, et que c'étoit un faux bruit qu'on faisoit courir exprès, pour couvrir ce crime du spécieux prétexte d'une juste défense à laquelle ceux du parti du Roi auroient donné lieu.

La nuit ne fut pas plus tranquille; tout étoit plein dans les rues de gens qui alloient à la messe de minuit, et d'autres qui couroient en armes par la ville. Le matin comme de Thou fut revenu de l'église, et qu'il s'approcha d'un feu qui n'étoit pas encore bien allumé, il sortit un serpent d'un fagot mouillé qu'on avoit tiré d'un lieu exposé à la pluie, ou d'une cave. On le considéra long-temps, et l'on trouva qu'il avoit sept ou huit pouces de longueur; qu'il étoit d'une couleur brune et tannée; qu'il étoit marqueté de taches par tout le corps; qu'il avoit deux têtes, l'une à la place où elle devoit être naturellement, et l'autre à la place de la queue; qu'il se traînoit en rond également par les deux bouts; enfin qu'il étoit tel que Solin décrit l'amphisbène (1). On l'examina avec attention : quand il avoit fait un certain chemin on lui présentoit du feu pour lui faire changer de route; alors il se servoit pour se traîner de l'autre extrémité où devoit être sa queue, et où il y avoit une tête. De très-savans hommes n'ont pu comprendre comment cela se pouvoit faire, et les naturalistes ont observé qu'il est fort rare de voir en France et dans les pays occidentaux des serpens de cette espèce, qui ne sont communs qu'en Grèce, dans l'île de Lemnos, dans l'Asie Mineure et dans l'Afrique. C'est à eux de juger si ce que je viens de dire est naturel : on se contente de rapporter le fait. De Thou n'en parla alors à personne, de peur de donner matière à des esprits si fort portés à la superstition dans ce temps là, de tirer de cette espèce de prodige de dangereuses conjectures.

Son arrivée à Paris, si subite et si imprévue, fit soupçonner aux ligueurs qu'il avoit connoissance de ce qui devoit se passer à Blois, et qu'il n'étoit venu que pour fortifier le parti du Roi, et préparer ceux qui le suivoient à un si étrange événement. Ils délibérèrent souvent de quelle manière ils en useroient avec lui. Le nommé La Rue, dont on a déjà parlé, qui étoit attaché à la maison de Cany, mais qui étoit un scélérat, vint plusieurs fois chez lui pour voir insolemment qui y étoit, et s'il n'y avoit ni armes ni chevaux. De Thou fut fort tenté de le faire arrêter; mais il suivit le conseil de ses amis, et évita par sa patience, et en dissimulant malgré lui, le péril qui lui en pouvoit arriver.

Les factieux arrêtèrent en ce temps-là, contre toute apparence d'équité, Jean Obsopéius, qui avoit contri-

(1) *L'amphisbène* : serpent à deux têtes.

bué si utilement avec Nicolas Le Fèvre à la seconde édition des Commentaires de Muret sur Sénèque. Il s'occupoit alors à une collection des oracles des sibylles et des prédictions de Zoroastre, ou plutôt des pieux chrétiens qui se sont servis de leur nom. De Thou, qui avoit encore quelque crédit auprès des magistrats, lui procura la liberté à condition qu'il sortiroit de la ville. Comme il le vit résolu de passer en Allemagne, il lui confia un exemplaire de Zozime, qu'il avoit fait copier par Ulric Otlinger de Lauffenbourg, jeune Allemand d'un beau naturel qu'il entretenoit dans sa maison, et qui écrivoit correctement le grec et le latin. Cette copie fut faite sur le manuscrit que Jean Lewenclau avoit apporté de Constantinople, dans le temps qu'il y étoit à la suite de l'ambassadeur de l'Empereur. Lewenclau s'en étoit servi quelques années auparavant pour le traduire en latin : il l'avoit publié dans cette langue, avec les histoires de Procope et d'Agathias, corrigées sur la traduction de Christophe Personne.

Depuis, Lewenclau remit ce manuscrit en original à François Pithou, dans le temps qu'il étoit à Bâle, à condition que Pithou ne le feroit point imprimer sans l'en avertir. De Thou, à qui Pithou l'avoit confié, se ressouvint de la promesse qu'il avoit faite à Muret, quoique Muret fût déjà mort; et, sachant avec quel empressement un monument si rare étoit souhaité du public, il crut qu'il lui étoit permis de se servir de quelque détour honnête pour en enrichir la république des lettres. Il rendit à Pithou son manuscrit, et chargea Obsopéius de délivrer la copie qu'il en avoit tirée à Frédéric Sylburge, qui le fit imprimer deux ans après à Francfort par Véchel, avec d'autres auteurs grecs qui ont écrit l'histoire romaine, comme le dit Sylburge dans sa préface. De Thou eut bien de la peine à se conserver pour lui-même la liberté qu'il avoit procurée à Obsopéius. La Rue, dont on a parlé, ne l'ayant point trouvé chez lui, arrêta madame de Thou et la conduisit à la Bastille. Elle y resta toute la journée et bien avant dans la nuit; mais le duc d'Aumale l'en fit sortir à la recommandation de Bassompierre : pour lui, il se cachoit et changeoit de logis toutes les nuits; enfin il se retira chez les Cordeliers, à la prière de ses amis, qui appréhendoient pour sa liberté. Il fut caché dans ce couvent par le père Robert Chessé, prédicateur célèbre parmi le peuple, et qui étoit au commencement dans les intérêts du Roi, mais qui peu de temps après changea malheureusement de parti, et à la prise de Vendôme fut pendu la même année à cause de ses prédications séditieuses.

Alors tous les bons Français songèrent à se retirer de Paris, malgré la garde exacte que l'on faisoit aux portes. Les amis du président de Thou, qui savoient que sa vie et ses biens lui étoient moins chers que sa liberté, lui proposèrent plusieurs moyens de le tirer de cette espèce de captivité où il étoit; il ne pouvoit se résoudre d'abandonner sa femme, nouvellement sortie de prison, et qui lui étoit si chère; mais cette dame, déguisée en bourgeoise, se sauva sur une haquenée, et se retira à Chevreuse chez Pierre Brunet, qui avoit été maître-d'hôtel du premier président de Thou.

Pour lui, on résolut de le faire sortir en habit de cordelier lorsque ces pères iroient en procession à Saint-Jacques-du-Haut-Pas : mais comme il étoit à craindre que s'il étoit reconnu il ne fût exposé à la risée publique, et que cela ne fît tort au couvent, on jugea plus à propos de le déguiser en soldat pour tromper la garde.

Un nommé Fesson, qui étoit connu pour un bon joueur de paume, et qu'à cause de ce talent le cardinal de Guise avoit pris pour valet de chambre, le conduisit dans un faubourg : de Thou y trouva des chevaux qui l'attendoient. La destinée du pauvre Fesson fut aussi funeste que celle du père Chessé : deux ans après, comme il sortit de la ville dans le temps qu'elle étoit pressée par la famine, on l'arrêta au premier retranchement : il fut accusé d'avoir maltraité ceux qui tenoient le parti du Roi ; le maréchal d'Aumont prévenu, et qui ne le connoissoit point, le fit pendre sur-le-champ. De Thou, qui étoit malade alors d'une fièvre violente au château de Nantouillet, fut sensiblement touché de n'avoir pu sauver un homme qui lui avoit rendu un service si important.

LIVRE QUATRIÈME.

[1589] Lorsque les deux exilés se retrouvèrent à Chevreuse, ils se rappelèrent avec plaisir le péril qu'ils venoient d'éviter, et la manière dont ils avoient trompé la garde. Ils ne purent s'empêcher de rire, le mari de voir l'équipage de bourgeoise et le chaperon de sa femme, et la femme de voir l'attirail de guerre qu'avoit son mari. Dès le lendemain, vers le milieu de janvier, ils allèrent à Esclimont, où le chancelier de Cheverny s'étoit retiré : il les y reçut avec toutes les marques possibles d'amitié, et les y arrêta jusqu'au mois suivant. Ils trouvèrent chez lui Marie, leur sœur, abbesse des Clairets au Perche, qui venoit de recevoir ses bulles, mais qui n'avoit pas encore pris possession de son abbaye.

Là ils s'entretinrent souvent de l'état malheureux du royaume, de ce qui s'étoit passé à la Cour, et de tout ce que les ligueurs avoient écrit et publié depuis le commencement des troubles. De Thou, rempli de l'idée d'écrire l'histoire qu'il commença deux ans après, faisoit son possible pour apprendre du chancelier, dans des conversations familières, les particularités de ces mouvemens, dont ce magistrat avoit connoissance. Il le fit ressouvenir du mauvais présage qu'il avoit tiré des démêlés continuels du duc de Guise avec le Roi, qu'on a rapportés dans le livre précédent, et qu'il avoit entendu de sa bouche au mois de novembre dernier, dans le temps qu'il passa chez lui pour aller à Blois. A son retour à Paris, avant la mort des Guise, de Thou avoit fait confidence de cette prédiction à Edouard Molé, conseiller au parlement, qui étoit de ses amis, et qui, après ce qui arriva, ne pouvoit assez admirer la pénétration de Cheverny, qui avoit prévu, par de justes conjectures, une chose qui paroissoit si incertaine.

Comme l'abbesse des Clairets, le président et la présidente de Thou, virent que la fête de la Purification approchoit, ils prirent cette occasion pour se rendre à Chartres auprès de l'évêque leur oncle : ce prélat les reçut chez lui avec autant de joie qu'avoit fait le chancelier. Pendant le séjour qu'ils y firent les affaires changèrent bien de face; le duc de Mayenne prit la citadelle d'Orléans, la ville s'étant déjà déclarée en sa faveur : il marchoit à Paris d'un air de vainqueur, tandis que les royalistes étoient maltraités en tous lieux.

Théodore de Lignery, qui, pour plusieurs raisons, étoit des amis particuliers de M. de Thou, l'avertit que Chartres étoit sur le point de se déclarer pour la Ligue : ce qui obligea de Thou de prendre son parti sur-le-champ pour se mettre en sûreté. Schomberg, par sa prévoyance, lui fut d'un grand secours en cette occasion : pour tirer son ami du danger où il le croyoit exposé, il lui envoya une lettre écrite de la propre main de Christine de Lorraine, qui étoit prête à partir pour l'Italie afin de se rendre auprès de Ferdinand de Médicis, grand-duc de Toscane, auquel elle étoit fiancée. Cette princesse lui mandoit de se trouver sur sa route pour l'accompagner en Italie. En effet, comme les ligueurs pressoient le duc de Mayenne de le faire arrêter, de Thou lui fit voir cette lettre fort à propos pour se garantir de la prison.

Le colonel Dominique de Vic, brave et fidèle serviteur du Roi, étoit alors à Chartres, fort incommodé d'une blessure à la jambe qu'il avoit reçue à Chorges en Provence, où commandoit le duc d'Epernon. Il avoit long-temps gardé le lit dans l'espérance de se conserver la jambe; et à peine alors pouvoit-il monter sur une mule : comme les humeurs se jetoient sur cette partie, et de là se répandoient dans toute la masse du corps, il souffroit des douleurs continuelles qui le mettoient de plus en plus hors d'état de servir : ce qui fut beaucoup plus sensible que sa blessure même à un homme de son courage, dans un temps où la guerre étoit si fort allumée, et où le Roi avoit besoin de lui. De Thou jugea qu'il ne guériroit jamais qu'en se la faisant couper. De Vic y consentit à sa persuasion, recouvra ses forces et sa santé, et rendit depuis de grands services à Henri III, et de plus grands encore à son successeur.

De Thou, qui s'étoit préservé de la prison, envoya sa femme en Picardie prendre soin de leurs affaires domestiques, avec Henri d'Escoubleau, évêque de Maillezais, prélat de grand mérite et attaché au bon parti. Pour lui, il s'en alla, par Marchénoir et par Fréteval, à Blois, avec un passe-port du duc de Mayenne.

A peine y fut-il arrivé, que le Roi, malade et presque abandonné de tout le monde, lui fit dire de se rendre auprès de lui. Ce prince ne pouvoit se résoudre d'appeler le roi de Navarre à son secours; en vain Châteauvieux, Schomberg, d'O, Clermont, Balzac, du Plessis-Liancourt, Grimonville-Larchant, qui étoient avec lui dans le château, l'en avoient instamment sollicité : cela les obligea de prier de Thou de faire bien comprendre au Roi la nécessité pressante de se déterminer, nécessité qui augmentoit de jour en jour. Ils espéroient que les conseils d'un homme nouvellement arrivé à la Cour feroient une plus forte impression sur l'esprit de Sa Majesté.

De Thou fit connoître au Roi, par plusieurs raisons, que la situation déplorable où étoient les affaires ne permettoit plus à Sa Majesté de choisir; que tout le monde approuveroit que, dans une conjoncture si fâcheuse, il eût pris le meilleur parti, puisque c'étoit le plus sûr; qu'il falloit qu'il assemblât des troupes de tous côtés, et que sa cause seroit toujours bonne quand il seroit victorieux; que la noblesse, occupée chez elle à se défendre des insultes des villes voisines, se rendroit auprès de lui dès qu'elle le verroit à la tête d'une puissante armée; qu'elle n'étoit retenue que par l'abattement où elle le voyoit; qu'elle avoit autant de zèle que jamais pour son service; qu'elle en seroit toujours animée, pourvu qu'il ne s'abandonnât pas lui-même, et ne refusât pas un secours nécessaire que le roi de Navarre lui offroit si à propos. Le Roi fut ébranlé par ces raisons : ainsi Schomberg et de Thou, ayant fait venir secrètement du Plessis-Mornay, firent un traité avec lui pour le roi de Navarre son maître.

Le cardinal François Morosini, légat du Pape, prélat d'un esprit équitable et très-bien intentionné pour le Roi, auquel il avoit obligation du chapeau, étoit encore à la Cour. Il n'oublioit rien pour ménager quelque accommodement : dans cette vue il avoit envoyé au duc de Mayenne, lorsque ce prince étoit à

Château-Dun, pour lui demander une entrevue où il pût traiter avec lui. Il n'ignoroit pas ce qui se passoit avec du Plessis-Mornay; et lorsque Schomberg et de Thou l'allèrent trouver de la part de Sa Majesté, il ne put désapprouver en particulier une chose où la nécessité forçoit le Roi. Son caractère ne lui permettoit pas d'employer sa médiation avec d'autres qu'avec le duc de Mayenne; mais comme il n'en put rien obtenir, il se retira de la Cour contre son inclination, repassa en Italie, et laissa le royaume dans un grand désordre.

Pendant l'assemblée des états, de Thou l'avoit vu familièrement, et avoit lié avec lui une amitié fort étroite. Ce prélat l'avoit informé de plusieurs circonstances de sa dernière ambassade à Constantinople, où la république de Venise l'avoit envoyé; il lui avoit appris l'horrible méchanceté du gouverneur de Corfou, qui avoit traversé sa négociation, et avec quelle conduite et quels ménagemens il avoit ramené les esprits des bachas. De Thou en a parlé dans son Histoire : il lui dédia depuis, comme à un homme désintéressé et capable de calmer les troubles du royaume, la paraphrase en vers latins des Lamentations de Jérémie, qu'il fit en ce temps-là. Il cherchoit, en travaillant sur ce prophète, quelque consolation dans la calamité publique dont ce prélat étoit témoin. Il est certain que les funestes divisions qui depuis dix ans ont désolé ce royaume si florissant, et qui l'ont réduit à la dernière extrémité, auroient pu être terminées par le tour d'esprit de ce cardinal, par l'affection qu'il portoit à la France, et par l'autorité qu'il s'étoit acquise dans les deux partis, s'ils eussent été capables de connoître leurs véritables intérêts; mais Dieu ne permit pas qu'on employât un remède si favorable pour la guérison de nos maux. Les esprits étoient si échauffés, tant au dedans qu'au dehors du royaume, qu'à son retour à Rome on condamna sa modération, et qu'on le blâma de n'avoir pas plutôt allumé le feu de la révolte. On regardoit alors la douceur et la prudence comme des qualités hors de saison, et ceux qui par des talens si précieux auroient pu contribuer à l'union et à la paix, comme des gens dignes de la haine publique.

Après la funeste exécution de Blois, Henri de Bourbon, prince de Dombes, vint à la Cour, où son père l'envoya : c'étoit un jeune prince parfaitement bien élevé, et fort instruit dans les belles-lettres. De Thou lui fit sa cour, et lui présenta l'Ecclésiaste de Salomon, qu'il avoit traduit en vers latins, comme un gage de son affection respectueuse pour cette maison royale ; ce prince l'en remercia par un billet écrit de sa main, que de Thou fit imprimer depuis à la tête de sa traduction. Ce fut là l'origine de cette généreuse amitié dont ce prince l'honora jusqu'au dernier moment de sa vie : jamais il n'entreprit, ou ne fit rien d'important dans ses affaires de la plus grande conséquence, qu'il ne le communiquât auparavant à de Thou et qu'il ne lui en demandât son avis.

Comme on eut perdu toute espérance d'accommodement, le Roi quitta Blois et se rendit à Tours ; en chemin, il tira d'Amboise ceux qu'il avoit fait arrêter, pour les mettre dans un lieu plus sûr. On résolut d'établir un parlement à Tours, pour l'opposer à celui de la Ligue ; on vouloit, suivant l'ancien usage, y faire approuver les intentions de Sa Majesté, pour les faire savoir dans les provinces. Cet établissement n'étoit pas sans difficulté; il se trouvoit un nombre suffisant de conseillers et de maîtres des requêtes : on avoit un avocat général, qui étoit Jacques Faye d'Espesses, très-zélé défenseur des droits du Roi; mais on n'avoit point de présidens : quelques-uns étoient demeurés à Paris, d'autres avoient été mis en prison; le reste, pour se mettre en sûreté, s'étoit retiré dans des châteaux de leurs amis, en attendant qu'ils prissent conseil des événemens.

Il n'y avoit pas long-temps que le président Jean de La Guesle étoit mort au Laureau en Beauce, et sa charge n'étoit pas remplie. On assembla le conseil, où assistèrent le cardinal de Vendôme et François de Montholon, à qui le Roi venoit de donner les sceaux. D'Espesses, qui s'y trouva, fit connoître publiquement qu'il y avoit long-temps qu'il étoit résolu de ne plus faire les fonctions de sa charge; il ajouta qu'il étoit néanmoins prêt à les continuer, pourvu qu'on mît à leur tête un président qui, par son exemple, animât les conseillers à soutenir avec fermeté l'honneur de leur emploi. Lui et tous ceux du conseil convenoient que personne n'y étoit plus propre que de Thou. Ils dirent qu'il étoit d'une famille qui avoit donné des magistrats distingués et plusieurs conseillers au parlement, que son père et son grand-père avoient été présidens, qu'il étoit allié à plusieurs maisons illustres, et, ce qui méritoit le plus d'attention, qu'il avoit toujours suivi constamment le parti du Roi; qu'enfin cette dignité sembloit déjà lui appartenir, puisqu'il avoit eu l'agrément de celle de son oncle.

Comme cela se passoit en son absence et à son insu, un huissier vint aussitôt l'avertir de la part du Roi de se rendre au conseil. De Thou n'y fut pas plus tôt entré que le garde des sceaux lui fit entendre les intentions de Sa Majesté, que le cardinal de Vendôme appuya de très-vives exhortations. Il se défendit constamment d'accepter l'honneur qu'on lui proposoit, et, après avoir témoigné les sentimens de sa reconnoissance pour le Roi et pour ceux de son conseil qui avoient jeté les yeux sur lui pour remplir une place si honorable, il dit qu'il étoit vrai que la charge de président à mortier lui étoit destinée, mais que par un penchant naturel il avoit toujours fui les grands emplois ; que, soit qu'il y eût de la timidité ou quelque chose de singulier dans son esprit, il avoit toujours regardé avec frayeur ces places que les hommes recherchent avec tant d'ambition; qu'il s'étoit attendu de n'être que le dernier des présidens lorsqu'il seroit revêtu de cette dignité ; qu'il n'y avoit qu'une longue expérience qui pût donner à un premier président les qualités nécessaires; que tout homme de bien devoit plutôt souhaiter ces qualités que cette charge; que si on lui faisoit l'honneur de l'en croire digne, il étoit de son intérêt de ne pas tromper mal à propos la bonne opinion qu'on avoit de lui.

Comme dans un temps si fâcheux, lui ni d'Espesses ne vouloient point abandonner la patrie, il se fit alors entre eux un combat honorable de zèle et de modestie : l'un déféroit à l'autre; et, quoique le parlement eût besoin d'un chef pour y mettre l'ordre, il sembloit qu'après eux personne n'eût plus osé accepter une dignité dont, par une modération si glorieuse, ils se jugeoient incapables. Enfin de Thou l'emporta par ses prières et par le pouvoir qu'il avoit sur l'esprit de son ami, qui fut fait président à la place de La Guesle. La charge d'avocat général qu'avoit d'Espesses fut donnée, à la recommandation du cardinal de Vendôme, à Louis Servin, jeune homme fort savant et fort attaché aux intérêts de Sa Majesté.

Après une distinction si marquée de la part du Roi, de Thou pouvoit rester en France en sûreté et avec honneur; cependant il aima mieux accompagner Schomberg en Allemagne, et partager avec son ami les périls et les incommodités du voyage. Schomberg avoit eu ordre d'y lever dix mille chevaux et vingt mille hommes de pied. Dans l'embarras où il étoit de choisir son monde pour l'assister dans cet emploi, il avoit jeté les yeux sur de Thou, et l'avoit demandé pour l'envoyer négocier auprès de l'Empereur et des autres princes d'Allemagne, principalement auprès de nos alliés, qui devoient l'appuyer de leur crédit et fournir de l'argent pour la levée de ces troupes.

Mais l'exécution de ce voyage étoit difficile : comme il fut su par tout le royaume, les ligueurs dressèrent de tous côtés des embuscades pour l'empêcher ou pour le retarder. Ils vouloient fermer toutes les avenues du secours qu'attendoit le Roi, et ils se vantoient partout que, s'il n'en recevoit point des pays étrangers, il faudroit qu'il quittât honteusement le royaume avant quatre mois.

En effet, Schomberg, accompagné de Philibert de La Guiche, grand-maître de l'artillerie, et de Montigny, qui venoit d'être fait gouverneur de Berry, prit d'abord le chemin le plus court par Romorantin, par le comté de Charolais et par Langres, pour gagner les frontières; mais il eut avis qu'il y avoit plus avant un gros corps de troupes qui l'attendoit; ce qui l'obligea de revenir sur ses pas à Blois.

De là il dépêcha de Thou au Roi, qui étoit à Châtellerault, avec ordre de rendre compte à Sa Majesté du sujet de son retour, et de lui représenter que la seule voie qui lui étoit ouverte étoit les places du roi de Navarre; qu'il falloit changer d'avis selon les occurrences, et qu'en cette occasion le chemin le plus court étoit celui qui étoit le plus sûr; que dom Antoine, cet infortuné roi de Portugal, voulant se retirer en France, avoit failli d'être arrêté dans l'île de Susinio (1), sur les côtes de Bretagne, par les partisans de Philippe II; que ce prince n'avoit été en sûreté qu'à La Rochelle; que de là il avoit écrit à Sa Majesté qu'il n'avoit trouvé nulle part plus de fidélité que parmi les infidèles (c'est ainsi qu'il nommoit nos protestans); que s'ils étoient autrefois à craindre, il n'y avoit plus présentement que leurs places où le Roi et ses fidèles sujets pussent passer sans péril, puisque tout le reste étoit presque au pouvoir des séditieux.

Le Roi, qui venoit de recevoir les nouvelles de la défaite du duc d'Aumale près de Senlis, que Saveuse avoit été battu et tué par Coligny, que les Suisses que Harlay de Sancy amenoit en France par le lac de Genève marchoient partout victorieux, consentit aisément que Schomberg, qui s'étoit chargé de la conduite d'un si puissant secours, prît le chemin le plus long puisque c'étoit le plus sûr. Ainsi Schomberg passa par Saumur, par Loudun, par Thouars et par Niort, et gagna Saint-Jean-d'Angely, où il arriva heureusement avec quelques capitaines suisses.

On y avoit arrêté la princesse de Condé (2) après

(1) *Susinio*, ou Socinio. — (2) *La princesse de Condé*. On l'accusoit

la mort du prince son mari, de laquelle on parloit fort diversement. Comme Schomberg ni de Thou n'eurent pas la liberté de la voir, elle leur envoya la princesse Eléonore(¹) sa fille, et le fils posthume dont elle venoit d'accoucher, et elle leur recommanda vivement les intérêts de ces illustres orphelins. Les prières de cette mère captive ne lui furent pas inutiles; ils lui rendirent depuis, et à ses enfans, tous les services dont ils étoient capables, persuadés qu'il étoit absolument de l'intérêt du Roi d'en user ainsi : ce qui ne les empêcha pas d'essuyer bien des traverses, tant de la part des oncles de ces deux enfans que de la part du Roi lui-même.

Il avoit été résolu d'engager Elisabeth, reine d'Angleterre, à appuyer auprès des princes d'Allemagne les intérêts du Roi, de son argent et de son crédit. Cette commission faisoit une partie de l'ambassade de Schomberg. Comme il ne pouvoit s'en acquitter en personne, il résolut d'abord d'y envoyer de Thou : depuis, le jugeant plus nécessaire auprès de lui, il choisit en sa place Pierre de Mornay-Buhy, frère de du Plessis. Buhy vint prendre de Schomberg ses dernières instructions à Saint-Jean-d'Angely, d'où il partit pour La Rochelle, et de là pour l'Angleterre.

Pour Schomberg, il continua sa route par Jonsac et par Coutras, d'où, après avoir examiné le lieu où la dernière bataille s'étoit donnée, il vint à Montaigne en Périgord : c'est de là que Michel de Montaigne et sa famille tirent leur nom. Montaigne étoit alors à Bor-

faussement d'avoir fait empoisonner son mari. Son innocence fut prouvée par la suite.

(¹) *Eléonore*. Elle épousa depuis Philippe de Nassau, prince d'Orange.

deaux : sa femme, sœur de Pressac qui accompagnoit Schomberg, les reçut très-bien : Castillon sur la Dordogne n'en est pas loin. Cette ville soutint un long siége, pendant ces dernières guerres, contre le duc de Mayenne qui s'en rendit enfin le maître; mais Henri de La Tour, vicomte de Turenne, la reprit aussitôt sans beaucoup de peine, et s'en assura par une bonne garnison. C'est un lieu fameux dans toute la Gascogne. par la défaite de Talbot, arrivée l'an 1453, et c'étoit alors un passage sûr pour les royalistes.

De Montaigne on alla à Bergerac, et de là à Sainte-Foy, qui étoit gardé par Pierre de Chouppes, gentilhomme poitevin, officier brave et expérimenté. Chouppes entretint la compagnie de la bataille de Coutras, où il s'étoit trouvé dans l'armée du roi de Navarre, et où il avoit fort bien servi. Il leur fit voir la disposition du camp et l'ordre de bataille des deux armées pendant le combat; il en avoit fait faire un plan qu'il avoit chez lui : des drapeaux déchirés et en assez mauvais ordre lui servoient de tapisserie dans sa salle à manger. Schomberg, pour qui il avoit de la considération, obtint de lui, sans beaucoup de peine, de faire ôter les marques d'un si funeste combat.

Schomberg passa de là à Montflanquin en Agénois, et, traversant la rivière à Nérac, puis à Leitoure, il vint à Mauvesin et à Montfort dans l'Armagnac. Guillaume de Saluste du Bartas [1], encore fort jeune, et

---

[1] *Guillaume de Saluste du Bartas.* Il étoit protestant, et rendit beaucoup de services au roi de Navarre, soit à la guerre, soit dans les ambassades. Sa première Semaine contient *la Création*, la seconde une partie des histoires de l'ancien Testament. Cet ouvrage eut, en moins de six ans, trente éditions. Il fut traduit en latin, en italien et en es-

auteur des *deux Semaines,* les y vint trouver en armes avec ses vassaux, et leur offrit ses services. Il étoit surprenant qu'à son âge, et dans son pays, sans autre secours que celui de la nature, qui lui avoit donné un talent particulier pour la poésie et un esprit fort juste, il eût composé un si bel ouvrage. Aussi il souhaitoit avec passion de voir la fin de nos guerres civiles pour le corriger, et pour venir à Paris le faire réimprimer, principalement sa première Semaine, qui avoit été reçue avec tant d'applaudissemens. Ce fut ce qu'il confirma plusieurs fois à de Thou pendant trois jours qu'il les accompagna; ce qu'on remarque exprès, afin que les critiques, comme il s'en trouve toujours, sachent qu'il n'ignoroit pas qu'il y eût des fautes dans son poème, mais qu'il étoit dans le dessein de les corriger par l'avis de ses amis. Sa mort ne lui permit ni de voir la fin de nos malheureuses guerres, ni de mettre la dernière main à ce merveilleux ouvrage.

On vint ensuite à l'Ile-en-Jourdain, et de là au Mas de Verdun, où l'on passa la Garonne pour éviter le voisinage de Toulouse ; puis on prit par le Quercy, d'où Schomberg se rendit à Montauban sur le Tarn. Ce fut là que Prégent de La Fin, vidame de Chartres, jeune seigneur également brave et bien fait, le vint joindre avec un corps de troupes choisies, et le conduisit par Négrepelisse à Saint-Antonin, à l'entrée du Rouergue: alors, comme on eut espérance de marcher plus com-

---

pagnol. Du Bartas avoit tous les défauts de Ronsard. La Harpe remarque cependant que quelques-uns de ses vers ont de la précision et de l'énergie. Du Bartas mourut en 1590, quatre mois après la bataille d'Ivry, à laquelle il s'étoit trouvé, et qu'il avoit chantée. Il étoit âgé de quarante-six ans.

modément et plus vite par les plaines, on passa le Tarn pour se rendre à Villemur. Dans cet endroit on prit conseil de Louis d'Amboise, comte d'Aubigeoux, qui avoit son château de Groslé dans le voisinage : de là l'on vint à Millac, château qui appartient à François de Casillac de Sessac, qui y reçut Schomberg avec de grandes marques d'amitié.

Sessac avoit été bon courtisan et bon officier : dans sa jeunesse il s'étoit attaché à messieurs de Guise, et leur avoit rendu de grands services; mais depuis qu'on l'eut fait chevalier de l'Ordre il ne s'étoit engagé dans aucune faction. Toute la noblesse du pays lui faisoit la cour; il l'avertissoit librement de se rendre sage par son exemple; qu'il n'avoit rien négligé pour s'attirer l'amitié de plusieurs princes; qu'il n'en avoit jamais trouvé de plus sûre ni de plus avantageuse que celle du Roi; que s'il lui envoyoit un chien galeux, il lui céderoit son propre lit; ce qu'il disoit exprès, sachant que quelques-uns de ceux qui le venoient voir trouvoient mauvais en particulier qu'il reçût si bien chez lui ceux qui suivoient le parti de Sa Majesté.

Il y avoit dans son voisinage un jeune gentilhomme nommé Louis de Voisins d'Ambres, d'une noblesse distinguée du pays : il étoit fort proche parent du comte d'Aubigeoux et le sien. Comme jusqu'alors il avoit fait une rude guerre aux protestans, il étoit à craindre que, la cause du Roi se trouvant confondue avec la leur, il ne les traitât également, d'autant plus qu'il étoit maître de Lavaur, de Saint-Papoul et d'Albi, d'où il faisoit continuellement des courses de tous côtés. Sessac n'en pouvoit répondre, et dit à Schomberg que, puisqu'il étoit venu si avant, il lui conseilloit de laisser à droite les plaines de Languedoc et de prendre à gauche par les montagnes ; que ce chemin étoit le plus rude, mais que c'étoit le plus sûr.

Quand ils l'eurent quitté, le premier lieu qu'ils trouvèrent fut Villefranche de Rouergue, où Bournazel, gouverneur de la province, attendoit Schomberg. On y arriva fort avant dans la nuit, parce qu'on fut souvent obligé de s'arrêter pour faire ferrer les chevaux. De là, en rebroussant chemin, on vint par le château de Bournazel à Figeac, et de là à Calvinet, la seule place d'Auvergne qui fût occupée par les protestans. Mesillac, comte de Restignac, y vint trouver Schomberg avec de bonnes troupes, et le conduisit le lendemain à Mur-de-Barrez.

Les Cevennes, qui commencent dans le Périgord, bornent, par une longue chaîne de montagnes, le Limousin au nord, le Quercy et le Rouergue au sud, plus loin l'Auvergne et le Velay, d'où descendant du côté du midi vers le Rhône, elles comprennent le Gévaudan au couchant, et le Vivarais au levant ; là, elles sont les plus hautes et les plus impraticables ; elles continuent de porter leur nom, et descendent par une plus douce pente jusqu'à Alais.

De Mur-de-Barrez le comte de Restignac conduisit les envoyés de Sa Majesté jusqu'à la vue de Maruéje, qui est le seul lieu où il y ait justice royale dans le Gévaudan.

Sitôt qu'il crut les avoir mis en sûreté il les quitta. Maruéje avoit été depuis peu ruinée par les troupes du Roi, ou plutôt par l'animosité particulière d'Antoine de La Tour de Saint-Vidal. Il n'y étoit demeuré d'entier, du côté du levant, qu'une fontaine avec son bassin et son piédestal, et de celui du couchant, une seule rue; le reste n'étoit qu'une solitude et qu'un amas confus de maisons renversées. Cette rue n'étoit pas mal peuplée,.et ce fut là qu'on fit rafraîchir les chevaux : La Peire, qui est à droite sur une hauteur, et qui fut ruinée dans l'expédition du duc de Joyeuse, n'en est pas loin. On jugea à propos de pousser de là jusqu'à Chanac, qui est un bourg fort peuplé, comme le sont tous ceux de ce pays-là : on y voit le palais de l'évêque de Mende, avec le cabinet de Durand (¹) surnommé le Spéculateur. On coucha dans ce bourg, et le lendemain on se rendit à Mende; Adam Heurteloup, évêque et comte de Gévaudan, avoit eu cet évêché depuis Renaud de Beaune, dont nous avons parlé. Il reçut Schomberg, de Thou et toute leur suite, avec autant de cordialité que de magnificence.

Ce prélat étoit d'une grande exactitude pour tout ce qui regardoit son ministère; d'ailleurs d'une fidélité inviolable pour le service du Roi et pour tous ceux qui suivoient le parti de Sa Majesté. Dans le premier repas qu'il leur donna on remarqua, avec quelque surprise, qu'on ne servoit aucune pièce de gibier ou de volaille à qui il ne manquât ou la tête, ou l'aîle, ou la cuisse, ou quelque autre partie; ce qui lui fit dire agréablement qu'il falloit le pardonner à la gourmandise de son pourvoyeur, qui goûtoit toujours le premier de ce qu'il apportoit. Comme ses hôtes lui demandèrent qui étoit ce pourvoyeur, il leur dit :

« Dans ce pays de montagnes, qui sont des plus ri-

(¹) *Le cabinet de Durand.* Guillaume Durand, évêque de Mende, dans le treizième siècle. Il fut nommé le Spéculateur, parce qu'il avoit composé un ouvrage intitulé : *Speculum juris.*

ches du royaume par leur fertilité, les aigles ont coutume de faire leur aire dans le creux de quelque roche inaccessible où l'on peut à |peine atteindre avec des échelles ou des grappins. Sitôt que les bergers s'en sont aperçus, ils bâtissent au pied de la roche une petite loge qui les met à couvert de la furie de ces dangereux oiseaux, lorsqu'ils apportent leur proie à leurs petits. Le mâle ne les abandonne point pendant trois mois, non plus que la femelle, tant que l'aiglon n'a pas la force de voler : la femelle ne s'accouple point alors avec le mâle. Pendant ce temps-là ils vont tous deux à la petite guerre dans tout le pays d'alentour; ils enlèvent des chapons, des poules, des canards et tout ce qu'ils trouvent dans les basses-cours, quelquefois même des agneaux, des chevreaux, jusqu'à des cochons de lait, qu'ils portent à leurs petits. Mais leur meilleure chasse se fait à la campagne, où ils prennent des faisans, des perdrix, des gelinotes de bois, des canards sauvages, des lièvres et des chevreuils.

« Dans le moment que les bergers voient que le père et la mère sont sortis, ils grimpent vite sur la roche, et en apportent ce que ces aigles ont apporté à leurs petits; ils laissent à la place les entrailles de quelques animaux; mais comme ils ne le peuvent faire si promptement que les aiglons n'en aient déjà mangé une partie, cela est cause que vous voyez ce qu'on vous sert ainsi mutilé, mais, en récompense, d'un goût beaucoup au-dessus de tout ce qui se vend au marché. Il ajouta que lorsque l'aiglon est assez fort pour s'envoler, ce qui n'arrive que tard parce qu'on l'a privé de sa nourriture, les bergers l'enchaînent, afin que le père et la mère continuent à lui apporter de leur chasse, jusqu'à ce que le père le premier et la mère ensuite s'étant accouplés, l'oublient entièrement; alors les bergers le laissent là, ou l'apportent chez eux par pitié. »

Effectivement la table de l'évêque étoit fournie par de pareils pourvoyeurs, même par des vautours, qui sont des oiseaux carnassiers plus grands que les aigles, mais qui ont la tête de côté, et qui ne vivent que de cadavres et de carnage. De Thou eut la curiosité de voir ces aigles de près; il monta par un chemin très-difficile auprès d'une aire dont l'aiglon étoit enchaîné. La mère ne tarda pas d'y arriver, les ailes si étendues qu'elle leur déroba presque la lumière : elle apportoit un faisan à son petit, et retourna aussitôt à la chasse. De Thou et ceux qui l'accompagnoient s'étoient cachés dans une petite loge pour éviter sa furie; les paysans l'avoient averti que, faute de prendre cette précaution, ces dangereux animaux avoient déchiré des jeunes gens qui cherchoient des aires. L'évêque les assura qu'il ne falloit presque que trois ou quatre de ces aires pour entretenir sa table splendidement pendant toute l'année.

Ils séjournèrent chez lui pendant trois jours, et de là ils allèrent à Villefort par le plus rude chemin des Cevennes, d'où, ayant laissé Florac et Anduse à droite, ils descendirent par une plaine à Alais, lieu très-agréable, mais un peu ruiné par la guerre. Enfin ils gagnèrent Uzès, où Schomberg fut obligé de garder le lit pendant quelque temps; comme il étoit fort replet, il étoit fatigué du chemin qu'il avoit été contraint de faire à pied, contre sa coutume, dans les chemins rudes et dangereux de ces montagnes. A Uzès, de Thou fut informé des ravages qu'un nommé Mathieu Merle [1], fils d'un cardeur de laine, fit pendant nos guerres civiles dans l'évêché de Mende et dans tout le Gévaudan : comme il les apprit de la propre bouche du frère de ce Mathieu Merle, qui venoit souvent voir Schomberg, il en a fait mention dans l'histoire qu'il nous a donnée.

Pendant que Schomberg étoit au lit, il envoya demander à Henri de Montmorency, gouverneur de la province, quelle route il devoit prendre; mais dans le même temps il reçut de nouveaux ordres du Roi. Ce prince lui mandoit que, puisque les troupes étrangères que Sancy lui avoit amenées lui étoient si utiles, il étoit nécessaire d'en lever davantage; que, pour cet effet, comme il ne pouvoit tirer de l'argent que de l'Italie, il lui ordonnoit d'y passer, puisqu'il en étoit si proche; que, devant que d'aller en Allemagne, il tirât de Florence et de Venise tout l'argent qu'il pourroit.

Les officiers suisses qui accompagnoient Schomberg avoient envie de retourner chez eux par la Savoie et par la Bresse, qui étoit leur plus court chemin. Pour les contenter et les payer, Schomberg dépêcha de Thou avec Antoine Moret des Reaux, qui étoit avec eux de la part du roi de Navarre, pour aller emprunter de l'argent à François Bonne de Lesdiguières. Des Reaux et de Thou prirent leur route par Montelimart, par Crest, par Die, et arrivèrent à Puymore. Ils y trouvèrent Lesdiguières occupé au siége de Gap, qui lui fut enfin rendu par le vicomte de Pasgnières. Lesdiguières lui prêta deux mille écus d'or; de Thou les ayant reçus prit une autre route : il passa

---

[1] *Math. Merle.* Les Mémoires de ce capitaine font partie de cette série.

par Saint-Paul-Trois-Châteaux, par Moirs, par Grignan, et, laissant Suze à gauche, il se rendit au Pont-Saint-Esprit, ainsi nommé à cause de son pont admirable sur le Rhône. Schomberg, qui étoit remis de ses fatigues, les y attendoit.

S'étant tous rejoints, ils passèrent le Rhône et vinrent à Orange, où ils furent reçus magnifiquement par Hector de La Forêt de Blacons, gouverneur de la citadelle. Schomberg y congédia les officiers suisses et les paya : de là, passant près d'Avignon, il vint à Barbantanes, et logea dans le château de Mondragon, dont le seigneur le reçut fort poliment, et lui donna à souper avec Bernard Nogaret de La Valette.

La Valette avoit sommé Château-Renard, qui est dans le voisinage; sur le refus que la place fit de se rendre il fit amener du canon, la prit le lendemain, et en fit pendre le gouverneur. Après cette expédition, il accompagna Schomberg jusqu'à Cavaillon, ville du Comtat Venaissin, sur la Durance. L'évêque du lieu les y reçut avec de grandes marques d'amitié, et les régala : alors La Valette les quitta, et leur donna le marquis d'Oraison pour les escorter.

Ils allèrent dîner à Merindol, où d'abord, comme leur avoit dit d'Oraison, ils ne trouvèrent personne. A l'aspect de gens en armes tous les habitans s'enfuirent dans des cavernes; mais comme ils surent que c'étoit d'Oraison, dont ils n'avoient rien à craindre, ils revinrent sur leurs pas dans le moment. D'Oraison leur dit de ces peuples à peu près ce qu'en rapporte J. Sleidan, qui avoit été au service de Guillaume du Bellay-Langey, ou plutôt de Jean, cardinal du Bellay, son frère; que c'étoient des gens simples, fidèles dans leur négoce, soumis aux magistrats, bienfaisans à tout le monde, et sans aucune malice; qu'ils payoient exactement les tributs qu'ils devoient au Roi ou à leurs seigneurs particuliers; que, pour conserver leur religion, ils ne se marioient jamais que parmi eux; qu'ils observoient religieusement les mêmes coutumes qu'ils avoient reçues des Vaudois et des Albigeois, qu'on avoit si fort persécutés; que c'étoient là les restes de ces peuples qui se conservoient encore à Leurmarin, à Cabrières et dans les vallées des Alpes; que ceux-ci étoient du diocèse de l'évêque de Marseille, auquel ils payoient ses droits régulièrement : toutes choses que d'Oraison n'avoit point apprises de Sleidan, qu'il n'avoit jamais lu, mais du bruit commun de toute la province.

Le même jour d'Oraison les mena coucher à son château de Cadenet, où il faisoit sa principale demeure. Le lendemain ils allèrent à Manosque, qui est une commanderie de l'ordre de Malte : de là ils traversèrent la Durance et vinrent à Riez. Fauste, qui en fut évêque dans le quatrième siècle, a rendu cette ville célèbre. L'église est hors de la ville et sur une hauteur qui la commande : les troupes et les munitions qu'on y mit dans nos dernières guerres l'avoient profanée. La plupart de la noblesse du pays fait son séjour dans cette ville, entre autres Tournon de Castellane, père d'une belle et nombreuse famille, et qui reçut Schomberg dans sa maison.

Enfin, après avoir passé par Draguignan, qui étoit occupé par le baron des Arcs, on arriva en deux jours à Fréjus, où il fallut en attendre trois pour mettre les tartanes en état. Tout étant prêt, Schomberg se rendit à Saint-Rapheau : l'on y voit encore une moitié d'amphithéâtre presque ruiné, et c'est en ce lieu qu'abordent ordinairement les vaisseaux. Là, Schomberg se défit de ses chevaux, et, sur le soir du premier jour d'août, il fit voile avec toute sa suite. Il eut le vent si favorable, qu'ayant passé l'île de Lérins et Antibes, le matin il découvrit Nice à l'embouchure du Var, et, sans aucune incommodité, il arriva à Monaco sur le midi.

Il n'en fut pas de même de Jacques de Thou : toute la nuit il eut une furieuse nausée, qui, après lui avoir fait faire des efforts extraordinaires, lui laissa une si grande altération, qu'ayant bu de l'eau pour l'apaiser il se fit beaucoup de mal à l'estomac. Du vin de Corse qu'il prit le soulagea, et lui donna assez de force et de vigueur pour suivre Schomberg et pour gagner avec lui la ville de Gênes, où ils arrivèrent tous deux en bonne santé.

La république les reçut avec une grande distinction, malgré les plaintes des Espagnols. Des députés du sénat vinrent au-devant d'eux les complimenter sur leur heureuse arrivée, et leur témoigner les dispositions favorables qu'ils avoient dans le cœur pour le service du Roi et pour tous ceux qui venoient de sa part. Toute la ville étoit dans les mêmes sentimens, et faisoit des vœux pour Sa Majesté au préjudice des rebelles. Il arriva même qu'une galère de Marseille, qui, quelque temps auparavant, étoit venue dans le port sans la bannière de France, pensa être coulée à fond par le peuple. Les Marseillais, pour éviter leur perte, ne trouvèrent point d'autre ressource que de réclamer le nom du Roi, ce qui seul apaisa la sédition.

De Thou visita Gênes pendant quatre jours avec beaucoup plus d'attention qu'il n'avoit fait dans le temps qu'il y vint la première fois avec Paul de Foix; mais, comme durant les grandes chaleurs du pays il voulut boire à la neige, sans en trop examiner les conséquences, il affoiblit son estomac, qui n'étoit pas bien remis des fatigues de la mer, et fut pris d'une fièvre lente, accompagnée de lassitudes et d'inquiétudes par tout le corps.

Dans ce temps-là Schomberg le quitta, et voulut aller à Florence *incognito*, pour s'assurer de l'argent qu'on lui avoit promis, et en tirer davantage s'il pouvoit. Il chargea de Thou d'aller droit à Venise, et de prendre de certaines mesures avec André Hurault de Meisse, ambassadeur de Sa Majesté; il lui donna ensuite rendez-vous dans un lieu qu'il lui marqua et où il devoit l'attendre. On ne savoit point encore en Italie le détestable parricide commis en la personne du roi Henri III. De Thou, qui l'ignoroit aussi, passa l'Apennin et vint à Tortone : il vit Christine de Danemarck, mère de Charles, duc de Lorraine, qui avoit eu cette ville pour son douaire. Il en partit aussitôt et se rendit à Plaisance, pouvant à peine se tenir à cheval : il y séjourna un jour pour se reposer. Heureusement, comme il ne pouvoit plus supporter la fatigue du cheval, il eut la commodité de descendre le Pô, et de se rendre par eau à Venise.

Il y arriva le 14 d'août, le jour même qu'un courrier parti de Milan avoit répandu dans la ville la nouvelle de la mort du Roi. Comme il venoit d'un lieu suspect on n'y ajouta pas beaucoup de foi. Trois jours après il en arriva un autre qui confirma cette fâcheuse nouvelle, mais qui convertit la consternation générale en une joie inespérée : il fit savoir en même temps que l'armée de France et toute la noblesse avoient reconnu le roi de Navarre.

Sur cette nouvelle, Marc-Antoine Barbaro, procurateur de Saint-Marc, se rendit au sénat, et y proposa d'envoyer au nouveau Roi une célèbre ambassade pour le féliciter sur son avénement à la couronne. Voici les principales raisons de son avis : Que la république avoit un fort grand intérêt qu'il y eût en France un roi reconnu et certain, qui, par sa puissance, conservât entre les princes chrétiens cet équilibre nécessaire qui sert de règle à la prudence de ses conseils; qu'il ne pouvoit y en avoir d'autre que celui qu'une succession légitime appeloit à la couronne; que si son droit à la succession recevoit quelque difficulté, et si elle dépendoit du suffrage de ses peuples, les grands et cette brave et nombreuse noblesse qui en font la force et l'appui, avoient seuls le droit de se choisir un roi; que le sénat étoit informé que le roi de Navarre avoit pour lui et le droit à la succession et le consentement de la noblesse, qui, malgré les soupçons qu'on avoit toujours eus de son trop de confiance et de sa légèreté, avoit donné des marques admirables de sa sagesse en cette occasion ; qu'au reste le sénat ne pouvoit rien espérer que d'avantageux d'un si grand prince, dont la vertu mériteroit une couronne, quand sa naissance la lui refuseroit. C'est ainsi que ce sage sénat délibéra dans cette conjoncture.

Le cardinal de Joyeuse étoit alors à Venise, et logeoit au palais Saint-Georges, qui lui avoit été assigné par la république; il avoit auprès de lui Arnaud d'Ossat, ami particulier de M. de Thou. Le cardinal avoit choisi cette retraite après la bulle précipitée de Sixte v contre Henri III, et vouloit au moins par son absence défendre l'honneur de son souverain et la majesté de nos rois flétrie par cette bulle. Par là il donnoit aussi des marques publiques de sa reconnoissance pour un prince libéral qui l'avoit comblé de tant de bienfaits. De Thou ne le quittoit guère, et ils entendoient presque tous les jours ensemble la messe du père Ange de Joyeuse son frère, au couvent des Capucins de Saint-Roch, où ce père étoit en ce temps-là.

Le cardinal ne doutoit point que le roi de Navarre, justement irrité du détestable parricide du Roi, ne marchât droit à Paris, et qu'il ne s'en rendît le maître: ce qui lui paroissoit d'autant plus aisé que ce terrible coup devoit avoir étourdi ceux qui en étoient complices, et divisé les esprits de cette grande ville; que la noblesse étoit animée du désir de la vengeance, et le soldat de l'espérance du pillage. Rempli de cette idée, il s'imaginoit déjà entendre les cris des enfans, les plaintes des vieillards et les gémissemens des femmes; il croyoit déjà voir le soldat furieux courir de tous côtés l'épée à la main, mettre tout à feu et à sang, commettre, en un mot, toutes les cruautés qu'on exerce dans une ville prise d'assaut.

Comme les troubles de sa patrie l'empêchoient d'y demeurer, il se plaignoit d'être contraint par la fortune de retourner dans un pays d'où il avoit été obligé de sortir du vivant du Roi son maître. Il disoit cependant qu'il ne pouvoit demeurer ailleurs; que puisqu'il ne vouloit pas retourner en France, et qu'il n'avoit aucun engagement avec Henri IV, qui n'étoit pas reconnu à Rome et dans une grande partie de l'Europe, il se tiendroit à Rome comme dans un port assuré où il pourroit attendre la fin de la tempête et le calme des esprits; que là il se détermineroit plus sûrement sur le parti qu'il devoit prendre.

Ce prélat n'étoit engagé dans aucune faction, et ne s'y engagea jamais. On peut dire que la conduite qu'il tint depuis fut plutôt un effet de la dignité qu'il avoit à soutenir, que de son inclination. Comme il s'étoit servi de sa prudence pour s'accommoder au temps, il se servit aussi de son équité dès que l'occasion s'en présenta. Il quitta tout engagement, et s'attacha uniquement aux intérêts du Roi et de sa patrie; ce qu'il fit si à propos et avec tant de zèle, que, lorsqu'il revint à la Cour, il n'y eut point d'affaires de conséquence que le Roi ne lui communiquât : même, depuis la mort déplorable de ce prince, il s'employa avec tant de désintéressement à réconcilier les grands seigneurs, qui étoient presque tous ses parens, qu'il devint le médiateur de leur réunion, et l'arbitre de leurs différends.

Il retourna donc à Rome avec d'Ossat. Avant leur départ, d'Ossat étoit venu plusieurs fois voir de Thou, et s'étoit entretenu familièrement avec lui sur les affaires de France; ce fut au sujet de ces entretiens que de Thou lui dédia le poème suivant, qu'il acheva le 24 de septembre, et qui fut imprimée depuis à Tours avec la même date, mais sans le nom de celui auquel il étoit adressé.

Il eût peut-être été à propos de le rapporter ici tout entier, parce qu'il est devenu fort rare, et qu'il contient des faits de conséquence pour l'histoire de ce temps-là; mais la juste douleur des troubles passés, qui pouvoit alors en faire excuser la liberté, même dans l'esprit des plus malintentionnés, pourroit irriter aujourd'hui certaines personnes, que l'intérêt public, plus que celui de Jacques de Thou, porte à ménager, à cause du long intervalle qui s'est écoulé depuis les troubles. On n'en mettra donc ici que le commencement et la fin.

A MONSIEUR D'OSSAT.

Siècle infâme et rempli de monstres exécrables,
As-tu pu mettre au jour des Français si coupables!
Que peut-il donc rester pour combler leur fureur,
Pour être à l'univers des spectacles d'horreur,
Si ces séditieux font gloire de leur crime,
Après le sang versé de leur roi légitime,
Prévenus d'une erreur contraire à tous les droits,
Qu'on peut empoisonner et poignarder les rois?

D'Ossat, mon cher d'Ossat, ami tendre et fidèle,
Nous qui pour la patrie avons le même zèle,
Nous dont le cœur est pur, et saine la raison,
Parlons en liberté de cette trahison.
Nous voici dans Venise, où, loin du sot vulgaire,
On peut s'entretenir sans peur de lui déplaire.
Qui l'eût jamais pensé, de notre nation,
Qu'un peuple si connu par son affection,
Par sa fidélité pour ses rois si certaine,
Ait immolé son prince à sa cruelle haine;
Que cette haine encor dure après son trépas?
Après tant de fureur que ne croira-t-on pas!

Français dénaturés, s'il est permis encore
De vous donner un nom que l'univers honore,

De quoi vous a servi cet horrible attentat,
Qu'à rallumer la guerre et renverser l'Etat?
Ces troubles que permet la justice divine,
Ne se termineront que par votre ruine;
Et vous reconnoîtrez, aux plus rudes fléaux,
Que la rebellion est le plus grand des maux.

Quoi! si vous aviez peur du joug de l'hérétique,
Pourquoi ne pas aimer un roi si catholique?
Un roi dont la vertu digne de ses aïeux,
Dont le zèle et la foi, etc.

Il y avoit de suite environ deux cents vers dont l'auteur est bien aise qu'on ne se souvienne plus. Puis, s'adressant à Henri IV, il ajoute :

Prince envoyé du Ciel à l'Etat abattu,
Qui pourroit dignement célébrer ta vertu?
La prudente Venise admire ton courage,
Et déjà le sénat t'a donné son suffrage;
Malgré tes ennemis et leurs lâches complots,
La Brente en ta faveur fait murmurer ses flots;
Et sur le lac de Garde on voit les dieux de l'onde
T'appeler par ton nom à l'empire du monde.

C'est en vain que Milan redouble ses efforts,
En vain le fier Ibère épuise ses trésors,
Pour armer contre toi le reste de la terre :
Ta valeur va fixer le destin de la guerre;
Tel est l'arrêt du Ciel, et ce qu'a dit de toi
L'oracle de Venise après la mort du Roi.

Voyant de ton parti tout ce conseil de sages,
Les Français abattus relèvent leurs courages;
Un lâche assassinat les avoit consternés :
Ils couroient dans Venise éperdus, étonnés,
Déplorant les malheurs de leur chère patrie,
Et l'opprobre éternel dont elle s'est flétrie.

Pour nous, mon cher d'Ossat, pleins du plus doux espoir,
La piété du prince a dû nous faire voir

Que le Ciel soutenant les droits de sa naissance,
Il nous rendra la paix et l'honneur à la France.
Tu veux aller à Rome, où hâtant ton retour,
Tu verras le parti que prendra cette Cour.

Ce digne cardinal, qui veille à nos affaires,
Veut toujours écouter tes avis salutaires.
Moi je vais traverser par des pays affreux,
Pour revoir ma patrie et nos champs malheureux,
Où triomphe à grand bruit la Discorde cruelle,
Même après son trépas au Roi toujours fidéle.

Je veux de mille pleurs arroser son tombeau;
En vain un peuple ingrat, et qui fut son bourreau,
Menace l'innocence et répand des blasphêmes;
En vain ces fiers Titans attaquent les Dieux mêmes,
Recommencent la guerre à leur confusion.
Je crains peu leur menace et leur vaine union.

Quiconque a comme moi la conscience pure,
Se fie en sa vertu, quelques maux qu'il endure;
Son honneur le conduit au milieu des hasards,
Et sa fidélité l'armant de toutes parts,
Il souffre avec plaisir d'une troupe rebelle,
S'il peut donner au moins quelques marques de zèle.

Après le départ du cardinal de Joyeuse et de d'Ossat, de Thou voulut voir Padoue, et jouir pendant quelques jours des charmes de la conversation de Jean Vincent Pinelli, qu'il n'avoit point vu depuis seize ans. Durant son séjour tranquille en cette ville, il visita souvent la belle bibliothèque que cet homme de lettres avoit formée pendant tant d'années et avec tant de soins. Il trouva dans la maison de Pinelli Aicardo de Gênes, homme poli, très-bon juge sur les matières de littérature, et qu'il n'avoit pas moins d'envie de voir que Pinelli. Aicardo faisoit grand cas de la version de saint Basile et des autres pères grecs qui ont écrit de la sainte Trinité, et qu'on a donnée au public avec Phœbade, évêque d'Agen. Il fit présent à de Thou d'un beau manuscrit du livre de l'hérésiarque Eunomius, dans la vue qu'en l'examinant sur ce qu'on avoit déjà imprimé de saint Basile, et sur ce qu'on devoit imprimer de saint Grégoire de Nisse, on pût donner plus de lumière et de correction à la nouvelle édition qu'on en préparoit.

De Thou s'informoit exactement à Pinelli de tous les hommes illustres dans les sciences qui avoient paru en Italie, et dont la mémoire commençoit à vieillir : il vouloit la faire revivre dans ses Annales, comme en effet il le fit depuis sans aucune passion; il n'oublia pas non plus les savans espagnols, et l'on peut dire avec confiance qu'il rendit également justice partout où il trouva de la doctrine et de la vertu. Un procédé si équitable lui faisoit espérer quelque reconnoissance de la part des Italiens et des Espagnols; cependant il ne fut jamais plus trompé dans ses espérances : ce sont les deux nations qui lui ont témoigné plus d'ingratitude [1].

---

[1] *Plus d'ingratitude.* Pour se consoler, de Thou s'appliquoit ces passages de l'Ecriture : *Qui retribuunt mala pro bonis detrahebant mihi, quoniam sequebar bonitatem.* Ps. 37. *Tota die exprobrabant mihi inimici mei, et qui laudabant me, adversum me jurabant.* Ps. 101. *Ego autem tanquam surdus, non audiebam, et sicut mutus non aperiens os suum, et non habens in ore suo redargutiones.* Id. *In memoria æterna erit justus, ab auditione mala non timebit.* Ps. 111. *Educes me de laqueo hoc quem absconderunt mihi, quoniam tu es protector meus.* Ps. 30. Il répétoit souvent ces paroles qu'il faut dire à l'article de la mort : *In manus tuas, Domine, commendo spiritum meum : redemisti me, Domine, Deus veritatis.* Lorsqu'il récite ces paroles dans ses prières, observe Sainte-Marthe, il y trouve toujours de quoi se consoler : il se sent fortifié par le secours de Dieu, et plus disposé à souffrir patiemment.

Revenons à Schomberg, qui étoit toujours resté à Florence. Dès qu'il eut appris la mort de Henri III il fit revenir Guichardin, son écuyer, qu'il avoit envoyé avec de l'argent pour lever des troupes. Il partit ensuite pour Mantoue, où il vouloit conférer avec de Meisse, ambassadeur de France à Venise. Il n'y fut pas plus tôt arrivé qu'il en repartit avec de Thou, qui l'y étoit venu trouver pour se rendre à Vérone, où de Meisse les attendoit. Tous ensemble retournèrent encore à Mantoue pour quelques secrètes conférences avec le duc Vincent, et revinrent à Vérone. De Meisse les quitta là pour reprendre le chemin de Venise.

Schomberg et de Thou, qui s'arrêtèrent à Vérone, alloient souvent chez le comte Bevilaqua, dont la maison étoit ornée des plus belles statues de l'antiquité et des tableaux des meilleurs peintres. Ce comte n'aimoit pas seulement tous les beaux arts, mais avoit encore un goût merveilleux pour la musique. Il y avoit chez lui trois fois la semaine un concert composé de plus de trente des plus belles voix et des plus excellens joueurs d'instrumens. De Thou s'y trouvoit souvent, et s'entretenoit avec lui sur des matières indifférentes sans se découvrir. Bevilaqua ne s'étoit jamais marié : il étoit déjà avancé en âge, sérieux, mais poli, et songeoit à aller finir ses jours à Rome. Aussi le soupçonnoit-on de n'être pas dans les intérêts du roi Henri IV, quoique tous les peuples de l'état de Venise se fussent ouvertement déclarés en faveur de Sa Majesté.

Après un séjour de quelques jours, Schomberg et de Thou se séparèrent encore. Le premier prit la route d'Allemagne par le Trentin, et de Thou passa par Bresse et par le lac d'Ischia. En laissant à gauche Bergame et Chiavennes, il descendit chez les Grisons après avoir traversé la Valteline. Ce pays, qui est enfermé par les Alpes, produit des vins excellens. Il dîna à Tirano, et de là vint à Poschiave; il lui fallut ensuite traverser d'affreuses montagnes, et principalement celle d'Arbone, d'où le Rhin se précipite avec un bruit horrible, pour gagner Coire.

Cette ville étoit autrefois un évêché : on y voit encore à quelque distance la cathédrale, mais fort en désordre, ceux qui jouissent de l'évêché se contentant du titre de prince, et d'en recevoir les revenus. A l'égard des cérémonies romaines, elles n'y sont plus d'usage, parce que les Ligues Grises ont presque toutes embrassé la doctrine des protestans. Ce fut à Coire que de Thou fut informé plus sûrement de ce qui se passoit en France, et qu'il apprit que le Roi étoit presque partout suivi de la victoire.

Au sortir de Coire, de Thou alla s'embarquer, avant le lever du soleil, sur le lac le plus prochain, avec toute sa suite. Ce lac est entouré de tous côtés de montagnes fort élevées, et exposé, comme le lac de Garde, à des vents furieux. De Thou, de même que ceux qui l'accompagnoient, pensa l'éprouver à ses dépens. Le temps étoit pluvieux; la barque où ils étoient n'étoit que de bois de sapin, et celui qui la conduisoit y avoit imprudemment reçu un Allemand avec son cheval; cet animal effrayé des vagues, se laissoit souvent tomber, et mettoit à toute heure la barque en risque de tourner. Comme la pluie et le vent augmentoient toujours, et que la rive la plus proche de la terre étoit bordée d'un rocher continu, il n'y avoit pas d'apparence de pouvoir y aborder; ce qui jetoit tout le monde dans une grande consternation : elle redoubla quand on vit le pilote abandonner le gouvernail, et qu'on l'entendit crier que chacun songeât à se sauver comme il pourroit.

Nicolas Rapin, fils d'un autre Nicolas qui s'est distingué dans nos guerres par son esprit et par sa valeur, étoit auprès de M. de Thou : c'étoit un jeune homme plein de courage, et qui savoit fort bien nager. Il mit bas sa cuirasse et son pourpoint, se tint prêt à sauter dans le lac, et dit à de Thou de le prendre par la ceinture, de s'y tenir ferme, et de se jeter avec lui ; qu'il le mettroit à terre sitôt qu'il pourroit y aborder, ou qu'il périroit le premier. Dans cette extrémité, et n'espérant plus qu'en la bonté divine, ils aperçurent une caverne creusée dans le roc. Aussitôt ils commandèrent au patron de tourner de ce côté-là, et, mettant tous la main à la rame pour forcer le vent, qui faisoit entrer l'eau de tous côtés dans la barque, ils gagnèrent le bord et sautèrent à terre, tout percés de la pluie. Ils n'emportèrent que ce qui se trouva sous leur main, ne croyant pas qu'il y eût pour eux un plus grand danger que celui d'être sur le lac pendant la tempête.

Heureusement il se trouva qu'il y avoit des espèces de marches taillées dans le roc de distance en distance ; ainsi, quoiqu'ils fussent presque tous bottés et en manteau, et que le chemin fût très-rude et très-difficile, ils ne laissèrent pas, malgré le vent et la pluie, dont ils étoient fort incommodés, de monter avec plaisir plus de mille pas pour gagner la hauteur, fort surpris de rencontrer sur leur route un chariot attelé de bœufs qui descendoit par ce précipice.

Une auberge qui étoit à quelque distance du sommet leur fut d'un grand secours; les poêles servirent à sécher promptement leurs habits, et leur joie fut aussi grande qu'inespérée, de pouvoir s'y remettre de leur frayeur et de s'y rafraîchir. Ils y dînèrent, et comme ils n'avoient point de chevaux, il fallut marcher à pied par un chemin très-fangeux et très-glissant pour gagner la couchée, qui étoit éloignée de deux milles, et à la tête du lac de Zurich. Personne cependant ne se plaignit de cette fatigue, tant leur esprit étoit encore rempli de l'idée du danger qu'ils avoient couru.

Enfin, le temps étant devenu beau, en deux jours ils vinrent à Zurich par le lac. Il fallut visiter cette ville, de tout temps la première des Cantons, et féconde en hommes illustres dans les sciences : c'est où Conrad Gesner, Gaspard Volfius et Josias Simler ont pris naissance. On montra à de Thou leurs maisons, qui étoient fort peu de chose. Jean-Guillaume Stukius, homme officieux et attaché à la France, fit voir à de Thou ce qu'il y avoit de plus remarquable, et l'accompagna par toute la ville.

De là de Thou se rendit à Soleure. Comme il y arrivoit, il trouva, à plus de cinq cents pas en deçà de la ville, Nicolas Brûlart de Sillery, ambassadeur de Sa Majesté, qui étoit assis sous un tilleul; il ne pensoit guère à lui dans ce moment. Il le reconnut, et, mettant aussitôt pied à terre avec toute sa suite, il courut l'embrasser comme son intime ami, et demeura avec lui pendant quelques jours.

C'étoit dans le temps qu'on travailloit avec chaleur à conclure un traité commencé entre le duc de Savoie et le canton de Berne. Il étoit à craindre qu'il ne

portât préjudice aux intérêts du Roi s'il étoit ratifié
par le serment des bailliages assemblés, suivant l'usage
de ces peuples. Les cinq petits Cantons, gagnés par
l'or d'Espagne, en pressoient la conclusion; la Ligue,
pour veiller à ses intérêts, leur avoit envoyé Léon Lescot de Clermont, conseiller au parlement de Paris.
Comme il étoit des amis de Jacques de Thou, Sillery
jugea à propos que celui-ci lui demandât une conférence, pour tâcher par son moyen de retarder cette affaire, ou d'y faire naître des difficultés; mais il n'en fut
pas besoin. Les ministres, qui désapprouvoient ce traité,
prêchèrent avec tant de force, et animèrent si bien les
peuples du bailliage de Valais, que, sans que de Thou
s'en mêlât, ils obligèrent non-seulement les députés
qui étoient venus à Berne pour y accéder de se retirer sans rien conclure, mais les contraignirent encore
de se mettre en sûreté par la fuite : il fut même résolu
d'informer contre eux comme contre des traîtres et
des criminels d'Etat ; ce qui délivra Sillery d'une
grande inquiétude.

De Thou prit congé de lui, passa le mont Jura, et
vint à Bâle avec les officiers suisses qui avoient quitté
Schomberg à Orange, et qui, ayant achevé leurs affaires dans leur pays, retournoient à l'armée du Roi; car
après la mort de Henri III, Sancy avoit été renvoyé en
Suisse par son successeur, pour faire de nouvelles levées. De Thou apprit à Bâle que Théodore Zuinger et
Basile Amerbach, qu'il y avoit connus dix ans auparavant, étoient morts durant nos guerres. Il y fut quelquefois entendre Jacques Grinay, parent du fameux
Simon, qui y enseignoit publiquement l'histoire de Sleidan. Comme Grinay avoit fréquenté les cours d'Alle-

magne, il y avoit appris beaucoup de particularités qui n'étoient point venues à la connoissance de cet auteur, qu'il expliquoit avec beaucoup de clarté et d'élégance.

De là ils traversèrent avec précaution la Franche-Comté, et arrivèrent tous à Langres, qui s'étoit déclarée pour le Roi. Pierre Roussard, de la même famille que ce Louis à qui, selon Duaren, les jurisconsultes ont tant d'obligation, pour avoir donné plus de lumière qu'aucun autre aux observations du droit, en étoit lieutenant général, et n'avoit rien oublié pour en bannir l'esprit de la Ligue.

Au sortir de Langres ils passèrent à Arc-en-Barcis, et vinrent à Châteauvillain, dont les habitans ayant été assiégés par les ennemis depuis peu de temps, les avoient repoussés avec perte. Ils y trouvèrent le comte Louis Diacette, qui s'occupoit à réparer cette place, très-importante pour le passage des troupes du Roi, et à la munir d'une bonne garnison. Il y avoit une amitié de père en fils entre Diacette et de Thou; aussi le comte le retint, et lui découvrit en secret plusieurs choses dont il crut que le Roi devoit être informé. Il étoit persuadé qu'à la fin tout se tourneroit de manière que le successeur légitime, c'est-à-dire le roi de Navarre, demeureroit le maître du royaume; que les ennemis de ce prince n'avoient de ressource que dans le secours étranger et dans la faveur inconstante des peuples; que les chefs de la Ligue et la noblesse s'ennuieroient infailliblement de la guerre, se réconcilieroient avec Sa Majesté, et se retireroient.

Comme il faisoit la revue des officiers de sa garnison, il se défendit long-temps d'y recevoir un nommé

Pierre Choesel de La Meuse, quoique cet officier eût fort bien fait son devoir dans la dernière occasion. Ayant cependant été comme forcé de le recevoir par les instantes prières de ses amis, qu'il ne crut pas devoir refuser, il leur dit qu'on verroit quelque jour qu'il avoit eu ses raisons pour les avoir si long-temps refusés; qu'un homme aussi querelleur que celui-là lui attireroit infailliblement quelque malheur considérable. Ce fut en effet ce même La Meuse qui quatre ans après prit querelle avec Diacette sur quelques paroles, et le tua.

Lorsqu'un officier de la garnison de Châteauvillain vint en apporter la nouvelle à la Cour, de Thou, qui s'y trouva, n'attendit pas qu'il nommât le meurtrier, et, se ressouvenant sur-le-champ de cette funeste prédiction, il dit que c'étoit La Meuse. Comme la chose fut aussitôt confirmée, on lui demanda comment il avoit pu la deviner; il raconta alors ce qu'il avoit entendu dire à Diacette il y avoit quatre ans; et tout le monde demeura surpris du pressentiment que ce gentilhomme avoit eu d'un malheur si éloigné.

Diacette avoit épousé Anne Aquaviva, fille du duc d'Atri, dans le royaume de Naples, dame d'un grand mérite, qui avoit du courage et de la vertu. Elle avoit eu de son mariage un fils et une fille, avec lesquels elle s'étoit retirée à Langres, où son mari avoit eu soin de faire transporter des meubles très-précieux : ils furent vendus dans la suite, et l'argent provenant de cette vente fut prêté au Roi pour soutenir les frais de la guerre. Diacette avoit plus de soixante ans quand il fut tué; mais comme il s'étoit abstenu dès sa jeunesse des plaisirs des jeunes gens, il étoit encore d'une santé si vigoureuse, qu'à son âge il couchoit en hiver dans une chambre fort exposée aux injures de l'air, sans ciel de lit et sans rideaux; il n'étoit incommodé ni du froid, ni du serein, ni des brouillards, comme si Dieu lui eût conservé des forces (comme il le disoit) pour résister dans des temps si difficiles. Ce n'étoit ni par impatience ni par chagrin d'avoir sacrifié son bien pour le service du Roi qu'il parloit ainsi : il faisoit voir en toutes occasions que le repos de l'Etat lui étoit plus cher que le sien, et que pour le procurer il étoit toujours prêt d'exposer sa personne, et d'engager le reste de son bien.

Enfin de Thou partit de Châteauvillain avec les capitaines suisses, et prit son chemin par Vandœuvres et par Pougy, qui appartient à la maison de Luxembourg. Il y rencontra François, duc de Piney, qui s'en alloit à Rome. Il lui rendit compte de tout ce qui s'étoit passé à Florence, à Venise, à Mantoue et en Suisse. En arrivant à Pougy, Henri, fils du duc, qui n'étoit âgé que de dix ans, l'y reçut honorablement avec toute sa suite.

De Pougy, de Thou se rendit à Châlons. Il y avoit eu près de là un combat qui avoit duré trois jours; Robert de Joyeuse, comte de Grand-Pré, avoit combattu avec beaucoup de valeur contre Saint-Paul; mais sa victoire lui avoit coûté la vie. L'épitaphe suivante fait voir les regrets de Jacques de Thou sur la mort de ce jeune seigneur.

ÉPITAPHE

DU COMTE DE GRAND-PRÉ.

Peuples, ornez de fleurs sans nombre
Le tombeau que vous élevez;
Vous devez ce tribut à l'ombre
Du héros qui vous a sauvés.

Grand-Pré, qu'enferme cette bière,
Trois jours entiers a combattu,
Pour chasser de votre frontière
Un ennemi qui cède à sa vertu.

Il meurt après cette victoire,
Et meurt percé de mille coups.
Châlons, dormez en paix à l'abri de sa gloire,
Habitans, réjouissez-vous.

Si, par une attaque soudaine,
Dans vos remparts on osoit pénétrer,
Les mânes de ce capitaine
Suffiroient pour vous délivrer.

Ce fut à Châlons que de Thou fut informé de la perte qu'il avoit faite à La Fère de tous ses meubles, qui y avoient été transportés, comme on l'a dit ci-dessus. Il la supporta bien plus patiemment que celle de deux jeunes seigneurs de ses amis, dont on va parler.

De Châlons, il vint à Château-Thierry, situé sur la Marne : cette rivière se rend dans la Seine, et apporte une partie des vivres qui font subsister Paris. Comme il entroit la nuit dans la ville, dans le temps qu'on sonnoit la cloche pour la garde, il rencontra dans une rue Pierre Picherel, qui l'arrêta par la bride de son cheval. Cet homme étoit de La Ferté-Aucol, qui n'en est pas loin, et avoit été moine dans l'abbaye d'Essone. Il avoit l'esprit vif, et savoit fort bien les trois langues, ayant étudié sous Vatable avec Jean de Salignac et Jean Mercier. De Thou le reconnut après l'avoir examiné, et lui demanda ce qu'il faisoit là, parmi le bruit éclatant des armes et des trompettes. Picherel lui répondit, en lui montrant son logis qui n'étoit pas loin, que malgré ce tumulte il n'avoit pas laissé de travailler quatorze heures ce jour-là, qui étoit le dernier de sa soixante et dix-neuvième année; qu'il venoit d'achever son Commentaire sur saint Paul, et de mettre la dernière main à l'Epître à Philémon; qu'il n'attendoit que la fin de la guerre, qu'il souhaitoit avec passion, pour le faire imprimer; qu'à son âge il n'avoit aucune incommodité considérable; qu'il avoit la vue et l'ouïe aussi bonnes que jamais, et l'esprit aussi net; il ajouta que si les jeunes gens sont exposés à une infinité de dangers qui ne leur permettent pas d'espérer de vieillir, ceux qui sont fort âgés sont sûrs de ne pouvoir pas vivre long-temps.

C'étoit à la considération de M. de Thou qu'il avoit écrit sur saint Paul, après avoir travaillé sur saint Luc et sur saint Matthieu, et il avoit entrepris ce commentaire d'autant plus volontiers, qu'il étoit persuadé que peu de personnes jusqu'alors y avoient réussi. La religion à part, il louoit fort l'exactitude de Bèze; mais il disoit qu'après avoir moissonné dans un champ si fertile, Bèze avoit encore laissé, et à lui et aux autres, beaucoup à recueillir. Malheureusement Picherel étant mort peu de temps après, ce précieux effet de sa succession tomba entre les mains de ses héritiers, qui, se ruinant en procès les uns contre les autres, le dissipèrent ou l'abandonnèrent à des mains étrangères, dont il n'y a pas d'apparence de le pouvoir retirer, ni que le public en profite.

Le vicomte de Comblisy, fils de Pinard, commandoit dans Château-Thierry. Il donna à souper à de Thou, et lui apprit que le Roi s'étoit rendu maître des faubourgs de Paris. Ils convinrent que si le siége tiroit en longueur, la nécessité et le défaut de vivres obligeroient la ville à se rendre; que sa place pourroit beaucoup contribuer à en avancer la prise, puisque c'étoit par là que Paris recevoit la plus grande partie de ses provisions; qu'à la vérité, Meaux, dont les ligueurs étoient les maîtres, abondoit en blés, mais qu'il n'y en auroit pas assez quand on priveroit cette grande ville du commerce des places qui sont au-dessus; que par conséquent la sienne et celle de Châlons étoient d'une grande importance pour le Roi; qu'on ne pouvoit trop être sur ses gardes, ni trop recommander aux gouverneurs de ne rien laisser passer qui pût descendre à Meaux.

Il chargea de Thou de représenter à Sa Majesté qu'il étoit à propos de renforcer sa garnison : de Thou le quitta le lendemain dans ces bons sentimens [1], et prit sa route par Lagny, où commandoit, pour le Roi, Jacques La Fin, dont l'histoire de ce temps-là parle en plusieurs endroits.

Ayant passé au-dessus de Paris, il prit son chemin

---

[1] *Dans ces bons sentimens.* Ils durèrent peu, car Pinard vendit bientôt la place au duc de Mayenne.

par Montfort-l'Amaury, dans le temps que le Roi, après la prise d'Etampes, étoit descendu dans le pays Chartrain. De Montfort, il fallut marcher par Nogent-le-Roi, par Houdan, et entrer dans le Perche pour éviter Chartres, qui tenoit pour la Ligue, et se rendre à Frazé. Le lendemain, comme ils marchoient de nuit parce qu'il n'étoit pas sûr de marcher le jour, ils entendirent crier aux armes deux fois de suite, proche de Châteauneuf-en-Thimerais. Chacun alors se prépara comme si les ennemis eussent été en présence : on reconnut que c'étoient des troupes de Sa Majesté, qui conduisoient sur des chariots les corps de deux jeunes seigneurs à leurs parens.

Celui de Louis de Rohan, duc de Montbazon, étoit dans le premier chariot : ce triste spectacle fit cesser la crainte, mais il n'en causa pas moins de douleur. Celle du président de Thou fut si vive, qu'il ne put retenir ses larmes : les vers suivans ne font sentir qu'une partie de ses regrets.

SUR LA MORT DE LOUIS DE ROHAN,
DUC DE MONTBAZON.

Si le Dieu des combats ne verse point de larmes,
Il n'est pas insensible à la mort des guerriers :
On dit qu'il soupira quand le destin des armes
Accabla Montbazon sous ses propres lauriers.
Aux débris de son casque, aux éclats de sa lance,
On crut que sa douleur le rendroit furieux :
  N'est-il pas juste que les Dieux,
A la mort des héros de céleste naissance,
Remplissent de regrets et la terre et les cieux ?

Il y avoit une parfaite union d'amitié et une grande conformité d'humeur et d'inclination entre le duc de Montbazon et le président de Thou. Il avoit trouvé dans ce jeune seigneur des sentimens de religion si purs, une passion si solide pour l'équité et pour tous les devoirs de l'honnête homme, un zèle si ardent pour la patrie et pour l'honneur de la France, que ce n'étoit pas sans raison qu'il regrettoit avec des expressions si tendres la perte de tant d'excellentes qualités, qu'il avoit cherchées jusqu'alors inutilement parmi les plus grands seigneurs; aussi n'en parloit-on jamais devant lui, que ce triste souvenir ne lui arrachât des larmes.

Environ une heure après, ils rencontrèrent le second chariot : il portoit le corps de Josias de La Rochefoucault, comte de Roucy, tué au combat d'Arques le 24 de septembre. Ce seigneur étoit proche parent des enfans du prince de Condé, sortis d'Eléonore de Roye, sœur de Charlotte sa mère. Cette parenté lui avoit donné une grande familiarité avec le cardinal de Vendôme. Par ce moyen, de Thou, attaché au cardinal, avoit fait amitié avec lui; il en donna des marques dans les vers suivans, qu'il composa pendant le chemin.

SUR LA MORT

DU

COMTE DE ROUCY.

A la mort de Roucy, les Jeux, les Ris, les Grâces,
    Par mille pleurs marquèrent leur douleur;
    On les vit même éclater en menaces
Contre le dieu jaloux qui causa ce malheur.

Dieu cruel, dirent-ils, dieu de sang, de carnage,
    Barbare, impitoyable Mars,
Qui voudra désormais suivre tes étendards,
Si tu n'as respecté ni la beauté ni l'âge
De ce jeune héros qui charmoit nos regards?
Ce port si plein d'attraits, cette noble éloquence,
Rien n'a pu te fléchir, ni prières ni vœux.
Ah! sans doute, pour fuir l'éclat de sa présence
Tu détournas l'oreille et tu fermas les yeux;
Ou plutôt, inhumain, ta jalousie extrême
    T'arma seule contre ses jours;
Tu craignois sa valeur, ou ses charmans discours,
    Qui t'auroient désarmé toi-même.

L'enjouement de ce jeune comte égaloit sa valeur : qualités héréditaires dans la maison de La Rochefoucault, et qui avoient rendu le comte François son père, tué dix-sept ans auparavant au massacre de la Saint-Barthélemy, si cher et si agréable à Charles ix. Le fils parloit bien latin et encore mieux italien; il avoit si bien attrapé les manières, le ton et les différences de cette dernière langue, selon les personnages qu'il vouloit représenter, que, dans les heures de loisir qu'il passoit en particulier avec le cardinal son cousin, où de Thou se trouvoit souvent, personne ne pouvoit s'empêcher d'éclater de rire, principalement en voyant son grand sérieux.

Après avoir traversé la France, ils arrivèrent enfin à Château-Dun dans le Dunois, domaine de la maison de Longueville : le Roi s'y étoit rendu après avoir mis garnison dans la petite ville de Patay en Beauce. De Thou l'y alla saluer aussitôt, et en fut reçu fort obligeamment : il lui rendit un compte exact de tout ce qu'il avoit fait en Italie, en Allemagne et en Suisse; il

lui fit connoître, dans une longue conversation qu'il
eut avec lui, l'envie qu'il avoit remarquée dans Ferdinand de Médicis, grand-duc de Toscane, de lui proposer Marie de Médicis sa nièce, que Sa Majesté épousa
dix ans après. Il lui dit que le sénat de Venise et tous
les princes d'Italie, auxquels la trop grande puissance
d'Espagne étoit suspecte, auroient fort souhaité que
Sa Majesté rentrât dans la religion de ses pères; mais
qu'il ne croyoit pas que l'état de ses affaires permît
qu'il le fît alors, ni même qu'il fût à propos qu'il témoignât en avoir le dessein; que, ne pouvant l'assister
ouvertement, ils l'assisteroient en secret de quelques
secours d'argent; qu'ils l'exhortoient néanmoins d'exécuter le plus tôt qu'il pourroit ce qu'il paroissoit résolu de faire, lorsqu'il trouveroit des conditions sûres
et raisonnables.

Le Roi, qui l'écoutoit attentivement, lui répondit
que contre son attente, et contre toute apparence,
la Providence divine l'avoit élevé à ce haut degré de
grandeur, où les autres se hâtent de monter par le désordre et par le renversement des lois; qu'il avoit vu
devant lui quatre princes dans la famille royale, dont
trois avoient régné sans laisser de postérité; que Dieu
avoit fait la grâce au quatrième de le mettre dans une
situation égale à celle des rois; mais que ce prince
n'ayant pas reconnu ce que méritoient de si grands
bienfaits, au contraire en ayant abusé, étoit mort avant
que de parvenir à la couronne; que c'étoit à lui de
prendre bien garde de tomber dans le même crime
d'ingratitude, de peur d'éprouver le même châtiment,
et d'être privé d'enfans; ce qui lui seroit aussi sensible
que préjudiciable à la France.

Que l'affaire de la religion lui faisoit d'autant plus de peine, qu'on y agissoit avec plus d'aigreur que de charité; que ce n'étoit ni entêtement, ni obstination, qui le faisoient persévérer dans une croyance où il avoit été élevé, et qu'il croyoit jusqu'à présent la plus orthodoxe; mais qu'il ne refusoit pas d'en embrasser une meilleure lorsqu'on la lui feroit connoître; que ce n'étoit ni par contrainte, ni par violence, qu'il vouloit qu'on l'y amenât, mais de son bon gré, et comme par la main, ainsi que la Providence l'avoit conduit sur le trône; qu'il souhaitoit que sa conversion ne lui fût pas particulière, mais qu'à son exemple plusieurs autres, s'il se pouvoit, se fissent instruire, tant au dedans qu'au dehors du royaume.

Que, suivant la coutume reçue dans l'Eglise, cela se pourroit faire par l'assemblée d'un concile, ou, si le temps ne permettoit pas d'en tenir un général, par un national, ou du moins par une conférence; qu'il étoit prêt de sacrifier sa vie pour faire cesser une guerre qui faisoit répandre tant de sang innocent; qu'on devoit avoir assez d'égards pour un prince tel que lui, qui comptoit tant de rois au nombre de ses aïeux, et dont la cause étoit commune avec de puissantes nations, pour faire en sa faveur ce que l'Eglise avoit accordé si souvent avec tant de fruit. « Mon salut, ajoutoit-il, est-il si peu considérable, et celui de tant d'ames répandues dans toute l'Europe est-il de si peu d'importance, qu'il faille, pour les réunir, préférer une voie incertaine et ruineuse à une voie douce et raisonnable? En voyant les périls dont Dieu me garantit tous les jours, qui sait s'il ne m'a point fait naître pour procurer la réunion de l'Eglise ? je le présume et je le souhaite : mais quoi qu'il en puisse arriver, je me suis engagé par serment de ne faire violence à personne, de même que je ne veux pas qu'on m'en fasse. J'ai juré de bonne foi, en montant sur le trône, de défendre la religion catholique, apostolique et romaine ; je le ferai exactement. J'en prendrai les évêques et les principaux auprès de moi ; je mettrai les autres sous ma protection ; et puisqu'il est de mon devoir et de l'intérêt de l'Etat que je veille également à la conservation de tous mes sujets, je veux qu'on sache et qu'on soit persuadé que l'ambition ne me met point les armes à la main, mais la justice des droits d'une légitime succession. Il est de mon devoir d'assurer le repos et la tranquillité des peuples qui, ne pouvant souffrir une domination étrangère, m'ont appelé à leur secours. Si je ne prenois pas leur défense, j'aurois à essuyer de justes reproches, et la honte, dans les temps à venir, d'avoir laissé périr, par ma lâcheté et par ma foiblesse, ceux qui attendoient leur salut de mon courage. »

Il tint encore sur le même sujet plusieurs autres discours, avec cette éloquence vive et insinuante qui lui étoit naturelle. Il ne put même s'empêcher de laisser échapper quelques larmes ; marques certaines que ces paroles étoient conformes à ses intentions, et qu'il ne disoit rien qui ne partît du cœur.

Cependant l'armée s'approcha de Vendôme ; le gouverneur (1) qui y avoit été mis auparavant par Sa Majesté avoit trahi le feu Roi, et avoit manqué de pa-

(1) *Le gouverneur* : Jacques de Mailly Benehart.

role au comte de Soissons, qui en avoit répondu. Il avoit fort maltraité le grand conseil, dans le temps qu'il y tenoit sa juridiction durant les états; mais alors, n'ayant ni le courage de se défendre, ni l'adresse de faire sa composition lorsqu'on le somma, il fut pris avec la ville, et eut sur-le-champ la tête tranchée. On pendit Robert Chessé, cordelier. De Thou, qui avoit obligation à ce religieux, fit tout ce qu'il put pour le sauver; mais comme le Roi étoit hors la ville, et que c'étoit Biron qui y commandoit absolument en son absence, on eut peu d'égard dans la chaleur de l'action aux sollicitations qu'on faisoit pour un homme d'une condition vile (à ce qu'on croyoit), dans le temps qu'on menoit au supplice le gouverneur de la ville, qui étoit d'une maison illustre; d'autant plus que ceux qui intercédoient pour ce gentilhomme imputoient sa trahison au cordelier.

Après la prise de Vendôme le Roi se rendit à Tours, où il fut reçu aux acclamations de toute la ville. Il y fit espérer de remettre dans la première dignité de la robe Achille de Harlay, premier président, qui, s'étant peu de temps auparavant sauvé de la Bastille, étoit arrivé à Tours. De là il fut rejoindre son armée, qui étoit entrée dans le Maine, après avoir passé par l'Anjou et par le Château-du-Loir. Elle avoit assiégé Le Mans, capitale de la province, qui se rendit, à la honte des assiégés, après que ses faubourgs eurent été brûlés; ce qui donna beaucoup de chagrin à Sa Majesté.

Ce prince s'entretint avec de Thou sur le même sujet dont on a parlé ci-dessus, et de Thou prit cette occasion pour lui parler des conférences qu'il avoit eues avec Vincent, duc de Mantoue, qui recommandoit instamment à Sa Majesté les intérêts du duc de Nevers son oncle. Là-dessus le Roi écrivit au duc de Nevers, et lui dépêcha de Thou, qui fit sur le chemin de grandes réflexions sur les entretiens qu'il avoit eu l'honneur d'avoir avec Sa Majesté, et sur les heureux succès de son nouveau règne.

LIVRE CINQUIÈME.

[1590] Quand de Thou se fut acquitté de sa commission auprès du duc de Nevers, il revint trouver le Roi, qui, après la prise du Mans, s'étoit rendu maître avec la même facilité de Laval, de Château - Gontier, d'Alençon et d'Argentan. Le château de Falaise s'étoit aussi soumis aux forces et à la clémence de Sa Majesté, et Lisieux avoit pris le même parti.

Ce fut dans cette dernière ville que de Thou lui rendit compte de ce qu'il avoit fait à Nevers. Le Roi alla ensuite assiéger Honfleur, qui l'arrêta quelque temps, et où il courut quelque danger. Après avoir réduit cette place et tous les châteaux des environs, il marcha aussitôt pour secourir Meulan, et renvoya de Thou à Tours, avec des lettres pour le cardinal de Vendôme. Il étoit instruit que ce prélat avoit auprès de lui des personnes malintentionnées, qui lui débitoient des nouvelles contraires aux intérêts de Sa Majesté, et qui les faisoient passer dans les villes de son parti. Comme sa pénétration lui en fit envisager les conséquences, il chargea de Thou expressément de ne point quitter le cardinal, ni le comte de Soissons son frère, sûr que, tandis que de Thou seroit auprès de ces princes, ils ne se laisseroient pas séduire par ces dangereux esprits.

Après qu'il eut fait lever le siége de Meulan à ses ennemis, il vint se présenter devant Dreux, et le 14 de mars il donna la bataille d'Ivry. Le comte de Soissons, de retour à Tours avant le combat, eut un grand chagrin de ne s'y être point trouvé. La douleur qu'il en ressentit fut si vive, qu'il fut pris d'une fièvre quarte qui lui dura quinze mois : pendant sa maladie on eut bien de la peine à lui ôter de l'esprit l'idée de ce combat. Tout le parti du Roi reçut la nouvelle de cette victoire avec des démonstrations de joie qui éclatèrent de tous côtés.

Mantes ouvrit ses portes après la bataille; Melun, après quelque résistance, fut forcé d'en faire autant; Nogent et Bray-sur-Seine se soumirent encore au vainqueur, que de Thou vint saluer aussitôt. Il trouva ce prince dans les mêmes dispositions où il l'avoit laissé en partant pour Nevers; mais malheureusement la fureur de la guerre ne permettoit pas aux ligueurs de prêter l'oreille à des sentimens si raisonnables. De Thou, absent de sa femme depuis un an, la vint voir à Senlis par la permission de Sa Majesté.

Pendant le siége de Paris, le Roi voulut surprendre Sens ; comme il y trouva plus de résistance qu'il n'avoit cru, il revint dans son premier poste : aussi disoit-on alors qu'il n'avoit quitté Dreux que pour vaincre à Ivry, et abandonné Sens que pour prendre Paris; que si le siége de cette dernière ville n'eut pas le succès qu'il en espéroit, on peut dire que sa bonté seule en fut la cause. Ce généreux prince, qui ne pouvoit se résoudre à emporter de force et exposer au pillage la capitale de son royaume, voulut bien en différer la prise, en écoutant des propositions d'accommodement : il aima mieux l'abandonner entière que de la prendre ruinée ; ce qui parut bien quatre ans après, lorsqu'il la prit sans la ruiner. Vrai roi, qui, plus attentif à la conservation de son royaume qu'avide de conquêtes, ne sépare point ses intérêts de ceux de son peuple.

Comme le siége de Paris tiroit en longueur, le Roi voulut remettre l'ordre dans ses finances, que la guerre et ses fréquentes courses avoient fort dérangées. Pour cet effet il jeta les yeux sur le chancelier de Cheverny, et, pour le faire venir à la Cour, il lui dépêcha de Thou au château d'Esclimont, où ce magistrat s'étoit retiré. De Thou y fit plusieurs voyages par des chaleurs si excessives, qu'il courut risque de sa vie.

Le lendemain du retour du chancelier, le Roi se rendit maître de Saint-Denis. Cette expédition réduisit les Parisiens à l'extrémité; mais les délais de sa clémence, dont on vient de parler, donnèrent le loisir au duc de Parme de venir à leur secours, et il fallut lever le siége.

Dans ce temps-là de Thou fut attaqué d'une fièvre violente au château de Nantouillet, dont le Roi lui avoit confié la garde avec une bonne garnison. Il y apprit la mort de l'abbé d'Elbène. Il entretenoit un commerce journalier de lettres avec ce cher ami.

Au même château de Nantouillet, de Thou mit la dernière main à sa paraphrase en vers latins des six petits prophètes. Comme Schomberg étoit absent, il la dédia au fils de ce seigneur, qui se nommoit le comte de Nanteuil, jeune gentilhomme qui donnoit déjà de grandes espérances, qu'il a bien remplies depuis, et qui est présentement l'honneur de sa maison. Nous le voyons à la Cour avec de grandes alliances et de grands biens; il en a dans l'Anjou, dans la Bretagne et la

Saintonge, outre ceux qui lui sont venus de la succession de son père, dont il soutient noblement la grande réputation.

Après la levée du siége de Paris on rappela la garnison de Nantouillet, et de Thou se retira à Senlis avec sa femme. Là il résolut de s'aller établir à Tours avec ce qu'il avoit pu sauver du débris de La Fère. Comme ils alloient à Méru, sur le soir, un parti de la garnison de Beauvais leur enleva ces restes, et fit madame de Thou prisonnière avec tout son équipage. Le mari ne pouvoit se résoudre à abandonner une épouse qui lui étoit si chère ; mais ses domestiques lui ayant représenté que, vu l'aigreur qui régnoit entre les partis, il avoit à craindre quelque chose de plus fâcheux que la prison, il se sauva sur un cheval vigoureux, et gagna Chaumont en Vexin, suivi tout au plus de deux valets.

Jean de Chaumont Guitry, ami intime de M. de Thou, commandoit dans le château. Il envoya sur-le-champ un trompette à Beauvais réclamer cette dame, et tout ce qu'on lui avoit enlevé. Comme il ne put rien obtenir, on dépêcha à Gisors, où étoit le Roi. Biron en écrivit à Sesseval, qui lui renvoya madame de Thou avec tous ses gens et son équipage : ainsi elle vint retrouver son mari avec ses mêmes chevaux qu'elle avoit rachetés à Beauvais de l'argent qu'elle avoit emprunté de ses amis.

Dans ce temps-là on résolut à la Cour d'envoyer en Allemagne Henri de La Tour, vicomte de Turenne, pour lever des troupes; on lui voulut associer de Thou pour négocier auprès des princes d'Allemagne, tandis que Turenne agiroit de son côté; mais dans la suite on aima mieux le laisser auprès du chancelier son beau-frère, pour le soulager dans l'expédition des affaires. Depuis, le Roi le jugea plus utile à Tours auprès du cardinal de Bourbon-Vendôme, connoissant le pouvoir qu'il avoit sur son esprit, et la sagesse de ses conseils, qui retiendroient ce prélat dans son devoir. On avoit averti Sa Majesté que le tiers-parti, composé d'esprits ambitieux qui cherchoient à s'élever à la faveur des troubles, vouloit profiter de la division de la maison royale. Effectivement, quand de Thou fut arrivé à Tours, il s'aperçut que l'avis n'étoit pas sans fondement.

[1591] Cependant, par les conseils et par les soins du chancelier, on disposa toutes choses pour le siége de Chartres; il fut plus long qu'on ne l'avoit cru. Pendant ce temps-là les ligueurs se rendirent maîtres de Château-Thierry, et firent venir à Paris des vivres en abondance par la Champagne et par la Brie. On espéroit pourtant que la prise de Chartres incommoderoit plus Paris que cette ville ne recevroit de commodités de Château-Thierry.

Comme on doutoit de la prise de Chartres, même dans l'armée du Roi, on commença à s'apercevoir de la mauvaise disposition des habitans de Tours. On y fit d'abord quelques assemblées particulières : on dit hautement depuis que le Roi, qui avoit fait espérer de se réconcilier à l'Eglise, avoit oublié toutes ses promesses depuis la bataille d'Ivry; qu'il ne se soucioit plus de répondre aux vœux de ses peuples; qu'il fondoit toutes ses espérances sur la force de ses armes; qu'on savoit néanmoins combien le sort en étoit incertain; que le siége qui l'occupoit depuis si long-temps en étoit une preuve; que si une pareille place avoit pu interrompre le cours de ses victoires, que ne devoit-on pas craindre de tant de villes considérables et de fortes citadelles qui lui résisteroient dans toute l'étendue du royaume ? qu'on se trompoit de compter sur sa bonne foi, tandis qu'il se rendoit maître des villes les unes après les autres ; qu'il le falloit presser de songer à lui sans différer davantage ; qu'autrement ils prendroient les mesures qui leur conviendroient le mieux.

Dans le temps qu'ils faisoient répandre ces plaintes, Chartres se rendit contre leur attente ; mais leurs murmures ne cessèrent pas. Ce parti s'étoit déjà fortifié, non-seulement parmi ceux qui tenoient celui du Roi, mais il s'étoit insensiblement augmenté au dedans et au dehors du royaume, par de secrètes pratiques et de sourdes menaces : déjà les brouilleries éclatoient à Tours, et les soupçons qu'on avoit jetés dans l'esprit du peuple y causoient du mouvement. Là-dessus de Thou et Gilles de Souvré, gouverneur de la ville pour le Roi, et dont le tiers-parti ne put jamais ébranler l'incorruptible fidélité, furent d'avis de faire venir à la Cour ceux qui étoient à Tours, d'autant plus que le jeune duc de Guise venoit de se sauver de sa prison.

Le Roi, après la surprise de Louviers, étoit à Mantes, où son armée se rétablissoit, et où il attendoit les secours qui lui venoient des pays étrangers. Il sortit de la ville pour aller au-devant du cardinal de Vendôme, et le combla de caresses ; il en usa de même envers ceux de la suite de ce prince, qu'il savoit être les principaux auteurs de ces cabales. Il espéroit qu'en leur faisant voir de plus grands avantages de son côté que de celui du cardinal, il les mettroit dans ses intérêts, et qu'ils lui serviroient de surveillans auprès de lui ; ce qui ne manqua pas d'arriver. Depuis ce temps-là il ne se passoit rien entre eux dont Sa Majesté ne fût incontinent avertie; cependant ce parti, se fortifiant de jour en jour, pensa réussir dans une entreprise qu'il avoit formée pour surprendre Mantes, où le Roi étoit alors en personne.

Après l'arrivée du cardinal et de quelques autres prélats qui s'étoient rendus auprès de lui, mais qui n'entroient point dans sa faction, on fit assembler le conseil, où l'on proposa diverses affaires. Par là on vouloit leur faire connoître que ce n'étoit pas par défiance qu'on les avoit mandés, mais pour prendre leurs avis. On y proposa d'abord la révocation des édits que la Ligue avoit extorqués du feu Roi, et de faire une déclaration en faveur des protestans, pour confirmer les édits de pacification, et pour affermir la paix du royaume. Le cardinal s'y opposa, et crut rompre la délibération en se retirant; mais aucun des prélats qui assistoient au conseil ne l'ayant suivi, sa démarche fut inutile, et la déclaration fut dressée. Le Roi, qui savoit que de Thou n'avoit que de bonnes intentions pour le repos de l'Etat, et qui connoissoit l'aversion qu'avoit ce magistrat pour toutes les factions qui déchiroient le royaume, le chargea de faire vérifier cette déclaration au parlement, avec ordre de proposer aux compagnies d'assister Sa Majesté de quelque argent, ou de lui en prêter. Il lui donna aussi des lettres pour le comte de Soissons, qui étoit resté à Tours quand son frère le cardinal en partit pour la Cour. Ce comte, qui avoit la fièvre, étoit allé prendre l'air au château de Maillé.

Avant que le Roi partît de Mantes, il y reçut la nouvelle de la mort de Jacques Amyot, évêque d'Auxerre,

grand-aumônier de France, et garde de la bibliothèque
du Roi. Amyot avoit été précepteur de Charles ix et de
Henri iii, et comblé de grands bienfaits et de riches
bénéfices par ses magnifiques élèves. Sa dépouille fut
aussitôt partagée entre ceux auxquels on l'avoit déjà
destinée; car pendant ces guerres on en usoit de cette
manière, du vivant même de ceux qui possédoient des
charges. Renaud de Beaune, archevêque de Bourges,
fut fait grand-aumônier, et de Thou garde de la bibliothèque. Il est de l'intérêt des gens de lettres de savoir
qu'Amyot avoit traduit du grec en français les Pœme-
niques de Longus, quelques livres de la bibliothèque
historique de Diodore de Sicile, l'Histoire Ethiopique
d'Héliodore, et enfin les OEuvres de Plutarque. Véritablement il a traduit ce dernier auteur avec plus d'é-
légance que de fidélité, et il s'est moins attaché à la
vérité du texte qu'à la beauté de la diction; cependant
ces traductions lui ont fait une grande réputation.

La charge de grand-aumônier qu'avoit eue Jean Le
Veneur de Carrouges, évêque d'Evreux, et celle de
proviseur du Collége Royal, dont les cardinaux de
Lorraine et de Châtillon avoient été pourvus, ayant
vaqué dans le même temps, elles furent données conjointement à Amyot : abus de grande conséquence pour
l'avenir, et qui obligea de Thou d'en avertir l'archevêque de Bourges et Jacques Davy du Perron qui lui
succéda; car si le hasard avoit voulu que ceux qui les
avoient jusqu'alors possédées conjointement en fussent
très-capables, tant par eux-mêmes que par l'inclination
qu'ils avoient pour les belles-lettres, et pour ceux qui
en faisoient profession, il pouvoit fort bien arriver,
dans un temps, et dans une cour où tout se donnoit à la

brigue et à la faveur, que l'une de ces charges, et peut-être toutes les deux ensemble, passassent dans les mains de quelque ignorant qui disposeroit à sa fantaisie et des sciences et des professeurs.

Il engagea donc l'un et l'autre à prendre des provisions particulières de deux charges si différentes, afin que ceux qui brigueroient à l'avenir la première, comme la plus lucrative et la plus honorable, sussent que l'autre ne devoit être remplie que par des personnes qui pussent juger du mérite des gens de lettres, et que la porte des Muses doit être fermée à des ignorans qui les déshonorent. Ces deux prélats convenoient de cette vérité; mais ni l'archevêque ni le cardinal n'y donnèrent aucun ordre; de sorte qu'on doit appréhender, comme l'ont bien prévu des personnes très-habiles, que l'abus ne soit encore plus dangereux à l'avenir.

Dès que de Thou fut arrivé à Tours, il se rendit auprès du comte de Soissons, et lui présenta les lettres de Sa Majesté. Il l'instruisit des motifs qui avoient obligé le Roi d'accorder un édit en faveur des protestans, et de révoquer ceux que la Ligue avoit extorqués de Henri III, et qui l'excluoient lui-même de la succession à la couronne. Il lui dit que Sa Majesté le prioit, et qu'il étoit de son intérêt de se trouver au parlement lorsqu'il s'y agiroit de la vérification de l'édit, pour faire connoître à toute la France qu'il ne s'étoit rien fait que du consentement de la maison royale. Le comte ne s'en éloigna pas d'abord, mais il s'aigrit depuis pour quelques raisons particulières; et lorsque, de l'avis de Souvré, de Thou retourna chez lui de la part du Roi pour le presser de venir au parlement, le comte le reçut avec des paroles fort désobligeantes, et ne voulut pas s'y trouver. Il est vrai que quelques jours après il lui fit quelques excuses de cette dureté, et lui dit qu'il avoit de la considération et de la bonne volonté pour lui; que c'étoit plutôt par rapport à certaines personnes, qu'il étoit inutile de nommer, que par rapport à lui, qu'il en avoit usé de cette manière.

Cependant, après la prise de Noyon, le Roi s'en alla sur les frontières du Vermandois, au-devant de l'armée qui lui venoit d'Allemagne, et qui étoit conduite par Christophe, prince d'Anhalt, et par le vicomte de Turenne. Il se rendit après au siége de Rouen, le jour de Saint-Martin.

Il manda au premier président de Harlay de l'y venir trouver avec des députés du parlement, qui furent Jean de Thumery, Jacques Gillot, et Jean de Villemereau : de Thou les y accompagna. En passant au Mans, ils apprirent qu'en l'absence du duc de Mayenne il y avoit eu une sédition à Paris; que le président Barnabé Brisson, qui tâchoit de modérer l'emportement des esprits, y avoit péri ignominieusement avec Claude Larcher et Jean Tardif, et que le duc de Mayenne avoit aussitôt puni les auteurs de cet attentat.

La plupart furent touchés de la fin malheureuse de ces magistrats; quelques-uns cependant crurent que la république des lettres y avoit plus perdu que l'Etat, peu surpris de voir périr le président, puisqu'aux dépens de son honneur et de sa vie il avoit mieux aimé vivre avec les ligueurs, et occuper parmi eux une première charge qui ne lui appartenoit pas, que de suivre le parti de son roi, et de se contenter de la place qu'il pouvoit occuper en sûreté parmi ses confrères.

[1592] Le premier président, les députés et de Thou

arrivèrent à Dernetal au commencement de février. Le jour précédent le Roi avoit été blessé légèrement à Aumale par les troupes du duc de Parme, qui vinrent fondre sur lui. Cette nouvelle fit trembler non-seulement l'armée, mais encore tous les bons Français qui l'apprirent : chacun fit réflexion sur l'affreux changement qu'auroit apporté la perte d'un si grand prince, dont la vie faisoit la sûreté de l'Etat, principalement dans un temps où ses successeurs étoient trop foibles pour résister aux conseils et aux forces des étrangers, qui étoient si puissans dans le royaume : d'ailleurs sa perte auroit entraîné la leur, puisqu'ils ne se soutenoient que par sa conduite et par son courage.

Le Roi, qui appréhenda que l'approche imprévue de ses ennemis ne mît quelque désordre dans son armée, jeta Givri dans Neufchâtel avec une bonne garnison, pour les arrêter pendant quelque temps, bien assuré qu'ils ne voudroient pas laisser derrière eux une si bonne place. Il y envoya aussi quelques troupes allemandes sous les ordres de Fabien Rebours, dont l'Histoire parle avec éloge en bien des endroits : cependant la place fut bientôt obligée de se rendre à des conditions honorables. Le duc de Parme prétendoit que Rebours, qui commandoit des étrangers, n'ayant point été nommé dans la capitulation, ne devoit point y être compris sous le nom général de la garnison; Rebours prétendoit le contraire : cependant le duc le retint prisonnier pendant quelques jours, et le renvoya au Roi, qu'il appeloit le prince de Béarn, et qu'il fit juge de ce différend. Le Roi prononça en faveur de Rebours.

Sitôt que Rebours fut arrivé au camp, le Roi lui

demanda, avant de lui parler de son affaire, ce que le duc de Parme disoit de la dernière action de guerre de Sa Majesté. Rebours voulut d'abord s'en excuser; mais, comme le Roi lui ordonna de parler, il lui dit que le duc étoit surpris qu'un grand prince comme lui se fût exposé sans nécessité dans un aussi grand péril, où il hasardoit sa personne et tout son parti. Le Roi, qui ne s'attendoit pas au sentiment du duc, qui n'étoit que trop véritable, répondit, avec indignation et avec chaleur, qu'il n'étoit pas étonnant que le duc de Parme, qui faisoit la guerre sous les ordres, avec des soldats et aux dépens d'autrui, sans rien risquer du sien, parlât de cette manière ; mais que pour lui, qui soutenoit par son courage et par ses fatigues le poids d'une guerre dont toutes les suites sembloient principalement le regarder, on ne devoit pas être surpris si, accablé de chagrins et environné de mille périls, il cherchoit aux dépens d'une vie pleine de traverses à finir la guerre.

Dans ce temps-là, les assiégés firent une furieuse sortie, tuèrent et renversèrent tout ce qui se trouva dans la tranchée, avec une sanglante perte des assiégeans. Le maréchal de Biron en rejetoit la faute sur Louis Breton de Grillon, colonel du régiment des Gardes : il prétendoit que les fréquentes allées et venues que Grillon avoit fait faire pour négocier avec André de Brancas de Villars, qui défendoit la ville et le fort Sainte-Catherine, avoient donné les moyens aux assiégés, et fourni l'occasion à Villars d'entreprendre cette sortie.

Un jour que Grillon vint dans le cabinet du Roi pour s'excuser là-dessus, il passa des excuses aux contestations, et des contestations aux emportemens et aux blasphèmes. Le Roi, irrité de ce qu'il continuoit si long-temps sur le même ton, lui commanda de sortir; mais, comme Grillon revenoit à tous momens de la porte, et qu'on s'aperçut que le Roi pâlissoit de colère et d'impatience, on eut peur que ce prince ne se saisît de l'épée de quelqu'un, et qu'il n'en frappât un homme aussi insolent. Enfin, s'étant remis après que Grillon fut sorti, et se tournant du côté des seigneurs qui l'accompagnoient, et qui, avec de Thou, avoient admiré sa patience après une brutalité si criminelle, il leur dit : « La nature m'a formé colère ; mais, depuis que je me connois, je me suis toujours tenu en garde contre une passion qu'il est dangereux d'écouter : je sais par expérience que c'est une mauvaise conseillère, et je suis bien aise d'avoir de si bons témoins de ma modération. » Il est certain que son tempérament, ses fatigues continuelles, et les différentes situations de sa vie, lui avoient rendu l'ame si ferme, qu'il étoit beaucoup plus le maître de sa colère que de sa passion pour la volupté.

On remarqua que, durant la contestation de Grillon, le maréchal de Biron, qui se trouva chez le Roi, et qui étoit assis sur un coffre, faisoit semblant de dormir, que plus elle s'échauffoit, et que les voix s'élevoient, plus il affectoit de dormir profondément. Quoique Grillon se fût d'abord approché de lui pour l'injurier, et qu'il lui criât aigrement aux oreilles qu'il n'étoit qu'un chien galeux et hargneux, la compagnie fut persuadée qu'il n'avoit affecté ce profond sommeil qu'afin de ne se point commettre avec un emporté et un furieux ; ce qu'il eût été contraint de faire pour peu qu'il eût paru éveillé : on crut encore qu'il avoit voulu laisser au Roi toute la fatigue de la contestation.

Avant cette sanglante sortie des assiégés, Sa Majesté s'étoit fait un plaisir, pendant le siége, de mener souvent le premier président et les députés, que de Thou accompagnoit, visiter ses travaux et ses tranchées; il les entretint au sujet des bulles d'excommunication du Pape, et leur dit qu'il étoit pressé par les prélats de son parti, qui lui demandoient la permission d'envoyer leurs députés à Rome, conformément au résultat de leur assemblée tenue à Chartres au sujet de ces bulles, contre lesquelles ses parlemens de Tours et de Châlons en Champagne avoient donné leurs arrêts. Le premier président et les conseillers, qui n'étoient venus au camp que pour cette affaire, s'opposèrent long-temps à cette députation. Ils lui représentèrent qu'elle avoit été défendue par l'arrêt du parlement; que, suivant l'usage établi par leurs prédécesseurs, cet arrêt devoit avoir la même force pendant ces démêlés que s'il l'avoit prononcé lui-même; que, s'il vouloit maintenir l'autorité royale, il ne devoit point souffrir qu'aucun de ceux qui suivoient son parti se mêlât de donner atteinte à ses déclarations ni aux arrêts de son parlement : ainsi, de l'avis des députés, et de celui des cardinaux et des prélats qu'on assembla sur cette affaire, on dressa une espèce de nouvelle pragmatique, et l'on fit quelques réglemens sur la conduite que l'on devoit tenir dans ces temps de division, pour faire venir de Rome les provisions, les dispenses, et les autres choses pour lesquelles on a coutume d'y recourir; que cependant les parlemens en connoîtroient conformément à ces réglemens. Ceci est expliqué plus au long dans l'Histoire Générale.

Mais comme cette délibération fut tenue secrète, cela n'empêcha pas que les prélats n'obtinssent la permission d'envoyer à Rome. Cette affaire étant terminée, le Roi congédia honorablement le premier président et les députés. Il renvoya aussi à Tours de Thou, qui lui avoit apporté trente mille écus d'or qu'il avoit ramassés de tous côtés. Il le chargea de travailler encore à lui en envoyer davantage, avec un pouvoir particulier de se servir de cet argent comme il le jugeroit à propos, lui donnant même des gens pour exécuter ce qu'il leur commanderoit, et qui devoient lui obéir comme à lui-même. De Thou ne s'en servit qu'avec modération, et, tant qu'il put, ne fit violence à personne, à l'exception de quelques-uns qui, se croyant plus fins que les autres, s'attirèrent de très-fâcheuses affaires en croyant les éviter.

Sur le chemin de Chartres à Tours il tomba dangereusement malade; cependant il souffrit son mal le plus patiemment qu'il put jusqu'à Tours, tantôt allant à cheval, tantôt en carrosse, quelquefois en litière; peu s'en fallut qu'il ne mourût en chemin la dernière journée. Sitôt qu'il fut arrivé, Charles Falaizeau et François Lavau, médecins célèbres, et tous deux de ses amis, le vinrent voir. Diane d'Angoulême, qui l'a toujours constamment honoré de son amitié, et dont la vertu héroïque répondoit à sa haute naissance, lui envoya aussi son médecin nommé Jaunai. Son mal venoit du séjour de quatre mois qu'il avoit fait au camp devant Rouen, où l'air, corrompu par la longueur du siége, avoit causé la peste.

En effet, au bout de trois jours on aperçut autour de ses reins ces espèces de charbons qui sont les marques certaines de cette maladie, et l'on désespéra absolument de sa guérison. On ne négligea rien contre un mal si dangereux, jusqu'au quatorzième jour, que, de l'avis de Falaizeau, qui disoit s'être quelquefois servi de ce remède avec succès, on lui fit prendre dans de l'eau cordiale une infusion d'une pierre de bézoard, que la duchesse d'Angoulême avoit donnée à Jaunai. Ce remède lui causa de fréquentes défaillances; mais les charbons se dissipèrent, ses forces se rétablirent à mesure que la fièvre diminua, et sa santé revint entièrement quelque temps après, avec autant de joie de tous les honnêtes gens de la ville, que sa maladie leur avoit causé d'inquiétude.

Ses premiers soins après sa guérison furent de donner à Dieu des marques publiques de sa reconnoissance pour toutes les grâces qu'il avoit reçues de sa bonté; il mit au jour un poème latin (1) qu'il composa à l'imitation du Prométhée du poète Eschyle, et le dédia à Jean de Thumery et à Claude du Puy ses intimes amis, qui s'étoient intéressés particulièrement à sa santé.

Sur la fin de l'année il partit de Tours pour aller à Chartres, où la Cour s'étoit rendue. Quelque temps auparavant le cardinal de Gondi et le marquis de Pisani, sur le refus du duc de Luxembourg, en étoient partis pour l'Italie. Ils avoient ordre d'y négocier la réconciliation du Roi avec le Pape; le sénat de Venise devoit y employer sa médiation, et le grand-duc avoit promis de l'appuyer de tout son crédit.

(1) *Un poème latin.* C'étoit une tragédie intitulée : *Le Démon enchaîné.*

[1593] Dans ce temps-là, la princesse Catherine, qui pendant ces guerres avoit toujours demeuré à Pau, vint trouver le Roi son frère. Ce prince alla au-devant d'elle, et la reçut à Tours comme elle y arrivoit. Pendant son absence les ennemis assiégèrent et prirent Noyon. Sur la nouvelle de ce siége le Roi revint à Chartres, et courut dans le Vermandois pour tâcher de secourir la place, s'il étoit possible; mais les assiégés, qui avoient fait leur capitulation sous la condition de se rendre s'ils n'étoient secourus dans un temps marqué, ne reçurent aucunes nouvelles du Roi, et quand ce temps fut expiré rendirent la place.

Sofrède de Calignon, fait chancelier de Navarre après la mort de Michel Hurault de L'Hôpital, vint aussi à la Cour dans le même temps. C'étoit un homme distingué par sa probité et par son érudition, par son expérience et par une sagacité admirable dans les affaires les plus difficiles, qu'il avoit le talent d'aplanir. Il avoit étudié au collége de Bourgogne, et, comme il étoit plus âgé de quatre ans que de Thou, il lui avoit appris la manière de faire des vers; ce que de Thou marque en quelque endroit de ses ouvrages. De Thou renouvela avec lui une ancienne amitié que le malheur des guerres précédentes avoit interrompue, et la conserva depuis chèrement tout le temps de sa vie.

On sut que sur la fin de l'année dernière le duc de Mayenne avoit publié un manifeste à Paris. Schomberg et de Thou, du consentement du Roi, furent d'avis d'y répondre au nom des princes, des prélats et des seigneurs qui suivoient Sa Majesté : cela donna lieu de proposer une conférence entre les deux partis, qui, ne pouvant la refuser honnêtement, convinrent d'un rendez-vous et du temps qu'ils s'assembleroient. Après plusieurs entrevues on conclut une trêve, et l'on espéra que pendant qu'elle dureroit les esprits, échauffés par la chaleur et la violence des troubles qui leur avoient donné tant d'aversion pour la paix, pourroient enfin revenir de leur emportement, et la souhaiter avec autant de passion qu'ils y avoient témoigné de répugnance.

Ce fut encore dans ce temps-là que de Thou se mit à travailler à ce corps d'histoire que nous avons de lui, et c'est principalement par rapport à cet ouvrage que l'on écrit sa vie; il y avoit plus de quinze ans qu'il en avoit formé le dessein. Dans cette vue il avoit depuis long-temps amassé de tous côtés les mémoires nécessaires, soit dans ses voyages, soit par le commerce de lettres et d'amitié qu'il avoit entretenu dès sa jeunesse avec tout ce qu'il y avoit de gens illustres dans l'Europe, et principalement en France. Il avoit appris ce qui s'étoit passé de plus particulier sous le règne de nos derniers rois, de ceux qui avoient été employés dans les grandes ambassades : il avoit examiné avec application les mémoires et les instructions des secrétaires d'Etat : il n'avoit pas même négligé (on l'avoue naturellement) tout ce qu'on avoit écrit de part et d'autre dans ces temps de troubles, mais avec la sage précaution de distinguer la vérité du mensonge, par le moyen et par les avis de ceux qui avoient eu part eux-mêmes aux affaires les plus importantes.

Ainsi, c'est avec une extrême injustice que ses envieux lui ont reproché qu'il s'étoit attaché à de méchans libelles et à de mauvais bruits répandus dans le public; on peut assurer qu'il n'a rien écrit qu'il n'ait puisé dans les sources mêmes de la vérité. On remarque dans sa narration ce rare caractère de candeur, également éloigné de la haine et de la flatterie : aussi l'on voit à la tête de son ouvrage une ode intitulée *La Vérité*, qui lui sert d'introduction. Ceux qui l'ont connu, et qui ont été témoins de sa conduite, peuvent lui rendre ce témoignage, que, si par modestie il se jugeoit inférieur à bien des gens en d'autres qualités, il leur a toujours disputé le premier rang à l'égard de la sincérité. Le mensonge lui fut toujours si odieux, qu'à l'exemple de cet Ancien (1) dont parle Cornelius-Nepos, il ne mentoit pas même dans ses discours les moins sérieux.

On sait encore que depuis sa vingtième année qu'il entra dans le monde, et qu'il vécut parmi les plus grands hommes de l'Etat, il y acquit la réputation d'avoir beaucoup de candeur et de probité; qu'il conserva cette réputation entière dans le maniement des grandes affaires où il fut et où il est encore employé. S'il s'est trouvé contraint de rapporter quelques faits odieux, du moins, pour peu qu'on veuille lui rendre justice, on peut juger, par la comparaison de ceux qui ont traité le même sujet, avec quelle modération son penchant à interpréter favorablement toutes choses lui a fourni les termes les plus mesurés, pour tâcher d'en diminuer la honte et le reproche : aussi ses amis lui ont souvent ouï dire que tous les matins, outre les prières que chaque fidèle est obligé de faire au Seigneur, il lui adressoit ses vœux en particulier pour le prier de purifier son cœur, d'en bannir la haine et la flatterie, d'éclairer son esprit, et de lui faire connoî-

(1) *Cet Ancien* : Epaminondas.

tre, au travers de tant de passions, la vérité que des intérêts fort opposés avoient presque ensevelie.

Il disoit qu'avec un si grand secours, et le témoignage de sa conscience, il ne doutoit pas qu'il n'eût rempli une grande partie des devoirs d'un historien, à moins que le jugement, qui est la partie la plus nécessaire, ne lui eût manqué; que là-dessus il espéroit que les siècles à venir lui rendroient une justice qu'il n'attendoit peut-être pas du sien. C'est pourquoi, dans la confiance où il étoit que son ouvrage passeroit à la postérité, il souffrit qu'un de ses amis composât sous son nom le poème suivant, pour servir comme d'apologie à ce qu'il avoit appris qu'on n'approuvoit pas, soit à Rome, soit à la cour de France. Il ne sera pas hors de propos de le rapporter ici, quoiqu'il ait été fait bien depuis le temps dont nous parlons.

A LA POSTÉRITÉ.

FONDEMENT de l'Histoire, exacte Vérité,
As-tu donc parmi nous perdu la liberté?
Quoi! pour avoir suivi tes fidèles maximes,
Exalté les vertus, fait détester les crimes,
A Rome, en France même, on traite d'attentat
Ce que j'ai composé pour l'honneur de l'Etat!
A qui donc me plaindrai-je, où sera mon refuge?
Rome est l'accusatrice et veut être mon juge.
Toi qu'on ne peut corrompre, équitable Avenir,
Quand on m'attaquera daigne me soutenir;
J'ai travaillé pour toi, j'attends ma récompense
De ton jugement seul et de ma conscience.

Si mon travail te plaît, juste Postérité,
Que pourra contre moi le vulgaire entêté?
Sa jalouse critique et ses faux témoignages
Ne flétriront jamais mon nom ni mes ouvrages.
Un jour viendra, sans doute, où l'envie et l'erreur
Ne lançant plus les traits d'une injuste fureur,
Ce qu'on blâme aujourd'hui trouvera lieu de plaire,
Et l'on rendra justice à ma plume sincère.
Cependant, sans aigreur, et dans de simples vers,
Je veux me disculper aux yeux de l'univers;
Je dois cette défense à ma gloire offensée.
Ma plume n'a jamais déguisé ma pensée;
Vrai dans tous mes discours, libre en mes sentimens,
J'ai toujours de mon cœur suivi les mouvemens.
Eh! que n'eût-on pas dit, si ma plume servile,
Au gré de mes censeurs, eût corrompu mon style!
Accusé d'impudence et de mauvaise foi,
Je leur eusse fourni des armes contre moi.
Quiconque a le cœur pur, le jugement solide,
Aime la vérité comme un fidèle guide;
Si dans l'ennemi même il la faut respecter,
On doit dans ses amis les vices détester.
Que chacun à son gré me condamne ou m'approuve,
J'honore la vertu partout où je la trouve,
Sans distinguer ni rang, ni pays, ni parti :
Ainsi, victorieux du monde assujetti,
Alexandre à Porus accorda son estime.
J'eus toujours pour objet cette juste maxime;
Je ne m'en repens point. Que ces adulateurs,
Du mensonge fardé lâches admirateurs;
Qu'un tas de paresseux, d'ignorans, d'hypocrites,
Vils esclaves des grands, infâmes parasites,
Perturbateurs secrets du repos des Etats,
Blâment ces sentimens ou ne les blâment pas;
Pour moi qui suis sans fiel, mais qui hais l'artifice,
Je rends aux bonnes mœurs une entière justice.
J'ai toujours regardé comme un bon citoyen,
Celui que l'on voit, même aux dépens de son bien,
Aux dépens de son sang, garder la foi promise,
Qui déteste la fraude et l'injuste surprise,

Que l'or ni les grandeurs ne tentèrent jamais,
Qui plus que tous les biens sait estimer la paix,
Et qu'on trouve en dedans, quand on le veut connoître,
Modeste et vertueux sans le vouloir paroître.
Une trop longue barbe, un air sombre, affecté,
Témoignent plus d'orgueil que de sincérité :
Dieu seul sonde les cœurs, démasque les visages,
Et montre dans leur jour tous les faux personnages.
Ici l'on me reproche, avec mille dédains,
D'épargner mon encens aux pontifes romains,
Lorsqu'à ceux que l'erreur de l'Eglise sépare
On me voit sans scrupule en être moins avare,
Et qu'au lieu du silence, ou d'un juste mépris,
On voit que leur louange infecte mes écrits.
Téméraire critique, as-tu lu mes histoires?
N'ai-je pas exalté les Marcels, les Grégoires,
Ceux qui si justement sont surnommés pieux?
Qu'ai-je dit de Caraffe, et des dons précieux
Dont le ciel le combla comme un rare modèle?
Ai-je tû leurs vertus? Ai-je oublié leur zèle?
Mais si l'on doit louer de si dignes pasteurs,
Tous ont-ils mérité l'éloge des auteurs?
Combien en a-t-on vus, de moins saints que les autres,
Occuper à leur tour la chaire des Apôtres?
C'est le sort des humains d'être tous imparfaits,
Et le Seigneur mesure à son gré ses bienfaits.
Quoi! pouvois-je approuver le profane Alexandre,
Dont l'infâme avarice osa tout entreprendre?
Pour élever ses fils, enrichir sa maison,
N'usa-t-il pas du fer, et même du poison?
Si je monte plus haut, excuserai-je Jule,
Qui du pouvoir des clefs abusant sans scrupule,
Les jeta dans le Tibre, et, les armes en main,
Mit en feu l'Italie et le peuple romain?
Comment justifier un autre Jule encore,
Qu'une lâche indolence à jamais déshonore,
Et qui, dans le réduit d'un jardin enchanté,
Oublia ses devoirs, ternit sa dignité?
Pourquoi, me dira-t-on, d'un style pathétique
Exposer ces défauts à la haine publique?

Ne valoit-il pas mieux les taire ou les cacher?
Censeur!, sais-tu pourquoi l'on doit les reprocher?
Rien n'empêche les grands de suivre leur caprice,
Que le soin de leur gloire et la honte du vice ;
Ce frein seul les arrête et retient leur penchant,
Chacun fuit le reproche et le nom de méchant ;
Tous craignent qu'en secret la Renommée instruite
Ne découvre au grand jour leur injuste conduite,
Et qu'un historien ne montre à l'univers
Des crimes qu'ils croyoient de ténèbres couverts.
Vous donc, ô souverains, qui gouvernez la terre,
Vous êtes au théâtre, et le peuple au parterre :
On vous voit d'autant plus que vous êtes plus haut;
On aperçoit de vous jusqu'au moindre défaut;
On veut vous pénétrer, et même le vulgaire
Pèse vos actions au poids du sanctuaire.
Si donc de la vertu vous suivez les sentiers,
Aux yeux de vos sujets montrez-vous tout entiers;
Leur louange sincère et votre conscience
Feront votre bonheur plus que votre puissance.
Sans craindre alors le peuple et ses regards malins,
Vous régnerez en paix, et parmi vos festins
Vous ne tremblerez plus en jetant votre vue
Sur une épée en l'air par un fil suspendue.
Tel le premier consul que Rome eut autrefois,
Se fit aimer du peuple en observant les lois.
On voit dans Rome même une place publique
Où règnent la satire et l'affreuse critique.
Là triomphe Pasquin, qui raille impunément
Des foiblesses des grands et du gouvernement;
Il n'épargne personne, et son voisin Marphore
Lui répond par des traits plus déchirans encore.
Souvent de leurs bons mots les termes effrontés
Révoltent la pudeur par leurs impuretés :
Les poètes, surtout, dont la Muse affamée,
Par le mépris des grands, de rage est animée,
Sans craindre le retour, y versent en tous lieux
De leurs vers pleins de fiel le poison odieux.
En vain pour réprimer cette ouverte licence,
On fait armer des lois la suprême puissance,

La garde vainement veille autour de Pasquin,
On n'a jamais surpris ni lui ni son voisin;
Et l'auteur inconnu de leur aigre satire,
Toujours en liberté peut et pourra médire.
Mais de tous ces brocards les traits si redoutés,
Donnent-ils quelqu'atteinte aux saintes vérités,
A cette foi si pure aux chrétiens révélée,
Que jadis Pierre et Paul de leur sang ont scellée,
Qui fut toujours la même, à qui les nations
Portent un saint respect dans ses décisions,
Et qui, de siècle en siècle à nos aïeux transmise,
Réunit l'univers dans le sein de l'Eglise?
Qu'à Rome on cesse donc de noircir un auteur
Qui ne veut imposer ni paroître flatteur.
S'il prise la vertu, s'il déteste le crime,
Sa liberté n'a rien qui ne soit légitime,
Et n'a point de rapport à la religion.
Pour moi, quoiqu'ennemi de toute passion,
Si contre les méchans ma haine naturelle,
Ou si des vertueux la peinture fidèle,
M'ont fourni des traits vifs et pleins de liberté,
Je suis né catholique, et l'ai toujours été.
Dans l'Eglise élevé dès ma plus tendre enfance,
Je n'ai point démenti cette heureuse naissance;
J'ai marqué mon horreur, en tous lieux, en tous temps,
Contre un schisme suivi de longs soulèvemens;
Jamais on ne m'a vu du parti des rebelles,
J'ai blâmé leurs fureurs et leurs ligues cruelles;
Et, détestant la guerre et les séditieux,
J'ai suivi constamment la foi de mes aïeux.

Illustre cardinal, à qui, dès ma jeunesse,
Je fus lié des nœuds d'une étroite tendresse,
D'Ossat, qui m'as connu dans mes divers emplois,
Viens aux yeux du public justifier ton choix.
Mon cœur te fut ouvert tout le temps de ma vie:
Si la lumière, hélas! ne t'étoit point ravie,
Tu fermerois la bouche à mes accusateurs,
Et la foible innocence auroit des protecteurs.
Favori des Neuf Sœurs, et l'honneur de notre âge,
Du Perron, joins au sien ton glorieux suffrage.

Et toi, témoin si sûr de mes soins pour l'Etat,
Gloire de ta patrie et du sacré sénat,
Morosin, qui m'aimas d'une amitié si tendre,
Dépose en ma faveur, et daigne me défendre.
N'as-tu pas reconnu ma foi, ma probité?
Sois mon garant fidèle à la postérité.
Je viens aux protestans, dont la moindre louange
Aux yeux de mes censeurs paroit un monstre étrange.
L'Histoire, disent-ils, doit les rendre odieux.
Pouvois-je refuser aux talens précieux
De l'esprit, du savoir, de l'adroite éloquence,
D'exercer les beaux-arts, d'en donner connoissance,
Un éloge sincère, et qu'on doit aux vertus
Dont ceux que j'ai loués ont été revêtus?
C'est ainsi qu'autrefois un auteur de Sicile,
Dans sa bibliothéque, à tous savans utile,
Fit passer jusqu'à nous et les dits et les faits
Des grands hommes fameux dans la guerre et la paix.
L'éloquent Sozomène a fait la même chose,
Et rendit de sa plume hommage à Théodose.
Je crois qu'à leur exemple on doit me pardonner
De louer Léonclave, et Fabrice, et Gesner,
Et Camerarius, et le docte Xylandre,
Tant d'autres qu'en ces vers on ne sauroit comprendre;
Ascham et Bucanan, Votton et Junius,
Ces Etiennes, savans au monde si connus,
Dont les soins d'imprimer en de beaux caractères
De tant d'anciens auteurs les rares exemplaires,
Rendront le nom illustre à nos derniers neveux.
J'ai joint le grand Erasme à ces hommes fameux,
Et n'ai pu me résoudre à ternir dans l'Histoire,
De ses rares talens l'honorable mémoire.
S'il eut quelques erreurs on dut les excuser;
Puisqu'Erasme étoit homme, il pouvoit s'abuser :
Dans un esprit de paix on a dû le reprendre,
Et ne le forcer pas à vouloir se défendre.
Que de ses ennemis, dans la même rigueur,
On éclaire la vie, on pénètre le cœur :
Que n'y verroit-on pas? de véritables crimes,
Et des erreurs peut-être, ou d'horribles maximes.

Chaque âge a ses défauts; je sais que, jeune encor,
A sa plume mordante il donna trop l'essor;
Mais, sans attention aux traits de sa critique,
Considérons sa mort chrétienne et catholique,
Et jugeons de son ame et de ses sentimens
Par sa dernière Epître adressée aux Flamans.
Dois-je ici repousser un reproche honorable,
De montrer pour nos lois un zèle inébranlable,
D'en soutenir partout la juste autorité,
Et de blâmer tous ceux qui leur ont résisté?
Ces lois, qui de l'Etat sont les fermes colonnes,
Sont dans l'ordre du Ciel, qui donne les couronnes.
En formant les Etats, Dieu leur donna des lois;
Quiconque les viole est rebelle à sa voix.
De tout temps on a vu la justice divine,
Des factieux publics permettre la ruine :
Tel Séjan, autrefois dans le Tibre entraîné,
Eprouva la fureur d'un peuple forcené;
Tel de Catilina Céthégus le complice
Fut puni justement par le dernier supplice.
Vous n'arracherez point, dit le texte sacré,
Les limites du champ entre vous séparé.
Ceux donc qui, par la brigue, ou de sourdes cabales,
Sapent dans un Etat les lois fondamentales,
Sont des serpens cachés qui déchirent son sein,
Prêts à faire éclater un dangereux dessein.
Peut-on penser, ô ciel! à la suite du crime
De quiconque renverse un pouvoir légitime?
Combien de maux affreux traîne infailliblement
Un changement de lois et de gouvernement!
Des esprits scrupuleux, fâchés qu'on les instruise,
S'offensent du récit du concile de Pise,
Convoqué par Louis, le plus doux de nos rois,
Prince dont la mémoire est chère aux bons François;
Pour le bien de la paix il tenta cette voie
De séparer enfin le bon grain de l'ivroie,
Et de parer les traits qu'un pontife hautain
Alloit lancer sur lui les armes à la main.
Quoi donc! pouvois-je taire une histoire publique?
Vous louez, diront-ils, cette audace authentique,

Même indirectement le Saint-Siége est noté.
Je vois ce qui les blesse, un trait de liberté.
Oseroient-ils blâmer un roi rempli de zèle
De soumettre au concile une juste querelle,
D'assembler ses prélats, afin de prévenir
Des abus que le schisme alloit entretenir?
Cette précaution n'est-elle pas permise
Dans un roi Très-Chrétien, fils aîné de l'Eglise?
Ne devoit-il donc pas, en cette qualité,
User de son pouvoir et de sa fermeté;
Soutenir tous ses droits et ceux de sa couronne,
Supprimer pour jamais le nom de Babylone;
Empêcher l'avenir de trouver aucun lieu
Aux défauts prétendus de l'Epouse de Dieu;
Déraciner enfin ces semences fatales
De plainte, de discorde, et de honteux scandales?
Que nous serions heureux, si les événemens
Avoient justifié de si beaux sentimens!
Qu'un concile si juste eût été nécessaire!
Jamais Jule, oubliant son sacré caractère,
N'eût rempli l'Italie et de feux et de sang.
Léon, qui le suivit dans cet auguste rang,
Profanant, vendant tout, jusques aux indulgences,
Pour fournir à son luxe, à ses folles dépenses,
N'eût jamais fait revivre un feu mal apaisé,
Dont le monde chrétien fut bientôt embrasé;
Le Nord, la Germanie, et toute l'Angleterre,
Reconnoîtroient encor le siége de saint Pierre.
   Autre nouveau reproche, effet de passion.
Pourquoi, dit-on, parler de cette Sanction,
Que vos grossiers aïeux appeloient *Pragmatique?*
N'a-t-on pas supprimé ce réglement antique?
Cependant, établi par un grand empereur,
Deux rois, deux sages rois l'ont remis en vigueur.
Tout le temps qu'il eut cours la France fut heureuse,
L'Eglise dans la paix, sans secte dangereuse;
Si le schisme est fatal au Germain, à l'Anglois,
Nous obligera-t-on à relâcher nos droits?
Faudra-t-il oublier un si constant usage?
N'oserons-nous du moins en informer notre âge?

Il ne me reste plus qu'à me justifier
D'un crime atroce, affreux, qu'on ne peut expier.
A quoi bon détester cette heureuse journée
Où dans un piége adroit l'hérésie amenée
Vit ses plus grands suppôts, de toutes parts meurtris,
Ensanglanter la France et les murs de Paris?
Ignorez-vous, dit-on, qu'une action si sainte
Dans Rome est approuvée, au Vatican est peinte,
Et que, de tous les coups portés à l'ennemi,
Aucun n'égale encor la Saint-Barthélemy?
Romains, dévots Romains, qui brûlez d'un faux zèle,
Me ferez-vous sans cesse une injuste querelle?
Pourquoi confondez-vous et les temps et les lieux?
Chantez à haute voix un jour si glorieux,
Célébrez tous les ans son illustre mémoire,
Et que le Vatican conserve cette histoire :
Vous le pouvez dans Rome, et par delà les Monts.
Les Muses de Sicile, ou plutôt les Démons,
Peuvent aussi chanter, au milieu de leur île,
Sur un semblable ton les Vêpres de Sicile.
Ces applaudissemens ne conviennent qu'à vous,
Et nous trouvons amer ce qui vous paroît doux.
Nous sommes différens de pays, de langage.
Quoi! j'aurois approuvé cet horrible carnage,
Désavoué cent fois avec confusion,
L'éternel déshonneur de notre nation!
J'aurois loué ce jour qui nous remplit d'alarmes,
Autorisa la haine et lui fournit des armes!
Jour affreux qui vit naître un esprit de fureur,
Qui vit verser le sang, sans remords, sans horreur!
Non, la fidélité que l'on doit à l'Histoire
Manquant pour ce tableau de couleur assez noire,
Je n'ai pu trop marquer mon exécration :
Ce ne fut que désordre, effroi, combustion;
On renversa les lois, appui de la patrie;
L'Etat fut ébranlé, la justice flétrie;
On viola la paix, ce trésor précieux,
Le bienfait le plus grand qu'on reçoive des cieux,
Le salut des Etats, pour qui l'Eglise entière
Tous les jours au Seigneur adresse sa prière.

Vous qui, dans la mollesse et dans l'oisiveté,
Engourdis de langueur et de sécurité,
Passez vos jours heureux dans une paix profonde,
Digne postérité de ces maîtres du monde,
Vous vous trompez, Romains, si vous ne croyez pas
Que rien puisse troubler vos tranquilles Etats.
Ah! si comme autrefois on voyoit à vos portes
Bourbon, accompagné de nombreuses cohortes,
Escalader vos murs, mourir victorieux,
Livrant à votre ville un assaut furieux;
Si le superbe d'Albe, et l'armée espagnole,
Venoient encor de nuit au pied du Capitole,
Prêts à bouleverser vos tours et vos remparts;
Alors, certes alors, fuyant de toutes parts,
Par vos propres périls rendus plus pitoyables,
Vous pourriez compatir à des malheurs semblables;
Vous chercheriez la paix, dont le fruit précieux
Ailleurs qu'en vos Etats vous devient odieux.
Votre tour peut venir aussi bien que le nôtre :
Aujourd'hui c'est à l'un, et demain c'est à l'autre;
Un orage fatal, dont nous sentons les coups,
Quoiqu'il soit éloigné peut passer jusqu'à vous.
Ne voit-on pas aussi, dans votre propre terre,
De tristes monumens des fureurs de la guerre?
Le Comtat embrasé se souviendra long-temps
D'un ravage funeste à tous ses habitans.
Quand le fier des Adrets vengea la barbarie
Que dans Orange en feu Serbellon en furie
Exerça contre un peuple indignement traité,
Que vous payâtes cher cette inhumanité!
Qu'Avignon est à plaindre! et qu'Orange est voisine!
Si parmi vous un jour ce même esprit domine,
Et si, las de la paix qui vous rend tous heureux,
Vous écoutez encor des conseils dangereux;
Si tous ces fainéans, vain fardeau de la terre,
Aux dépens de vos biens rallument cette guerre,
Sans craindre des malheurs qu'ils ont déjà causés,
Sans prévoir les périls où vous vous exposez,
Hélas! combien de maux vous ferez-vous vous-mêmes!
Pourrez-vous regarder, sans des frayeurs extrêmes,

Vos sujets dans les fers, vos champs sans laboureur,
Le sang couler partout, vrai spectacle d'horreur!
Vos prêtres dispersés, fuyant de ville en ville,
Même au pied des autels ne trouver point d'asile;
Ou, si quelqu'un échappe aux fureurs du soldat,
Le peuple l'accuser des malheurs de l'Etat?
Mais, sans pousser plus loin un odieux présage,
Disons la vérité, rendons-lui témoignage:
Christ a-t-il quelque part dans tous ces mouvemens?
Est-ce là pratiquer ses saints commandemens?
Que devient, dans le cours d'une guerre cruelle,
Cette union des cœurs, cette amour mutuelle?
Que devient le lien de la société,
La source des vertus, l'ardente charité,
Qui toujours du chrétien fut la marque authentique?
A ne considérer que l'ordre politique,
Respecte-t-on des lois la juste autorité?
L'innocente pudeur est-elle en sûreté?
La guerre est en un mot le triomphe du vice,
Et l'on n'y voit ni foi, ni piété, ni justice.
Ne vous servez donc plus du glaive temporel,
Romains, votre partage est le spirituel.
Le fer détruit de Dieu les images vivantes;
N'élevez vers le ciel que des mains innocentes
Dont le sang n'ait jamais terni la pureté,
Et désarmez un Dieu justement irrité.
Envers les séparés devenez charitables;
Pour être dans l'erreur ils ne sont point coupables.
Si par foiblesse humaine ils ont été surpris,
Ce n'est point par le fer qu'on guérit les esprits.
Quelle est donc la maxime, ou plutôt l'injustice,
Qui prétend les forcer, même par le supplice?
Quittez ce sentiment indigne de chrétiens,
Il est pour les gagner de plus justes moyens:
L'innocence des mœurs, une pure doctrine,
Des raisons que fournit la parole divine,
Des argumens tirés de la Tradition,
La pitié, la douceur, la conversation;
Voilà pour les dompter les armes qu'il faut prendre:
La rigueur les aigrit, les force à se défendre;

Les prisons, les gibets augmentent leur fureur.
Eh! qui pourroit, hélas! raconter sans horreur
Les troubles de l'Europe et la funeste suite
De cette dangereuse et sévère conduite?
J'étois près de finir, et je touchois au port,
Flatté que mes censeurs ne feroient plus d'effort,
Et qu'il ne restoit plus de traits à l'imposture,
Quand tout-à-coup s'élève un odieux murmure.
De mon père, dit-on, je trouble le repos,
J'impose à sa mémoire, et dis mal à propos
Que, contre son avis, et par obéissance,
Il excusa ce jour, la honte de la France,
Ce massacre inhumain dont, comme magistrat,
Il loua la justice au milieu du sénat.
 Nom pour moi si sacré! cendres que je révère!
Ici je vous atteste, ô mânes de mon père!
J'appelle devant vous de ma sincérité,
Vous n'êtes point blessés de cette vérité!
Jour et nuit devant moi vient s'offrir votre image,
Elle éclaire mes pas; observe mon langage,
Et, si dans mon chemin je venois à broncher,
Je la vois toute prête à me le reprocher.
C'est elle, comme un juge éclatant de lumière,
Qui me montre le prix au bout de la carrière,
Et qui pour m'animer me met devant les yeux
Les grandes qualités de mes nobles aïeux.
Je les vois, signalant leur valeur et leur zèle,
Au siége d'Orléans répandre un sang fidèle.
Je vois deux noms fameux dans les siècles passés,
Au comble des honneurs l'un et l'autre placés,
De Marle et d'Armagnac mourans pour la patrie,
Du peuple par leur sang apaiser la furie.
Chef des conseils de paix et digne chancelier,
De Ganay, je ne puis ni ne veux t'oublier.
C'est à de si grands noms que je dois ma naissance;
Tous sont de ma famille ou dans mon alliance.
Non, la postérité ne m'accusera pas
De m'être indignement écarté de leurs pas;
Jamais on ne m'a vu par d'infâmes bassesses
Mendier à la Cour les honneurs, les richesses;

Content dans mon état, dans ma condition,
J'ai vécu sans intrigue et sans ambition.
   Ressource auprès des rois aujourd'hui nécessaire,
Ombres de mes aïeux, mémoire de mon père,
Qui, de tes longs travaux délivré pour jamais,
Possèdes dans le ciel une éternelle paix,
Vous savez que, toujours fidèle à ma naissance,
Fidèle aux grands emplois dont m'honora la France,
Je n'ai fait, en servant ma patrie et mon roi,
Rien d'indigne de vous, rien d'indigne de moi;
Que, n'ayant refusé ni mes soins ni ma peine,
Mon zèle, dégagé de faveur et de haine,
Mériteroit peut-être un peu d'attention,
Si l'on aimoit la paix et l'esprit d'union.
Lorsque je subirai la loi de la nature,
Mon ame auprès de vous se rendra toute pure;
Je mourrai sans reproche et sans être infecté
Des maximes d'un siècle ingrat, sans charité.
   Mais puisque Dieu permet, dans sa juste colère,
Que l'on n'écoute plus de conseil salutaire,
Qu'on se laisse entraîner par les plus violens,
(Ce que j'avois prévu dès mes plus jeunes ans,
Quand des faucons légers je chantois le courage,)
Maintenant que je touche au déclin de mon âge,
Je laisse le champ libre à tous mes envieux,
Et quitte des emplois qui leur blessent les yeux.

On a déjà dit que cette Apologie fut faite sous son nom par un de ses amis. Depuis long-temps un secret pressentiment lui faisoit appréhender que l'histoire qu'il nous a donnée ne lui attirât des affaires (ce qu'il craignoit moins par rapport à sa fortune que par rapport à l'utilité publique) : cela le fit souvenir de son poème de *la Fauconnerie* qu'il avoit composé il y avoit plus de vingt-sept ans, et qui finit par une espèce de présage de ce qui lui devoit arriver. Il l'avoit fait voir à son ami; et, afin qu'on puisse juger de sa prévoyance, il faut insérer ici les propres vers de ce poème.

> Ceux qui, passant un jour près de mon monument,
> Verront qu'un gazon simple en fera l'ornement,
> Diront, tout étonnés d'une telle aventure :
> Celui qui dans ces lieux choisit sa sépulture,
> Des plus grands magistrats avoit reçu le jour;
> Il fut de sa famille et l'espoir et l'amour :
> De grandes qualités, une juste opulence,
> Tout pouvoit soutenir l'honneur de sa naissance.
> Pour régler ses devoirs il eut devant les yeux
> L'exemple et les vertus d'un grand nombre d'aïeux.
> D'un père illustre encor l'honorable mémoire
> Se joignoit dans son cœur à l'amour de la gloire.
> Il préféra pourtant aux plus brillans emplois
> Une douce retraite et le calme des bois;
> Il préféra l'étude et le repos des Muses
> Aux faveurs de la Cour, si vaines, si confuses;
> Aimant mieux sans éclat vivre et mourir en paix,
> Le front ceint d'un laurier qui ne flétrit jamais,
> Qu'aux dépens des vrais biens que donne la retraite,
> Jouir dans le public d'une gloire inquiète.

Il est surprenant que de Thou, qui a toujours fait profession d'impartialité et de philosophie; qui n'a écrit ses Annales que dans la vue de la gloire de Dieu et de l'utilité du public, à qui il importe que la vérité soit transmise à la postérité; qui n'a rien avancé que sur la foi des garans les plus sûrs; qui fait voir partout un esprit si dégagé de complaisance, de haine et d'ambition, ait été cependant attaqué par tant de calomniateurs au sujet de son Histoire.

Il est plus étonnant encore que leur malignité ne se soit pas contentée de relever avec aigreur les fautes légères où il est difficile à tout historien de ne pas tomber dans le cours d'un si long ouvrage, mais qu'elle ait encore cherché par les plus mauvais artifices à décrier l'auteur, jusque-là que, passant de l'examen de ses écrits à celui de ses mœurs, ils ont voulu pénétrer jusque dans l'intérieur de son domestique, afin que rien n'échappât à la fureur de leur animosité.

Ne pouvant comprendre la source de cette haine, pour en connoître les motifs je m'adressai un jour à lui-même, et lui demandai ce qu'il pensoit là-dessus. Il me répondit qu'il n'en savoit point d'autre raison, sinon qu'il y avoit dans ses écrits certaines choses que ses censeurs n'osoient relever. Je voulus alors deviner ce que c'étoit, et je m'imaginai que c'étoit l'aversion et l'horreur qu'il témoigne dans tout le corps de ses Annales contre nos guerres de religion. Effectivement, il y tâche de détourner ses lecteurs d'une voie si violente, comme il s'en est expliqué plus librement dans sa Préface, dans laquelle il déclare que la violence n'est pas un moyen légitime de réparer les brèches qui ont été faites à la religion. Il y insinue en plusieurs endroits qu'il est nécessaire de rétablir l'ancienne discipline de l'Eglise, et que, conformément aux décrets du concile œcuménique de Constance, on devroit assembler des conciles tous les dix ans, si la nécessité n'oblige de le faire plus souvent.

Ce qui les irrite le plus, c'est qu'il y défend nos lois, les prérogatives du royaume, les libertés et les priviléges de l'Eglise gallicane, et qu'il y donne des éloges à la Pragmatique, qu'il nomme notre *Palladium*. Comme ce sont des usurpateurs qui ne cherchent qu'à s'enrichir par surprise du bien d'autrui, aux dépens même du schisme et de la ruine de l'Eglise, ils ne demandent pas mieux que de voir la guerre et la révolte déchirer les royaumes de la chrétienté, pour en pouvoir détruire les libertés, et pour établir leur puissance démesurée sur le mépris de la majesté des souverains.

Voilà ce qui leur tient si fort au cœur, voilà la source véritable de cette furieuse aversion, et le motif secret de ces libelles répandus partout, et remplis de tant de venin : il est inutile d'en chercher d'autre. C'est ce qui a donné lieu à la censure qu'on a faite à Rome de l'*Histoire de Jacques-Auguste de Thou,* sans aucuns égards pour l'auteur et sans écouter ses raisons : alors il n'en paroissoit encore qu'une partie imprimée, mais avec cette Préface qui leur est si sensible, quoiqu'ils se gardent bien d'avouer qu'elle soit le motif de leur haine.

Cependant lorsque le cardinal Bellarmin l'eut lue, et qu'on lui en eut demandé son sentiment, il répondit qu'il n'y trouvoit rien digne de censure. Il est vrai qu'il ajouta que le règne de Henri II ayant plutôt été troublé par les guerres étrangères que par les guerres de religion, il y avoit eu de la précipitation d'en rejeter les causes sur elle : mais cette Préface regarde l'Histoire entière, qui comprend toutes nos guerres civiles : d'ailleurs elle avoit été imprimée avec le règne de François II, sous lequel elles avoient commencé.

Cela n'empêche pas que ces censeurs importuns ne continuent de déclamer depuis dix ans. Ils ne sauroient souffrir que nous jouissions d'une paix conclue et exécutée de bonne foi : ils reprochent comme un crime à un homme qui a travaillé depuis treize ans, par l'ordre de Henri le Grand, à réconcilier les esprits, de parler des protestans avec modération, et de leur rendre la justice qui est due à tout le monde. Imbus d'une nouvelle doctrine, et se flattant que la Providence divine favorisera leurs entreprises, ils croient procurer la gloire de Dieu par des cabales et des conjurations, par la guerre et par les massacres. La contrition, les prières, les larmes, les conférences paisibles avec nos frères séparés, leur paroissent des moyens trop doux contre un mal qui fait de jour en jour de nouveaux progrès. Ils se déchaînent contre ceux qui implorent le secours des conciles; ils les traitent de schismatiques, du moins de gens suspects et peu affectionnés à la religion. Ces hommes dangereux, qui, en abandonnant le soin des brebis égarées, se sont dépouillés de l'esprit de charité de nos ancêtres, aiment mieux, sous le prétexte de la liberté ecclésiastique, traiter avec une dureté hors de saison ceux qui tâchent de conserver le lien de la paix et de la concorde. Ils préfèrent la pompe, le faste, l'ambition, le désir de dominer sur les consciences, source de schisme, à la simplicité, à la frugalité de nos pères, à la douceur, à la charité : enfin, comme les sages du monde, ils se préparent à la guerre dans le sein de la paix. Les mauvais succès ne les rebutent point ; ils se font un jeu de porter le fer, le feu et la désolation de tous côtés, pourvu qu'ils se vengent, pourvu qu'ils ruinent et fassent périr ceux qui n'ont pas approuvé leurs mauvais desseins, ou qui ont osé s'y opposer.

Voilà ces gens qui crient si haut contre l'auteur de l'Histoire dont il s'agit. Voilà les causes de cette haine violente, d'autant plus dangereuse que c'est un feu couvert que rien ne peut éteindre ; car c'est un crime chez eux, mais un crime de lèse-majesté divine, de défendre aujourd'hui les droits du royaume, ses libertés, sa dignité; de se précautionner, à l'exemple de nos généreux ancêtres, contre les entreprises et les usurpations des étrangers; de maintenir la justice de nos lois, les libertés et les prérogatives de l'Eglise gallicane; de défendre la vie de nos rois, et de les garantir des conspirations et de l'assassinat.

Celui à qui ils reprochent ces sentimens auroit été honoré de la couronne civique et du triomphe, lorsque, par notre union et par notre courage, nous défendions autrefois les priviléges de notre patrie. Mais depuis que par nos dissensions et par notre lâcheté nous avons trahi l'Etat, en permettant à nos ennemis jurés d'en pénétrer les secrets, on a renversé cette barrière, et on a traité de chimère la fidélité que nous devons à nos souverains : on regarde aujourd'hui ce même homme avec horreur, comme un monstre exécrable et frappé de la foudre.

Il faut en demeurer là, et prier le lecteur d'excuser la longueur et la vivacité de ce discours. On y fait voir l'innocence d'un illustre accusé; mais on le fait contre son intention, et lui-même ne l'auroit jamais fait.

LIVRE SIXIÈME.

[1593] De Thou, qui s'étoit établi à Tours avec sa femme, et qui y avoit apporté de Paris, pendant la trêve, les livres et les mémoires nécessaires qu'il avoit tirés de sa bibliothèque nombreuse et choisie, travailla à écrire l'Histoire pendant le reste de cette année.

[1594] Au commencement de la suivante on résolut de sacrer le Roi, qui avoit été réconcilié à l'Eglise, quoique non absous par le Pape. La cérémonie du sacre se fit à Chartres par les mains de Nicolas de Thou, évêque de cette ville. Le premier président et les conseillers du parlement, que le Roi y avoit mandés, s'y trouvèrent avec M. et madame de Thou.

On délibéra dans la suite sur les négociations secrètes qu'on entretenoit avec Brissac pour la réduction de Paris. Anne d'Este, duchesse de Nemours et mère du duc de Mayenne, en avoit été avertie par les émissaires qu'elle entretenoit à la Cour. Elle le fit savoir au duc son fils, comme elle le dit depuis à de Thou, pour qui elle avoit conservé la même amitié qu'elle avoit eue pour le premier président son père. Le duc négligea ces avis, et, ayant laissé la ville au pouvoir de Brissac, dont il se croyoit très-assuré, il alla rejoindre son armée. Brissac, ayant déjà fait son traité avec le Roi, remit quelque temps après à Sa Majesté la ville de Paris.

Après le sacre, de Thou s'en étoit retourné à Tours avec le premier président de Harlay. Au mois de mars suivant le Roi entra dans Paris. Les officiers du parlement de Tours, qui depuis cinq ans y avoient rendu la justice, et qui étoient toujours restés fidèles à Sa Majesté, espéroient qu'on ne rétabliroit point le parlement de Paris sans attendre leur retour; mais François d'O, qui avoit eu le gouvernement de cette grande ville, et qui ne cherchoit que les occasions de diminuer l'honneur de cette compagnie, voulut gagner les bonnes grâces du peuple et la faveur des officiers du parlement qui venoient de faire leur paix; dans cette vue il sollicita instamment le Roi de les rétablir, sans attendre le retour du premier président. Ce magistrat en eut un sensible déplaisir : il ne pouvoit se consoler qu'on lui eût fait perdre une si belle occasion d'arracher toutes les semences d'une faction dangereuse, et de voir que la grâce qu'on venoit d'accorder laissoit aux rebelles l'espérance de pouvoir un jour se révolter impunément.

La mort imprévue de d'O, qui arriva peu de temps après, adoucit un peu sa peine : on diminua et on partagea l'autorité du gouverneur, et il ne crut pas qu'après lui il s'en trouvât un autre assez puissant pour rallumer les étincelles d'une faction presque éteinte.

Sur la fin de cette année on bannit les jésuites de France. Cet arrêt fit de la peine à de Thou : d'un côté il connoissoit la nécessité indispensable où l'on étoit d'assurer la tranquillité publique, après un aussi grand péril que celui qu'on venoit d'éviter; de l'autre il étoit très-fâché de perdre Clément du Puy, leur provincial, qui étoit fort de ses amis. Ce père venoit souvent lui rendre visite avec Pithou et Nicolas Le Fèvre : il avoit

avoit beaucoup d'éloquence, un jugement très-solide et une profonde érudition : d'ailleurs il témoignoit en toutes rencontres qu'il n'avoit que de bonnes intentions pour le repos de l'Etat.

Charles de Lorraine, duc de Guise, fit dans ce temps-là sa paix avec le Roi : on choisit de Thou et Maximilien de Béthune, marquis de Rosny, pour régler les conditions de son traité. Après qu'il fut arrêté, de Thou, dans l'ode suivante, rendit compte au public des motifs qui, contre son inclination, l'avoient obligé de suivre la Cour, où les malheurs de la guerre l'avoient entraîné : il étoit bien aise aussi de faire voir de quelle manière il s'en étoit retiré sitôt qu'il en avoit trouvé l'occasion.

ADIEU A LA COUR.

ODE.

Cour, où les Muses méprisées
Sont sans honneur et sans appui,
Où les ames désabusées
Trouvent tant de sujets d'ennui ;
Cour, où des ministres indignes,
Aux bassesses les plus insignes
Accordent les plus grands bienfaits ;
C'est assez languir dans vos chaînes,
Toutes vos promesses sont vaines,
Je vous dis adieu pour jamais.

Je ne vois chez vous qu'injustice,
Imposture, irréligion ;
L'intérêt, la basse avarice,
Y soutiennent l'ambition.

J'y vois triompher l'insolence
De vrais amis en apparence,
Dont le cœur est double et jaloux,
Chacun à l'envi s'y détruire,
L'envieux, toujours prêt à nuire,
Porter d'inévitables coups.

Donnerois-je un encens coupable
A tant de scélérats heureux ?
D'un poète infâme, exécrable,
Y louerois-je les vers affreux ?
Pourrois-je y vivre en hypocrite,
Ou devenir le parasite
D'un grand de flatteurs obsédé ?
Ou traiter de galanterie
Les crimes et l'effronterie
D'une Laïs au teint fardé ?

Oh! que la retraite a de charmes!
J'y pourrai vivre en liberté,
Sans être sujet aux alarmes
De l'ambitieux agité.
J'y garderai mon innocence,
Et les lois de ma conscience
Y régleront tous mes désirs;
J'y pourrai, sans inquiétude,
D'une utile et savante étude
Goûter les tranquilles plaisirs.

Non, ce ne fut ni l'avarice,
Ni la voix de l'ambition,
Qui m'appelèrent au service
D'un prince dans l'oppression.
Ce fut pour m'épargner un crime
Pour servir mon roi légitime,
Qu'à la Cour je suivis ses pas :
Une rebellion fatale
Le chassoit de sa capitale
Par le plus noir des attentats.

Schomberg, ce fut par tes suffrages
Qu'on m'honora d'emplois divers;
Je te suivis dans tes voyages,
Avec toi je passai les mers.
Tous deux zélés pour notre prince;
Allant de province en province,
Nous y rétablîmes ses lois;
En Italie, en Allemagne,
Malgré les intrigues d'Espagne,
Nous fîmes respecter ses droits.

Après que par la main d'un traître
La France eut perdu son appui,
N'y fîmes-nous pas reconnoître
Le prince qui règne aujourd'hui?
Enfin, soumis par sa puissance,
Par sa valeur, par sa clémence,
Tout rend hommage à ce grand roi
Qui peut donc blâmer mon envie,
D'achever doucement ma vie
Dans les devoirs de mon emploi?

Tu jugeras de ma conduite,
Équitable Postérité!
Ma retraite n'est que la suite
De ma constante activité.
Depuis quatre ans suivant l'armée,
Ma fidélité confirmée
A mon Roi même pour témoin;
Muses, à vos douceurs sensible,
Je cherche un asile paisible,
Pour ne voir la Cour que de loin.

[1595] Sur la fin de cette année, les ambassadeurs de Venise, après avoir été long-temps en chemin, arrivèrent à Paris, suivis d'un train magnifique. On les y reçut avec des honneurs extraordinaires; de Thou, nommé à l'ambassade de Venise, eut ordre du Roi d'aller au-devant d'eux avec André Hurault de Meisse, qui étoit de retour de cette ambassade ; il eut ordre encore de leur tenir compagnie pendant leur séjour.

Dans la même année mourut Augustin de Thou son oncle, président à mortier. Il y avoit déjà long-temps que de Thou étoit reçu en survivance de cette charge, il ne lui restoit plus que d'en prendre possession. Il le fit avec si peu d'empressement, que, quand les ligueurs mirent son oncle à la Bastille avec le premier président de Harlay, il refusa d'en occuper la place dans le parlement séant à Tours, comme on l'a rapporté ci-devant. Après sa mort il ne voulut point aller au Palais que la cérémonie de ses funérailles ne fût achevée, et qu'il ne se fût acquitté de tout ce qu'il devoit à sa mémoire.

Il avoit rendu des services considérables au jeune prince de Condé et à la princesse sa mère, lorsqu'elle avoit été inquiétée pour la mort équivoque de son mari. Cette même année il s'employa pour eux avec le même zèle ; et, quand le Roi les fit venir à Paris, il n'oublia rien, soit à la Cour, soit dans le parlement, pour leur faire rendre ce que leur naissance exigeoit, persuadé qu'il étoit de l'intérêt du Roi et qu'il importoit au bien de l'Etat d'en user ainsi. Cependant ses ennemis, par le mauvais tour qu'ils donnèrent à ses services, essayèrent de rendre sa fidélité suspecte à la Cour et au parlement ; ce qui lui attira des reproches des deux côtés. Il ressentit les effets de leur malignité long-temps depuis ; mais comme il étoit accoutumé à la perte de ses biens, qu'il faisoit peu de cas de la faveur que les courtisans recherchent avec avidité, et qu'il n'attendoit que du témoignage de sa conscience la récompense de tant de travaux et de tant de contradictions, il n'eut pas de peine à s'en consoler.

Afin de faciliter le succès de cette affaire, le Roi, avant d'envoyer en Poitou le marquis de Pisani pour amener le jeune prince, dont il l'avoit fait gouverneur, suivit l'avis du duc de Nevers, et donna, à Saint-Germain-en-Laye, un édit en faveur des protestans, pour éloigner les obstacles qu'ils pourroient apporter sur ce sujet. De Thou le fit vérifier au parlement sans modification. Cet édit expliquoit plus amplement l'article xix de celui de 1577, qui les admettoit aux charges indifféremment avec les catholiques. Le procureur général, qui vouloit faire connoître qu'il s'y étoit opposé, fit mettre dans l'enregistrement de l'édit : *Oui et non, ce requérant le procureur général*; ce qui alarma les protestans, qui crurent qu'on avoit prétendu les priver du bénéfice des édits précédens : ainsi ils obligèrent le Roi de leur en accorder un autre l'année suivante.

[1596] Ils prirent le temps que ce prince étoit occupé au siége de La Fère, et, sous prétexte de la sûreté de leur religion, ils lui présentèrent une requête dans la situation la plus fâcheuse de ses affaires. Les suites en étoient dangereuses : pour les prévenir, ce sage prince crut qu'il falloit y donner ordre de bonne heure, ne point congédier leur assemblée, et y envoyer un commissaire fidèle qui traitât avec eux des articles qu'ils proposoient.

De Thou fut choisi pour cette commission dans le temps qu'il y pensoit le moins : il travailloit dans sa maison à écrire son Histoire, et à réparer les pertes qu'il avoit souffertes dans ses biens depuis cinq ans.

Les ordres qu'il reçut portoient que, sans prendre congé du Roi, il partît incessamment pour se rendre à Loudun. Comme jusqu'alors il n'avoit reçu que de l'ingratitude de la part de ceux dont il en devoit le moins attendre, il s'excusa auprès de Sa Majesté et auprès de Villeroy, secrétaire d'Etat, qui avoit signé les ordres. Il prévoyoit que la négociation de cette affaire, qui étoit de la dernière importance, lui attireroit l'indignation de Rome et la disgrâce de la Cour par les intrigues de ses ennemis. Pour s'en défendre, il se servit jusqu'à deux fois du crédit de Schomberg, son bon ami, qui étoit malade à Paris; mais Villeroy s'y opposa avec chaleur, et pressa Schomberg de le faire partir incessamment, alléguant pour toutes raisons que le service du Roi demandoit que ce fût lui qui ménageât cette affaire, puisqu'il s'en étoit déjà mêlé.

De Thou, voyant que les remontrances de Schomberg étoient inutiles, alla trouver Nicolas de Harlay de Sancy, surintendant des finances, son ancien ami et allié, qui obtint du Roi que de Vic et Calignon seroient chargés en sa place de cette fâcheuse commission; mais en même temps de Thou reçut ordre d'aller à Tours avec Schomberg pour la paix du duc de Mercœur, qu'on devoit traiter avec les députés de ce prince, et en présence de la reine Louise sa sœur, qui étoit veuve de Henri III. Après quelques jours employés à cette négociation ils se rendirent à Angers.

Ce fut dans cette dernière ville que de Thou fut accablé de la nouvelle de la mort de Pierre Pithou, savant homme qui partageoit ses soins, qui étoit son conseil dans ses affaires et dans ses études, et qui le premier lui avoit inspiré le dessein d'écrire l'histoire de son temps. Cette mort lui fut si sensible, que, privé d'un aussi grand secours, il fut près de déchirer ce qu'il en avoit déjà composé, et d'abandonner absolument l'ouvrage. Il se retira quelques jours, et perdit beaucoup de sa gaîté ordinaire, jetant les yeux de tous côtés, et ne trouvant personne qui remplaçât son ami, ni qui le pût conduire dans son entreprise; car en toutes choses il ne consultoit que Pithou, qui étoit doué d'un discernement admirable et d'un amour désintéressé pour la justice et pour la vérité. Il avoit fait examiner et corriger par un ami si judicieux tout ce qu'il avoit écrit jusqu'à la fin du règne de Henri II. Son manuscrit même étoit encore entre les mains de Pithou quand ce savant homme mourut; pour le reste, il se servit des lumières de ses autres amis.

Lorsqu'il fut de retour à Tours avec Schomberg, il répondit à la lettre de consolation qu'il avoit reçue de Jacques Gillot, un des conseillers du parlement qui avoient le plus d'intégrité. Il trouva depuis l'occasion d'écrire à Casaubon, et voulut déposer sa douleur dans le sein de cet illustre savant. Pour marquer combien il estimoit Pithou, et combien il fut affligé de sa perte, il est à propos de rapporter ici la copie de la lettre qu'il écrivit à Casaubon, et qui s'est trouvée parmi ses papiers.

JACQUES-AUGUSTE DE THOU,

AU SAVANT ISAAC CASAUBON.

« Comme j'étois il y a quelques jours à Angers, où
« le Roi m'avoit envoyé pour travailler avec M. de
« Schomberg à pacifier la Bretagne, j'y reçus, mon-
« sieur, la triste nouvelle de la mort de Pierre Pithou.
« D'abord j'en fus affligé comme je le devois être, et
« depuis d'autant plus sensiblement, que, ne m'y étant
« point attendu, je n'avois personne ici qui fît assez
« d'attention sur une si grande perte, et qui pût par-
« tager ma douleur. Aussi je vous avoue que j'en fus
« accablé : je m'oubliai moi-même, et l'emploi que
« j'avois à soutenir. Je ne prétends point m'en défen-
« dre, cette perte est de la nature de celles qui peuvent
« ébranler les esprits les plus fermes.

« Quoique vous n'ayez jamais vu Pithou, vous con-
« noissez assez tout son mérite et l'estime qu'il s'étoit
« acquise dans les pays les plus éloignés, qui, comme
« vous, ne le connoissoient que de réputation. Ainsi
« vous ne devez pas être surpris si ceux qui le voyoient
« tous les jours, qui étoient liés avec lui par une affec-
« tion mutuelle et par un long commerce, ont été
« consternés de sa mort ; car qu'y a-t-il au monde de
« plus précieux que l'amitié d'un homme de bien,
« sage et rempli de toutes les connoissances dont l'es-
« prit est capable, d'un homme dont les mœurs et la
« vertu étoient pures et sans ambition, qui savoit par-

« faitement l'antiquité sacrée et profane, nos lois, no-
« tre droit et nos coutumes, qui avoit une prévoyance
« admirable et une expérience consommée, un juge-
« ment solide et une grande capacité par rapport à nos
« affaires ?

« Quoique simple particulier, il sembloit qu'il eût
« la conduite du public; ceux qui gouvernoient l'Etat
« le consultoient comme un oracle, et ne sortoient ja-
« mais d'auprès de lui que pénétrés de ses lumières et
« de la sagesse de ses conseils. Aussi les plus vertueux
« de nos ministres n'entreprenoient rien d'important,
« ou pour le dedans ou pour le dehors de l'Etat, qu'ils
« ne le lui eussent auparavant communiqué, et qu'ils
« n'en eussent examiné toutes les conséquences avec
« lui.

« Voilà ce que ceux qui ne le connoissent que de
« nom, et qui ne l'ont jamais vu, ne savent pas. Pour
« moi, qui ai été assez heureux pour être de ses amis,
« la perte m'en a été si sensible, que, me voyant privé
« de son conseil et de son secours, j'ai été sur le point
« d'abandonner mes études et le soin des affaires pu-
« bliques, auxquelles j'ai lieu de croire que Dieu m'a
« appelé; le respect que je dois à sa mémoire, et le
« souvenir de ses conseils, m'en ont seuls empêché. Je
« n'oublierai jamais qu'il m'a souvent dit, lorsqu'il me
« voyoit accablé du mauvais état de nos affaires, dont
« il n'avoit pas meilleure opinion que moi, qu'il espé-
« roit qu'elles se rétabliroient un jour, et qu'enfin il
« n'étoit point permis à un bon citoyen, ni à un brave
« soldat, de quitter le poste où la Providence les avoit
« placés, en quelque mauvais état où les choses fussent
« réduites.

« En un mot, c'étoit un homme né pour l'utilité
« publique; la fertilité de son esprit et la vaste étendue
« de son génie avoient réuni dans sa personne tout ce
« qu'on peut savoir : il savoit plus que personne n'a
« jamais su. Jamais on ne l'a trouvé sans occupation,
« toujours appliqué à feuilleter les anciennes biblio-
« thèques, à revoir et remettre en meilleur état les
« écrits des anciens, dont il a donné une infinité au
« public, à fortifier de ses conseils et de son expérience
« ceux qui se trouvoient dans la peine, ou enfin à ai-
« der et exciter ceux dont les talens pouvoient être
« utiles. Il est juste que ceux qui en ont reçu de Dieu
« imitent un exemple si estimable, et tâchent de faire
« passer à la postérité la mémoire d'un si grand homme.

« Je suis témoin, illustre Casaubon, de l'amitié qu'il
« a conservée pour vous toute sa vie, et de la joie que
« je lui donnois quand je lui montrois les lettres de
« notre Scaliger, qui vous y nomme le plus savant
« homme de notre temps. Il me disoit que Dieu vous
« avoit fait naître pour vous opposer à l'ignorance qui
« nous menaçoit, et qu'il vous regardoit comme le seul
« homme qui pût rappeler les belles-lettres que nos
« guerres civiles avoient bannies.

« Ce fut lui qui m'engagea à vous prier de venir en
« France, et je crois qu'il vous en a écrit aussi plu-
« sieurs fois. Comme il n'avoit d'autre plaisir que ce-
« lui de procurer l'utilité publique, il étoit persuadé
« qu'elle ne recevroit pas un médiocre avantage de vos
« conférences, et il se flattoit que vous ne vous repen-
« tiriez pas non plus de celles que vous auriez avec
« lui. Il avoit commencé plusieurs ouvrages que son
« âge avancé et ses grandes occupations ne lui per-

« mettoient pas d'achever; il espéroit qu'étant jeune,
« et moins occupé que lui, vous vous en chargeriez
« volontiers. Sa mort nous en a ravi une partie, et
« l'autre est si peu en ordre, que si Nicolas Le Fèvre,
« son ami intime, et le compagnon inséparable de ses
« études, n'y donne ses soins, nous courons risque d'en
« être privés entièrement; il n'y a que lui qui sache
« ses intentions, et qui puisse mettre ces pièces in-
« formes en état de paroître. Je ferai mon possible par
« mes prières pour l'obliger à y travailler.

« Cependant j'espère de votre bon cœur que vous
« prendrez part à ma peine, dont je vous entretiens
« peut-être trop long-temps, persuadé que dans vos
« écrits vous voudrez bien rendre témoignage à la pos-
« térité du mérite de cet excellent homme. On peut
« dire que si quelqu'un s'est rendu digne d'avoir part
« aux éloges des hommes illustres de notre temps, ce-
« lui-ci l'a mieux mérité que personne par la réputa-
« tion qu'il s'est acquise. Je vous prie instamment d'y
« travailler, et d'animer par votre exemple ceux qui
« sont capables de le faire. Adieu. Obligez-moi de me
« donner souvent des nouvelles de vos études, et de
« tout ce qui vous regarde. Comptez que dans l'agita-
« tion des affaires qui m'occupent, rien ne sauroit me
« donner plus de consolation que vos lettres. Encore
« une fois, adieu.

« A Tours, le 25 novembre 1596. »

[1597] Tout l'hiver se passa inutilement à traiter avec
le duc de Mercœur. Cependant de Vic et Calignon, qui
n'avoient pas mieux réussi auprès des protestans, arrivèrent de Rouen à Tours avec des ordres du Roi pour

Schomberg et de Thou de les aider dans cette négociation.

Schomberg s'y portoit assez volontiers; mais de Thou, qui la regardoit toujours comme une affaire fâcheuse pour lui, auroit bien voulu s'en excuser, comme il avoit fait la première fois; cependant, comme il n'avoit jamais pu rien refuser à Schomberg, il s'engagea dans cette négociation, dont il n'y eut que Calignon et lui qui demeurèrent chargés dans la suite. Avant la conclusion de cette affaire le Roi dépêcha de Vic à Lyon, et Schomberg en Bretagne, pour disposer toutes choses à la guerre contre le duc de Mercœur, qui tous les jours affectoit de nouveaux délais.

Les protestans tenoient alors leurs assemblées à Saumur et à Châtellerault, tandis que les commissaires de Sa Majesté étoient à Tours pour être plus proches de la reine Louise, qui étoit à Chenonceaux, et qui recevoit de temps en temps des nouvelles du duc de Mercœur.

Schomberg apprit assez confusément à Tours la surprise d'Amiens : la nouvelle lui en fut aussitôt confirmée par un courrier du Roi. Elle fut reçue avec une consternation générale, et chacun, croyant le royaume à deux doigts de sa perte, songeoit à ses propres intérêts. Les protestans et leurs principaux chefs s'assemblèrent, moins pour les affaires de leur religion que pour prendre leurs mesures dans une conjoncture si malheureuse : ils n'attendirent point les ordres de Sa Majesté, et n'y appelèrent ni Schomberg ni de Thou, quelque instance que ce dernier pût faire pour s'y opposer.

La perte d'Amiens, que le Roi avoit résolu de reprendre, partagea diversement les esprits : ceux qui ne regardoient que leurs intérêts particuliers fondoient là-dessus de grandes espérances; les autres en étoient véritablement touchés. La valeur du Roi vint à bout de tout : il reprit Amiens, et rassura les frontières; ce qui confondit ses ennemis, et obligea les protestans, qui dans cette conjoncture s'imaginoient qu'il étoit permis à chaque particulier de pourvoir à sa sûreté, de recevoir d'un roi victorieux les conditions qu'il leur offrit, jugeant bien que la tranquillité publique se rétabliroit aisément sous un si grand prince.

Durant la longueur et l'incertitude de ce siége, de Thou avoit souvent pressé les ducs de Bouillon et de La Trimouille de lever des troupes, et de les mener au camp devant Amiens. Il leur avoit remontré que s'ils ne le faisoient ils s'attireroient la haine du public, et trouveroient les parlemens moins disposés à vérifier un édit qu'ils s'efforçoient d'étendre par de nouvelles conditions; mais le désordre étoit si grand, et les esprits si préoccupés, qu'ils n'étoient capables, ni d'aucune résolution convenable à leurs intérêts, ni d'écouter ceux qui leur donnoient de bons conseils.

Ainsi le duc de Bouillon, avec des troupes qu'il avoit levées dans le Limousin aux dépens du Roi, s'en alla dans l'Auvergne et dans le Gévaudan, où Montmorency-Fosseuse avoit recommencé la guerre; et le duc de La Trimouille, avec des troupes levées sur le même pied dans le Poitou, y resta inutilement, sans que ni l'un ni l'autre donnassent de secours au Roi.

Ce prince ne put jamais l'oublier, et lorsque de Thou, qui leur avoit fait des instances si vives et si réitérées, voulut par ses lettres les excuser auprès de

Sa Majesté, le Roi reçut fort mal ses excuses, et on le regarda d'un mauvais œil dans le temps qu'on vérifia l'édit.

Cependant, s'il parloit ouvertement en leur faveur, et dans le public et auprès du Roi, tandis qu'il les blâmoit si librement dans le particulier, ce n'étoit pas pour s'attirer leurs bonnes grâces, mais pour empêcher qu'une faute particulière ne retardât la conclusion d'une affaire générale d'où dépendoit le repos de l'Etat, et que le Roi lui-même jugeoit si nécessaire ; car ceux qui entretenoient encore des intelligences secrètes avec les restes de la Ligue saisissoient cette occasion, comme si le hasard la leur eût offerte, pour irriter les esprits des protestans : ils feignoient d'un côté d'entrer dans leurs intérêts, afin de les rendre odieux au Roi, et la conduite de ses commissaires suspecte ; de l'autre, ils se plaignoient sans cesse au cardinal de Florence, légat en France, qui étoit alors à Paris. Il est constant que par l'intrigue de ces factieux la discussion des articles de l'édit des protestans donna moins de peine à de Thou qu'il n'en eut à le faire approuver du peuple et de la Cour, et à le faire recevoir au parlement.

Aussi ne pouvoit-il trop se louer de la modération et de l'équité du légat. Toutes les fois qu'il falloit se rendre au lieu de l'assemblée, il l'alloit trouver de la part du Roi, pour lui rendre compte des difficultés qui se rencontroient sur certains articles, et cela arrivoit souvent. Il trouva toujours dans le cardinal beaucoup de droiture et de désintéressement : ce prélat, attentif à soutenir son caractère, étoit persuadé qu'on devoit laisser à ceux que le Roi avoit chargés de cette commission et de ses intérêts, le soin d'en user avec prudence et avec liberté. Il ne se sépara jamais du président de Thou sans lui donner des marques de sa bonne volonté et de sa confiance. Il lui témoigna seulement qu'il espéroit que dans cette négociation on ne pourroit imputer au Roi ni à ses ministres aucune partialité, et qu'il ne s'y passeroit rien que ce qu'exigeoient le bien des affaires et le repos de l'Etat.

Dans le temps de la reprise d'Amiens, de Vic et de Thou s'y rendirent en poste, pour faire voir au Roi les articles convenus avec les protestans; mais ce prince, qui étoit allé faire une course dans l'Artois, n'y répondit qu'à son retour à Dourlens. Ce fut aussi dans ce temps-là que Villeroy et le président Richardot convinrent d'un temps et d'un rendez-vous pour traiter de la paix entre les deux couronnes.

Le légat se rendit quelque temps après à Vervins, où Pompone de Bellièvre et Nicolas Brûlart de Sillery l'allèrent trouver de la part du Roi, pour négocier la paix avec les députés du roi d'Espagne; mais cette affaire ne fut terminée que l'année suivante.

[1598] Le Roi, qui avoit pourvu à la sûreté de nos frontières, laissa dans Amiens le connétable de Montmorency, et vint cette année dans l'Anjou avec peu de troupes. Il voulut bien recevoir obligeamment, comme on en étoit convenu, les ducs de Bouillon et de La Trimouille, qui vinrent le saluer à Saumur, d'où Sa Majesté se rendit à Angers. Il mit dans cette ville la dernière main à l'édit des protestans, qui, pour quelques nouvelles difficultés, ne fut absolument achevé qu'à Nantes, ce qui le fit appeler *l'édit de Nantes*.

Avant que le Roi vînt dans l'Anjou, Calignon et de

Thou, qui s'étoient rendus à Saumur et à Chinon, eurent quelques petites aventures, peu considérables à la vérité, mais qu'on ne doit pas passer sous silence dans la vie d'un particulier.

Ils étoient logés à Chinon dans une grande maison qui autrefois avoit appartenu à François Rabelais, médecin célèbre, savant dans les langues grecque et latine, et fort habile dans sa profession. Il avoit absolument abandonné ses études sur la fin de ses jours, et s'étoit jeté dans le libertinage et dans la bonne chère. Il soutenoit que la plaisanterie étoit le propre de l'homme, et sur ce pied-là, s'abandonnant à son génie, il avoit composé un livre très-ingénieux, où, avec une liberté de Démocrite et une plaisanterie souvent bouffonne et basse, il divertit ses lecteurs sous des noms empruntés, par le ridicule qu'il donne à tous les états de la vie, et à toutes les conditions du royaume.

La mémoire de cet auteur enjoué, qui avoit employé toute sa vie et toutes ses études à inspirer la joie, donna lieu au président de Thou et à Calignon de plaisanter avec ses mânes, sur ce que sa maison étoit devenue une hôtellerie où l'on faisoit une débauche continuelle : son jardin étoit le rendez-vous des habitans les jours de fêtes, et le cabinet de ses livres avoit été transformé en cellier.

L'aventure suivante mérite une attention plus sérieuse. Les juges d'Angoulême avoient condamné pour crime de magie un nommé Beaumont qui se disoit gentilhomme. Comme il en avoit appelé au parlement, et qu'on le conduisoit à Paris, il fut arrêté à Chinon par une dame de la première qualité, mais un peu trop curieuse sur ces matières : il y séjourna presque pendant deux ans avec assez de liberté. Le bruit se répandit aussitôt qu'il y avoit dit et fait des choses surprenantes. Gilles de Souvré, gouverneur de Tours, qui se trouvoit à Chinon, eut envie de le voir et de le questionner. Il l'obtint du président de Thou; mais, comme il le pressoit de l'interroger lui-même, de Thou s'en excusa sur ce qu'étant président de la Tournelle, il seroit peut-être obligé de le faire à Paris : ainsi ce fut Calignon qui s'en chargea.

Calignon y étoit très-propre : outre les belles-lettres il savoit fort bien la philosophie, les mathématiques et la jurisprudence. Après les questions ordinaires, il l'interrogea exactement sur les principes de la magie, sur ses effets, sur son excellence, sur ceux qui en faisoient profession, et sur tout ce qu'il avoit fait avant et après sa condamnation. Souvré et le président de Thou étoient cependant cachés dans l'embrasure d'une fenêtre, pour n'être point découverts. Calignon sut si bien s'insinuer dans l'esprit du criminel, qui se crut déjà en liberté, que ce malheureux, prenant confiance en lui, lui avoua plusieurs choses qu'il nia depuis constamment, lorsque, contre son espérance, on lui fit son procès à Paris.

Voici ce qu'on peut recueillir de plus certain de cet interrogatoire, ou plutôt de cette conférence : Beaumont prétendoit que la magie dont il faisoit profession étoit l'art de converser avec ces génies qui sont une portion de la Divinité; bien différent de celui dont se servent ceux que nous appelons sorciers, qui ne sont que de vils esclaves du Démon, grands ignorans, et dont les mauvais esprits abusent pour nuire aux hommes par le poison et par des charmes abominables : au lieu que les sages, qui ne s'appliquent qu'à faire le bien, commandent aux génies, connoissent par leur commerce les secrets de la nature les plus cachés, ignorés du reste des hommes, et dont personne n'a jamais écrit; apprennent aux hommes à connoître l'avenir, les moyens d'éviter les périls, de recouvrer ce qu'ils ont perdu, de passer en un moment d'un lieu dans un autre; entretiennent l'amitié entre les pères et les enfans, les maris et les femmes, entre tous ceux enfin auxquels on la doit.

Il ajouta qu'il conversoit avec ces esprits célestes, habitans de l'air, qui, bienfaisans de leur nature, ne sont capables que de faire du bien; que ceux qui sont au centre de la terre, et qui commandent aux sorciers, sont des esprits malins qui ne sont capables que de faire le mal; que le monde étoit rempli de sages qui faisoient profession de cette sublime philosophie; qu'il y en avoit en Espagne, à Tolède, à Cordoue, à Grenade, et en beaucoup d'autres lieux; qu'autrefois elle étoit célèbre en Allemagne, mais que depuis l'hérésie de Luther l'exercice y en avoit presque cessé; qu'en France et en Angleterre elle s'y conservoit par tradition dans de certaines familles illustres; qu'on n'admettoit à la connoissance de ces mystères que des gens choisis, de peur que par le commerce des profanes l'intelligence de ces grands secrets ne passât à de la canaille et à des gens indignes.

Il se mit à discourir ensuite de toutes les merveilles qu'il avoit faites pour l'avantage de ceux qui avoient eu recours à lui; et cela avec un air si assuré, qu'au lieu d'une extravagance impie et criminelle, il sembloit parler d'une vérité certaine et reconnue. Après cet interrogatoire on le reconduisit au château. De Thou l'y fit garder exactement, et Souvré, qui avoit écouté, ne put s'empêcher d'admirer l'entêtement de ce malheureux : il obtint de cette dame qui l'avoit gardé si long-temps, qu'on le feroit conduire à Paris incessamment; il y arriva avant que de Thou y fût de retour. Beaumont n'y avoua rien de tout ce qu'il avoit dit à Calignon. On l'y condamna sur les informations d'Angoulême, et on le punit d'une mort digne de sa vie (1).

(1) Il arriva en ce temps-là à de Thou une aventure fort singulière. Dans le temps des conférences avec les députés du duc de Mercœur, lorsque Schomberg et de Thou étoient à Saumur, il s'y rendoit tous les jours une grande quantité de seigneurs et de noblesse. L'un et l'autre étoient logés dans la maison de ville; de Thou, pour faire place aux nouveaux hôtes, s'étoit retiré dans un appartement d'en haut, que du Plessis-Mornay, gouverneur de la ville et du château, avoit fait lambrisser de bois de sapin. Il y avoit alors dans la ville une folle que de Thou n'avoit jamais vue, et dont il n'avoit pas même entendu parler. Cette folle, n'étant point gardée par sa famille, couroit çà et là, et étoit le jouet des valets et des goujats. Cherchant la nuit un lieu où elle pût se reposer, elle entra par hasard dans la chambre du président de Thou, qui dormoit alors, et qui n'avoit fermé sa porte ni à la clef ni aux verroux, ses domestiques couchant dans des chambres à côté de la sienne. La folle, qui connoissoit la maison, entra sans faire de bruit dans la chambre du président, et se mit à se déshabiller auprès du feu; elle plaça ses habits sur des chaises autour de la cheminée pour les sécher, parce qu'on lui avoit jeté de l'eau. Lorsqu'elle eut un peu séché sa chemise elle se coucha sur les pieds du lit, qui étoit fort étroit, comme le sont les lits de camp, et commença à dormir profondément. De Thou, s'étant quelque temps après tourné dans son lit, sentit un poids extraordinaire sur ses pieds, et voulut le secouer; la folle tomba, et par sa chute réveilla de Thou, qui, ne sachant ce que ce pouvoit être, douta pendant quelque temps s'il ne rêvoit point. Enfin, entendant marcher dans sa chambre, il ouvrit les rideaux de son lit, et, comme les volets de ses fenêtres n'étoient point fermés, et qu'il faisoit un peu

33.

Comme le Roi étoit encore à Nantes, Jean Valet, et Jean Talouet, gentilhomme breton, auparavant mestre de camp dans les troupes du duc de Mercœur, lui donnèrent avis qu'un prêtre, nommé Côme Ruggieri, vouloit attenter à la vie de Sa Majesté par les voies détestables de la magie; que, sous prétexte qu'il savoit peindre, on lui avoit donné une chambre dans le château; qu'il y avoit fait une figure de cire ressemblant au Roi, qu'il perçoit tous les jours, en prononçant de certaines paroles barbares, pour le faire mourir de langueur.

Les accusateurs donnèrent leur mémoire signé de leur

clair de lune, il vit une figure blanche marchant dans sa chambre. Apercevant en même temps les haillons qui étoient près de la cheminée, il s'imagina que c'étoient des gueux qui étoient entrés pour le voler. La folle s'étant alors un peu approchée de son lit, il lui demanda qui elle étoit : elle lui répondit qu'elle étoit la reine du ciel. Il connut alors à sa voix que c'étoit une femme, et que les habits qui étoient auprès du feu n'étoient point des habits d'homme. Il se leva, et, ayant éveillé ses domestiques, il fit mettre cette femme dehors, puis se recoucha. Le matin il raconta ce qui lui étoit arrivé à Schomberg, qui, quoiqu'il fût un homme très-courageux, lui avoua qu'en pareil cas il auroit eu beaucoup de peur. Schomberg le conta à Angers au Roi, qui dit la même chose. Cette histoire se répandit à la Cour, et fit beaucoup rire tous les courtisans. Quelque temps après, le Roi étant à vêpres dans l'église des Jacobins le jour de Pâques, lorsqu'on vint à entonner le *Regina cœli lætare*, etc., il se leva, et, se souvenant de l'aventure du président de Thou, il le chercha des yeux dans l'église. Après l'office, se promenant dans le cloître avec le duc de Mercœur, qui avoit fait sa paix depuis peu, il appela de Thou, et lui fit encore raconter son aventure. Le Roi et le duc de Mercœur admirèrent l'intrépidité du président, qui eût bien voulu néanmoins que cette histoire n'eût point été divulguée. Schomberg prenoit plaisir à la conter à tout le monde, et y ajoutoit même souvent des circonstances pour la rendre plus plaisante. (*MSS. Reg. et Samm.*)

main. Le Roi commit le président de Thou et Charles Turcant pour en informer. Ce Côme Ruggieri étoit le même qu'on avoit mis à la question, il y avoit vingt-cinq ans, pour de pareils maléfices, un peu avant la mort de Charles ix. De Thou l'interrogeant là-dessus, il répondit que c'étoit une calomnie de ses ennemis; que ses juges avoient reconnu son innocence, et l'avoient élargi d'une manière honorable; qu'il étoit vrai qu'il avoit une connoissance particulière de l'astrologie, et que peu de gens pouvoient aussi bien que lui prendre le point de la nativité; que par ce moyen il avoit prédit plusieurs événemens à quantité de personnes; que cela avoit donné lieu de l'accuser d'avoir commerce avec les mauvais esprits; mais qu'en tout cela il n'y avoit rien que de naturel; que s'il avoit réussi dans ses prédictions on n'en devoit pas conclure qu'il fût coupable; que l'affection qu'il avoit conservée pour Sa Majesté depuis tant d'années étoit une preuve de son innocence, et de son aversion pour le crime dont on l'accusoit.

Il ajouta qu'après la journée de la Saint-Barthélemy le roi de Navarre et le prince de Condé étant au pouvoir du Roi, la Reine-mère, qui avoit beaucoup de créance en lui, lui demanda la nativité de ces princes; qu'il lui répondit qu'il l'avoit prise exactement, et que, suivant les principes de son art, l'Etat n'avoit rien à craindre de leur part; que cette assurance les sauva et les garantit des desseins qu'on avoit formés contre leurs vies; qu'il s'en étoit ouvert à François de La Noue, qui vint à la Cour dans ce temps-là; qu'il l'engagea à le faire savoir adroitement à ces princes, et à les avertir de sa part que, s'ils vouloient éviter le péril qui les menaçoit, ils justifiassent par leur conduite ce qu'il avoit répondu à la Reine; que la seule affection qu'il leur portoit lui avoit dicté cette réponse, et non l'expérience de son art, puisque l'affaire étoit de sa nature impénétrable à l'astrologie; qu'il croyoit que Sa Majesté n'avoit pas oublié un si grand service, persuadé qu'après des preuves si certaines de son affection, la générosité du Roi ne lui permettroit pas de le voir tous les jours exposé à de pareilles calomnies.

De Thou rapporta cette réponse à Sa Majesté. Ce prince, après avoir fait quelques tours dans sa chambre, lui dit qu'il s'en souvenoit, et qu'il étoit vrai que La Noue lui en avoit parlé; mais qu'il ne mettoit sa confiance qu'en Dieu, et qu'il ne craignoit rien de ces sortes de charmes, qui n'ont de pouvoir que sur ceux qui se défient de la divine providence.

Ainsi cessèrent les poursuites contre Ruggieri, que l'on mit en liberté. Il s'étoit adroitement insinué dans l'esprit des dames de la Cour, et par leur moyen le Roi lui avoit promis sa grâce secrètement.

On a crû devoir s'étendre sur cette affaire, d'autant plus que cet homme a eu l'insolence de publier que ce que de Thou a rapporté de lui sur des preuves certaines (ce qui se trouve à l'année 1573 dans l'Histoire Générale, qui dans ce temps-là n'étoit pas encore imprimée) ne le regardoit point; que de Thou avoit été abusé par la conformité du nom d'un certain jardinier qui étoit alors accusé du même crime. Il eut même l'effronterie de solliciter une pension, qui lui fut accordée, pour écrire l'Histoire. Mais pour prouver le contraire de ce qu'il avance on n'a qu'à lire sa confession signée de lui, qui est encore entre les mains de Charles Turcant, magistrat incorruptible; il y demeure d'accord que c'est lui-même, accusé injustement à la vérité, mais renvoyé honorablement, comme on l'a dit ci-dessus. En quoi il ment encore avec impudence; car, par les registres du parlement, il est constant qu'après la question on l'envoya aux galères, dont il ne s'exempta que par le crédit des courtisans, qui, fort portés pour ces sortes de devins, le retirèrent de la chaîne comme on le conduisoit à Marseille, et le ramenèrent à la Cour.

Ceux qui se sont obstinés à noircir la réputation du président de Thou par toutes sortes de calomnies, n'ont osé nier que ce Côme Ruggieri, qui sous le règne de Charles ix fut mis à la question pour crime de magie, ne fût le même qui fut interrogé à Nantes du temps de Henri iv. Ils ne le connoissoient que trop; mais, pour ne laisser passer aucune occasion de décrier cet auteur, ils ont dit qu'il avoit malicieusement affecté de charger un prêtre d'un crime si détestable. Qu'ils sachent donc, ces impudens calomniateurs, que Ruggieri n'étoit point dans les ordres quand on l'appliqua à la question; que quand de Thou, en l'interrogeant là-dessus, lui reprocha son astrologie judiciaire comme une impiété défendue à tout chrétien, et bien davantage à un prêtre, il s'en excusa comme il put, et protesta avec serment que depuis qu'il avoit pris les ordres (ce qui ne fût que long-temps après) il n'avoit tiré l'horoscope de personne, comme on le voit dans ses réponses que garde M. de Turcant.

Sa fin déplorable suffit pour faire connoître si c'étoit à tort que de Thou avoit si mauvaise opinion de lui.

Ce malheureux, qui avoit vécu dans une profonde dissimulation, fit connoître à sa mort son éloignement pour le christianisme : comme il ne voulut recevoir aucun des sacremens que l'Eglise donne aux fidèles, on inhuma son corps dans un lieu profane, au grand scandale du public, et à la honte de ceux qui protégeoient à la Cour un imposteur si abominable.

Tout le temps que de Thou pouvoit dérober aux affaires il l'employoit à écrire l'Histoire. Quand l'édit de Nantes fut enfin scellé, après plusieurs difficultés que des intérêts particuliers y faisoient naître, il demanda au Roi, avant que ce prince quittât la Bretagne, la permission de revenir à Paris, où il arriva sur la fin de mai avec Calignon, son compagnon inséparable.

[1599] La plupart y étoient d'avis qu'on devoit presser la vérification de l'édit au parlement avant que les ligueurs, qui dans l'ame n'en étoient pas contens, quoique abaissés par tant de prospérités, fissent quelque cabale ou excitassent quelque mouvement. C'étoit le sentiment du président de Thou, qui vouloit qu'on terminât absolument cette affaire sans donner aux factieux le temps de remuer, persuadé que tout le monde se soumettroit sans peine aux volontés de Sa Majesté, après une paix procurée par un prince si bon et si sage.

Mais le légat, à qui l'Etat avoit tant d'obligations, demanda du temps, et on obtint la surséance jusqu'après son départ. Le duc de Bouillon se chargea de l'agrément des protestans, et d'empêcher qu'ils ne le prissent en mauvaise part ; ainsi cette affaire fut remise à l'année suivante. Enfin, après plusieurs difficultés et plusieurs délais, l'édit fut vérifié au commencement du carême.

On avoit prévu qu'il s'y trouveroit de grandes oppositions, et que pour les lever la présence du président de Thou, chargé de cette négociation, y seroit nécessaire. Mais, comme il ne sortoit plus de chez lui depuis qu'on l'avoit nommé à l'ambassade de Venise, on y envoya en sa place le président Antoine Séguier. Tout ce qui regarde le reste de la vérification de ce fameux édit est rapporté plus au long dans le cent vingt-deuxième livre de l'Histoire Générale.

Cette même année fut triste pour lui, par la perte qu'il fit de trois hommes illustres qui étoient ou ses alliés ou ses meilleurs amis : c'étoient le comte de Schomberg, le chancelier de Cheverny et le marquis de Pisani, qui moururent tous trois dans ce temps-là.

Ici, suivant les Recueils du président de Thou, on doit expliquer un peu plus amplement ce qui se passa sur le sujet du concile de Trente, parce que, comme l'affaire ne réussit point, il n'en a touché qu'un mot dans l'Histoire Générale.

Après la vérification de l'édit de Nantes en faveur des protestans, plusieurs autres choses faisoient encore de la peine à Sa Majesté : il sembloit que pour apaiser les catholiques, dont le mécontentement étoit fomenté par l'animosité des ligueurs, il étoit nécessaire de faire quelque coup d'éclat capable de compenser la perte qu'ils prétendoient avoir soufferte par les grâces qu'on venoit d'accorder aux protestans. Le Pape, entre autres conditions, avoit imposé au Roi celle de recevoir le concile de Trente, et l'on en demandoit l'exécution, tant de fois tentée et toujours refusée.

Villeroy, qui prétendoit que c'avoit été l'intention du feu Roi, étoit un des plus zélés sur cet article. Ses amis (1) l'appuyoient avec chaleur dans cette poursuite, et tous de concert avoient persuadé à Sa Majesté que, puisqu'il avoit promis au Pape de faire recevoir le concile, il ne pouvoit trouver de conjoncture plus favorable pour contenter les catholiques, chagrins de la publication de l'édit de Nantes : ils assuroient que les protestans n'en prendroient aucun ombrage : ils alléguèrent le propre témoignage des principaux d'entre eux, c'est-à-dire du duc de Bouillon et du marquis de Rosny, qui étoient à la Cour, et qui avoient euxmêmes fait entendre à ceux de leur parti qu'ils n'avoient aucun intérêt à la publication du concile; que l'édit du Roi qui l'ordonneroit auroit soin qu'elle ne pût préjudicier en aucune manière à ses droits ni à ceux de sa couronne, aux libertés de l'Eglise gallicane, ni à aucun des articles accordés par les édits de pacification; que par ces conditions l'honneur de la France, les libertés de l'Eglise gallicane, et les intérêts des protestans, se trouvoient à couvert; qu'ainsi il n'étoit point nécessaire que le parlement, qui devoit vérifier l'édit, examinât scrupuleusement et en détail les articles du concile, ni qu'il apportât des délais à sa publication.

De cette manière, après avoir, comme il leur paroissoit, disposé la Cour en leur faveur, il ne restoit plus qu'à gagner les membres du parlement, chacun en particulier, plus difficiles, le premier président (2)

---

(1) *Ses amis.* Bellièvre, ami intime de Villeroy, à qui l'on avoit fait espérer le chapeau de cardinal, travailla beaucoup à faire recevoir ce concile. — (2) *Le premier président :* Achille de Harlay.

surtout, qu'ils s'attendoient de trouver plus contraire qu'aucun autre. Comme il étoit alors malade au lit, ils firent avertir de la part du Roi les principaux conseillers d'Etat de se rendre dans la maison du premier président, et en même temps le font savoir à ce magistrat, sans lui marquer les intentions de Sa Majesté. D'abord il s'excusa sur sa maladie de l'honneur que le Roi lui vouloit faire, et ajouta enfin qu'ayant pris médecine ce jour-là il n'étoit pas en état de s'appliquer à aucune affaire sérieuse.

L'objet de ceux qui pressoient cette publication avec tant de chaleur et d'artifice étoit d'étourdir le premier président par la visite imprévue de Sa Majesté, de le mettre hors d'état de pouvoir répondre, en sa présence et par de solides raisons, sur une matière à laquelle il n'étoit point préparé, du moins de l'engager par cette délibération à ne pas opiner ensuite dans le parlement aussi fortement qu'il auroit pu faire.

Le Roi, déjà en carrosse pour aller chez le premier président, reçut en chemin les excuses de ce magistrat, ce qui l'obligea de se rendre chez Zamet. Il fit avertir le président de Thou de se trouver au conseil ; ainsi ce président, sans savoir de quoi il étoit question, s'y trouva avec La Guesle, procureur général. Surpris de se voir seul de président, il vit bien que c'étoit un piége que lui tendoient ceux qui vouloient le rendre suspect personnellement : il jugea donc qu'il devoit se conduire avec précaution, pour ne pas donner prise à ses ennemis, principalement après que de Meisse l'eut secrètement averti du sujet qui les assembloit.

Il ne fut pas plus tôt entré que le Roi l'entretint quelque temps de la conférence proposée entre du Perron et du Plessis-Mornay. Il lui dit ensuite qu'il étoit résolu de satisfaire le Pape au sujet de la publication du concile de Trente. Alors de Thou prit la liberté de lui en représenter les conséquences. Il dit que depuis trente-sept ans elle avoit été proposée plusieurs fois inutilement; premièrement sous Charles ix, puis sous Henri iii, prince zélé pour la religion catholique, et ennemi déclaré des protestans, d'où Sa Majesté pouvoit connoître combien dès ce temps-là il y avoit de difficultés qui subsistoient encore; qu'ainsi cette affaire méritoit bien qu'on l'examinât à loisir, et que, tout intérêt à part, on en pesât mûrement tous les articles, premièrement dans son conseil, et après dans le parlement; qu'il supplioit Sa Majesté de ne le pas obliger de dire sur-le-champ son avis sur une matière si importante, qu'il n'avoit pu prévoir, et sur laquelle il devoit opiner à son tour dans le parlement.

S'étant excusé à peu près de cette manière, le Roi, avec ses principaux ministres, passa d'une antichambre où il étoit dans un cabinet. Là, après avoir ordonné à la compagnie de s'asseoir, il se mit sur un lit, et leur dit qu'il avoit pris la résolution de s'acquitter de la promesse que ses procureurs à Rome avoient donnée, de faire publier le concile de Trente; que ses prédécesseurs en avoient été détournés, moins par le danger de cette publication que par la mauvaise volonté de ceux qu'on avoit chargés de cette affaire; que cependant on n'en devoit rien appréhender, et qu'il sauroit bien maintenir ses droits et les libertés de l'Eglise gallicane, contre les prétentions de ceux qui n'ont pour toutes armes que les intrigues et l'artifice; que les protestans de leur côté ne devoient point s'en alarmer, puisqu'ils trouvoient leur sûreté dans les articles des édits de pacification qu'il leur avoit accordés; que le duc de Bouillon et Rosny, qu'il avoit amenés, convenoient que cette publication ne leur préjudicioit en rien; que ce n'étoit plus un cardinal de Lorraine qui la leur demandoit, mais un roi aussi éloigné de toute mauvaise intention que capable de maintenir ses sujets dans la paix qu'il leur venoit de procurer par sa prudence, par son affection pour eux, et par le succès de ses armes; qu'il souhaitoit donc qu'on donnât cette satisfaction au Pape sans délai, et à qui il avoit obligation, sans rappeler à contre-temps les horreurs du passé; que, pour cet effet, le parlement devoit s'abstenir de ses contestations ordinaires en pareil cas; que, sans entrer dans un examen trop rigoureux des articles particuliers du concile, il devoit consentir à la publication, en y ajoutant seulement quelques clauses pour le maintien de nos libertés.

Ces paroles furent reçues avec un grand applaudissement par le chancelier de Bellièvre et par Villeroy, qui dirent que les lettres patentes étoient déjà signées et scellées avec ces mêmes clauses; qu'il ne restoit plus qu'à les envoyer au parlement pour consommer cette affaire sans bruit et sans autres conditions.

Après cela chacun se regarda et demeura dans un profond silence : enfin de Thou reçut ordre du Roi de parler. Il s'en excusa une seconde fois sur ce qu'ayant à dire son avis au parlement, ce seroit lui en ôter la liberté par une demande anticipée. Mais le Roi le pressa de lui déclarer ses sentimens avec la même confiance qu'il le pourroit faire dans le parlement. Comme il s'y vit absolument contraint, il dit qu'il connoissoit bien par le discours de Sa Majesté, et par celui de ses ministres, que l'intention du Roi étoit que non-seulement on reçût le concile, mais qu'on le publiât sans une plus grande discussion, ni sans d'autres conditions que celles qu'il y avoit mises; que cependant, puisque le Roi, en lui commandant de parler, lui faisoit la grâce de lui permettre de dire librement son avis, il se croyoit obligé de déclarer à Sa Majesté qu'elle trouveroit dans le parlement des difficultés sur cette publication, qui seroient fort opposées à ce qu'on avoit voulu lui persuader, et peu conformes à ses intentions;

Que cette compagnie voudroit s'instruire exactement et examiner tous les articles; que depuis l'établissement de notre monarchie, la plus puissante de la chrétienté, on ne trouveroit aucun exemple d'un concile reçu de cette manière; que les rois les plus jaloux de la religion et du maintien de la discipline ecclésiastique n'avoient jamais porté leurs mains au sanctuaire; qu'ils avoient laissé ce soin aux prélats, qui régloient en leur nom la pratique de cette discipline, conformément aux constitutions et aux saints décrets des conciles; que les empereurs et les rois de la seconde race en avoient usé de même pour le bien de l'Etat, et qu'ils s'en étoient toujours bien trouvés; qu'on en voyoit des preuves dans les capitulaires de Charlemagne, de Louis le Débonnaire, de Lothaire et des autres rois; que c'étoit un exemple à suivre; qu'il n'y avoit pas deux cents ans que nos théologiens, de retour des conciles de Constance et de Bâle, où ils avoient assisté, avoient proposé et insisté vivement qu'on en reçût les décisions en France, tant pour l'avantage de l'Eglise uni-

verselle que pour celui de la nôtre en particulier;
qu'à ce sujet il s'étoit tenu la célèbre assemblée de
Bourges, où par ordre du Roi, en présence des prélats, des grands du royaume et des députés des parlemens, on avoit examiné avec attention tous les articles
de ces conciles l'un après l'autre; que sur ceux qui recevoient quelque difficulté on avoit consulté le Pape,
et qu'on lui avoit sur cela dépêché des courriers;

Qu'enfin, au nom de Charles vii, on avoit arrêté ce
qu'on appelle la Pragmatique-Sanction; qu'elle fut reçue par tous les ordres de l'Etat, et publiée dans tous
les parlemens comme une loi constante et sacrée, qui
passe encore aujourd'hui pour inviolable dans la doctrine de nos plus solides théologiens; qu'il n'y avoit
en France que ce seul exemple de la publication d'un
concile, et qu'on s'en souviendroit toutes les fois qu'on
parleroit de recevoir celui de Trente; que tous les
parlemens, et principalement celui de Paris, dont la
prééminence et l'autorité servent de règle aux autres,
demanderoient, dans l'examen et la publication du concile, qu'on gardât les mêmes formalités qu'on avoit observées du temps de la Pragmatique de Charles vii.

La plupart des assistans, après avoir entendu ce
discours, convinrent que, puisqu'on ne pouvoit proposer cette publication sans rappeler la Pragmatique,
qui avoit été faite après le concile de Bâle, il valoit
mieux s'en désister; que ce seroit blesser le Pape dans
une partie trop sensible, et qu'au lieu d'une grâce
qu'il attendoit de la part du Roi, il en recevroit une injure très-sensible.

« Ainsi, reprit le président de Thou, c'est imposer
bien hardiment au Roi, de vouloir lui persuader qu'on

peut délibérer sur cette matière sans parler de la Pragmatique. Je puis assurer sur ma tête que, de cent conseillers qui opineront sur ce sujet, il y en aura quatre-vingt-dix et davantage qui seront d'avis de suivre l'exemple de l'assemblée de Bourges. »

Le Roi, qui par sagesse ne vouloit pas rompre le conseil sans cause, qui d'ailleurs reconnut l'imprudence de ceux qui pressoient cette publication si mal à propos, prit la parole : « Ne croyez pas, dit-il, que je vous aie ici assemblés pour décider de la publication du concile, ni pour résoudre si j'enverrois mes lettres patentes au parlement; ce n'a été que pour examiner avec vous comment on pourroit terminer une affaire d'une aussi grande importance à la satisfaction du Pape, du consentement de mes parlemens, et sans préjudicier à l'intérêt de mon royaume. J'en veux parler séparément aux autres présidens et à mes avocats généraux, avant que d'envoyer mes lettres, et avant qu'on opine sur cette affaire. »

Après cela tout le monde s'étant levé, de Meisse fit voir à Bellièvre et à Villeroy le danger de cette publication, et leur représenta qu'il n'y avoit personne assez hardi pour se charger du péril où elle exposeroit le Roi et l'Etat. Ils lui répondirent que, immédiatement après la conclusion du concile de Trente, on avoit proposé dans le conseil à Fontainebleau de le recevoir; qu'il étoit vrai qu'on y avoit appelé les présidens du parlement; que Christophe de Thou, chef de cette compagnie, homme ferme et parfaitement instruit de nos droits, s'y étoit opposé, et avoit parlé long-temps et avec chaleur contre ce concile, jusqu'à entrer en de rudes contestations avec le cardinal de Lorraine, qui en pressoit la réception; mais que le second président, Pierre Séguier, avoit été d'une opinion contraire, et avoit montré, par plusieurs raisons aussi fortes, qu'on pouvoit le recevoir en y apportant quelque modification; et que ces deux avis avoient alors partagé le parlement : ce qu'ils disoient exprès pour y faire naître le même partage par la supposition de ces différentes opinions; mais leur artifice ne servit de rien, car le président de Thou, ami de Séguier, qui avoit succédé à la charge du président Séguier son père, et qu'on n'avoit point exprès appelé à cette délibération, lui demanda aussitôt ce qui s'étoit passé au conseil de Fontainebleau, et s'il étoit vrai que leurs pères eussent été d'avis opposés. Séguier lui soutint que rien n'étoit plus faux, et qu'ils avoient toujours été d'un même sentiment sur la publication du concile : il assura la même chose à tous ses amis, tant en général qu'en particulier.

Cela ferma la bouche à ceux qui insistoient si fort sur la publication, et qui furent informés de cet éclaircissement. Ils virent bien qu'ils ne devoient plus compter sur ce prétendu partage qu'ils vouloient faire croire, et qu'il falloit cesser une poursuite commencée avec chaleur, et soutenue avec artifice.

[1600] Peu de temps après se tint à Fontainebleau cette célèbre conférence entre l'évêque d'Evreux et du Plessis. Quand elle fut finie, le Roi partit pour l'expédition de la Savoie. On peut voir plus au long les particularités de ces deux affaires, sur la fin des Annales du président de Thou.

Comme ce magistrat s'étoit utilement appliqué pendant deux ans avec Renaud de Beaune, archevêque de Sens, à la réformation de l'Université de Paris, dont le parlement avoit homologué les articles, cette compagnie le députa cette année avec deux des plus grandes lumières de son corps, Lazare Coqueley et Edouard Molé, pour les faire recevoir dans des assemblées générales de l'Université qu'on tint exprès. Cela lui attira encore des reproches de la part de ses ennemis; car, parmi ces articles [1], la conjoncture des temps y en avoit fait insérer plusieurs pour la sûreté du Roi et de l'Etat, contre cette pernicieuse doctrine introduite depuis quelques années par les étrangers, qu'il est permis de détrôner les rois et de leur ôter la vie. Nouveau sujet de plainte pour ces esprits brouillons, et pour ces restes cachés de la Ligue, dont les têtes, comme celles de l'hydre, se renouveloient de temps en temps par la lâche indolence des courtisans, ou par leur indigne prévarication. Cette erreur avoit fait de nouveaux progrès pendant les troubles de la dernière guerre, et avoit un si grand cours que ceux qui pensoient autrement, suivant la doctrine constante de nos pères, étoient regardés comme gens suspects qu'on éloignoit des emplois publics, et qu'on privoit des grâces de la Cour, abusée par de fausses maximes.

[1601] La perte de madame de Thou, qui mourut l'année suivante après une longue et fâcheuse maladie, consterna le président son époux, qui l'aimoit tendrement.

[1] *Ces articles.* Ces réglemens furent rédigés par Edmond Richer, docteur de Sorbonne, esprit ardent, qui se compromit depuis, sous le règne de Louis XIII, par des ouvrages de théologie et de politique qui furent condamnés.

FIN DES MÉMOIRES DE J.-A. DE THOU.

TABLE DES MATIÈRES

CONTENUES

DANS LE TRENTE-SEPTIÈME VOLUME.

MÉMOIRES DE MARGUERITE DE VALOIS.

Notice sur Marguerite de Valois. Page	3
Mémoires de Marguerite de Valois.	27
Livre premier.	27
Livre deuxiesme.	80
Livre troisiesme.	163

MÉMOIRES DE J.-A. DE THOU.

Notice sur de Thou.	189
Mémoires de J.-A. de Thou.	217
Livre premier.	217
Livre deuxième.	275
Livre troisième.	353
La Déroute de la flotte d'Espagne, etc.	388
Livre quatrième.	409
A Monsieur d'Ossat.	435
Epitaphe du comte de Grand-Pré.	447
Sur la Mort de Louis de Rohan, duc de Montbazon.	450

Sur la Mort du comte de Roucy.   Page 451
Livre cinquième.   458
A la Postérité.   477
Livre sixième.   495
Adieu à la Cour.   497
Jacques-Auguste de Thou au savant Isaac Casaubon. 504

FIN DU TRENTE-SEPTIÈME VOLUME.